心学与家训家教

黄明同 主编
宁新昌 戢斗勇 副主编

社会科学文献出版社
SOCIAL SCIENCES ACADEMIC PRESS (CHINA)

目　录

湛若水的为学要旨及其在心学发展中的地位

刘宗贤

本论文并非近作，而是从笔者于20世纪80年代研究和撰写，90年代由山东人民出版社出版的专著《陆王心学研究》中湛若水一章中节选的。该书由张岱年先生作序，先生在《序》中肯定了笔者对陆王心学的整体和各个人物的研究后，特别指出："从陆象山，杨慈湖，经过陈白沙，湛甘泉（若水）到王阳明的心学潮流，在心学史上有其不可忽视的地位。"故此，本文选出书中有关湛若水心学要旨和在心学发展中重要地位的内容与各位分享，并以此表达对湛若水心学研讨会及《湛若水丛书》项目的祝贺。

一　湛若水的生平及为学要旨

湛若水，字元明。初名露，字民泽，后改名湛雨，又名若水。广东增城甘泉都人，号称甘泉先生。生于明成化二年（1466），卒于嘉靖三十九年（1560）。弘治五年（1492）参加乡试，翌年会试落第。从学于陈献章，"不乐仕进"，悟"随处体认天理"之学。后因母命出，入南京国子监。弘治十八年（1505）进士，选授翰林院庶吉士、编修。此时获交王守仁，共同"倡明圣学"。曾出使安南（今越南），册封国王。后服母丧，居家讲学。嘉靖初（1522）复起，任编修、侍读、南京国子监祭酒，官拜礼部侍郎。曾"上经筵讲学疏，谓圣学以求仁为要"①。又上疏言："陛下初政，渐不克终；左右近侍争以声色异教蛊惑上心。……亟请亲贤远奸，穷理讲学，以隆太

① 《明史》卷二百八十三《湛若水传》。

平之业。”[①] 仿《大学衍义补》，作《圣学格物通》，上于朝。历仕南京吏部、礼部、兵部尚书。75 岁致仕，90 岁犹登南岳。

湛若水一生大部分时间从仕，对封建社会的最高统治者采取了合作态度，对科举考试制度虽也有所不满，但基本上是肯定和维护的。他作《二业合一训》，劝导学生将尚德与举业结合起来，想通过改变士子追名逐利的学风来弥补科举制度实行中的不足。他说：“夫德业举业业二而致一者也，古之学者本乎一，今之学者出乎二。二则离，离则支……”“举业不足以害道，人自累耳。故学者不可外举业焉，外举业焉是外物也已”。“二业合一则盛德大业备矣，天德王道之事具矣”[②]。湛若水久仕高级学官，生平所至之处必建书院，其从学弟子之众，据说“相从士三千九百余”[③]。他十分重视著述，除了论述自己心学思想的《心性图说》《樵语》《雍语》《明论》《新论》《新泉问辨》（此类著述后被弟子编成《甘泉先生文集》）等著作之外，还重编了《四书》和多种经传。其著有《二礼经传测》《春秋正传》《古易经传》《古本大学测》等。他自称借这类著作“以证古人之谬，以开天下后世之蒙”[④]，其实是想用新的教材体系来代替朱熹传注的教条，但他这种治学方法却不免沿袭了朱熹的思想。在学术思想上，湛若水极力维护正统，反对佛教异端。如前文所述，他在明世宗刚刚即位时，就主张以“穷理讲学”为兴治国大业的重要措施，申明反对“以声色异教蛊惑上心”的种种做法。他曾极力把其师陈献章的见解融合于周（敦颐）程（主要是程颢）的思想，以归于理学正统，避免通禅之嫌。如在《白沙子古诗教解》中他说：“先生之意，总见先静而后动，须以静为之主。由虚乃至实，须以虚为之本。若不先从静虚中加存养，更何有于省察？……周子之论学圣也，曰‘一为要。’一者，无欲也。无欲则静虚动直，其即先生主静致虚之学乎？圣学精微俱括于此。奈何以禅目之？”[⑤] 他在与王守仁的辩论之中，不满王守仁宽容佛道，而他自己则把辟佛作为一个重要的原则。后来在纠正王门后学以为“良知现成，不假学问”的偏向时，他把这种思想表达得更

① 明史·湛若水传》。

② 《甘泉文集》卷五。

③ 《甘泉文集》卷三十二，罗洪先《湛甘泉墓表》。

④ 《甘泉文集》卷七《答王德徵》。

⑤ 《陈献章集》附录一《白沙子古诗教解》卷上《答张内翰廷祥书，括而成诗，呈胡希仁提学》诗解。

为明确，如他说：

> 贤辈所言，似以知觉之知为知，而不知《中庸》所谓“或生而知之，或学而知之，或困而知之”，三“之”字皆指天理也。知觉之理乃心之本体，而谓本体是天理，本自知觉，则彼凡有知觉运动之蠢然者皆天理与！是自堕于即心见性成佛之弊而不自知也。故良知之说，最为难信者此也。①
>
> 如以常知常觉即道，则《中庸》但云“聪明圣知”足矣！而又云“达天德”者何耶？天德者天理也，聪明圣知，圣人知觉之神也，亦必须达天德。佛学原欠此一节。②

这里可见他规正良知说的拳拳用心。总之，湛若水维护科举制，固执于正统学术，反对佛道异端，加上他在治学方法上重视经典和传注的倾向，使之在感情上对朱熹学说比陈献章对朱学更为亲近。他的心学思想中较多地吸收了程朱学派的东西，因而呈现出独特的风貌。他继承了陈献章的思想而又有所补正；沿袭了陆九渊的心学路线而又以朱熹学说和会之；与王守仁共同倡导心学，但与王之间又存在着明显的分歧。湛若水的一句话可谓道破了他为学主导思想的“天机”，他说：“不知者以我为禅，知我者又以我为行格式，只我真在中间耳。”③ 他实是既要提倡心学思想，又使之不脱离理学固有的伦理规范而流于空疏，或偏向佛道，为此，他也是颇费了一番心思的。

湛若水的心学宗旨，用他的话概括起来即是：“道、心、事合一”，“随时随事何莫非心。”④ 他主张以心学用世，而反对“是内非外，重心略事”，如他说：

> 吾儒学要有用，自综理家务，至于兵、农、钱、谷、水利、马政之类，无一不是性分内事，皆有至理，处处皆是格物工夫。以此涵养

---

① 《甘泉文集》卷八《新泉问辨录》。

② 《甘泉文集》卷八《新泉问辨录》。

③ 《甘泉文集》卷三十二洪垣《墓志铭》。

④ 《甘泉文集》卷七《答欧阳崇一》。

> 成就，他日用世，凿凿可行。[①]
>
> 后世儒者何其支离之弊也乎！歧内外、本末、心事而二之也，是故支离之弊生。是内而非外也，重心而略事也。犹然不悟，反谓立本，误矣。千百年来道学不明，非此之故乎。[②]

他不追求玄远而立足于把思想用于当世，从这种指导思想出发，他对陈献章的以“静坐”为学不以为然。他又反对王守仁的“良知”说“指腔子里”而言心。对于陆九渊，亦有微词曰：“象山之学虽非禅，而独立高处……高则其流之弊不得不至于禅。故一传而有慈湖（杨简），慈湖真禅者也。”[③] 他提出自己的“随处体认天理”之学，而把事为的范畴楔入心、理之间而成本体，由此展开他的心学思想。

湛若水的心学包括以下几个方面：(1)“万事万物莫非心”的自然本体论；(2)“心得中正则天理”的人生伦理说；(3) 心之“虚”与“实”；(4)“随处体认天理”的修养论。

这里由于篇幅所限，不详述其心学具体内容，只重点论述其心学特色和贡献。

二　湛若水对心学发展的作用

湛若水对心学发展起过十分重要的作用。虽然与同时期的王守仁相比，二人的心学体系各有特色，他以自己的独特面貌出现于心学发展过程之中，他与心学其他代表人物的思想，甚至与程朱理学的思想都有着较为密切的联系，这使他成为从陆九渊、陈献章到王守仁心学发展中的一个不可缺少的中间环节。

（一）对陈献章的继承和发展

湛若水对陈献章思想的继承和发展主要有两方面，一是他把陈献章的心、道合一的主体境界论发展为以“心”为“道”的本体论，从而充实了

---

① 《甘泉文集》卷六《大科训规》。

② 《甘泉文集》卷五《二业合一训》。

③ 《甘泉文集》卷七《寄崔后渠司成》。

心学在自然观方面的内容；二是他把陈献章“以自然为宗”“静中坐养出端倪”的涵养方法发展为动静合一、心事合一，“随处体认天理”的实践道德方法。湛若水的思想对王守仁曾有过重要影响。他的上述观点我们在王守仁思想中都可以找到相同和相通之处。例如对于心与道关系，王守仁曾说：“心即道，道即天，知心则知道、知天。”① 即把心直接看作“道”，看作“天”，这句话可以说是王守仁对陈献章—湛若水以心为自然本体思想的直接运用。而湛若水的“随处体认天理”与王守仁的“知行合一”“致良知”的实践道德论路数亦大体相同，这表现了明代心学理论的基本特色。湛若水对陈献章思想的继承关系，及与王守仁思想交互影响的关系，使他成为从陈献章到王守仁的中间环节。

（二）对陆九渊思想的继承与发展

湛若水继承了陆九渊的“心即理”思想。对此，尽管他本人没有觉察，而且对陆九渊时有微词，不承认自己的哲学观点与陆九渊相同，我们仍可以从上一节的分析中来肯定。湛若水对心学发展的作用并不仅在于他的心学与陆九渊心学在本质上的一致，及确有源流和继承关系。我们知道，陆九渊的心学本体论是侧重于心的伦理实体内容的，而陈献章的心学本体论是侧重于心的自然本体特征的，湛若水的贡献正在于将二者结合。他既坚持了由陆九渊开创心学时所奠定的以伦理实体为心本质的心学路线，又充实了心本体论的哲学内容。由此可以说，湛若水是从陆九渊、陈献章到王守仁心学发展的中间环节。

（三）对程朱理学的吸收和融合

明代心学的兴起虽然是针对朱熹末流的种种弊端，但其在内容上又是兼收程朱理学的许多思想。湛若水心学在这方面尤为突出。例如他提出的“随处体认天理”的修养方法，既注重涵养立志，又注重问学致知，带有朱陆合流的色彩。他在心与理关系的看法上也不完全沿袭陆九渊的“心即理”，反与朱熹“性即理”的观点有某些契合处。湛若水对朱熹的宽容态度使他能够吸收朱熹理学中理、气，心、性等本体论的范畴，用来论证吾心为本体的思想。特别是他采用了朱熹关于心之“体、用”关系的思想，

---

① 《传习录上》。

克服了陆九渊哲学中原有的割裂心身、知行的倾向，使心学向着“知行合一”思想的方向发展。由此看来，湛若水也是联系朱熹理学与心学的中介。

（四）对王守仁心学的影响和补充

湛若水与王守仁相交厚而共倡心学，他对王守仁心学的形成和发展有着重要影响。这不仅表现在王守仁通过与他相交而接受了陈献章的心学思想，并且，他作为明代心学中与王守仁思想相对立的一方面，在王守仁生前，通过与王氏的争论交流而影响着王守仁的思想，也从许多方面补充着王守仁思想的不足之处。在王守仁卒后，湛若水与他的学生如邹守益、聂双江、罗洪先等仍相互论学。更有些王守仁的弟子，如邹守益、刘秉监（印山）、周冲（静庵）、蒋信（道林）杨骥（仕德）等，同时受学于湛若水，邹守益还曾与湛若水共主教席，可见湛若水对王守仁心学后来的发展亦有不小的影响。

（五）把心学归于正统

湛若水力辟佛道，坚持儒家的正统思想。他不仅力图纠正其师陈献章心学中所流露的接近道、释的倾向，努力遏止江门心学由“惟在静坐”出发而进一步向禅学发展的趋势，并且多次批评王守仁宽容佛道。他对陆九渊弟子杨简引佛入儒的倾向更是多有非议，说他“以圣贤之格言，文自己之邪说”[①]。他著有《杨子折衷》六卷，逐条辨析杨简言论“乃异教宗旨也”。湛若水对佛道的这种排斥态度似乎是秉承程朱视佛道为异端的传统，而与心学的其他代表人物有很大不同。他这种坚持正统的态度无疑得到当时统治阶级的嘉许，所以他能仕途通达，并久仕高级学官。但他这种经历和立场，很显然也会影响统治阶级对于心学的态度，心学在明代之所以一度成为被官方默许的思想，在客观上与湛若水不无关系。

（六）成为江门心学的主要代表人物

湛若水继陈献章之后，成为江门心学的重要代表。由于江门心学主旨多变，对心学理论缺乏一贯、连续的提法和论证，使得这一学派在后来门

---

① 《甘泉文集》卷二十四《杨子折衷》。

庭逐渐冷落和不振。这也与湛若水对陈献章的思想多有修正，并且其本人的思想不够系统有很大关系。但湛若水对心学发展的作用，远不限于江门学派本身。从整个心学的发展过程看，我们可以作这样一个假设，即如果没有湛若水，很可能就没有王守仁心学的集大成，因而也就不会有风行一时的明代心学。

（作者：山东省社会科学院研究员）

儒学与家教家风

——以王阳明的家教思想为中心

吴　光

一　儒学是家教家风的思想源泉

家教家风作为千百年来中国人家庭教育的优秀传统，已经深入我们民族的骨髓，但过去由于长期批判传统文化，将中华传统美德视为封建主义意识形态，再加上社会的现代转型对于传统文化的冲击，传统家文化日渐式微。那么，在重新重视传承、发展中华优秀传统文化的今天，我们重提家文化，有什么意义呢？我们该如何传承发展中国的家文化呢？

毋庸置疑，儒学是家教家风的主要思想源泉。儒家经典《大学》有句名言："古之欲明明德于天下者先治其国，欲治其国者先齐其家，欲齐其家者先修其身……身修而后家齐，家齐而后国治，国治而后天下平。自天子以至于庶人，壹是皆以修身为本。"这指明了修身齐家对于治国平天下的关键性意义。因此，我们在具体讨论家文化之前，有必要先了解一下儒学的根本精神、核心理念及其当代价值等基本知识。

二　儒学的定位、精神、核心价值观及其普世性

我曾在多篇文章里论述过：儒学是"以人为本、以德为体、以和为贵"，合政治、道德、伦理为一体的道德人文主义学说。儒学的根本精神就是道德人文精神。

对于儒学核心价值观的表述，历代儒者各有异同。既有历久弥新的常

道，也有与时俱进的变道。孔子：“克己复礼为仁”；孟子：“仁义礼智根于心”；荀子：“先仁后礼”，“隆礼重法”；等等，都揭示了儒学的“仁本礼用”价值观。自董仲舒至清末，确定为“三纲五常”，另有“四维”（礼、义、廉、耻）、“八德”（礼、义、廉、耻、孝、悌、忠、信）之说。五四新文化批判了传统道德，至“文革”而登峰造极，打倒一切。但孙中山改造儒家旧道德，提出了“八德”说：忠孝、仁爱，信义、和平。习近平则在2014年中央政治局学习会上提出了“新六德”说，即：讲仁爱、重民本、守诚信、崇正义、尚和合、求大同。可以说是对中华传统文化核心价值观的重塑。

我在2005年讲五大核心价值：“仁爱、民本、诚信、和谐、中庸”时，指出这是根植于中华传统文化的普世性价值观念。[①]

2010年，我提出根据时代所需重塑儒学核心价值观，对儒学核心价值观作了“一道五德”新论述，一道即“仁”道，五德即“义礼信和敬”。[②]

1. 仁道——儒学的根本之道

“仁”是孔子学说中最根本、最具普遍意义的道德范畴。《孟子》说：“孔子曰：道二：仁与不仁而已矣。”这是对孔子之道最精辟的概括。孟子又说：“三代之得天下也以仁，其失天下也以不仁。”“仁”是孔孟儒学也是历代儒家诸多道德观念中最核心的道德观念，其他德目如义、礼、智、信、忠、廉、和、敬等都是“仁”的表现形式。北宋大儒程颢的代表作《识仁篇》说：“学者须先识仁。仁者浑然与物同体。义、礼、智、信皆仁也。”就阐明了“仁”道与其他德目的体用关系。

2. 义、礼、信、和、敬——儒学的五常大德

义者宜也。合理、适时、正义、公平。礼者序也，是制度习俗。信者诚信。和即中和之道。“致中和，天地位焉，万物育焉。”敬即敬畏，是中国人的信仰。敬天、敬祖、孝亲、敬师、敬友、敬事。中国人历来有敬畏天命、道德、历史、民心的好传统，现在很有必要重建敬畏意识。

一道五德具有现代性、普世性。既能适应现代社会生活的需要，也是能被全人类普遍接受的价值观念，是普世价值。

---

① 参见拙论《谈谈“中国哲学”与“浙学的若干问题”——与浙江省委书记谈国学》，载《国学新讲——吴光演讲录集粹》，浙江人民出版社2016年版，第3~17页。另载贵州《孔学堂》杂志2015年第1期。

② 吴光：《重塑儒学核心价值观——“一道五德”论纲》，载《哲学研究》2010年第6期。

三 家文化的内涵与基本要素

毫无疑问，在传统文化中，儒家文化最重视家文化。所谓家文化，就是以修身齐家为核心的道德养成文化，包括两大方面，即家教与家风。家教中包含家训、家规和家法；家风则指家族中代代相传的道德准则与习俗传统。

家训：是指家长对家庭成员与子孙后代关于立身处世、持家立业的教诲或遗嘱，实际上也是作为家规代代相传的言行准则。家训是现代家文化的必要构件。

家规：是指一个家庭必须遵行的道德准则、行为规范与礼仪制度，一般由祖辈遗传下来，或由族长、家长所制定。俗话说“国有国法，家有家规”，就是指一个国家要有治理国家的法律，一个家庭也要有持家的规矩。这个持家的规矩就是家规。

家法：也是持家的规矩、制度，所不同者是家规比家法范围更广，家法是家规中刚性的惩治办法，包括道德谴责、制度惩罚与肉体惩罚。当然现代不作兴肉体惩罚，因此家法主要是道德谴责和制度惩罚，比如规定家有嫖娼、赌博者要受鞭打杖责，屡教不改者逐出家门，贪官污吏不得入祖坟，等等。

以上家训、家规和家法都属家教范围。

家风：是造就家文化的精神传统，即一个家庭或家族的道德风尚、生活方式与文化传统，是造就家文化的无形精神。例如孝、悌、忠、信，修文习武，耕读传家，就是家风。

家教、家风在中国历史上对家庭成员的修身、齐家以及参与社会活动的行为方式与实际成就有着重要影响。即便在现代家庭，仍然需要建立良好的家教，需要培育优秀的家风。

此外，还有家谱，就是记载家文化的历史书籍，如家乘、家史。

四 历史上名人名家的家教、家风

中国历史上有许多脍炙人口的家教、家训，举其大者如下。

诸葛亮《诫子书》：“夫君子之行：静以修身，俭以养德。非淡泊无以明志，非宁静无以致远。非学无以广才，非志无以成学。”① 讲的是个人修身养德，立志成学的修养原则。

南朝梁颜之推《颜氏家训》20 篇。其《治家篇》说：“夫风化者自上而行于下者也，自先而施于后者也。是以父不慈则子不孝，兄不友则弟不恭，夫不义则妇不顺矣。……治家之宽猛亦犹国焉。”② 这部家训述立身治家之法，辨正时俗之谬，以训子孙，是古今修身齐家之经典名著。

司马光的《训俭示康》是写给他儿子的家训，他说：“众人皆以奢靡为荣，吾心独以俭素为美。人皆嗤吾固陋，吾不以为病，应之曰：孔子称‘与其不逊也，宁固’，又曰‘以约失之者鲜矣’，又曰‘士志于道，而耻恶衣恶食者未足与议也’。古人以俭为美德，今人乃以俭相诟病。……俭，德之共也。侈，恶之大也。”③ 全篇一再告诫了尚俭去奢的家风要义。

《紫阳朱氏宗谱》所载朱熹亲撰《家训》讲述了修身齐家的伦常道德，特别强调了谨守礼义的重要性。他说：

> 君之所贵者仁也，臣之所贵者忠也，父之所贵者慈也，子之所贵者孝也，兄之所贵者友也，弟之所贵者恭也，夫之所贵者和也，妇之所贵者柔也。事师长贵乎礼也，交朋友贵乎信也。……勿以善小而不为，勿以恶小而为之。

这些处理人际关系的道德准则，概括而言就是君仁、臣忠，父慈、子孝，兄友、弟恭，夫和、妇柔，礼师、信友。

朱柏庐，名用纯（1617~1688），字致一，号柏庐，江苏昆山人，生当明清之际。他的《治家格言》在民间广泛流传，其主要内容是讲述为人做事的格言和为学为政的准则：“黎明即起，洒扫庭除……一粥一饭，当思来之不易；半丝半缕，恒念物力维艰。……读书志在圣贤，非徒科第；为官心存君国，岂计身家。”

在中国的家训家风传统中，不仅有官宦世家的家训家风传承，更有大

---

① 诸葛亮：《诫子书》，载吴光、祝鸿杰注译《古今廉文》，浙江人民出版社 2005 年版，第 162 页。

② 颜之推：《颜氏家训·治家篇》，载吴光、祝鸿杰注译《古今廉文》，浙江人民出版社 2005 年版，第 164 页。

③ 司马光：《传家集·训俭示康》，载吴光、祝鸿杰注译《古今廉文》，浙江人民出版社 2005 年版，第 176 页。

量普通农家的家训家风传承。例如，浙江浦江县的郑义门家族，就是同居共财、耕读传家的典型。其家训根本精神是“孝义”二字。其《家规》云：“吾家既以孝义表门，所习所行，无非积善之事。子孙皆当体此，不得妄肆威福，图胁人财，侵凌人产，以为祖宗植德之累。违者以不孝论。”明初著名学者宋濂亲自为郑义门家族制定了《郑氏规范》168条，几乎无所不包。其礼仪“悉遵《文公家礼》”。从而使其家教、家训制度化。郑氏家族开宗立规的郑绮是南宋一介布衣，一生信奉儒家礼教，主张以孝义立身，肃睦治家。临终前召集全族子弟立于宗祠之下，誓曰：“吾子孙有不孝、不悌、不共财聚食者，天其即殛之!”言毕而卒。他不仅生前能令全族同居聚食，而且死后还能使其后代以数千余口之众共同遵其遗志，垂十五世、历三百余年之久，靠的就是“孝义”精神。故浦江郑氏家族被誉为“郑义门”①。

五　王阳明的家教家风

王阳明文武双全，声名卓著。他立身以德，治家尽孝，从政亲民，为国尽忠，是“真三不朽”者。他谆谆教育弟子立志勤学，以圣贤自期，以修身养性、致良知为人生根本，而不以读书做官谋取功名利禄为人生目标。从而形成了丰富的家教思想，培育了优秀的家风传统。下面谈谈王阳明的家教家风。

1. 勉励子弟立志勤学，改过责善（从小立志，问人生第一等事）

《示弟立志说》：“夫学莫先于立志。志之不立，犹不种其根而徒事培拥灌溉，劳苦无成矣。君子之学无时无处而不以立志为事。……后世大患尤在无志，故今以立志为说，中间字字句句莫非立志，盖终身问学之功只在立得志而已。”

《教条示龙场诸生》：“诸生相从于此甚盛，恐无能为助也。以四事相规，聊以答诸生之意。一曰立志，二曰勤学，三曰改过，四曰责善。”（八字诀）

立志：志不立，天下无可成之事。虽百工技艺未有不本于志者。

---

① 参见毛策撰《孝义家风　书香门第——宋元明清浦江郑义门家族》，载吴光主编《中国文化世家·吴越卷》，湖北教育出版社2004年版。又见徐儒宗《儒学治家的典型——论浦江郑义门的孝义家风》，载《宁波大学学报》1995年第1期。

勤学：已立志为君子，自当从事于学。凡学之不勤，必其志之尚未笃也。

改过：夫过者自大贤所不免，然不害其卒为大贤者，为其能改也。故不贵于无过，而贵于能改过。

责善：责善，朋友之道，然须忠告而善道之。悉其忠爱致其婉曲使彼闻之而可从，绎之而可改。

《与克彰太叔》："夫恶念者，习气也；善念者，本性也；本性为习气所汩者，由于志之不立也。故凡学者为习所移，气所胜，则惟务痛惩其志。久则志亦渐立，志立而习气渐消。学本于立志，志立而学问之功已过半矣。"

《示宪儿》做人三字经，核心观念是：勤学、孝弟、谦恭、循礼、节俭、戒贪、包容、心善。"幼儿曹，听教诲：勤读书，要孝弟；学谦恭，循礼义；节饮食，戒游戏；毋说谎，毋贪利；毋任情，毋斗气；毋责人，但自治。能下人，是有志；能容人，是大器。凡做人，在心地；心地好，是良士；心地恶，是凶类。譬树果，心是蒂；蒂若坏，果必坠。吾教汝，全在是。汝谛听，勿轻弃。"

2. 论种德养心，仁礼孝弟

《赣州书示四侄正思等》（以仁礼存心、以孝弟为本、以圣贤自期）："吾非徒望尔辈但取青紫、荣身肥家如世俗所尚，以夸市井小儿。尔辈须以仁礼存心，以孝弟为本，以圣贤自期，务在光前裕后，斯可矣。"

《传习录上》"种树者必培其根，种德者必养其心。欲树之长，必于始生时删其繁枝；欲德之盛，必于始学时去夫外好。"

又《与克彰太叔》："正宪读书，一切举业功名等事皆非所望，但惟教之以孝弟而已。"

3. 教育弟子师法圣贤，以致良知为人生根本

王阳明在致弟子徐爱的家书《与徐仲仁》中，教育弟子"求古圣贤而师法之"，说："养心莫善于义理，为学莫要于精专；毋为习俗所移，毋为物诱所引；求古圣贤而师法之，切莫以斯言为迂阔也。"又在《寄正宪男手墨》中强调自己的讲学宗旨，要求子弟以"致良知"为人生根本。他说："吾平生讲学，只是'致良知'三字。仁，人心也；良知之诚爱恻怛处，便是仁，无诚爱恻怛之心，亦无良知可致矣。汝于此处，宜加猛省。"王阳明自提出"致良知"的心学宗旨以后，无论是对门人弟子，还是对家人子弟，

皆谆谆教之以“致良知”，这个良知，便是孔孟之“仁”，程朱之天理，“致良知”，既是阳明学派的门风，也是王阳明一家的家风。

王阳明的江西大弟子邹守益对乃师家书给予了精辟的总结和极高的评价，说：“先师阳明夫子家书二卷，嗣子正宪仲肃甫什袭藏之。益趋天真，奠兰亭，获睹焉。喜曰：‘是能授简不忘矣！’书中‘读书敦行，日进高明’；‘钤束下人，谨守礼法’；及切祔道义，请益求教，互相夹持，接引来学，真是一善一药。至‘吾平日讲学，只是致良知三字。仁，人心也；良知之诚爱恻怛处，便是仁，无诚爱恻怛，亦无良知可致’，是以继志述事望吾仲肃也。仲肃日孳孳焉，进而书绅，退而服膺，则大慰吾党爱助之怀，而夫子于昭之灵，实宠嘉之。”这个评论，不仅以阳明之教敦励阳明后人，且以之激励同门学子，亦足见王阳明关于确立道德良知对于建立良好家风、门风思想的重要意义。

4. 教育家人“勇于改过，以改过为贵”

王阳明在《寄诸弟》的家书中，特别强调了“改过为贵”的思想，他说：“本心之明，皎如白日，无有有过而不自知者，但患不能改耳。……人孰无过？改之为贵。……吾近来实见此学有用力处，但为平日习染深痼，克治欠勇。故切切预为弟辈言之，毋使亦如吾之习染既深，而后克治之难也。”可见，勇于改过，以改过为贵，也是王阳明所提倡的优良家风。

5. 论树立忠义为先，国事为重的良好家风

《与海日翁家书》男之欲归已非一日，急急图此已两年，今竟陷身于难。人臣之义至此，岂复容苟逃幸脱！……伏望大人陪万保爱，诸弟必能勉尽孝养，旦暮切勿以不孝男为念。天苟悯男一念血诚，得全首领归拜膝下，当必有日矣。

《岭南寄正宪男》：汝不审近日亦有少进益否？聪儿（正亿）迩来眠食如何？……我今国事在身，岂复能记念家事，汝辈自宜体悉勉励，方是佳子弟尔。

六　家文化的当代启示

我们从王阳明的家训、家教、家风可以得到的启示是，强调道德自觉，可弥补现代教育重知识（技艺）轻人文（人文素质），重政治、轻道德的偏颇，对于培育德才兼备、理想高远的人才具有重要意义。

有人或问，当今社会从基层百姓到政府官员，都把金钱和利益、指标和数字看成财富，很少重视家训之类的精神财富。那么，正确的财富观是什么？

实际上，财富有两种，即物质财富与精神财富。孔子说过："不义而富且贵，于我如浮云"，是讲富贵须合道义。孔子叹曰："贤哉回也，一箪食，一瓢饮，在陋巷，人不堪其忧，回也不改其乐，贤哉回也！"颜回所乐何事？乐在何处？不在物质富有而在精神充实。《三字经》说："人遗子，金满籯。我教子，惟一经。"意思是留给子孙满箱金银，不如教子熟读经书。这就是古代读书人的财富观。追求幸福，是合理欲望。但如果不择手段追求物质财富，而精神上空虚匮乏，则无异于行尸走肉，何来幸福！所以在我看来，正确的财富观是"以义导利，义利兼顾"，而非"唯利是图，损人利己"。而良好家风无疑是宝贵精神财富，能引导人们奋斗创业，利国利家。

对于当今家长来说，应该如何制定好切实有效的家训、培育好家风呢？我有五点建议：第一，要带头读书，特别是带头学习国学基本经典，如儒家的《四书》和《荀子》、王阳明《传习录》，道家的《老子》《庄子》，佛教的《坛经》《金刚经》等，都应该熟读，并深入了解经典的主旨与精神；第二，有必要选读几种《家训》代表作，例如《颜氏家训》、司马光《训俭示康》、诸葛亮《诫子书》、朱柏庐《朱氏家训》等应该反复诵读；第三，尽量多了解一些本家族的发展演变史，对家庭成员定期进行家史教育；第四，要阅读并熟悉一些童蒙教育读本，如《三字经》《弟子规》《千字文》与《中华诗词选》之类，以便教育子女；第五，也是最重要的一条，就是家长要率先垂范，以身作则，做个有道德、有知识、有能力、肯担当的好家长，为孩子做个好榜样。试想一个不孝顺自己父母的人，怎么能够要求自己的子女来孝顺自己呢？

七　传承发扬优秀家文化对培育践行社会主义核心价值观的意义

孟子说孔子是"圣之时"者，《礼记》有句话说："礼，时为大。"都是讲与时俱进。现代社会毕竟与古代社会有天壤之别，礼仪制度必须适应时代变化。家规家风也一样，是随时损益、与时俱进的。传统家规家训中一些强制性的体罚、肉刑必须废除，如果家人违背了国家法律则应交给司法处理，而不能私设法堂。但传统家规家训中的仁爱、和谐、礼义、孝敬等精神是历久弥新的，应当传承发扬。

那么，现代家训应注入一些什么新内容、具有哪些新内涵呢？我想讲五点：一是讲求家庭成员的人格平等，例如父子、夫妻关系，虽说是长幼有序，夫妇有别，但在人格上是平等的，父母对待子女的教育要尊重子女的选择和意见，不能将自己意志强加于人。二是要发扬家庭民主，凡关乎家庭发展大计和个人前途命运的事情（如高考填志愿），不但要夫妻协商，还要全家开会协商，共同决议。三是家庭成员财务透明，互相尊重，家政合理合法。四是对违反家规家训的家庭成员要体现教育为主、耐心说服的态度，不要歧视或冷落犯错成员。五是现代家训的核心价值观，应该定位为父子亲、夫妇爱；讲平等、重孝敬；合礼法，爱国家，这是社会主义核心价值观在家文化领域的具体体现。

我们今天讲家文化，应该放到建设社会主义文化强国的大战略下，甚至放到全球化、现代化的大视野下来论述，从而建立起既适应现代世界潮流又富有中华文化特色的家文化。

（作者：浙江省儒学学会会长、浙江省社会科学院研究员）

王阳明“万物一体”义理构造及其意蕴

——兼论对人类命运共同体创建的意义

李承贵

王阳明“万物一体”论，随着阳明学的持续发酵，近年受到越来越多的关注，相关著述非常可观，对于正确理解此命题的意涵都产生了积极影响。然而，阳明“万物一体”论的基础是什么？其基本意旨有哪些？又有怎样的特点？其对人类命运共同体的构建究竟有怎样的启示？等等，这些问题或许需要做进一步的讨论。

一 “万物一体”论之基础

“万物一体”是中国哲学的主要命题，也是基本主张。庄子说：“人之生，气之聚也。聚则为生，散则为死。若死生为徒，吾又何患？故万物一也。是其所美者为神奇，其所恶者为臭腐。臭腐复化为神奇，神奇复化为臭腐。故曰：‘通天下一气耳。’”[①] 在庄子看来，“气”聚为人生，“气”散为人死，万物莫不如此，因而充塞宇宙者不过一气，所以“气”是万物的基础。既然万物皆“气”，那么万物与我没有差别，因而“天地与我并生，而万物与我为一。”[②] 可见，庄子的“万物一体”论是以“气”为基础的，而推论却是“万物无别”，进而为达观的人生境界。孟子说：“尽其心者，知其性也。知其性，则知天矣。”[③] 所谓“尽心”，就是将内在的“善”充分发挥出来，如此便能认识、把握事物的本性，继而能认识和把握“天”

① 《庄子·至乐》。
② 《庄子·齐物论》。
③ 《孟子·尽心上》。

的规律或本性。在孟子看来，万物皆有“性”正是人能够发挥自己认知能力的前提，“性”是贯通万物者。因此，孟子的“万物一体”论是以“性”为基础的，而目标是赞助天地化育和尽显万物本有之善，所谓“万物皆备于我矣，反身而诚，乐莫大焉”[①]。董仲舒认为，贯穿天地人三才者是“气”，他说“天气上，地气下，人气在中间。”[②] 万物生灭变化则是“气”之运行：“天地之气，合而为一，分为阴阳，判为四时，列为五行。”[③] 因此，天人之间相副而相合：“天亦有喜怒之气，哀乐之心，与人相副，以类合之，天人一也。”[④] 这就是说，无物不是“气”，而“气之感应”才是董仲舒“万物一体”论之核心。无疑，庄子、孟子、董仲舒所表达的都是“万物一体”观念，但各自的基础与追求的目标不尽相同。那么，王阳明的“万物一体”论基础是什么？所追求的目标又是什么？

其一，人的灵明是万物的主宰与见证。王阳明认为，在宇宙万物中，人是万物的中心，而“心”是人的中心，正是人心的存在与发用，宇宙万物才有它的灵气，才显存在的意义。有人问阳明，人心在人体内，人的身体本来就是血气贯通的，所以谓之同体，但不同的人便是异体了，而禽、兽、草、木等相距更远，怎么还能说是同体呢？王阳明回应说，所谓“万物一体”，不是就“实体”而言的，而是就“感应之几”而言的，在万物之间，因为“感应之几”的存在，所以就有了“同体”的基础，这个“感应之几”就是“人心一点灵明”。王阳明说：“可知充天塞地中间，只有这个灵明。人只为形体自间隔了。我的灵明，便是天地鬼神的主宰。天没有我的灵明，谁去仰他高？地没有我的灵明，谁去俯他深？鬼神没有我的灵明，谁去辩他吉凶灾祥？天地鬼神万物离却我的灵明，便没有天地鬼神万物了。我的灵明，离却天地鬼神万物，亦没有我的灵明。如此，便是一气流通的，如何与他间隔得！”[⑤] 在王阳明看来，人人皆有灵明，而且这个灵明充塞宇宙，人不能觉悟此是因为拘于小我。这个灵明是天地万物的主宰，因为没有这个灵明，天之高、地之深、鬼神之吉凶灾祥都不能显示其特性与价值，因而离了人的灵明，也就没有天地鬼神万物；既然人的灵明因为天地鬼神

---

① 《孟子·尽心上》。

② 《春秋繁露·人副天数》。

③ 《春秋繁露·五行相生》。

④ 《春秋繁露·阴阳义》。

⑤ 《传习录》下，《王阳明全集》，上海古籍出版社 1992 年版，第 124 页。

万物而有所施展，那么人的灵明也离不开天地鬼神万物。进而言之，如果没有人的灵明，就不能认识、把握天地鬼神万物的特性，因而对人而言，天地鬼神万物就不存在，从这个意义上说，人的灵明“决定”天地万物的存在；既然人的灵明需要天地鬼神万物才能发挥其功能，所以没有天地鬼神万物，也就没有人的灵明，从这个意义上说，天地鬼神万物也“决定”人的灵明之有无。可见，王阳明说万物因人的灵明而存在，是强调万物相对于人的灵明而言，没有人的灵明，就不能认识宇宙万物，其特性、价值也就不能表现出来，因而宇宙万物对人而言是不存在的。所以，王阳明并没有实际地否认宇宙万物鬼神的存在，而是从价值的角度、主客关系的角度强调人的灵明与万物鬼神的相通性与共存性。这样，因为人的灵明，人与天地鬼神万物构成相互依赖的整体，这个相互依赖的整体既是认识论上的主客互证，也是价值论上的主客相依，万物因“灵明”而为一体。

其二，“良知”之开合与自然界昼夜相应。天地鬼神万物因人的灵明为一体，不仅在于因其生成的人与天地鬼神万物相互依赖的认识论与价值论上的主客关系，也在于作为自然界物象之彼此感应关系。在王阳明看来，人的灵明或良知是知晓昼夜的，无论是熟睡时还是清醒时。人为什么能知昼知夜呢？因为即便熟睡时也能一呼便应，说明人的灵明是常知的。王阳明说：“向晦宴息，此亦造化常理。夜来天地混沌，形色俱泯，人亦耳目无睹闻，众窍俱翕，此即良知收敛凝一时。天地既开，庶物露生，人亦耳目有所睹闻，众窍俱辟，此即良知妙用发生时。可见人心与天地一体。故上下与天地同流。今人不会宴息，夜来不是昏睡，即是妄思魇寐。”[①] 醒时良知自醒，寐时良知仍然能知昼知夜，王阳明说：“知昼即知夜矣。日间良知是顺应无滞的，夜间良知即是收敛凝一的，有梦即先兆。”[②] 人的灵明或良知的开合与宇宙的昼夜相应，宇宙间的昼便是良知的开，宇宙间的夜就是良知的合。即便是夜间，良知仍然是忙碌的、活跃的，仍然是洞察一切的，所以是常知。就是说，人的灵明或良知的活动轨迹与宇宙万物活动轨迹完全一致，并与宇宙夜昼相对应，良知收敛凝一，良知妙用发生，即良知随昼而开，随夜而闭。这样，“良知”便成了人与万物为一体的基石。王阳明说：“人的良知，就是草木瓦石的良知。若草木瓦石无人的良知，不可以为

---

① 《传习录》下，第106页。

② 《传习录》下，第106页。

草木瓦石矣。岂惟草木瓦石为然，天地无人的良知，亦不可为天地矣。盖天地万物与人原是一体，其发窍之最精处，是人心一点灵明。风、雨、露、雷，日、月、星、辰，禽、兽、草、木，山、川、土、石，与人原只一体。故五谷禽兽之类皆可以养人，药石之类皆可以疗疾，只为同此一气，故能相通耳。"[①] 就是说，草木瓦石有人的良知，才成为草木瓦石，天地有人的良知，才成为天地，如此天地万物便一体于"良知"。至于五谷禽兽之类可以养人，药石之类可以疗疾，亦是因为"良知"，即五谷、禽兽、药石等皆有善性，故能养人、治病，而不是因为它们的物质性能。需要注意的是，阳明一方面言"良知"的开合与天地昼夜相应，说明其是自然本有之相；另一方面言"良知"是常知，强调"良知"的无时不在，实际是强调"良知"的责任。由于万物皆有"良知"，因而"良知"必是无时无处不在的；既然"良知"无时无处不在，因而万物因"良知"而为一体。

其三，"仁心"贯通天地万物。人的灵明就是"良知"，就是恻隐之心，就是"仁"。这个"仁"不仅人人皆有，而且宇宙万物皆有。王阳明说："大人之能以天地万物为一体也，非意之也，其心之仁本若是，其与天地万物而为一也。岂惟大人，虽小人之心亦莫不然，彼顾自小之耳。是故见孺子之入井，而必有怵惕恻隐之心焉，是其仁之与孺子而为一体也；孺子犹同类者也，见鸟兽之哀鸣觳觫，而必有不忍之心焉，是其仁之与鸟兽而为一体也；鸟兽犹有知觉者也，见草木之摧折而必有悯恤之心焉，是其仁之与草木而为一体也；草木犹有生意者也，见瓦石之毁坏而必有顾惜之心焉，是其仁之与瓦石而为一体也。是其一体之仁也，虽小人之心亦必有之。是乃根于天命之性，而自然灵昭不昧者也，是故谓之'明德'。"[②] 为什么说大人能有"以天地万物为一体"的觉悟呢？因为大人"心之仁"本来如此，即谓大人之"心之仁"本来就是与天地万物为一体的，而且小人"心之仁"亦本如此，只是因为小人拘于小我而已。比如，若有人目击幼孩掉入井中而生怵惕恻隐之心，这说明目击者之"仁"与幼孩而为一体；若有人目击鸟兽之哀鸣觳觫而生不忍之心，这说明目击者之"仁"与鸟兽而为一体；若有人目击草木之摧折而生悯恤之心，这说明目击者之"仁"与草木而为一体；若有人目击瓦石之毁坏而生顾惜之心，这说明目击者之"仁"之与

---

① 《传习录》下，第 107 页。

② 《大学问》，第 968 页。

瓦石而为一体。这种经验如果不能被否定，那就可以说，是“仁”将人、动物、草木、瓦石统为一体，所以说“仁心”贯通天地万物，天地万物因“仁心”而为一体，此即“万物一体之仁”。

综合言之，所谓人的灵明，所谓人的“良知”，所谓人的仁心，都是道德之心，都是先天内在于人者，因为万物皆有灵明或“良知”或仁心，因而万物贯通，万物一体。圣人觉悟此才能有“万物一体”之论。既然万物因为人的灵明而存在，既然“良知”的开合与自然昼夜相应，既然“仁心”贯通天地万物，因此，阳明的“万物一体”论是以道德之心即仁即良知为根基的。王阳明说：“明明德者，立其天地万物一体之体也；亲民者，达其天地万物一体之用也。故明明德必在于亲民，而亲民乃所以明其明德也。”① 因此，“明德”是“万物一体”的基础。

二 “万物一体之仁”即治世纲维

可见，与庄子、孟子、董仲舒不同，王阳明“万物一体”论的基础是“良知”或“仁”，而追求的目标是公正、和谐、活力、富足的社会。阳明说“明明德是立其万物一体之体，亲民是达其天地万物一体之用”，那么，阳明“万物一体”论是如何“亲民”的呢？是如何“达其用”的呢？阳明说：“夫圣人之心，以天地万物为一体，其视天下之人，无外内远近，凡有血气，皆其昆弟赤子之亲，莫不欲安全而教养之，以遂其万物一体之念。天下之人心，其始亦非有异于圣人也，特其间于有我之私，隔于物欲之蔽，大者以小，通者以塞，人各有心，至有视其父子兄弟如仇者。圣人有忧之，是以推其天地万物一体之仁以教天下，使之皆有以克其私，去其蔽，以复其心体之同然。”② 就是说，普通人与圣人一样，都有“天地万物为一体”之心，但普通人执于我、蔽于欲，从而各呈有心，在现实中视父、子、兄、弟如仇人。圣人深忧此状，决定推“万物一体之仁”之教于天下，以克私去蔽，使天下人之心回到心之本然。可见，“万物一体”是王阳明用于治理天下的纲维与方略。

那么，历史上有无以“万物一体”为纲维治理天下的经验呢？王阳明

① 《大学问》，第 968 页。

② 《传习录》中，第 54 页。

认为尧舜禹三代时期就是以“万物一体”治理天下的理想时代。他说：“其教之大端，则尧、舜、禹之相授受，所谓‘道心惟微，惟精惟一，允执厥中’。而其节目，则舜之命契，所谓‘父子有亲，君臣有义，夫妇有别，长幼有序，朋友有信’五者而已。唐、虞、三代之世，教者惟以此为教，而学者惟以此为学。当是之时，人无异见，家无异习，安此者谓之圣，勉此者谓之贤，而背此者虽其启明如朱亦谓之不肖。下至闾井、田野、农、工、商、贾之贱，莫不皆有是学，而惟以成其德行为务。何者？无有闻见之杂，记诵之烦，辞章之靡滥，功利之驰逐，而但使孝其亲，弟其长，信其朋友，以复其心体之同然。是盖性分之所固有，而非有假于外者，则人亦孰不能之乎？学之校中，惟以成德为事，而才能之异，或有长于礼乐，长于政教，长于水土播植者，则就其成德，而因使益精其能于学校之中。迨夫举德而任，则使之终身居其职而不易。用之者惟知同心一德，以共安天下之民，视才之称否，而不以崇卑为轻重，劳逸为美恶；效用者亦惟知同心一德，以共安天下之民，苟当其能，则终身处于烦剧而不以为劳，安于卑琐而不以为贱。当是之时，天下之人熙熙皞皞，皆相视如一家之亲。其才质之下者，则安其农、工、商、贾之分，各勤其业，以相生相养，而无有乎希高慕外之心。其才能之异若皋、夔、稷、契者，则出而各效其能。若一家之务，或营其衣食，或通其有无，或备其器用，集谋并力，以求遂其仰事俯育之愿，惟恐当其事者之或怠而重己之累也。故稷勤其稼，而不耻其不知教，视契之善教，即己之善教也；夔司其乐，而不耻于不明礼，视夷之通礼，即己之通礼也。”① 这里描述的是“万物一体之仁”方略在夏商周三代时期推行与实践的情形。根据这个描述，阳明的“万物一体”之治大致包括如下内容：第一，“万物一体”的核心理念是：“道心惟微，惟精惟一，允执厥中”，这也是阳明心学的核心理念，精研专一于“仁”，救“人心”之危以成“道心”之微，收归到“心之本体”。其具体节目则是：“父子有亲，君臣有义，夫妇有别，长幼有序，朋友有信”五伦，正是儒家治世的基本伦理规范，而且教者以此为教、学者以此为学，广为普及。第二，这个时代的人们赞同、拥护“万物一体”之教，不受其他异说异教影响，身份不同、等级不同的人莫不以此为学，并以成就美德为追求。第三，这个时代没有杂乱的闻见、烦琐的记诵、靡滥的辞章，更没有万民竞逐功利之

① 《传习录》中，第54~55页。

象，而是人人能孝其亲、弟其长、信其友，以恢复其心本然之良知良能。第四，虽然人的天分不同、才能各异，有长于礼乐者，有长于政教者，有长于水土播植者，但都能各尽其性、各显其才。第五，在人才任用上，不为贵贱所羁，量才录用，唯能是举，举善抑恶，以赢得民心，以达到安抚天下之目的。总之，其追求的社会理想是：人人位其所位、用其所用、各尽其性、相互尊重，天下一家，国家一人。可见，阳明“万物一体”思想是非常具体的，本质上就是建立有序、公平、活力、向上、富强的社会，即“一体之仁”的社会理想。阳明对“万物一体”实施效果的评价是：“盖其心学纯明，而有以全其万物一体之仁，故其精神流贯，志气通达，而无有乎人己之分，物我之间，譬之一人之身，目视、耳听、手持、足行，以济一身之用。目不耻其无聪，而耳之所涉，目必营焉；足不耻其无执，而手之所探，足必前焉；盖其元气充周，血脉条畅，是以痒疴呼吸，感触神应，有不言而喻之妙。此圣人之学所以至易至简，易知易从，学易能而才易成者，正以大端惟在复心体之同然，而知识技能非所与论也。”① 即认为三代之治是“万物一体之仁”的完全落实，所以能体现“万物一体”的气象，精神流贯，无分物我，相互关照，心态祥和，安居乐业，也就是“良知”或“天理”流行之气象。王阳明关于夏商周三代时期“万物一体”之治美丽图景的描述，与其说是客观的实践与历史的经验，毋宁说是诱人的理想，而这个理想的实现，必须是“万物一体之仁”所内含的基本意涵得到真正落实。那么，王阳明的“万物一体”论内含了哪些具体且实质性意涵呢？

三 “万物一体”论要义

如上所言，王阳明“万物一体之仁”本质上是治世的纲维，这与儒家经世致用、治国平天下的价值追求是一致的。而作为治世纲维的“万物一体之仁”内含了作为治世纲维的要义，即这些要义能够落实，也就是理想社会的实现。那么，究竟有哪些要义呢？

1.“万物一体”即生生不息

我们知道，王阳明“万物一体”论的基础是“灵明”、“仁”或“良

① 《传习录》中，第55页。

知”，万物因“仁”贯通其中而为一体，所以说“仁者以天地万物为一体”。而“仁”是生意盎然：“万物生意最可观，此‘元者善之长也’，斯所谓仁也。”[①] 是有机整体：“仁者以天地万物为一体，莫非己也，认得为己，何所不至？若不有诸己，自不与己相干。”[②] 是血气贯通：“如手足不仁，气已不贯，皆不属己。”[③] 是遵循天道：“节用而爱人，使民以时。”[④] 这些思想无不融于王阳明“万物一体”论之中。王阳明说：“仁是造化生生不息之理。虽弥漫周遍，无处不是。然其流行发生，亦只有个渐。所以生生不息。如冬至一阳生。必自一阳生，而后渐渐至于六阳，若无一阳之生，岂有六阳？阴亦然。惟有渐，所以便有个发端处；惟其有个发端处，所以生；惟其生，所以不息。譬之木，其始抽芽，便是木之生意发端处。抽芽然后发干，发干然后生枝生叶。然后是生生不息。若无芽，何以有干有枝叶？能抽芽，必是下面有个根在。有根方生，无根便死。无根何从抽芽？父子兄弟之爱，便是人心生意发端处。如木之抽芽，自此而仁民，而爱物，便是发干生枝生叶。墨氏兼爱无差等。将自家父子兄弟与途人一般看，便自没了发端处。不抽芽便知得他无根，便不是生生不息。安得谓之仁？孝弟为仁之本，却是仁理从里面发生出来。”[⑤] 万物无休无止地生生，但“生生”的发端处是“仁”，比如树木，开始抽芽，继而发干，再生枝叶，所以是生生的一体；亦如爱，亲亲是发端，继而仁民，再而爱物，故也是生生的一体。相反，若墨家视人父若己父、视人兄若己兄，则割断了“发端处”，这就不叫“仁”。可见，王阳明的“万物一体”是生生的一体，这个“生生的一体”有始终、有本末、有秩序，这个秩序的原理就来自“仁”。王阳明说：“太极生生之理，妙用无息，而常体不易。太极之生生，即阴阳之生生。就其生生之中，指其妙用无息者而谓之动，谓之阳之生，非谓动而后生阳也；就其生生之中，指其常体不易者而谓之静，谓之阴之生，非谓静而后生阴也。若果静而后生阴，动而后生阳，则是阴阳动静截然各自为一物矣。阴阳一气也，一气屈伸而为阴阳；动静一理也，一理隐显而为动静。春夏可以为阳为动，而未尝无阴与静也：秋冬可以为阴为静，而未尝无阳与动也。

---

① 《遗书》十一，《二程集》第一册。

② 《明道学案》，《宋元学案》卷十三。

③ 《明道学案》，《宋元学案》卷十三。

④ 《论语·学而》。

⑤ 《传习录》上，第26页。

春夏此不息，秋冬此不息，皆可谓之阳、谓之动也；春夏此常体，秋冬此常体，皆可谓之阴、谓之静也。自元会运世岁月日时，以至刻秒忽微，莫不皆然。所谓动静无端，阴阳无始，在知道者默而识之，非可以言语穷也。”① 依王阳明心学，若“太极”或“仁”是体，那么“气”便是用，因而太极之生生必落实为“气”之生生。在此生生之中，妙而不停叫着动，可谓阳之生，但不是动而后生阳，而是阳气之生生；常体不易叫着静，可谓阴之生，但不是静而后生阴，而是阴气之生生。因此，阴阳就是一气，气之屈伸而分阴阳，动静就是一理，理之隐显而分动静。就是说，太极的动静既是一体的，也是无息的，王阳明所言“太极”就是“心之本体”——“心之本体，固无分于动、静也。理无动者也，动即为欲。循理则虽酬酢万变而未尝动也；从欲则虽槁心一念而未尝静也。动中有静，静中有动，又何疑乎?”② 也就是“仁”。因而“仁”之生生是无穷尽的，“仁”之动静是你中有我、我中有你的。概言之，“太极”或“仁”生生之理就是：神妙不测的、无休无止的、常体（太极或仁）不易的、四相相依的、彼此贯通的。这就是“仁”生生之德，也是王阳明“万物一体”论之基本意涵。

2. “万物一体”即克己去私

王阳明认为，私欲私利是人间的最大祸害。他说：“盖至于今，功利之毒沦浃于人之心髓，而习以成性也几千年矣。相矜以知，相轧以势，相争以利，相高以技能，相取以声誉。……其称名僭号，未尝不曰吾欲以共成天下之务；而其诚心实意之所在，以为不如是则无以济其私而满其欲也。”③ 如果人时刻都怀利欲之心，必引发各种争端：有人好炫耀知识，有人好以势排挤，有人好争权夺利，有人好吹嘘技能，有人好沽名钓誉，等等，整个社会陷于无休无止、刀光剑影的争夺倾轧之中。而人之所以私利私欲喷发，就在于没有确立“万物一体”观念，“万物一体”正是强调人无孤立的存在，而是“一体”的存在。王阳明说：“仁者以天地万物为一体，莫非己也，故曰：‘己欲立而立人，己欲达而达人。’古之人所以能见人之善若己有之，见人之不善则恻然若己推而纳诸沟中者，亦仁而已矣。今见善而妒

① 《传习录》中，第64~65页。

② 《传习录》中，第64页。

③ 《传习录》中，第56页。

其胜己，见不善而疾视轻蔑不复比数者，无乃自陷于不仁之甚而弗之觉者邪？夫可欲之谓善，人之秉彝，好是懿德。故凡见恶于人者，必其在己有未善也。瑞凤祥麟，人争快睹；虎狼蛇蝎，见者持挺刃而向之矣。夫虎狼蛇蝎，未必有害人之心，而见之必恶，为其有虎狼蛇蝎之形也。今之见恶于人者，虽其自取，未必尽恶，无亦在外者犹有恶之形欤？此不可以不自省也。”① 为什么仁者能以万物为一体呢？因为“仁者”必须做到“克己复礼”，必须做到“己欲立而立人，己欲达而达人”，必须做到“见人之善若己有之”，必须是“人之秉彝，好是懿德”。也就是说，在阳明这里，“万物一体”因为“仁”而内容充实、性质鲜明。因此，所谓“万物一体”就是要求视人如己，要求将己之立足与人之立足、将己之发达与人之发达视为一体，要求视人之善为己之善，因而必须克去己私。阳明说：“小人之心既已分隔隘陋矣，而其一体之仁犹能不昧若此者，是其未动于欲，而未蔽于私之时也。及其动于欲，蔽于私，而利害相攻，忿怒相激，则将戕物圮类，无所不为，其甚至有骨肉相残者，而一体之仁亡矣。是故苟无私欲之蔽，则虽小人之心，而其一体之仁犹大人也；一有私欲之蔽，则虽大人之心，而其分隔隘陋犹小人矣。故夫为大人之学者，亦惟去其私欲之蔽，以明其明德，复其天地万物一体之本然而已耳。非能于本体之外而有所增益之也。”② 小人之心虽已被分隔而狭隘简陋，但其“一体之仁”犹能微露光明，就是因为还没有被欲所动、被私所蔽，而若被私欲所蔽，就是大人之心也难以显发其“一体之仁”，反而导致利害相攻，忿怒相激，甚至骨肉相残。因此，君子之学就是要修炼到“一体之仁”的境界，而要入此境界，就必须克己去私。王阳明说：“君子之学，为己之学也。为己故必克己，克己则无己。无己者，无我也。世之学者执其自私自利之心，而自任以为为己，漭焉入于隳堕断灭之中而自任以为无我者，吾见亦多矣。”③ 儒家为己之学就是通过问学培养、提升人的道德境界，就是要做到无己无我、克己去私，从而破除自我限隔而与万物为一体。这样，“克己去私”便成为阳明“万物一体”论又一基本意涵。

3.“万物一体”即同苦共痛

王阳明认为，“万物一体”之教需要落实“明明德亲民”，他说：“德不

---

① 《书王嘉秀请益卷》，第 272 页。

② 《大学问》，《王阳明全集》下，第 968 页。

③ 《书王嘉秀请益卷》，第 272 页。

可以徒明也。人之欲明其孝之德也，则必亲于其父，而后孝之德明矣；欲明其弟之德也，则必亲于其兄，而后弟之德明矣。君臣也，夫妇也，朋友也，皆然也。故明明德必在于亲民，而亲民乃所以明其明德也。故曰一也。”① 就是说，“明明德”不是德之自明，而是体现在实际的事务中，而是体现在对天下人的关爱上。阳明说：“人者，天地之心也；民者，对己之称也；曰民焉，则三才之道举矣。是故亲吾之父以及人之父，而天下之父子莫不亲矣；亲吾之兄以及人之兄，而天下之兄弟莫不亲矣。君臣也，夫妇也，朋友也，推而至于鸟兽草木也，而皆有以亲之，无非求尽吾心焉以自明其明德也。是之谓明明德于天下，是之谓家齐国治天下平。”② “亲民”必须体现为对百姓生命的关切，对百姓痛痒的体贴。王阳明认为，见人危难而不能相救，见人苦痛而没有同感，对发生在人类中的灾难冷漠、无视，只考虑小我的利害，就是因为没有“万物一体”观念所致。他说：“夫人者，天地之心。天地万物，本吾一体者也。生民之困苦荼毒，孰非疾痛之切于吾身者乎？不知吾身之疾痛，无是非之心者也；是非之心，不虑而知，不学而能，所谓良知也。良知之在人心，无间于圣愚，天下古今之所同也。世之君子惟务致其良知，则自能公是非，同好恶，视人犹己，视国犹家，而以天地万物为一体，求天下无治，不可得矣。古之人所以能见善不啻若己出，见恶不啻若己入，视民之饥溺犹己之饥溺，而一夫不获，若己推而纳诸沟中者，非故为是而以祈天下之信己也，务致其良知，求自慊而已矣。尧、舜、三王之圣，言而民莫不信者，致其良知而言之也；行而民莫不说者，致其良知而行之也。是以其民熙熙皞皞，杀之不怨，利之不庸，施及蛮貊，而凡有血气者莫不尊亲；为其良知之同也。呜呼！圣人之治天下，何其简且易哉！”③ 为什么“万物一体”意味着同苦共痛呢？因为“万物一体”的基础是“仁”，是良知，而仁或良知即是善，能公正是非，共享好恶，所以能视人如己，能视民之饥如己之饥，视民之痛如己之痛。阳明说：“是故亲吾之父，以及人之父，以及天下人之父，而后吾之仁实与吾之父、人之父与天下人之父而为一体矣。实与之为一体，而后孝之明德始明矣。亲吾之兄，以及人之兄，以及天下人之兄，而后吾之仁实与吾之兄、人之

---

① 《亲民堂记》，第 251 页。

② 《亲民堂记》，第 251 页。

③ 《传习录》中，第 79~80 页。

兄与天下人之兄而为一体矣。实与之为一体，而后弟之明德始明矣。君臣也，夫妇也，朋友也，以至于山川鬼神鸟兽草木也，莫不实有以亲之，以达吾一体之仁，然后吾之明德始无不明，而真能以天地万物为一体矣。夫是之谓明明德于天下，是之谓家齐国治而天下平，是之谓尽性。”① 在王阳明看来，人若自觉并践行“万物一体”，就能做到亲我父而亲人父而亲天下人之父，就能做到亲我兄而亲人兄而亲天下人之兄，从而吾仁与天下人之父为一体。依次类推，君臣、夫妇、朋友，以至于山川鬼神鸟兽草木，皆因“仁”而为一体。这样，天下人就无分内外、远近、亲疏，都是自己的兄弟姐妹。因此，人之痛必为你之痛，人之忧必为你之忧，人之苦必为你之苦，关爱天下而无一遗漏，王阳明说：“自‘格物致知’至‘平天下’，只是一个‘明明德’。虽亲民，亦明德事也。明德是此心之德，即是仁。仁者以天地万物为一体，使有一物失所，便是吾仁有未尽处。”② “万物一体”就是无所不覆、无物不载，若有人苦痛被遗漏，则是仁者的失责和耻辱。因此，“万物一体”就是“明明德”，就是“使无一物失所”，就是“亲民”，而“亲民”必体现在对百姓喜怒哀乐的关心，体现在对百姓生命困苦的关怀，因而王阳明将“明明德而亲民”确定为大人之学，他说：“是故至善也者，明德亲民之极则也。天命之性，粹然至善。其灵昭不昧者，皆其至善之发见，是皆明德之本体，而所谓良知者也。至善之发见，是而是焉，非而非焉，固吾心天然自有之则，而不容有所拟议加损于其间也。有所拟议加损于其间，则是私意小智，而非至善之谓矣。人惟不知至善之在吾心，而用其私智以求之于外，是以昧其是非之则，至于横骛决裂，人欲肆而天理亡，明德亲民之学大乱于天下。故止至善之于明德亲民也，犹之规矩之于方圆也，尺度之于长短也，权衡之于轻重也。方圆而不止于规矩，爽其度矣；长短而不止于尺度，乖其制矣；轻重而不止于权衡，失其准矣；明德亲民而不止于至善，亡其则矣。夫是之谓大人之学。大人者，以天地万物为一体也。”③ 就是说，“明明德亲民”最高原则是“至善”，“明明德亲民”做的怎样，以“至善”为准绳，达到了“至善”的“明明德亲民”，也就是“良知”指导下的“明明德亲民”，也就是关爱民众的苦痛，也就是

① 《大学问》，第 968~969 页。

② 《传习录》上，第 25 页。

③ 《亲民堂记》，第 251~252 页。

救民于水火，也就是“心之本体”的呈现，此即是“以天地万物为一体”的大人之学。因此，“同苦共痛”成为阳明“万物一体”论的又一内涵。

4.“万物一体”即爱有差等

王阳明的“万物一体”论虽然主张生生不息，虽然主张克己去私，虽然主张同苦共痛，但这个“万物一体”是有条件的，不是无要求的，是具体的，不是抽象的。而所谓“条件”与“具体”也完全是阳明心学义理使然。首先，“万物一体”是等差的。就是说，万物虽然是一体，但在一体之中的万物不仅是相对独立的存在，也是特殊的存在，更是差别的存在。阳明说：“惟是道理，自有厚薄。比如身是一体，把手足捍头目，岂是偏要薄手足，其道理合如此。禽兽与草木同是爱的，把草木去养禽兽，心又忍得；人与禽兽同是爱的，宰禽兽以养亲，与供祭祀，燕宾客，心又忍得；至亲与路人同是爱的，如箪食豆羹，得则生，不得则死，不能两全，宁救至亲，不救路人，心又忍得；这是道理合该如此。及至吾身与至亲，更不得分别彼此厚薄。盖以仁民爱物，皆从此出；此处可忍，更无所不忍矣。《大学》所谓厚薄，是良知上自然的条理，不可逾越，此便谓之义；顺言个条理，便谓之礼；知此条理，便谓之智；终始是这个条理，便谓之信。”① 有人质疑阳明，既然“万物一体”了，怎么还存在亲疏、厚薄的差别呢？阳明的解释是“其道理合如此”。那是什么样的道理“合如此”呢？阳明以人打架用手护首为例进行解释。也就是说，这是一种本能的行为，而且是“良知上自然的条理”。所谓“良知上自然的条理”，就是指“良知”发用流行本无偏私，但因为万物各自特性而不能平均地获得良知的恩惠，所以是“道理如此”。阳明说：“良知只是一个，随他发见流行处当下具足，更无去求，不须假借。然其发见流行处却自有轻重厚薄，毫发不容增减者，所谓天然自有之中也。虽则轻重厚薄毫发不容增减，而厚又只是一个；虽则只是一个，而其间轻重厚薄又毫发不容增减，若可得增减，若须假借，即已非其真诚恻坦之本体矣；此良知之妙用，所以无方体，无穷尽，语大天下莫能载，语小天下莫能破者也。”② “仁”或“良知”是万物之源，是万物之基，是不容增减的“常体”，“仁”或“良知”的发用流行虽然是无私的，但由于万物的慧根有别，因而在接受“仁”的营养与智慧时必然表现出差异，

① 《传习录》下，第108页。

② 《传习录》中，第85页。

即所谓“轻重厚薄”。而就儒家伦理言，所谓“孝悌也者，其为仁之本欤?”[①] 所谓“仁者，人也，亲亲为大。”（《中庸》二十章）所谓“老吾老，以及人之老；幼吾幼，以及人之幼”[②] 都表明儒家的“仁”是建立在血亲基础之上的，因而以“仁”为核心的“万物一体”当然遵循儒家的施爱逻辑，而这也正是王阳明“万物一体”的施爱逻辑。因此，阳明“万物一体”论是容许差别和等级的，“一体”中的“万物”虽然都是特殊的存在，但它们并不能获得的爱和关怀仍然是有厚薄先后之别的。其次，“万物一体”是具体的。王阳明“万物一体”论强调万物的一体性，但并不意味着“普遍地”爱，因为“仁爱”是具体的，这个“具体”也是由“仁”生出来的。王阳明说：“博爱之说，本与周子之旨无大相远。樊迟问仁，子曰：‘爱人。’爱字何尝不可谓之仁欤？昔儒看古人言语，亦多有因人重轻之病，正是此等处耳。然爱之本体固可谓之仁，但亦有爱得是与不是者，须爱得是方是爱之本体，方可谓之仁。若只知博爱而不论是与不是，亦便有差处。吾尝谓博字不若公字为尽。大抵训释字义，亦只是得其大概，若其精微奥蕴，在人思而自得，非言语所能喻。后人多有泥文著相，专在字眼上穿求，却是心从法华转也。”[③] 王阳明认为，“仁爱”有爱得“是”与“不是”之分，但以什么来衡量“是”与“不是”呢？阳明提出“公”的概念，就是说，被爱者符合公正、公义要求，即为“爱得是”；相反，违背“公义、公正”的要求则为“爱得不是”。因此，爱敌人，爱杀人犯，以阳明“万物一体”论判断，都属“爱得不是”。进而言之，对于伤害“一体”的人予以消灭则属于“爱得是”。王阳明说：“譬如一父母同生十子，八人为善，二人背逆，要害八人；父母之心须除去二人，然后八人得以安生。均之为子，父母之心何故必欲偏杀二子，不得已也。吾于尔等，亦正如此。若此二子者一旦悔恶迁善，号泣投诚，为父母者亦必哀悯而收之。何者？不忍杀其子者，乃父母之本心也；今得遂其本心，何喜何幸如之；吾于尔等，亦正如此。”[④] 十个孩子中，由于其中的两人对“一体”（其他八人）造成了伤害，从而走向了“不公”，即违背了“万物一体之仁”的原则，所以必须消灭之。这就

---

① 《论语·学而》。

② 《孟子·梁惠王上》。

③ 《与黄勉之二》，第 195 页。

④ 《告谕浰头巢贼》，第 561~562 页。

是阳明“万物一体”之爱的具体性。可见，阳明“万物一体”论虽然满载着爱意，但这种爱不是天上的馅饼，也不是无原则、无条件的“滥情泛爱”，而是根据“物”与“一体”关系状况来确定，而是根据被爱者的资格来确定。这样，“爱有差等”便成为阳明“万物一体”论的又一意涵。

5.“万物一体”即心态平和

王阳明“万物一体”论不仅是生生不息，不仅是克己去私，不仅是同苦共痛，不仅是爱有差等，而且是心态平和。也就是说，阳明“万物一体”论具有心态平和的意涵。阳明说：“圣贤只是为己之学，重功夫不重效验。仁者以万物为体，不能一体，只是己私未忘。全得仁体，则天下皆归于吾。仁就是八荒皆在我闼意，天下皆与，其仁亦在其中。如‘在邦无怨，在家无怨’，亦只是自家不怨，如‘不怨天，不尤人’之意；然家邦无怨，于我亦在其中，但所重不在此。”① 所谓“八荒”，指东、西、南、北、东南、东北、西南、西北等八个方向，即指“天下”，因而“万物一体”就是天下在我心中，所谓家帮无怨，都是小我的情绪，只有以天地万物为一体，才能心态澄明。不能以万物为一体，因有己私；若是仁体，万物皆在我心中。这就是说，“万物一体”虽含有以“一体之心”待万物的思想，但若没有“仁体”，也不会有平和的心态。阳明说：“今人多以言语不能屈服得人为耻，意气不能陵轧得人为耻，愤怒嗜欲不能直意任情得为耻，殊不知此数病者，皆是蔽塞自己良知之事，正君子之所宜深耻者。今乃反以不能蔽塞自己良知为耻，正是耻非其所当耻，而不知耻其所当耻也。可不大哀乎！……诸君知谋才略，自是超然出于众人之上，所未能自信者，只是未能致得自己良知，未全得断断休休体段耳。今天下事势，如沈疴积痿，所望以起死回生者，实有在于诸君子。若自己病痛未能除得，何以能疗得天下之病！此区区一念之诚，所以不能不为诸君一竭尽者也。诸君每相见时，幸默以此意相规切之，须是克去己私，真能以天地万物为一体，实康济得天下，挽回三代之治，方是不负如此圣明之君，方能报得如此知遇，不枉了因此一大事来出世一遭也。”② 心理上的闭塞、阻隔，正是因为不能觉悟“万物一体”，而“良知”或“仁”可融化、疏通此蔽塞阻隔，因而“致良知”即是“万物一体”。对人而言，“仁”或“良知”为核心的“万物一

① 《传习录》下，第 110 页。

② 《与黄宗贤》，第 220 页。

体”既是原则、方法，也是目标、理想。因此，人如能践行“万物一体之仁”，所有的负面情绪将被克服，所有的消极心态都被融释，从而做到：“凡人言语正到快意时，便截然能忍默得；意气正到发扬时，便翕然能收敛得；愤怒嗜欲正到腾沸时，便廓然能消化得；此非天下之大勇者不能也。”① 那么，也就能实现“三代”之治的理想。可见，“万物一体”也是一种心态，这种心态能超越限隔，可以抵御一切诱惑，而至“欣合和畅”之境界。王阳明说：“仁人之心，以天地万物为一体，欣合和畅，原无间隔。来书谓‘人之生理，本自和畅，本无不乐，但为客气物欲搅此和畅之气，始有间断不乐’是也。时习者，求复此心之本体也。悦则本体渐复矣。朋来则本体之欣合和畅，充周无间。本体之欣合和畅，本来如是，初未尝有所增也。就使无朋来而天下莫我知焉，亦未尝有所减也。来书云‘无间断’意思亦是。圣人亦只是至诚无息而已，其工夫只是时习。时习之要，只是慎独。谨独即是致良知。良知即是乐之本体。”② “以天地万物为一体”就是“欣合和畅”，“欣合和畅”就是“乐”，而“乐”是心之本体，心之本体就是良知。这就是说，“致良知”就不会被客气相侵，就不会间断，而“致良知”需要时习，需要慎独工夫。因此，“万物一体”也是一种化解情绪的功夫，这种功夫就是“心态平和”。张岱年对“万物一体”在培育健康“心态”上的意义也有所认识和肯定，他说：“万物一体的境界，自也有好处，让人心境扩大，让人不为目前的小烦苦所缚所困，让人充满好生的仁意。”③ 这样，“心态平和”也就顺理成章地成为王阳明“万物一体”论之意涵。

可以说，生生不息、克己去私、同苦共痛、爱有差等、心态平和等即是王阳明“万物一体之仁”所具有的主要意涵，这些意涵的落实便是王阳明所追寻的“三代”之治。不过，所谓“万物一体之仁”正是以“仁”或“良知”为根基的，也就是说，如果“仁”或“良知”丧失，“万物一体”便丧失了精神，自然也就不会有“万物一体之治”，这也正是阳明呼唤“万物一体之仁”的原因。王阳明说：“后世良知之学不明，天下之人用其私智以相比轧，是以人各有心，而偏琐僻陋之见，狡伪阴邪之术，至于不可胜

① 《与黄宗贤》，第 219 页。

② 《与黄勉之二》，第 194 页。

③ 《辟万物一体》。

说；外假仁义之名，而内以行其自私自利之实，诡辞以阿俗，矫行以干誉。掩人之善而袭以为己长，讦人之私而窃以为己直，忿以相胜而犹谓之徇义，险以相倾而犹谓之疾恶，妒贤忌能而犹自以为公是非，恣情纵欲而犹自以为同好恶。相陵相贼，自其一家骨肉之亲，已不能无尔我胜负之意，彼此藩篱之形，而况于天下之大，民物之众，又何能一体而视之？则无怪于纷纷藉藉，而祸乱相寻于无穷矣。”① 因此，如果要去除偏琐僻陋之见、狡伪阴邪之术、亲情骨肉相残之象，推行“万物一体之治”，就必须“致良知”，找回“良知”，方能重建“万物一体”的始基。

四 “万物一体”论与人类命运共同体的创建

如果说上述讨论是“立其天地万物一体之体”，那么如下的讨论是则是“达其天地万物一体之用”。可是，如何实现这个目标呢？当今社会关注的重大课题之一是“人类命运共同体的创建”，这里就此重大课题看王阳明“万物一体”论能否“达其用”。所谓“人类命运共同体”，就是指在追求本国利益时兼顾他国的合理关切，在谋求本国发展中促进各国共同发展。其基本内涵主要有：强调世界是一元与多元的统一体，即不同国家、社会在历史、传统、文化、国情、制度等方面既具差异性和多样性，也具共同性和统一性，因而需要“一体”智慧处理多样性与单一性、差异性与共同性关系；强调平等包容，即将各种文明的优秀因子加以黏合，既注重西方文明的积极因素，努力吸收并消化，又注重中国自身优秀文化传统，以再造新的文明，以为解决人类困境做出贡献；追求包容普惠，即“建设一个包容普惠的经济全球化”、“打造平衡普惠的发展模式”等，倡导普惠价值，并使之成为全人类共同价值的实质和核心。那么，王阳明“万物一体”论对这个“人类命运共同体”的创建有无积极性启示呢？这里拟由生存共同体、生态共同体、心态共同体、价值共同体四个维度进行考察。

1. “万物一体”论中的生存共同体意蕴

生活在地球上不同国家或地区的人们，形成了不同的利益群体，从而使他们在处理危机、困境、安全等问题上各自为政，顾此失彼，甚至矛盾冲突，如此非但无助问题的解决，反而加深对人类的伤害。因此，人类有

---

① 《传习录》中，第80页，《张岱年全集》第一卷，河北人民出版社1996年版，第82页。

必要谋求合作、协调发展、共求安全，以建构生存共同体。那么，阳明“万物一体”论于此有怎样的意蕴呢？首先，“万物一体”论立己立人追求互助合作。王阳明“万物一体”论强调人类是生命的有机整体，在这个有机整体中，任何“物”都必须得到照顾和支援，同时也必须尽维护此有机整体之责，即是权利与义务的统一体。换言之，此有机体中若有某个因素或局部受损伤，必影响此有机整体生存状况。因此，人类必须意识到彼此合作的重大意义，所谓“己欲立而立人，己欲达而达人”。比如，当人类遭遇火山、地震、洪水、泥石流、疾病、环境污染等自然灾害时，如果都沉迷于“自扫门前雪”，那么“雪”的危害只会更大，最终无人能够幸免。因此，人类需要相互关照，相互支援，相互合作，从而形成合作共同体，以共同对付困境与难题。其次，“万物一体”论之克己去私追求共同发展。王阳明“万物一体”论意味着克己去私，也就是消除物质、利益、小我对人类命运共同体的限隔，放眼世界，胸怀天下，不同国家和地区应该照顾彼此的关切，相互促进，共谋发展，实现利益共享，从而形成发展共同体。如果人类没有“万物一体”的觉悟，不能克己去私，只顾及一国一地区的发展，各徇己私并相互争夺，如此遑论发展，反而会强化差异，从而伤害“一体”中的万物。最后，“万物一体”论之修己安人追求彼此安全。王阳明“万物一体”论强调人类是生命的有机整体，这个有机整体中所有生命皆休戚与共、唇亡齿寒，没有谁能“独善其身”，因而需要彼此关爱、相互保护，所谓“修己安人，修己安百姓”。比如，战争、恐怖主义、毒品、诈骗等人间灾害，都是对人类安全的极大威胁，若每个国家、每个人都只顾自身安全，对于公共危害漠不关心，那么这种伤害最终必伤及自己。因此，人类需要确立“万物一体”的安全意识，彼此保护，从而形成安全共同体。人类生存有丰富的内涵，而合作、发展与安全无疑是人类生存的基本形式，这些基本形式之于人类生存的积极意义是毋庸置疑的。因此说，王阳明“万物一体”论对于建立人类生存共同体具有非常现实的意义。

2.“万物一体”论中的生态共同体意蕴

人类同住一个地球，这是一个延续了几千年的客观事实；人类生存的环境一直处于恶化之中，这也是不证自明的客观事实。人类所处生态环境的破坏已经影响、危及人类的生存，逼使人类不得不思考解决方法与策略。那么，王阳明“万物一体”论对此有怎样的启示呢？其一，“万物一体”即和生共长。王阳明“万物一体”论将宇宙万物视为生命的有机整体，这个生命的有机整体中的万物在接受大自然滋养过程中而自然地发生、和谐地成长，它们同呼吸共命运，因而各自的存活完全依赖于有机整体，这就意味着此生命的有机整体一旦遭到伤害，其中的“万物”必被殃及。因此，人类在此有机整体中，必须有“天下一家，中国一人”的意识，使有机整体中的人类和生共长、同茂共盛，所谓“万物并育而不相害，道并行而不相悖”。其二，“万物一体”即顺时取资。王阳明“万物一体”论将宇宙万物视为生命的有机整体，这个生命的有机整体中的万物共享着同一个地球、同一个太空、同一个宇宙，但宇宙为这个生命的有机整体所提供的消费资源是有限的，这意味着此生命的有机整体一旦遭遇资源短缺或匮乏，其中的“万物”必面对生存的危险。因此，人类必须同时兼备空间的仁爱和时间的仁爱，即人类利用自然资源不仅要考虑现在时的生命的有机整体而不能过度地消耗，还要考虑未来时的生命的有机整体而自觉约束对自然资源的消耗。因此，人类在开发、利用自然资源时要有“万物一体”意识，必须合理开发，必须消除污染，不能背离自然法则，所谓“节用而爱人，使民以时”①。从而形成顺时取资的自觉。其三，“万物一体”即贯通相养。阳明“万物一体”论将宇宙万物视为生命的有机整体，即意味着万物血气贯通，所谓“如手足不仁，气已不贯，皆不属己”②。即意味着万物可以相互滋养，王阳明说：“风、雨、露、雷，日、月、星、辰，禽、兽、草、木，山、川、土、石，与人原只一体。故五谷禽兽之类皆可以养人，药石之类皆可以疗疾，只为同此一气，故能相通耳。”③ 因此，如果自然环境遭到污染，水不能喝，空气不能呼吸，五谷有毒，药石变质，万物不仅不能相通相养，而且必遭受祸害。可见，王阳明“万物一体”论意味着人类必须合理地、科学地、人文地地利用自然资源，从而使万物能够相生相养而维护一个优质的生态。总之，王阳明“万物一体”论内含着创建生态共同体的诉求。这个生态共同体不是某个人的，也不是某个国家的，而是全人类的，因而任何人都没有权力和资格肆意破坏自然。

3. “万物一体”中的心态共同体意蕴

人类是生活在地球上相互依赖的有机整体，因而人类的“心态”也应

---

① 《论语·学而》。

② 《明道学案》，《宋元学案》卷十三。

③ 《传习录》下，第107页。

该服务于这个有机整体。但事实上，不同国家、不同肤色人的心态存在很大差别，比如中日两国人的“心态”，中美两国人的心态，俄美两国人的心态，韩朝两国人的心态，黑白两人种的心态，白黄两人种的心态，等等，都存在差别。值得注意的是，因这种心态上的差异而引发的争端与冲突，非但不能起到服务、黏合人类共同体的作用，反而撕裂着人类共同体。那么，能否建立起一种心态共同体呢？王阳明“万物一体”论或许能给我们以启示。第一，“万物一体”即泛爱万物。王阳明“万物一体”论将宇宙万物视为生命的有机整体，强调万物的彼此关系的密切性、相互依赖的重要性，与此同时，万物又都是相对独立的存在，各有自己的特性。这就意味着万物应该彼此相爱、相互关怀，而不是以歧视的眼光、妒忌的心态处理彼此的关系。也就是说，王阳明“万物一体”论在心态方面的积极性价值诉求，就是基于“仁”而泛爱万物的宽阔胸襟、基于“仁”而尊重彼此的同情理解。第二，“万物一体”即超越自我。王阳明“万物一体”论将宇宙万物视为生命的有机整体，在此有机整体中的万物血脉相连、一以贯通。这就是说，万物不能拘于我、不能拘于私，因为这样必破坏和伤害生命的有机整体。所以，人类应该建立并巩固“万物一体”观念，“一体”地处理彼此的关系，从而超越小我的执着，解除私欲的纠缠，以养成容纳天下的豁达“心态”。第三，“万物一体”即谦和妥协。王阳明“万物一体”论将宇宙万物视为生命的有机整体，在此生命的有机整体中，万物息息相关，一荣俱荣，一损俱损，因而彼此应该谦和相待。因此，“万物一体”需要有宽阔的视野，需要有天地心胸，所谓“求仁而得仁，又何怨”[①]，所谓“君子泰而不骄”[②]，虚怀若谷、海纳百川。概言之，“万物一体”即意味着无大小、尊卑、荣辱之心，以谦卑之心化解对立。第四，“万物一体”即吐故纳新。王阳明“万物一体”论将宇宙万物视为生命的有机整体，这个生命的有机整体不是僵化的，不是凝固的，而是动态的，日新又日新的。“万物一体”中的万物个个生龙活虎，充满生机，即“万物一体”是生生不息、开放的。但同时每个个体都是时空的个体，因而需要不断更新以充实新鲜血液，吸收新的营养，是阳明“万物一体”本有之义。而就“心态”言，需要进行交流，彼此相互了解，让不同的“心态”相遇、相识、相爱，使相

① 《论语·述而》。

② 《论语·子路》。

异的“心态”、对立的“心态”握手拥抱，成为好朋友。因而人们彼此的观察、评价必须与时俱进，必须平等尊重包容，从而形成积极向上的心态。因而所谓“心态共同体”，就将所有人的心态视为生命的有机整体，不分高矮瘦胖，不分男女老少，不分贫富贵贱，统统视为一体，在“心态”上是相互依赖的共同体。因此王阳明说：“自圣人以至于愚人，自一人之心，以达于四海之远，自千古之前以至于万代之后，无有不同。是良知也者，是所谓‘天下之大本’也。致是良知而行，则所谓‘天下之达道’也。天地以位，万物以育，将富贵贫贱，患难夷狄，无所入而弗自得也矣。”① 人类的心理活动虽有共同的规律，但每个人的心态表现不尽相同，心态之间不能打架，心态之间要相让、妥协，从而构建一个活力、高效、健康向上的“心态共同体”。

4. “万物一体”论中的价值共同体意蕴

价值是表示客体的属性和功能与主体需要间的一种效用、效益或效应关系的哲学范畴，因而价值的大小和性质，与主体的价值判断有密切关系。比如，对于个体生命的价值、社会制度的价值和保护生态的价值，不同的国家、不同的人之间存在差异，甚至冲突。由于价值代表着人的根本诉求和核心利益，所以很难调和，价值上的差异和矛盾对人类伤害极大，因而如何对人类的价值进行协调以使它们和平共处并相得益彰，具有非常现实的意义。那么，王阳明“万物一体”论对此有何积极性启示呢？其一，“万物一体”即价值共存。阳明“万物一体”论将宇宙万物视为生命的有机整体，在这个有机整体中，每个“物”都是独特的存在，都有其独特的价值，正因为是由无数的、独特的价值个体组成了相互依赖的有机整体，因而必须尊重不同价值个体的存在而不能随意否定之。不能用美国人的价值取代中国人的价值，也不能用中国人的价值取代美国人的价值；不能用非洲人的价值取代欧洲人的价值，也不能用欧洲人的价值取代非洲人的价值。质言之，“万物一体”表现在价值上的意蕴之一，就是多元价值的共存。其二，“万物一体”即价值平等。阳明“万物一体”论将宇宙万物视为生命的有机整体，在这个有机整体中，价值不仅是多样的，也是平等的。“一体”中的万物虽然并不相同，外形、智力、环境等都存在差异，但在性质上是平等的，因而不同价值在这个共同体中的角色、功能虽然不同，但却是平

① 《书朱守乾卷》，第 279 页。

等的，不会因为是富人其价值就更优越，也不会因为是穷人其价值就更低贱，自然不能因为是美国人其价值就高人一等，也不能因为是非洲人其价值就低人一等。质言之，“万物一体”表现在价值上意蕴之二，就是必须尊重彼此在文化上、政治上的差异，不能侵犯他人文化，不能破坏他人的政治，实现文化上、政治上不同价值的平等。其三，“万物一体”即价值妥协。阳明“万物一体”论将宇宙万物视为生命的有机整体，在这个生命的有机整体中，不同的价值难免冲突，而这种冲突必然给生命的有机整体带来伤害，因而如何调整价值冲突十分重要。由于“仁”的第一义就是“爱”，就是恻隐之心，这就意味着处于“一体”的人类，必须以“爱”来处理价值上的分歧，不能因为价值冲突而发生敌对和战争，因而必须是妥协和包容，或协商对话，无论是文化上的价值冲突，还是政治上的价值冲突，都应该秉持“仁爱”原则，管控好各自价值诉求，求同存异，以价值妥协为境界，不能让价值的差异无限放大而伤害人类共同体。其四，“万物一体”即价值互取。阳明“万物一体”论将宇宙万物视为生命的有机整体，在这个有机整体中，每个价值都是独立的，而且各有其特殊性，都有自己的优长，而这种独立、特殊与优长正是维持有机整体的基础。因此，不同价值之间虽然存在差异、冲突与矛盾，但更为积极的作为是同情地理解对方，并取长补短，吸收对方价值的长处，而不是用斗争或战争的手段野蛮地侵犯他人的价值、消灭他人的价值。“万物一体之仁”不是没有竞争，但是君子之争，如孔子说的君子射箭，体现君子或绅士的风度。一个国家有一个国家价值，有政治制度、意识形态等差异，但政治上的差异必须以“一体”为前提，不能因为政治上的价值差异就破坏“一体”，因为“一体”被破坏，必致两败俱伤，并不能在政治上获得价值上的优势与利益，因而必须回到“万物一体”在价值上相互尊重而取长补短。其五，“万物一体”即价值优化。王阳明“万物一体”论将宇宙万物视为生命的有机整体，在这个生命的有机整体中，“仁”是核心，而“仁”是爱、是道义、是公正，因而王阳明的“万物一体”论在价值上必有其最高的追求，就是追求最能合乎人性的文化、最能充分体现爱的政治，就是对人生命的肯定、保护与尊重。因此，“仁”为核心的“万物一体”并非一潭死水，而是川流不息的；并非容忍错误，而是有错必纠；并非宽容价值上的侵害，而是防范价值上的胡作非为。因此，阳明“万物一体”论肯定、尊重差异，并不意味着永远滞留差异、容忍差异、隐瞒差异，而是必须根据“仁”的原则建构多元、开放、生机的价值共同体。换言之，王阳明“万物一体”论主张价值上的优胜劣汰，对那些保守的、落后的、残害人性的文化价值、政治价值，由于其严重破坏、损害人类命运共同体的完整性，威胁到人类共同体的存在，因而必须进行改造和更新，巩固、吸收、消化健康积极的价值，淘汰消极负面的价值，在建立和谐的价值关系框架中逐渐消除价值上的矛盾，实现价值优化，以建构理想的价值共同体。

总之，阳明“万物一体”论对于人类生存共同体、生态共同体、心态共同体、价值共同体的创建，都有其深刻的丰富的意蕴。在社会科技化、经济全球化、价值物质化的今天，人类命运共同体遭受了前所未有的挑战，人类愈加深切认识到他们的命运息息相关，如何保护他们相依为命的共同体成为迫切的使命。王阳明“仁”为内核的“万物一体”论，在生存、生态、心态、价值上都表现出特殊的“共同体意识”，这些意识对于人类命运共同体的创建，不仅表现出极富成效的现实意义，而且是对人类文明的伟大贡献。遗憾的是，阳明“万物一体”论之积极意蕴并没有得到完全且合理的发掘和应用，远没有形成人类的共识，而这正是历史赋予我们的伟大使命。曾子说：“士不可不弘毅，任重而道远，仁以为己任，不亦重乎？死而后已，不亦远乎？”[①] 我们殷切期待阳明“万物一体之仁”真正“大放光明”的那一天，而不是梦中的“三代之治”。

（作者：南京大学哲学系教授）

① 《论语·泰伯》。

湛若水《四勿总箴》一贯之道探析

董金裕

前 言

提出“随处体认天理”之说，深受其师陈献章赞赏；[①] 并以此为宗旨，与王阳明一见定交，立志共兴圣学，各立门户[②]的明代岭南心学集大成者湛若水，撰有颇能代表其思想的《四勿总箴》，在其序言中云：

> 古之学者本乎一，今之学者出乎二，予以《四箴》存中以应外，制外以养中，患教后世学者至矣！使其知合观并用之功则善焉，如其不然，或有分崩离析之患而昧精一易简之学矣！予为此惧，推程氏之意以达孔、颜之指，为作〈四勿总箴〉，庶学者知合内外之道，以不贰

---

① 湛若水著《湛甘泉先生文集·默识堂记》自言：“孟子之道在周、程。周、程没，默识之道在白沙”（陈献章世称白沙先生），故语予：“日用间随处体认天理，何患不到圣贤佳处？”广西师范大学出版社 2014 年第 1 版，页 942~943。又陈献章撰《陈白沙集·江门风月钓台深》诗后跋语云：“达摩西来，传衣为信，江门钓台亦病夫之衣钵也。兹以付民泽（湛若水字民泽），将来有无穷之托，珍重！珍重！”按此诗作于陈献章死前一年，而将湛若水视为衣钵传人，可见对他的看重。台湾商务印书馆影印《文渊阁四库全书》集部 185 册，页 1246-219~1246-220。

② 王阳明撰，吴光、钱明、姚延福编校《王阳明全集·世德纪·湛若水阳明先生墓志铭》：“正德丙寅（明武宗正德元年，公元 1506）会甘泉子于京师，语人曰：“守仁从宦三十年，未见此人。”甘泉子语人亦曰：“若水泛观于四方，未见此人。”遂相与定交讲学。上海古籍出版社 1992 年 12 月第 1 版，页 1401。又黄宗羲着，沈芝盈点校《明儒学案·甘泉学案一》：“王、湛两家，各立宗旨，湛氏门人，虽不及王氏之盛，然当时学于湛者，或卒业于王，学于王者，或卒业于湛，亦犹朱、陆之门下，递相出入也。”又云：“先生与阳明分主教事，阳明宗旨致良知，先生宗旨随处体认天理。学者遂以良知之学，各立门户。”台北：华世出版社，1987 年 2 月台 1 版，页 876。

乎一贯之教焉。[①]

阐明自己创作的缘由乃在于「推程氏之意以达孔、颜之指」；其旨趣则为「庶学者知合内外之道，以不贰乎一贯之教焉」。究竟程氏之意，与孔、颜之指所指为何？又合内外之道的一贯之教，其意蕴为何？凡此皆为本文所欲探讨的范围。

一　从「四勿」到〈四箴〉

按《论语·颜渊》记载孔子在回答颜渊问仁时，提到四个「勿」字，后来即成为「四勿」一词之所出：

> 颜渊问仁。子曰：「克己复礼为仁。一日克己复礼，天下归仁焉。为仁由己，而由人乎哉?」颜渊曰：「请问其目。」子曰：「非礼勿视，非礼勿听，非礼勿言，非礼勿动。」颜渊曰：「回虽不敏，请事斯语矣!」[②]

可以明白看出文中的「非礼勿视，非礼勿听，非礼勿言，非礼勿动」即是「四勿」，是故朱熹在其〈斋居感兴〉二十首之十三，即有「颜生躬四勿」之语；[③] 而明儒湛若水〈四勿总箴〉、李贽〈四勿说〉，清儒顾汝修〈四勿箴〉，皆据之以名篇。

从上引《论语·颜渊》的记载，可以看出颜渊所问者为仁，但孔子却以「克己复礼」答之；而在颜渊「请问其目」以后，依然认为实行的条目仍在视、听、言、动等行为的合乎礼；由此可以看出仁与礼关系的密切。

按孔子的中心思想为仁，但仁为全德之称，难以具体言之，而有赖于

---

① 湛若水着《湛甘泉先生文集·四勿总箴有序》，同1，页1194。

② 朱熹着《论语集注·颜渊》，台北：大安出版社《四书章句集注》，2005年8月第1版第5刷，页181~182。

③ 陈俊民校编《朱子文集·斋居感兴二十首》，台北：财团法人德富文基金会，2000年2月初版，页249。

遵循礼以实现。[①] 是故颜渊赞叹孔子之道的博大精深，以及孔子对学生的循循善诱时会说：「仰之弥高，钻之弥坚；瞻之在前，忽焉在后。夫子循循然善诱人，博我以文，约我以礼。欲罢不能。」[②] 可见「博学于文」之后的「约之以礼」，为孔子讲求仁道思想时所特别看重，因此屡屡言之，一则曰：「君子博学于文，约之以礼，亦可以弗畔矣夫！」[③] 再则曰：「博学于文，约之以礼，亦可以弗畔矣夫！」[④] 由此可见礼在孔子思想中的重要。

《论语·颜渊》此章既涉及孔子思想核心的仁、礼两个概念，则其中必然蕴含极为深刻的义理。然则历来的《论语》主要注家，像早期的何晏集解、皇侃义疏，因所重较偏于训诂，故在义理上少有阐发。及至朱熹《论语集注》才大加发挥，以为此章乃孔门传授心法的切要之言，并且鼓励学者应勉力而为。[⑤] 更引用程颐〈四箴〉，以为「发明深切，学者尤宜深玩」。[⑥] 推崇可谓备至。

程颐的〈四箴〉，分别为〈视箴〉：

> 心兮本虚，应物无迹；操之有要，视为之则。蔽交于前，其中则迁；制之于外，以安其内。克己复礼，久而诚矣。

〈听箴〉：

> 人有秉彝，本乎天性；知诱物化，遂亡其正。卓彼先觉，知止有定；闲邪存诚，非礼勿听。

〈言箴〉：

---

① 朱熹着《论语集注·颜渊》：「仁者，本心之全德。……礼者，天理之节文也。为仁者，所以全其心之德也。盖心之全德，莫非天理，而亦不能不坏于人欲。故为仁者必有以胜私欲而复于礼，则事皆天理，而本心之德复全于我矣。」同 4，页 182。

② 朱熹着《论语集注·子罕》同 4，页 150。

③ 朱熹着《论语集注·雍也》同 4，页 122。

④ 朱熹着《论语集注·颜渊》同 4，页 189。

⑤ 朱熹着《论语集注·颜渊》：“愚按：此章问答，乃传授心法切要之言。非至明不能察其几，非至健不能致其决。故惟颜子得闻之，而凡学者亦不可以不勉也。”同 4，页 182。

⑥ 朱熹着《论语集注·颜渊》同 4，页 182。

人心之动，因言以宣；发禁躁妄，内斯静专。矧是枢机，兴戎出好；吉凶荣辱，惟其所召。伤易则诞，伤烦则支；己肆物忤，出悖来违，非法不道，钦哉训辞。

〈动箴〉：

哲人知几，诚之于思；志士励行，守之于为。顺理则裕，从欲惟危；造次克念，战兢自持；习与性成，圣贤同归。[①]

在此四箴之前有序，其文曰：

颜渊问克己复礼之目，夫子曰：「非礼勿视，非礼勿听，非礼勿言，非礼勿动。」四者身之用也，由乎中而应乎外，制于外所以养其中也。颜渊事斯语，所以进于圣人。后之学圣人者，宜服膺而勿失也。因箴以自警。[②]

文中提到了「四者身之用也，由乎中而应乎外，制于外所以养其中也」。并谓「后之学圣人者，宜服膺而勿失也。因箴以自警。」但细审〈四箴〉的内容，不难发现「因箴以自警」的意味并不强，反而较偏重于「由乎中而应乎外，制于外所以养其中也」的内外交养之道，如〈视箴〉中的「蔽交于前，其中则迁；制之于外，以安其内」；〈听箴〉中的「知止有定」、「闲邪存诚」；〈言箴〉中的「发禁躁妄，内斯静专」；〈动箴〉中的「战兢自持」、「习与性成」等皆在阐明此意。另外除〈言箴〉以外，其余三箴皆提到「诚」字。凡此皆为湛若水〈四勿总箴〉所重视而承继者。

二 〈四勿总箴〉与「一贯之教」

（一）〈四勿总箴〉的意蕴

〈四勿总箴〉是为「推程氏之意以达孔、颜之指」而作，但如细加比较，

① 程颢、程颐着《二程集·四箴有序》，台北：里仁书局，1982 年 3 月 25 日，页 588~589。
② 程颢、程颐着《二程集·四箴有序》，同 12，页 588。

可见虽前有所承，但也有其别出心裁的意旨。为方便对照，先列其文如下：

> 心含天灵，灏气之精，与地广大，与天高明。惟精惟灵，贯通百体，非礼一念，能知太始。事虽惟四，勿之则一，如精中军，八面却敌。精灵之至，是谓知几，颜复不远，百世之师。圣远言湮，多岐支离，一实四勿，毋贰尔思。①

以此比较《论语·颜渊》所载孔、颜问答，以及程颐〈四箴〉的内容，我们可以发现有下列三点或异或同之处，并因而彰显了〈四勿总箴〉的要旨。

1. 孔、颜问答明言「非礼物视，非礼勿听，非礼勿言，非礼勿动」；程颐〈四箴〉也并列〈视箴〉、〈听箴〉、〈言箴〉、〈动箴〉，但〈四勿总箴〉则并未针对视、听、言、动一一提出箴砭，甚至还说「事虽惟四，勿之则一」、「一实四勿，毋贰尔思」，并不强调四与一的分别，用意明显是要在一多之间取得统一而不强加分别。文章取名为〈四勿「总」箴〉，「总」字隐约寓有统合之意在焉。

2. 题目虽然名为〈四勿总箴〉，但细看其内容，也如同程颐的〈四箴〉一样，并无明显的「箴以自警」之意。而其序言所言「予以〈四箴〉存中以应外，制外以养中，惠教后世学者至矣！」显然是化约程颐〈四箴〉序言中「由乎中而应乎外，制于外所以养其中也」而来，可见完全承自程颐的旨意，所重并不在「箴」字隐含的事后省察对治之意，而系平日内外交养的工夫。

3. 〈四勿总箴〉除了文与序之外，又有图，其图如下所附。且湛若水又有〈心性图说〉，有文无序，但也有图，附之于下。他认为两个图必须参看，在〈四勿总箴〉的附说中云：

> 此二图乃圣学功夫，至切至要，至简至易处，总而言之，不过只是随处体认天理。虽言与象，二图各有不同，然实相表里，实相发明。②

---

① 湛若水着《湛甘泉先生文集·四勿总箴有序》，同1，页1194~1195。

② 湛若水着《湛甘泉先生文集·四勿总箴有序》，同1，页1195。

在此除已明确提出「随处体认天理」的讲学宗旨以外，并指出两个图的不同之处，曰：

> 心性图专明道体，而所谓敬，所谓心，则功夫存乎其中矣。〈四勿总箴〉图专明功夫，而所谓高明，所谓广大，则道体存乎其中矣！此所谓相表里，相发明，通一无二之实也。只是一段道体，只是一段功夫，非有两段、三段道体功夫。无内外、无大小、无始终、无包贯之分，一而已矣！①

虽然指出〈四勿总箴〉图所明者为功夫，但从图中的「与天高明」、「与地广大」，可见道体其实已存在其中，明显的是将功夫与道体融合为一。

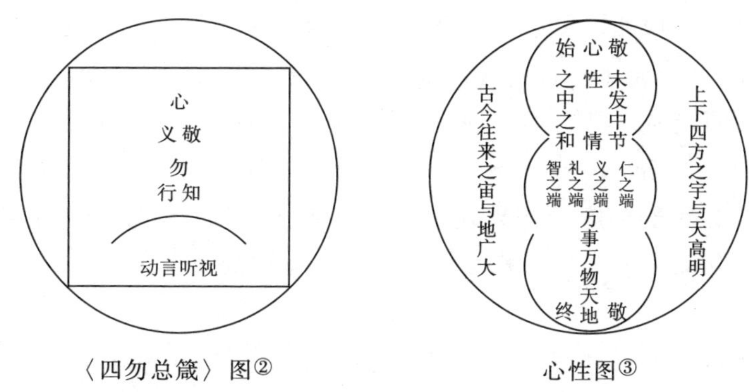

〈四勿总箴〉图②　　心性图③

综上所述，所谓「四勿」或〈四箴〉中的视、听、言、动，在湛若水看来，并不宜强加细分，必须视为一体，而在知行上勿逾越礼的规范，至其关键乃在于心之敬义夹持（即《周易. 坤文言》所称「敬以直内，义以方外」）。如是则非礼勿视、听、言、动的功夫，即能与道体——吾人内心所本来具有之仁合而为一，达到「与天高明」、「与地广大」的境界了。

---

① 湛若水着《湛甘泉先生文集 · 四勿总箴有序》，同 1，页 1195。

② 湛若水着《湛甘泉先生文集 · 四勿总箴有序》，同 1，页 1193。

③ 湛若水着《湛甘泉先生文集 · 心性图说》，同 1，页 1191。

（二）「一贯之教」的内涵

〈四勿总箴〉的创作动机乃在于「庶学者知合内外之道，以不贰乎一贯之教。」但所谓「一贯之教」所指为何？按「一贯」之词出自《论语・里仁》孔门师生的一段对话，其文曰：

> 子曰：「参乎！吾道一以贯之。」曾子曰：「唯。」子出。门人问曰：「何谓也？」曾子曰：「夫子之道，忠恕而已矣。」[①]

据此可知孔子所讲之道为「一以贯之」之道，其所施之教即为「一贯之教」。然则「一贯之道」的内涵究竟是什么？据曾子的理解：「夫子之道，忠恕而已矣」，显然是指忠恕。

对于曾子的理解，历来《论语》的主要注家，如何晏《论语集解》即引孔安国曰：「直晓不问，故答曰唯。」[②] 皇侃《论语义疏》亦曰：「曾子晓孔子言，故直应尔而已，不咨问也。」[③] 邢昺《论语正义》也说：「曾子直晓其理，更不须问，故答曰唯。」[④] 三人所说，不啻若出一口。按皇侃、邢昺之着皆属为何晏集解所作之疏，依疏不破注原则，其说与何晏相同，乃理所当然。然而朱熹《论语集注》仍旧秉持类似的观点，曰：

> 唯者，应之速而无疑者也。圣人之心，浑然一体，而泛应曲当，用各不同。曾子于其用处，盖已随事精察而力行之，但未知其体之一尔。夫子知其真积力久，将有所得，是以呼而告之。曾子果能默契其指，即应之速而无疑也。[⑤]

按朱熹所持义理立场与前三家不同，但也认为曾子所答即为孔子之意。至于也是为何晏《论语集解》作疏的刘宝楠《论语正义》当然还是认同前

---

① 朱熹着《论语集注・里仁》同4，页96。

② 何晏集解、邢昺疏《论语注疏・里仁》，台北：艺文印书馆影印嘉庆二十年江西南昌府学开雕《重刊宋本论语注疏附校勘记》，页37。

③ 皇侃疏《论语集解义疏・里仁》，台北：广文书局，1977年7月再版，页127。

④ 何晏集解、邢昺疏《论语注疏・里仁》，同20，页37。

⑤ 朱熹着《论语集注・里仁》同4，页96~97。

人之说，曰：

> 曾子时与门人同侍夫子，深知圣道，故夫子呼告之也。[①]

综上所述，可见所有《论语》的主要注家，不论其所持立场为何，皆异口同声的认为曾子已直晓孔子之道，故对孔子「吾道一以贯之」的话语应之而无疑，并以「忠恕」告门人，因而判定此即孔子的「一贯之道」。

孔子的「一贯之教」既然就是「忠恕」，则湛若水所指的「一贯之教」当然就是忠恕之教了。按《说文解字》云：「忠，敬也。尽心曰忠。从心中声。」[②]「恕，仁也。从心如声。」[③] 就字形之结构而言，忠、恕皆属形声字，但形声多兼会意，忠「从心中声」，意谓从心中自然流露而生，毫无虚假造作。恕「从心如声」，意谓视人之心如我之心，即能将心比心，具有同理之心。历来《论语》主要注家所讲，大抵与《说文解字》所释相同，皆谓忠乃针对自己发自内心，尽其能力而言；恕则能于尽己以后，进而以己度人，并推之于物，以有助于人、物。

忠恕从表面上看来似乎是两件事，其实是一体的，代表宋学的朱熹即尝谓：「忠因恕见，恕由忠出。」[④] 认为忠是由恕显现的，恕则是从忠发展出来的。故他又以体用关系加以形容，曰：「忠是体，恕是用，只是一个物事。」[⑤] 代表汉学的刘宝楠也说：「非忠则无由恕，非恕亦奚称为忠也?」[⑥] 凡此皆可见忠恕实属一体，密不可分。

结　语

湛若水师承陈献章，但对陈献章的教人放下书册静坐，以及主静之说，已渐有所修正。他认为「孔门之教，皆欲事上求仁，动时着力。何者？静不可以致力，才致力即已非静矣。故《论语》曰「执事敬」，《易》曰「敬

---

① 刘宝楠着《论语正义·里仁》，台北：世界书局《新编诸子集成》第一册，1972 年 10 月新 1 版，页 81。
② 许慎着，段玉裁注《说文解字注》，台北：黎明文化事业公司，1978 年 11 月 4 版，页 507。
③ 许慎着，段玉裁注《说文解字注》同 25，页 508。
④ 黎清德编《朱子语类》台北：文津出版社，1986 年 12 月出版，页 671。
⑤ 黎清德编《朱子语类》，同 27，页 672。按朱熹类似上引两则之话语颇多，此不一一列举。
⑥ 刘宝楠着《论语正义·里仁》，同 24，页 82。

以直内，义以方外」，《中庸》戒慎、恐惧、慎独，皆动以致其力之方也。……善学者必令动静一于敬，敬立而动静混矣。此合内外之道也，性之德也。」[①] 显然有取于主敬之说，而想要融合动静，以为如此才是合内外之道。

对于心学，他也另有一番见解，认为「夫圣人之学，心学也。故经义，所以明其心也；治事，所以明其心之用以达诸事者也；体用一原也，而可以贰乎哉？」[②] 以为经义所以明体，治事所以达用，其与心的关系，乃是用与体的关系，而体用则为一源，并不可强分为二。

在上述两段引文中，分别提到了「此合内外之道也」、「体用一原也」，可见其所重的乃在于合而非分。从〈四勿总箴〉的文与序与图，已可看出其所强调的是一多之间的统一、内外的交养、工夫与道体的合而为一，与湛若水的主张相符，可以视为其思想的代表。

按「四勿」之说源自《论语·里仁》所载颜渊向孔子问仁，孔子虽以「克己复礼」答之，并以「非礼勿视、非礼勿听，非礼勿言，非礼勿动」回答颜渊「请问其目」的再度提问。整个问答的关键乃在于仁、礼的关系。《论语·八佾》记载：「子曰：『人而不仁，如礼何？人而不仁？如乐何？』」[③] 可见礼、乐的根本乃在于仁，故知仁与礼、乐的关系其实又是体用的关系。

就仁而言，孔子曰：「夫仁者，己欲立而立人，己欲达而达人。」[④] 刘宝楠《论语正义》曰：「仁者己欲立而立人，己欲达而达人，己立己达，忠也；立人达人，恕也；二者无偏用之势。」[⑤] 由忠而恕，推己以及人（物），此即〈四勿总箴〉所欲达致的，孔、颜之指所在的「合内外之道」的「一贯之教」。而此「合内外之道」又是「体用一原」的，则吾人为学除了要讲明本体之心以外，举凡经义、治事等日用所应注重的功夫也应致力，以合乎〈四勿总箴〉所想要达到的「推程氏之意以达孔、颜之指」的目标。

（作者：台湾政治大学中文系名誉教授）

① 湛若水着《湛甘泉先生文集·答余督学》，同 1，页 228。
② 湛若水着《湛甘泉先生文集·泰州胡安定先生祠堂记》，同 1，页 958。
③ 朱熹着《论语集注·八佾》同 4，页 82。
④ 朱熹著《论语集注·雍也》同 4，页 123。
⑤ 刘宝楠著《论语正义·里仁》，同 24，页 82。

湛甘泉“合一”说的方法论意义

张海晏

一 “合一”说

湛若水（1466~1560年），系明代心学开山陈献章的衣钵传人，字元明，号甘泉，广东增城人，孝宗弘治间进士，历南京礼、吏、兵三部尚书。少师事陈献章，后与王守仁同时讲学，各立门户。王主讲“致良知”，湛主讲“随处体认天理”。湛甘泉思想的一大特色无疑是主倡“合一”说①，所谓“圣人之学，体用一元，心事合一，岂容有内外之间？”②“圣人之学，心事合一，是故能开物而成务”。③

他把“合一”简称为“一”，与之相对的则是“二”，即“支离”：

> 是故古之学者本乎一，今之学者出乎二。二则离，离则支，支离之患兴，而道之所以不明不行也。故夫知与行二，即非真知行矣。才与德二，即非全人矣。文与武二，世无全材矣。兵与农二，则世无善法矣。夫子之文章与性道二，则世不知圣学矣。心与事物二，则圣学不明不行矣。良可叹哉！④

由此可见，湛若水的“合一”说是全方位的，在诸如知行、才德、文

① 详见黄明同《岭南心学——从陈献章到湛若水》，上海辞书出版社2015年版，第199~216页。

② 湛甘泉：《新泉问辩录》，《泉翁大全集》卷六十七。

③ 湛甘泉：《雍语·辨志第十二》，《泉翁大全集》卷六。

④ 湛甘泉：《二业合一训》，《湛甘泉先生文集》第一册，广西师范大学出版社2014年版，第168页。

武、兵农、文章与性道以及心物等对立项中皆主合二而一，反对一分为二。

他“合一”说中最著名者当属“二业合一”，即道德修养的“德业”与科举考试的“举业”的齐头并进。关于“二业合一”之重要意义，门人黄纶讲：“二业合一训者，吾师甘泉先生救世之第一义也，实拯溺济时之言也。”① 在《二业合一训》中，他现身说法曰：

> 吾实身践焉，吾尝试之矣。昔者吾自二十而学，至二十七年而举于乡，其业犹夫人也。自闻学于君子，合举业而涵养者十有三年。及乙丑之试也，而举业则若大有异夫昔者也，其源源而来也，若有神开之也。然犹有说焉，乃离举业而涵养也犹若是，若夫不外举业而涵养存存焉，其成也勃焉矣。②

何以做到德业与举业双修并举呢？湛甘泉强调“神”的功效：

> 黄生纶问甘泉子曰：“二业之功何如？”曰：“在存神。神也者，德业之妙也，举业之主也。是故存神而二业一矣。”曰：“未达。”曰：“夫病瘘之人，其口齿唇舌固具也，而不能言者何也？气不足而神不主也。故神全则气全，气全则其发诸言也达，其为文辞也畅。反是则神散，神散则气散，气散则其发诸言也谬，其为文辞也落寞而不章，无怪其然也。”曰：“敢问神气之聚散也何如？”曰：“邪视则能散目之神矣，邪听则能散耳之神矣，邪嗅则能散鼻之神矣，是三神者一也，皆本诸心也。邪言则能散心之神矣，故在敛之而已。目视书而目不溺于书，故能敛目之神；耳听书而耳不溺于书，故能敛耳之神；口诵书而心不溺于书，故能敛心之神。神完而固，言发而昌，辞成而浑，其古之德行道艺者与！”③

这里的所谓“神”当指意念的专注与收摄，既专心致志又不恣肆沉溺。但是，人成功与否，精神投入的恰到好处只是条件之一，其与人的材质优劣亦有绝大的关系。同文载：

---

① 黄纶：《泉翁二业合一训序》，《泉翁大全集》卷四。

② 湛甘泉：《二业合一训》，《湛甘泉先生文集》第一册，广西师范大学出版社 2014 年版，第 176 页。

③ 湛甘泉：《二业合一训》，《湛甘泉先生文集》第一册，第 179～180 页。

或曰：“今夫达官大人，举业足矣。子之迂也，奚必德业之一？”甘泉子曰：“今之人材，大者大用焉，小者小用焉。譬之材木之大小焉，其材固类也，或可以为栋梁焉，或可以为榱桷焉。何也？其大者非常之材，得雨露之养于天也，得土力之养于地也，得栽培之养于人也。否则小焉榱桷之材而已。其亦有起明堂造宗庙也，将何须矣？是故二业合一，则盛德大业备矣。天德王道之事具矣，夫是之谓王佐之才。”①

这是说，人的天赋才具虽有大小，但应各尽其才，各显其能，各有其用。他的所谓“举业”放宽了尺码，不再囿于科举考试的成功。

他强调“合一”尤其是“二业合一”，旨在反对两种偏颇——他统称为“支离”：

或问：“曰‘德性举业，内外之事也’，于何事内，于何事外？甘泉子曰：“噫！若子所谓支离之说也。”曰：“曷为支离？”曰：“夫所谓支离者，二之之谓也。非徒逐外而忘内也，是内而非外者亦谓之支离也。过犹不及耳。必体用一原，显微无间，一以贯之，斯可以免也夫。”②

在他锋芒所指的两种极端倾向，“逐外而忘内”当指朱熹及其后学，尤其是那些沉迷于科考之一途的莘莘学子；而“是内而非外”者应是王阳明及其执于一偏的弟子。

当然，朱熹也讲“合一”，如理气合一等。但他的“合一”乃是由分而合，终为二物，他自己就说：“所谓理与气，此决是二物。”③ 劳思光先生分析其“理气合一”曰：

盖“理”与“气”二字既不能互代，则必有一定之分别；所谓“混沦”或“一体”，皆不能就其“存在性”言，而只能就运行言。说

① 湛甘泉：《二业合一训》，《湛甘泉先生文集》第一册，第180~181页。

② 湛甘泉：《二业合一训》，《湛甘泉先生文集》第一册，第173页。

③ 朱熹：《朱文公文集》卷四十六《答刘文叔（一）》。

> “理未尝离乎气”时，已预认理气决是二物；不然，则岂是说“理未尝离乎理”或“气未尝离乎气”乎？在语言上作最简单之分析，即可知此中并无难解之处也。[①]

同时，朱熹虽也讲“心理合一”，但他彰显的是外在天理，王阳明批评朱“外吾心以求理”乃是“析心与理而为二也”。[②]

还有，朱熹在《白鹿洞书院学规》所列“博学之，审问之，慎思之，明辨之，笃行之”五条，前四句讲的是“知”，第五句讲“行”，正如贺麟先生指出，虽然它亦代表了典型的价值或理想的“知行合一”观，不过，“朱子的问题只限于‘知行何以应合一’及‘如何使知行合一’方面。他全没有涉及自然的知行合一方面。也没有王阳明即知即行的说法。他认为学问思辨为知，笃行为行，不容混淆。虽则知行可以相发相辅，知可促进行，行可促进知，但知自知，行自行，界限分明”。[③]

王阳明自然也强调“合一”，他著名的“知行合一”说讲：就知行的次第言，“知是行之始，行是知之成”[④]；就知行的功能言，“知是行的主意，行是知的功夫”[⑤]；就知行的程度言，“知之真切笃实处既是行，行之明觉精察处即是知，知行工夫本不可离”。[⑥] 他用其“知行合一”理念解读博学、慎问等“五条”：

> 门人问曰：“知、行如何得合一？且如《中庸》言‘博学之’，又说个‘笃行之’，分明知、行是两件。”先生曰：“博学只是事事学存此天理，笃行只是学之不已之意。”[⑦]

阳明所谓“合一”有混合知行的倾向，即“销知入行”“销行入知”。同时，他标举的诸如“心理合一”“知行并进”“身心一体”“内外双修”“天人合一”等“合一”说，都是基于其“心即理”的思想主旨和理论预

---

① 劳思光：《新编中国哲学史》三卷上册，广西师范大学出版社 2005 年版，第 210 页。
② 王阳明：《传习录》中。
③ 贺麟：《知行合一新论》，《近代唯心论简释》，上海人民出版社 2009 年版，第 67 页。
④ 王阳明：《传习录》上。
⑤ 王阳明：《传习录》上。
⑥ 王阳明：《传习录》中。
⑦ 王阳明：《传习录》下。

设而言。他的“良知”和“致良知”说，一劳永逸地把其关乎内在德性的“良知”或“德业”置于优先性、主导性地位。阳明“知行合一”说是在“良知”说统领下的“合一”，这显然针对的是程朱“知先行后”而导致的知行分裂。在宋代理学那里，“格物致知”“学问思辨”属于“知”的范畴，“行”则指笃行实践、身体力行。“知先行后”说在社会上的极端表现，便是一味外求、逐外忘内，知而不行。就德业与举业这“二业”而言，则表现为重后轻前。朱熹说：“格物之理，以致我之知。”① “半日静坐，半日读书。”② 真德秀说：“穷理之要，全在读书。”③

阳明正是反其道而行之。相形之下，湛甘泉的“合一”说，尤其是“二业合一”，则有居间调停、兼顾整体、平衡周全的理论特点，他说：

> 内外合一谓之至道，知行合一谓之至学，如是则天地乾坤君臣父子夫妇之道在我矣。④

二 “中庸”的模式

湛若水不仅力倡“合一”说，还特别推崇“中庸”的价值准则和运思模式。“合一”与“中庸”二者实际上有着内在有机的意义关联。

> 盖心与事应，然后天理见焉。天理非在外也，特因事之来，随感而应耳。故事物之来，体之者心也，心得中正则天理矣。⑤
>
> 理欲只是一念，又何处绝得？只在过与不及之间，故《中庸》不说理欲，夫子亦不说去欲二字，止说非礼。非礼者，不中正之谓也。⑥
>
> 惟天生民有欲，欲不必无，亦不能无，为无欲之说者，惑也。圣人中焉，贤者寡焉。寡者择其中之谓也。至于中，则一欲不弃，一欲

① 黄宗羲等：《宋元学案》卷十八。
② 黄宗羲等：《宋元学案》卷十五。
③ 真德秀：《问格物致知》，《真西山文集》卷三十。
④ 湛甘泉：《问疑录》，《湛甘泉先生文集》第二册，广西师范大学出版社，2014，第499页。
⑤ 湛甘泉：《文集·答聂文蔚侍御》，《泉翁大全集》卷九。
⑥ 黄宗羲：《明儒学案》卷三十九，《甘泉学案三·理学闻言》。

不留，欲我当欲，与人同欲，是谓中和位育之道。①

当然，不仅力主“合一”说的湛若水强调“中庸”，朱熹、王阳明也均“合一”与“中庸”并重，朱熹《四书集注》中的《中庸章句》《朱子语类》的第六十二、六十三卷集中讨论了“中庸”概念，他还将《伪古文尚书》里“人心惟危，道心惟微，惟精惟一，允执厥中”的十六字，破解为古代圣人秘不示人的“传授心法”，即所谓“十六字心传”，其中“允执厥中”即是中庸之道。王阳明更以“中庸”界定良知、天理、道和心。② 不过，细加辨析，会发现三者所孜孜以求的“合一”与“中庸”并不尽同，他们“合一”说的差异源于各自崇信的“中庸”的不同模式。

中国传统哲学中的“合一”理念，不仅涉及诸多理论层面，其所谓“合一”概念的意涵也颇为丰富复杂。简言之，有的意指时间维度的生成、转化、发展、因果，有的指空间维度的交叉、重叠（完全重叠即成了“和而不同”的同）、一体两面等，有的则指逻辑上的本末、体用、共存、互为条件、互为因果等。就基本倾向而言，朱熹偏爱的是时间之维转化的“合一”，其《白鹿洞书院学规》即彰显了这一点；阳明偏爱的是空间之维的“合一”，如知行的彼此包含；湛若水偏爱的是逻辑上的“合一”，强调对立项的兼重并举，不可偏废。

而“中庸”作为一种思维模式和行为模式，简言之，一般指不偏不倚，无过不及。至于中庸的实际运演模式，古圣先贤语焉不详，没有系统完整的交代。今人庞朴先生曾将“中庸”概括为“A 然而 B”、“A 而不 A”、“亦 A 亦 B”和“不 A 不 B”四种逻辑形式。他指出，第一式 A 而 B，是立足于 A 兼及于 B，以 B 来补 A 的不足；第二式 A 而不 A，明里是就 A 防 A 的过度，暗中却是以 B 为参照来扯住 A，是 A 而 B 式的反面说法；第三式亦 A 亦 B，平等包有 AB，是 A 而 B 式的扩展；第四式不 A 不 B，超出 AB 而上之，是第三式的否定说法。③

这里拟将中庸的主要操作模式归纳与丰富为如下九种：

---

① 黄宗羲：《明儒学案》卷四十二，《甘泉学案六・醉经楼集解》。

② 详见拙文《“中”在阳明心学体系中的意义》，《国际阳明学研究》第三卷，2013。

③ 庞朴：《“中庸”平议》，《中国社会科学》1980 年第 1 期；《儒家辩证法研究》，中华书局 1984 年版；《一分为三》，上海古籍出版社 2003 年版。

A ——	C ——	B
左	中	右
过度	恰当	不及

（1）不 A 不 B（排除）

排除过度与不及的两种极端而达于适度，否定二恶而得一善，如不卑不亢。《论语·为政》：“子曰：‘攻乎异端，斯害也已。’”

（2）亦 A 亦 B（兼容）

参合折中两种品质，兼容并蓄，优势互补，如刚柔相济，恩威并用，文质彬彬。《论语·雍也》：“子曰：‘质胜文则野，文胜质则史。文质彬彬，然后君子。’”

（3）A 而 B（偏正）

以积极面为主，在主辅偏正之间形成张力。《论语·述而》：“威而不猛，恭而安。”

（4）B 而 A（偏正）

以消极面为主，在主辅偏正之间形成张力。《论语·述而》：“温而厉。”

（5）宁 B 毋 A（择取）

退而求其次，选择不及。《论语·述而》：“奢则不孙，俭则固。与其不孙，宁固。”《论语·八佾》：“林放问礼之本。子曰：‘大哉问！礼，与其奢也，宁俭，与其易也，宁戚。’”

（6）宁 A 毋 B（择取）

为了更高目标，打破平衡，选择过激，如舍生取义，杀身成仁。

（7）C 而不 A（防左）

预防过度。《论语·八佾》：“乐而不淫，哀而不伤。”“子曰：‘关雎，乐而不淫，哀而不伤。’”

（8）C 而不 B（反右）

预防不及。《论语·述而》：“学而不厌，诲人不倦。”

（9）无 A 无 B（超越）

超越两端，在矛盾之外、对待之先，自然守中。在此，儒家的“中”已接近于道家的“无”。儒、道本是同源异流。

就朱熹、王阳明和湛甘泉的“中庸”思想的理论侧重而言，朱熹和王阳明实际上侧重于“偏正”式，只是朱与王乃各有所偏，正相反对；湛若水则侧重于讲究“亦 A 亦 B”的“兼容”式。

如从“正”“反”“合”三段式来审视，不妨诠释为：朱熹为“正”，王阳明为“反”，湛甘泉为“合”，尽管从时间先后看，湛氏的学术起步早于阳明。

三 “尊德性”与“道问学”

《礼记·中庸》云：“君子尊德性而道问学。”“尊德性”即尊崇人天赋内在的善端、德性，“道问学”系向外格物致知、读书穷理的学习。历史上哲学家、思想者对“尊德性”与“道问学”主次、先后、本末之判定，判然分成了修德和治学的两种方法，尤其在宋明理学那里则有充分的理论自觉和学派认同。南宋淳熙二年（1175）的鹅湖之会，理学家与心学家环绕“尊德性”与“道问学”二者孰轻孰重展开了激烈的哲学争论，朱熹重“泛观博览而后归之约”的“道问学”，陆象山重“先发明人之本心，而后使之博览”的“尊德性”，最终不欢而散。朱熹曾讲：

> 大抵子思以来，教人之法，惟以尊德性、道问学两事为用力之要。今子静（陆九渊）所专是尊德性事，而熹平日所论却是问学上多了。①

其实，“尊德性”与“道问学”这两种治学取径和修炼方法，牵扯到心与理、知与行、格物与致知、德性与知识、内圣与外王、“德性之知”与“闻见之知”等诸多理论层面的问题。

作为心学集大成者的王阳明，自然强调“尊德性”的主导性，他把二者理解为目的和手段的关系，说：“道问学即所以尊德性也。”② 此外，他除了用“知行合一”矫正朱熹的“知先行后”“知而不行”外，还用“心外无理”“心即理”对治“天理”说，用“致良知”对治“格物致知”。

如前所述，湛若水倡导“德业”与“举业”的“二业合一”，在“尊德性”与“道问学”之间，当然持兼顾并举的持平态度。

> 知行并造，博学、审问、慎思、明辨、笃行，皆所以造道也。读

---

① 朱熹：《朱文公文集》卷五十四。

② 王阳明：《传习录》下。

书、亲师友、应酬，随时随处皆求体认天理，而涵养之，无非造道之功。意、身、心一齐俱造，皆一段工夫，更无二事。①

他对包括王阳明在内的儒学是内非外、重心略事一系列的偏激倾向亦有所批评，说：

自后世儒者皆坐支离之弊，分内外、本末、心事为两途，便是支而离之。故有是内非外、重心略事之病，犹多不悟，反以为立本。千百年来道学不明，坐此之故。自今诸学子，合下便要内外、本末、心事合一，乃是孔孟正脉。②

其实，朱熹由“道问学”到“尊德性”的知先行后说，是与隋唐以来盛行的科举考试的路数是一致的。贺麟先生指出：朱熹“他所说由学问思辨而笃行的步骤，实即是‘学而优则仕’的另一说法”③。朱熹哲学在元代始成为官方的国家教理，而他合刊并解释的《四书》成为科举考试的重要教材。明代的朱子学已被官方意识形态化，成了牢笼天下的精神枷锁。

王阳明“心外无事”“心外无理”“心外无物”的极端激进的说法及其对自在、自为、自觉、自由的道德主体性的弘扬，客观上成了冲击外在宗法专制意识形态及其“政教合一”的制度建构的利器，什么圣经贤传、科举八股、礼法传统这些客观化、固化和神圣化了的公共主体，正遭到个体主义和自由意志的无形消解。阳明心学的这种片面的深刻、深刻的片面，尽管在学理上畸重畸轻、概念上多所含混、逻辑上亦不周延，但这种矫枉过正对旧体制和旧观念具有较强的冲击力和杀伤性，这也就无怪乎阳明后学中出现那么多的异端思想家和启蒙哲学家。

湛若水的哲学则表现出在程朱、陆王之间居间调停的学说倾向，兼包并蓄，相容共存，追求某种平衡性、完整性和周全性，因而具有更多的客观性和真理性。湛氏思想的文化功能主在“建设”而非“破坏”。只可惜，明清以降疾风暴雨式的社会和思想运动，一个接着一个，一个比一个激进，

① 湛甘泉：《文集·答阳明》，《泉翁大全集》卷八。

② 湛甘泉：《大科训规》，《湛甘泉先生文集》第一册，第206页。

③ 贺麟：《五十年来的中国哲学》，上海人民出版社2012年版，第206页。

始终没有给其贡献建设性思想元素提供一个应有的机会。

湛若水的思想，包括其师陈献章的思想，与同籍广东的“中国民主革命的先行者”孙中山在革命受挫后所著的《建国方略》均富含建设性、完整性，统筹安排，理性考量，亦皆重视心理建设；与晚年归隐广东的当代学术大师陈寅恪，二者思想学术都博大精深，体大思精，但又不失对个人主体性的孜孜以求，崇尚“独立之精神，自由之思想”。这其中有无区域文化的因素，值得探究。

（作者：中国社会科学院历史所研究员）

意义世界的展开与敞亮

——王阳明的“心外无理、心外无物”说述论

张新民

王阳明一生均在回应朱子学说的挑战，力图以各种方法走出朱子哲学对他的影响。但从他一生学思历程的变化看，只有到了龙场直彻心源而悟道之后，他才决定性地证入了形上超越的本体世界，了解了超验终极的主体世界的究竟真实，遂重新返归孔孟道统思想立场，彻底走出朱子学问系统的牢笼，提出“心外无理”“心外无物”等学说，非但“心”之能动性存在意义得到了空前的突出，即人之主体性地位也获得了空前的拔高。从此在儒家内部，程朱系统之外，又多了一陆王系统，二者均为极具完整理论形态与精神价值意义的重要思想学说，共同形成了中国思想史上两大横亘天际的主峰山脉，代表了儒家内部相互交叉又各有特点的两大精神发展方向，乃是儒学在宋明演进发展时期明显具有“二水分流”意义并互激互荡的两大重要学术谱系。

一　心与理不二

龙场生死边际情景下对“道”的如实证悟，对人心人性及各种正反两面经验的如实反省，使阳明超越一切权力、地位、功名、成就的局限，跃入精神实在的无限天地，洞开生命存在的本然真实，直悟成圣的深刻本体根据就在人的内心。因为心原本“宽满自足”，心具众理，而具众理之心不可能只是静默枯寂的，同时也是活泼泼畅遂感而遂通的，它既是存在的本真，又是宇宙的实相。心具众理即是说人具有善的价值潜能，有善的自我实现的力量。价值与意义的根源不可能自外于人的妙灵真心真性，它不依

赖但也不脱离外部世界林林总总的客观存在。心作为价值与意义的究竟源头，为经验世界带来了心物浑然交融的理趣和生机。成圣的本体资源与实践的道德动力，只能依据内在的本心本性才能真正开出。心作为最高本体乃是意义与价值栖息的家园。可见“心外无理”说乃是阳明依据实存体验而总结出来的哲理命题，是在死亡威逼下对生命意义不断追询反省的必然结果。阳明说：

> 人一日间，古今世界都经过一番，只是人不见耳。夜气清明时，无视无听，无思无作，淡然平怀，就是羲皇世界。平旦时，神清气朗，雍雍穆穆，就是尧、舜世界。日中以前，礼仪交会，气象秩然，就是三代世界。日中以后，神气渐昏，往来杂扰，就是春秋、战国世界。渐渐昏夜，万物寝息，景象寂寥，就是人消物尽世界。学者信得良知过，不为气所乱，便常做个羲皇已上人①。

他是结合人必有的起居应对日常生活，依据自己的实存经验体会，分析一天之内可能出现的多种生命存在状况的。如果将分析框架扩大至人的整个生命历程，就人生不能不遭受的各种际遇而言，生命的存在状态显然也会有很大的差异。他以“古今世界都经过一番”来巧作比喻，当然也体现了深邃的心性体验工夫和观察睿智。但最重要的是返归人人皆有的良知本体，一旦透入其中且自信得过，不为牵于欲念之气所纷扰搅乱，便可做个羲皇时代之人。

阳明所谓羲皇时代之人，乃是顺遂天性固有之自然而安住生命之静根，又依此静根随时活泼自然地起用，做到静亦定，动亦定，良知时时知是知非，但其自身又无是无非。诚如他所言：

> 心，无动静者也。其静也者，以言其体也；其动也者，以言其用也。故君子之学，无间于动静。其静也，常觉而未尝无也，故常应；其动也，常定而未尝有也，故常寂；常应常寂，动静皆有事焉，是之谓集义。集义故能无祇悔，所谓动亦定，静亦定者也。心一而已。静，

---

① 《传习录下》，《王阳明全集》卷三（以下简称《全集》），上海古籍出版社 1992 年版，第 115~116 页。

其体也，而复求静根焉，是挠其体也；动，其用也，而惧其易动焉，是废其用也。故求静之心即动也，恶动之心非静也，是之谓动亦动，静亦动，将迎起伏，相寻于无穷矣。故循理之谓静，从欲之谓动。欲也者，非必声色货利外诱也，有心之私皆欲也。故循理焉，虽酬酢万变，皆静也。濂溪所谓“主静”，无欲之谓也，是谓集义者也。从欲焉，虽心斋坐忘，亦动也。告子之强制正助之谓也，是外义者也。[①]

可见所谓“羲皇时代之人”，乃是指心体一循于理，而归本于静，然后又依体活泼起用，常寂常应，动静一如，无有间隔，无有滞碍，前后始终均不离于理。但如果不是在定中循理，而是从欲动气非理，心念终日往来杂扰，就完全可能陷入春秋、战国世界，不仅意味着生命的病态，而且根本就是人的异化。

在王阳明看来，从欲而动之“欲”，未必就应推诿于外部世界声色货利的引诱，因为即使面对外部世界声色货利的引诱，我们依然可以做到不动心。反之，倘若整天在有所求之心中躁动不安，即使暂无外部世界声色货利的引诱，也依然会陷入前面所讲的春秋、战国时代。因此，儒家一贯重视的集义的工夫遂不可不讲，集义的工夫本质上即是无欲的工夫，在方法论上必须强调“主静”。就境界言即如“羲皇时代之人”，如此虽酬酢万变，而心体均常应常寂。所以必须本体工夫合为一体，心即理之义才能豁然彰显。

由此可见，阳明之所以以心为中心范畴来建构他的理论学说，不但认为性即是理，甚至强调心也满载着理，成圣成贤的本体论根据即为人的本心本性，根本的原因就是“无欲”之心即为本体之心，本体之心必然纯乎天理，天理即是“至善”，原本就内在于人的心性之中。心性的善必以心性的真为本体论依据，心性的真又以心性的善为价值论目的，二者合为一体则展现为存在论的美好人格风姿，故以本体论与价值论融洽无间的角度来进行观察，则可说人人都是“羲皇时代之人”。

但是，“羲皇时代之人”亦有可能为私欲习气所遮蔽，内心完全陷入春秋、战国纷争失序时代。尽管如此，我们依然可以凭借集义的工夫，返归至善之心体，培养至刚至正至大之气，恢复灵性生命固有之理。可见阳明之所以主张“心即理”的一大目的，便是要最大化地发挥心的主观能动性，

① 《答伦彦式》，《全集》卷五，第 182 页。

痛下返归无欲至善的本心本性的工夫，真正展现人的主体人格风姿，使生命行为无论举手投足，均无不合乎理，无不合乎道，不仅实现个人生命的善，而且也重建人间社会的善。

从本体论上说，“心外无理”“至善者心之本体”，本体的善当然是绝对的，不与恶相待的。本体的善既是天理，也是圣性。“圣人之道吾性具足”，显然已为成德的精神发展方向提供了充足的理据，它本来就是心性本体人格化自我实现的一种方式，体现了生命调适上遂源源滚滚不断的内在活泉动力。

成圣成贤的修养工夫，不能脱离人的本心本性，而一味向外奔逐驰求，当然也就不能将心与理析分为二。否则心与理判然为二，则不仅意味着心灵一片黑暗，即道德也必将成为无根的行为，重建人间社会的善便只能是一句空话。阳明明确指出：

> 求理于事事物物者，如求孝之理于其亲之谓也。求孝之理于其亲，则孝之理其果在于吾之心邪？抑果在于亲之身邪？假而果在于亲之身，则亲没之后，吾心遂无孝之理欤？见孺子之入井，必有恻隐之理，是恻隐之理果在于孺子之身欤？抑在于吾心之良知欤？其或不可以从之于井欤？其或可以手而援之欤？是皆所谓理也，是果在于孺子之身欤？抑果出于吾心之良知欤？以是例之，万事万物之理，莫不皆然。是可以知析心与理为二之非矣。夫析心与理而为二，此告子“义外”之说，孟子之所深辟也。①

如同认识一个事物必须首先分析其本源一样，判断一个道德行为也应该率先把握其本源。无论孝之理或恻隐之理，其真机之发动处固然需要作用于一定的对象，但也不可能自外于常寂常感之心体。如果说真知是对终极原因的正确体认，则体认本身即已包含了解释的向度，既表现为对传统格物说的重新训读，也显示了主体心性活动与实践行为的统一。

心与理既然不可析分为二，当然也就意味着道德行为本来即源自人心内在之良知，既是人的“至善”本质的客观实现，也是心灵合乎天理的可靠明证。《传习录》载阳明与弟子徐爱的问答：

---

① 《答顾栋桥书》，《全集》卷二，第 44~45 页。

> 爱问："至善只求诸心，恐天下事理有不能尽。"先生曰："天下又有心外之事，心外之理乎……今姑就所问者言之，且如事父，不成去父上求个孝的理，事君不成去君上求个忠的理，交友治民也不成去友上民上求个信与仁的理。都只在此心，心即理也。此心无私欲之蔽，即是天理，不须外面添一分。以此纯乎天理之心，发之事父便是孝，发之事君便是忠，发之交友治民便是信与仁。只在此心去人欲、存天理上用功便是。爱曰："闻先生如此说，爱已觉有省悟处。但旧说缠于胸中，尚有未脱然者。如事父一事，其间温凊定省之类有许多节目，不知亦须讲求否……此心若无人欲，纯是天理，是个诚于孝亲的心，冬时自然思量父母的寒，便自要去求个温的道理；夏时自然思量父母的热，便自要去求个凊的道理。这都是那诚孝的心发出来的条件。却是须有这诚孝的心，然后有这条件发出来。"①

足证王阳明的"心即理"之说，乃是以无私欲之蔽为前提的。而要做到无私欲之蔽，便不能不在心上做去人欲、存天理的工夫。人欲减得一分，天理便呈现一分。人欲是可增可减必须以工夫来对治的，天理则是不增不减必须以工夫来呈现的。天理内在于人心当为一，发用外显为行为则必为多。质言之，如同树木枝叶繁茂，然论其发根生长处，则必然归为一一样，道德行为无论节目如何繁多，倘若追根究底至其心源发动处，其理亦必然归为一。适可见道德节目与道德本心之间，虽然原来即无间无隔，乃是体用一源的存在论显现，但仍有本末先后的差别，不能将有本之源错置为良知涵盖下的对象化外部存在。

二 万物一体的价值论贞定

道德行为即是合理的行为，不仅符合外部世界伦理秩序之理，而且根植于内部世界心灵秩序之理，体现了人的本体的终极的自我完善或完满。也就是说，心中的理人人共具，因而乃是普遍的，当下证之本心即可求得的。向外求理即是把道德原则看成外铄，错将道德的主体还原成董金裕了客体，落入遭到儒家严斥的告子"义外说"的陷阱之中。人心中有理，当

① 《传习录上》，《全集》卷一，第2~3页。

下反求诸己即可证觉，当下可以证觉亦即当下可以实践。这是对自己所作所为意义价值来源的领悟，人在这种领悟中才能发现最本己、最真实的自我。心不仅与理合一，心与性也当合一。心性合一乃是将心与性彻底打通，将性之理发显为心之理，而为灵性的生命所固有，为灵性的生命所自觉："君子之学，心学也。心，性也；性，天也。圣人之心纯乎天理，故无事于学。……学以存其心者，何求哉？求诸其心而已矣"。[①] 而心之体即是理即是性，尽心的工夫即穷理的工夫，穷理的工夫即是知性的工夫："心之体性也，性即理也。穷仁之理，真要仁极仁，穷义之理，真要义极义：仁义只是吾性，故穷理即是尽性。如孟子说充其恻隐之心，至仁不可胜用，这便是穷理工夫。"[②]

尽心知性的工夫，本质上即是穷理知天的工夫。儒家一贯以为，人性在本源处其本质是善，人性来源于天道，为天之所命而人人固有，是超越的、绝对的，又落实于每一个体的心性中，离不开每一个体的体验与自觉，因而是内在的、普遍的，可以经验呈现的。天道在人性中的展现是自然而然的，相生相成的，人性的真实与宇宙的真实是同一的，内在的人性与外在的天道本质上不可分离，人能参与天地的创造活动就是重要明证。无作意、无放佚、无遮蔽、无受染的本心即是人性的本真境界，纯乎天理的境界，绝对善的境界，宇宙实然的境界。心的即性即理的性质规定，决定理不可能悬挂在本心之外，道德法则亦只能来源于内在本心。"吾心之处事物纯乎天理而无人伪之杂谓之善，非在事物之有定所之可求也。处物义，是吾义之得其宜也。义非在外可袭取。格者格此也，致者致此也，必曰事事物物上求个至善，是离而二之也"[③]。"格""致"的工夫即成圣的工夫，成圣的工夫就是尽心的工夫，心外无理，心外无事，意义的来源不能外于心灵，离开了心灵，世界便是不可知的，至少在意义的体验上是不可知的。人对生命创造力的自觉即是对至善心体的自觉，不能脱离本心来谈"格""致"。"格""致"作为一种人生主动自觉的实践性工夫，根本的目的就是实现人天合一的本质性的善。

除道德理性意义的"天理"外，王阳明又用条理说心。"理者，心之条

---

① 《谨斋说》，《全集》卷七，第 263 页。

② 《传习录上》，《全集》卷一，第 33~34 页。

③ 《与王纯甫书》，《全集》卷四，第 156 页。

理也”[①]。条理即心灵逻辑或心灵秩序，它近似于先验理性，而有别于理论理性。心灵结构与社会价值结构、自然实在结构必然有相应和互动的关系。依阳明，心灵秩序与万物的自然秩序、社会的伦理秩序在究极根源处原本合一，既为心之本体所同摄，又在心之本体下无限彰显。正如离开了思想律不能谈自然律一样，离开了心之理（秩序）亦不能谈万物之理（秩序）或人伦之理（秩序）。“夫物理不外吾心，外吾心而求物理，无物理矣。遗物理而求吾心，吾心又何物耶？……外心以求物理，是以有暗而不达矣”[②]。心灵秩序与万物秩序本是一个秩序，这是心与世界本原或本体相通意义上的“天人合一，也可说人（主）与天（客）本来就具有终极性与根源性的本体同一。至于世俗世间的人伦秩序，则更是心灵秩序的外显和表现，有天道落实于人心显用于社会的形上存在依据，植根于道德本心的道德活动“发没安放处之于亲则为孝，发之于君则为忠，发于朋友则为信，千变万化至不可究竭，而莫非发于吾之一心”[③]。万物的自然秩序法则、社会的人伦秩序法则都内具于人心而成为心之本体。心体是理性的，有情感条理的，能自然发用并实现其价值的，心体实现其价值的过程也就是人、社会、宇宙、天道实现其价值的过程，所以圣人之学即尽心之学，尽心之学即复见本心之学，即知性知理得天地之道之学。而人人心同理同，人人皆可以成圣成贤，故尽己之心，即尽人之心，实现自己更要实现别人，阳明直承孟子阐扬尽心之学，“若解向里寻求，见得自己心体，即无时无处不是此道，亘古亘今无始终，更有甚同异？心即道，道即天，知心则知道、知天”。[④]而圣人的境界也就是心灵秩序与人伦秩序、宇宙秩序高度合一的境界，上则达天德达天理，与天地合其德，日月同其明，下则齐家治国平天下，开出主体积极道德实践的宽广舞台，人文价值充分彰显的广阔世界。故尽心之学必达致天地万物为一体的境界，方臻圆满究竟。就社会人伦秩序言，“吾之父子亲也矣，而天下有未亲者焉，吾心未尽也；吾之君臣义矣，而天下有未义者焉，吾心未尽也；吾之夫妇别矣，长幼序矣，朋友信矣，而天下有未别未序未信者焉，吾心未尽也。……故于是有纪纲政事之设焉，有

① 《书诸阳伯卷》，《全集》卷八，第 277 页。
② 《答顾栋桥书》，《全集》卷二，第 42 页。
③ 《书诸阳伯卷》，《全集》卷八，第 277 页。
④ 《传习录上》，《全集》卷一，第 21 页。

礼乐教化之施焉，凡以裁成辅相、成己成物，而求尽吾心焉耳。必尽而家以齐，国以治，天下以平，故圣人之学不出乎尽心”。[①] 就万物的自然秩序说，一切存在都可人文化、精神化，将其收摄为道德心灵关怀下的意义物，成为与人性实践的境界相互联属的价值物，如此层层推延，由尽己尽人之性以至尽物之性，人与宇宙万物都有一和谐的整体价值贞定，一切存在都以调适畅性的方式来圆满地实现自己的本质性发展，最终必能达致天地万物一体之仁。可见阳明所言“物理”乃是指秩序法则，是价值论而非认识论，不能指责他有什么矛盾，亦不能批评他未能满足认识论（特别是知识独断论）的要求。

三　意义世界的一体化显现

与海德格尔以存在取代价值，人生意义不能不有所消解不同，在成己成物的尽心之学的关怀下，一切存在都成为心物交融的价值存在，世界也就成为心物交融的意义世界，在在都是主客相互渗入的充满超越美感体验的意义架构本文。正是在这一意义上，王阳明才说出“心外无物”的命题——万事万物无一不在道德心灵的超越涵盖之下，万事万物无一不得到道德心灵的统察照会。主体不沉溺于客体，而客体尽收摄于主体。人在世界中，世界向人显现，人的世界离不开自然的世界，自然世界的显现也有赖于人的存在。世界中的人与人在其中的世界，二者作为本源性的存在，乃是交流感通的本体的目的的存在，而非孤悬隔绝的“他者”的异化的存在。人正是在与世界或宇宙的交流感通中，因移情化的作用，凭借智的感性的直观，透过道德、审美及宗教证悟三者，既为世界注入了人的形式，又增强了人生整体意义的承担。《传习录下》载：

> 先生游南镇，一友指岩中花树问曰：“天下无心外之物，如此花在深山中自开自落，于我心中亦何相关？”先生曰：“你未看此花时，此花与汝心同归于寂。你来看此花时，此花颜色一时明白起来，便知此花不在你心外。[②]

① 《重修山阴县学记》，《全集》卷八，第 257 页。

② 《传习录下》，《全集》卷三，第 107～108 页。

发问者显然是了解王阳明的“心外无物”之说的。他追问的是心与物（思维与存在）的关系问题，更接近于我们今天所说的以主客二分为思维架构的认识论。而王阳明则将其巧妙地扭转为“未看”与“看”——“未显像”与“显像”的感性直观问题，更类似于我们今天所说的以智的直观为出发点的存在的本体论。世界的显现亦同花的显现一样，均必须依赖人的“看”的感性直观——也可说是心的智的直觉“观照”。心的智的直觉“未观照”（未看）时，“花”与“心”必然均处于寂然不动的本体状态，即阳明所说的“此花与汝心同归于寂”。而心体一旦由“寂”返“照”（看）时，“花”与“心”必然同时敞亮而显像，即阳明所说的“此花颜色一时明白起来”。显然，王阳明乃是以主体的人的存在为出发点，来理解世界的本体论存在方式的。无论人的本体论本质或物的本体论的显现，都透过心物一元的“观照”桥梁获得了联结。人在智的直观实践活动中，不仅真实地把握了客体，肯定了直观的本体对象，而且也本能地了解了自己，确证了主体的存在本质，乃是最本源的生命直观活动不可辨驳的明证——人的存在与世界的存在均以同时到场的方式获得了现象学的肯认。

从根本上说，王阳明有关“心外无物”的讨论，乃是基于主客互融的感性直观立场，而非主体存在与现象世界二分的理性思辨立场的。当然它也就是孟子“万物皆备于我”，亦即精神实在与现象存在合一的真实境界的如实显现。在这里，“心”的现成涌现与“物”的现前涌现乃是不可分割的同一件事，主观的观物（外观）与观心（内观）得到了圆融无碍的感性直观的统一。易言之，主体与客体都不是孤独悬隔于对方之外的存在，心与物互为依借，互为关系，由此保证了世界的完整属性，构成了世界原来的本体面目。

在心统摄物、物陶熔于心的诗意存在境域中，“心”与“物”同时敞亮朗澈、澄明通透起来，从而充满欣合融乐的盎然生机和意趣。离开了心的灵明“观照”或静穆“言说”，万事万物块然寂立，颓无生气，离开万事万物的充量参与或在其自己、是其自己的去蔽性敞开，心亦不可能有意义创造、生命韵响。心与物在意义与价值的世界中，只能是亲和浃融的关系，绝不能是疏离对抗的关系，因为意义与价值不可能是离开心与物或二者分裂的在场。心与物同归于寂，只是心与物的“隐”，“隐”与“显”相对，并非取消事物的存在，成为“无”或“虚无”；反之，意义境界、价值境界、审美境界当然也必须包含主体特殊的心灵视觉和创造性理解。所以心物交融的存在只是意义与价值的境界存在，而不是主客对峙以认识为目的对象性存在。它对主客同时肯定，对心灵本体与世界存在都持积极的态度，既兼摄融含了主客两面，又超越于主客的二元割裂对立之上。可见王阳明的“心”不是洛克、休谟心理官能的心，更非贝克莱主客之心，以否认客观世界为感觉原型的贝克莱比附阳明，可说毫厘之差而谬误千里。《传习录上》载：

> 问：“圣人应变不穷，莫亦是预先讲求否?”先生曰：“如何讲求得许多？圣人之心如明镜，只是一个明，则随感而应，无物不照；未有已往之形尚在，未照之形先具者。……只怕镜不明，不怕物来不能照。讲求事变，亦是照时事，然学者却须先有个明的工夫。学者惟患此心之未能明，不患事变之不能尽。”曰：“然则所谓‘冲漠无朕而万象森然已具者，其言如何?”曰：“是说本自好，只不善看，亦便有病痛。”①

可见王阳明“此花不在你心外”之说，乃是强调心的“能照”的功能，亦即主观能动的心的感性的直观形式。而他所说的“具形”，似亦为现象学所谓的“显像”。花作为直观存在的“所照”，当有赖于“能照”才能显像（具形）。显像（具形）的过程则是“能照”与“所照”共同作用的过程，亦即心与花一时“明白”起来的显像产生学现象。站在主体的立场上看，“能照”一方面能够常寂常照地直观“所照”，与“所照”形成意向性的结构，表现为“显”的世界的存在，一方面也能常照常寂地不为“所照”所粘缚，与“所照”一起返归于本体状态，形成“隐”的世界的存在。依据客体的角度观察，“所照”固然能够显像于常寂常照的“能照”，成为“能照”的意向性对象，并与“能照”发生关联而呈现意义，但又可随“所照”的常照常寂归本于“寂”，以退隐的或非到场的方式藏匿于广大的“无”的本体世界之中。因此，寂为心之体，照为心之用，心体常寂常照，常照常寂，即体即用，即用即体，随感而应，无物不照。事虽万殊，终不离一心。执一驭多，化多归一，事至物来，自有当然之则，心既能应万变而不穷，当然也就能具万理而无尽，人间万行无不统摄于心，必然可以从容应对一切世俗复杂事务。所以心学系统最吃紧处仍为工夫论上的“明”，至于“明

① 《传习录上》，《全集》卷一，第12页。

明德”则将本体与工夫完全打并为一片，如阳明所说：“惟患此心之未能明，不患事变之不能尽。”只能因修显性，决不执性废修。“明德”本体固然永在，但“明”的工夫却不可一日放废，必须长久积力以入，才能真正契入“明德”之体。

当然，王阳明“此花颜色一时明白起来”的诗化表述，也再现了价值意义处处交涉关联的全面整体的世界。在主体性自我意识与客体世界意识和谐统一的圆融结构中，心物互摄交融，身心互摄交融，意知互摄交融，知物互摄交融，它们息息相关，环环贯联，不仅心性理物为一体，而且身心知意物为一体。“无心则无身，无身则无心。但指其充塞处言，谓之心；指心之发动处言，谓之意；指意之灵明处言，谓之知；指意之涉着处言，谓之物——只是一件”。① 王阳明的心学观只容许本体层次上的心一元，而在功能或发用上则可以有不同的表现或展示。又因其是一元整体的，所以乃是关涉终极实在的。比较西方哲学身与心，意与知，知与物，一句话，精神与现象，价值与存在的二元对立、紧张、矛盾、冲突，这种浑然一体、“只是一件”的和谐整体的存在价值观及圆融活泼的精神生活境界，恰好与前者形成饶有理趣的鲜明对照和强烈反差，表现了东方人对“存在”的特殊观察态度。

从王阳明的精神视域看，整体即是本体，完整性乃是本体的表现，而本体的完整与境界的完整理当统一。在完整的自我结构的呈现中可以掌握真实的与人不二的宇宙世界。一旦将心与理或心与物割裂成两片死物，无论是心灵迷暗或是外境迷暗，都是主体与客体的隔而不通，既是本体的丢失，也是世界的遗忘，都立即丧失圆神浹化、创生不已的生命大用，造成了主体与客体世界的双重遮蔽。如此则西方二元论哲学分析架构，岂可随意套在阳明一类东方学者身上乎？

心承载着“天理”，又为人之主宰，即本体即主体，即存有即活动，本体之心与主宰之心只是一个心，前者是后者的依归和根据，后者为前者贯注精神与生气。这就要求在学习圣贤的自我转化过程中，主要的修养工夫仍为“复心体之同然”。而只有充分高扬人的主体性，充量撑开人的精神自由，将整个社会宇宙当成实践的道场，使心性光明本体充量披露展示，使至大至刚之气充沛流行发用，充塞弥漫于天地宇宙之中，以此实现人之为

① 《传习录下》，《全集》卷三，第 91 页。

人的价值，成就一切存在的固有意义，才可能“精神流贯，志气通达，而无有乎人己之分，物我之间”①。这种浩浩然与宇宙同流的人格气象，以及以活生生的实在形式表现出来的真正精神自由，贯注投射到人类历史文化的创造上，就要做到“视天下犹一家，中国犹一人”②，贯注投射到天地大化自然，就要为天地立心，参赞宇宙化育，使万物均活泼畅性而各有所安，而人在其中亦成为价值与意义场域不断生成和涌现的创造性灵明。“充天塞地，中间只有这个灵明。……我的灵明便是天地鬼神的主宰，天没有我的灵明，谁去仰他高？地没有我的灵明，谁去俯他深？鬼神没有我的灵明，谁去辨他吉凶灾祥？天地鬼神万物，亦没有我的灵明了。如此便是一气贯通的，如何与他间隔得”。任何价值道德理想都是对主体心灵精神的赞扬，正如雕塑艺术家能为石块、木头或泥塑带来灵气与生命一样，王阳明主体性下超越、自由的精神实在也为万事万物带来了灵性与生命。因为主体心灵精神的高扬使生命变得更活泼自由和更富创造性，一旦主体消失，沉陷封闭于小己私我，或心体被私欲遮蔽，灵明变成漆黑，世界的意义与价值立即消失，人格理想、道德理想亦不可能顶天立地浩然挺立，天与人的交流更不可能畅遂调适而毫无间隔，生命的创造自然也就丧失了活力与自由。“今看死的人，他这些精灵游散了，他的天地万物尚在何处？”③ 成圣的主体性原则在王阳明这里被提高到空前的高度，应该说正是心物圆融的一元论形上心学逻辑延伸的必然理论结果。

（作者：贵州大学中国文化书院教授）

① 《答顾栋桥书》，《全集》卷二，第 55 页。

② 《大学问》，《全集》卷二十六，第 967 页。

③ 以上两段引文，均见《传习录下》，《全集》卷三“语录三”，上册，第 124 页。

湛甘泉思想中“天理”的内涵、特点及其与治道的关系

唐雄山

湛甘泉（1466~1560）是明代著名思想家、政治家、教育家，是陈献章衣钵传人，继承和发展了白沙心学，完成了系统而精微的岭南心学体系，构建了富于岭南特色的明代心学流派。“天理”是湛甘泉思想体系中最重要、最核心的概念。近年来，对湛甘泉思想研究取得不少成果，但对湛甘泉“天理”内涵与特征辨析得仍不够清楚明了，因而对“天理”与治道关系的理解也存在一些偏差。希望本文能弥补上述不足。

一　“天理”的内涵

在湛甘泉的思想体系中，“天理”是一个最重要、最核心的概念，也被表述为理、道、大道、达道，有时也被称为性，其内涵可以分三个层面。第一个层面，就世界的万事万物而言，万事万物之间的总体与总趋势的平衡便是“天理”；第二个层面，就人性而言，人性各个要素的总体与总趋势的平衡便是天理；第三个层面，仁、义、礼、孝、悌、慈、怜、让、忠、诚、俭等便是天理。后面两点直指人心与人性。

我们先来看看第一个层面与第二个层面。

> 甘泉子曰：“吾观于大易，而知道器之不可以二二也。爻之阴阳刚柔，器也；得其中焉，道也。器譬则气也，道譬则性也。气得其中正焉，理也，性也。是故性气一体。或者以互言之，二之也夫。故孟氏曰：‘形色天性也。’又曰：‘有物有则。’则也者，其中正也。易曰：

‘一阴一阳之谓道。’其阴阳合德也乎！”①

上述这段文字主要讲了两个内容：一个是宇宙间万事万物的平衡；另一个是人性内部各个要素的平衡。

“吾观于大易，而知道器之不可以二二也。爻之阴阳刚柔，器也；得其中焉，道也。”这段话讲的便是宇宙间万事万物的平衡。在这里，爻、器、阴、阳、刚、柔是万事万物及其特性的代名词。这里的“中”，即是中道、中庸，用现代的语言来表述就是“平衡”。宇宙间的万事万物互相依赖、互相矛盾、互相制约，进而达到总体上互相平衡的状态。这种互相平衡的状态就是“道”，就是“天理”。

在讲了宇宙间万事万物的平衡之后，湛甘泉便直接转入了人性内部，论述人性平衡便是理，便是道。“器譬则气也，道譬则性也。气得其中正焉，理也，性也。是故性气一体。”实际上，甘泉子在这里提到了两种性。一种性是“气形之性”，“形色天性也”中“形色”是指代词，指代人随气形而来的自然之性，它包括了生存欲与死亡欲、占有欲与放弃欲、同情怜悯心与冷漠心、承担责任的欲望与推卸责任的欲望，等等。另一种性是气形之性平衡的产物，甘泉子说“气得其中正焉，理也，性也。”这里的“中正”就是平衡，气形之性平衡的状态就是理，就是中庸，也是所谓的道，它是人气形之性的理想组合形态。“一阴一阳之谓道”实谓阴阳平衡就是道。在人的形气之性中，生存欲为阳，死亡欲为阴；占有欲为阳，放弃欲为阴；同情怜悯心为阳，冷漠心为阴；承担责任的欲望为阳，推卸责任的欲望为阴……在甘泉子的思想体系中，天地万物（包括人性）阴阳平衡就是天理。

士德仕鸣问易。甘泉子曰：“一阴一阳之谓道。”曰：“为之说者，陆也混，朱也离，有诸？”曰：“一阴一阳，阴阳合德，其天地之中乎！夫道，中而已矣。喜怒哀乐之气也，得其中焉，和也，天下之达道也。故耳目之圣明，道气之同形，孰或混诸？孰或离诸？”②

---

① 《文集·樵语·一本第一》，门人沈珠潘子嘉世礼同刊。

② 《文集·樵语·元气第七》，门人沈珠潘子嘉世礼同刊。

甘泉子在这里再次由万事万物的阴阳平衡引申到人性的平衡。阴阳平衡是一种“德”，是“中”，是“道”。人性中的各个要素的平衡是“和”，是“天下之达道”。这里的“喜怒哀乐之气”指代人由气形而得的自然之性。就阴阳而言，喜为阳，怒为阴；乐为阳，哀为阴。所以甘泉子说：“孟氏之养气，其养性乎！性与气一也，示人以易见也。[改] 其说曰：‘气之中者性也。故其为气也，配道与义。’”[①] 根据甘泉子的观点，孟子所谓的“养气”，就是“养性”，即使自己的气形之性达到总体与总趋势上的平衡。气形之性达到了平衡，就“配道与义”。所以，湛甘泉又说：“性也者，其天地之生生者乎！其于人心也，为生理。道也者，其生生之中正者乎！其于生理也，为中和。夫中正者，天之道也；中和者，人之道也。反是则辟焉戾焉，不足以为道，君子不道焉。”[②]

在湛甘泉的著作中，类似上述论述还有许多，这里不再引用与分析。下面，我们看看湛甘泉思想中“天理”的第三个层面。

湛甘泉说：

> 自其天理浑沦而言，谓之道，志则心之所存，惟在乎此而已矣。志而后有得，自其得天理而言，谓之德，据则常守之不失。据而后有仁，自其纯于天理而言，谓之仁。[③]

湛甘泉在此论述了天理的三个层次：道、德、仁。“自其天理浑沦而言”是指平衡的普遍性而言，它是宇宙中的普遍规则，这个规则是“全在”，是“万有”。“自其得天理而言”是指个体的人得到平衡规则而言，它是中庸，是“和”、是“中和”。中庸、“和”、“中和”不仅是就人性而言，而且也是就人的行为而言。“据而后有仁”是指仁就在人所得“天理”之中，即平衡规则之中。人性中这种要素与人性的其他要素（或属性）是一种自在，是一种本有，为了将其与其他的人性要素区别开来，人们叫它为仁，即所谓的“自其纯于天理而言，谓之仁”。这是一个复杂的价值判断与价值选择的过程。这种价值判断与价值选择带来了一系列的重大的历史性

① 《文集·樵语·乘除第十》，门人沈珠潘子嘉世礼同刊。

② 《文集·樵语·语道第二》，门人沈珠潘子嘉世礼同刊。

③ （明）湛若水撰《圣学格物通卷三·诚意格·立志上》。

影响：人性中其他要素受到忽视与冷落。但是，当总体平衡（中庸、“和”、“中和”）无法得到，而人们又不得不进行选择时，这种价值判断与价值导向对人类社会生存与发展起着十分重要的作用。因此，湛甘泉“天理”的第三个层面与第一、第二个层面具有同样重要的意义与作用。

在中国传统的思想中，仁的内涵十分丰富，同情、怜悯、关怀、爱、孝、悌、慈等等都是仁。除了将仁视为“天理”外，湛甘泉将义、礼、俭、诚、正也视为“天理”。他说：

> 夫仁义之心即吾心之生理，所谓性也，旦昼不害其性，则夜气益清，夜气既清则旦昼之理益明，盖性之存亡系乎气之清浊。气得其中正，即仁义之性也，故曰合一。[①]
>
> 夫以仁礼存心，非谓取诸外以存之也。仁即是心之生理，礼即是心之天理。同是一理，苟能体认此理，而心存存，即无一念而非仁礼矣，此乃复吾心本体之正，非由外铄我也。我之心也，得其心则得仁礼矣，失其心，则失仁礼矣。此君子之所以异于人者，乃得人心之常尔，岂别有异于人哉？故君子之学在于体认天理而存，随感而见，施之爱人则为仁，施之敬人则为礼，本立而道自生矣。[②]

“仁义之心即吾心之生理”、“仁即是心之生理，礼即是心之天理。同是一理”。说明“生理”即“天理”，“天理”即“生理”，因为，仁、义、礼都来自人的“四端”。

湛甘泉又说：

> 俭德者，俭约之德也。[③]
>
> 诚者，心之实理，上下同然者也。[④]
>
> 正者，天理之公，仁义是已。[⑤]

---

① （明）湛若水撰《格物通卷十九·正心中》。
② （明）湛若水撰《格物通卷十九·正心中》。
③ （明）湛若水撰《格物通卷五·诚意格·谋虑上》。
④ （明）湛若水撰《格物通卷七·诚意格·感应上》。
⑤ （明）湛若水撰《格物通卷二·诚意格·审几下》。

湛甘泉关于“天理”第三个层面的论述还有许多，这里就不再引述分析了。

二 “天理”的特点

从上述的分析论述及其他相关的资料来看，湛甘泉思想中的“天理”具有四个特点。

第一个特点是，“天理”既是万事万物的本源，也是万事万物的本体，即具有本源—本体性。湛甘泉说：“一阴一阳之谓道”，实际上就是说阴阳平衡就是道，就是“天理”。正是有了阴阳平衡，宇宙间的万事万物才得产生，如此，阴阳平衡就成了万事万物的本源。尽管这一本源不是万事万物的最终本源，但缺少这一本源，万事万物无法产生。万事万物产生之后，平衡或阴阳平衡便内在于万事万物之中，成为万事万物的本体。① 没有这一本体，万事万物无法存在或失去其本有性质而变成其他的事物；一旦变成其他事物，其内部则会形成新平衡或阴阳平衡。这便是“一阴一阳之谓道”全部的、真正的含义。

第二个特点是，“天理”既是事实本体，也是价值本体。就“天理”的第一个层面来看，“平衡”既是宇宙间万事万物存在的一种状态，是一种事实；同时，也是湛甘泉（乃至整个儒家）的价值取向。湛甘泉将之称为和、中和、道、达道，认为是万事万物存在的理想状态。就“天理”的第二个层面来看，人性诸要素的平衡是人性组合形态之一，是个体或群体人性存在的一种形态②，即是一种事实；同时，也是湛甘泉（乃至整个儒家）的价值取向。湛甘泉认为，人性诸要素的平衡是中庸、达道，是理想的人性组合形态，它会产生理想的心理结构、思维模式与行为模式。③ 就“天理”的第三个层面来看，仁、义、礼、孝、悌、慈、怜、让、忠、诚、俭等是人与生俱来的人性构成要素，它们以事实、以质的状态内在于每一个体与群体，也就是说它们是我们每一个人的事实本体；同时，它们也是湛甘泉（乃至整个儒家）的价值取向。湛甘泉认为，仁、义、礼、孝、悌、慈、

---

① 参见唐雄山《贾谊本源、本体的特点及其思想传承》，载于《孔子研究》2013 年第 1 期。

② 参见唐雄山《人性组合形态论》，中山大学出版社 2011 年版。

③ 参见唐雄山《湛甘泉论理想人性组合形态的塑造——兼论“随处体认天理”的可能性及其路径》，《佛山科学技术学院学报》（社会科学版）2015 年第 6 期。

怜、让、忠、诚、俭等是理、“天理”，是我们每一个人都必须遵循的达道。

第三个特点是，“天理”作为万事万物的本体，具有普遍性。根据湛甘泉的观点，平衡是事物得以存在的规则与机制；平衡是万事万物存在与发展的常态，失衡（不平衡）则是万事万物存在与发展的非常态，因此，平衡具有普遍性。同时，仁、义、礼、孝、悌、慈、怜、让、忠、诚、俭等作为人性的要素，它们普遍地内在于每一个体与群体，无古今之别，无中外之异。所以，湛甘泉说：“天理二字，人人固有，非由外铄，不为尧存、不为桀亡，故人皆可以为尧舜，途之人可以为禹者，同有此耳。故途之人之心，即禹之心；禹之心，即尧舜之心；总是一心，更无二心。盖天地一而已矣。”①

第四个特点是，“天理”具有源、体、用的贯通性。关于“天理”本源与本体的贯通，前面讲“天理”的第一个特点时已经做了比较充分的分析与论述。关于本体与用（末、术）的贯通，实际上就是“天理”与治国理政、为人处事的贯通。下面，本文将从“天理”与治道的角度，分析“天理”由体到用（末、术）的落实与贯通。

三 “天理”与治道的关系

湛甘泉认为，“天理”是治道之本体，是治国理政的理论基石与核心。《格物通卷十三·敬天上》：

> 《周颂》：敬之敬之，天维显思。命不易哉，无曰高高在上，陟降厥士，日监在兹。
>
> 臣若水《通》曰：此成王受群臣之戒而述其戒之之辞，盖群臣之意欲王持敬以保天命也。敬者，主一之谓，《中庸》所谓戒慎恐惧也，即天理也，言天理至为显著，人君当敬之以顾諟天之明命也。思，语词也；不易，言难保也；士，事也。存天理则天命眷之，失天理则天命去之。其去就予夺之防无常而难保也。是以人君与天，其势虽若悬绝，然事之隐显、大细、远迩，天无不陟降而日监视之。人君当无一

① 《泉翁大全集》卷之六十七，《新泉问辩录》，门人宜兴周冲编辑。

念而不敬以合乎天理，则天命归之矣。然则吾心即天也。有天下者，乌可谓天为高远忽而不敬乎？于戏，天人一理也，伏惟圣明凝神于斯，则敬立而天命自永矣。①

在这里湛甘泉将敬列为“天理”。敬就是“戒慎恐惧”，“戒慎恐惧”的对象就是宇宙间的平衡规则、人性平衡规则、人性内部的仁、义、礼、孝、悌、慈、怜、让、忠、诚、俭等。而这些也是“天理”。为什么人君要敬“天理”，因为“天理”是治道的本体与基石，“存天理则天命眷之，失天理则天命去之。”“人君当无一念而不敬以合乎天理，则天命归之矣。”

《格物通卷七·诚意格·感应上》：

咸有一德，非天私我有商，惟天佑于一德；非商求于下民，惟民归于一德。

臣若水《通》曰：此伊尹告太甲之言也。言天之佑商，非天私我商也，天之所佑者在一德尔。商之得民非商求于民也，民之所归者在一德尔。一德者，纯一之德，即天理也。夫人心有一毫私意之杂，则天理息矣。不杂则不息，不息则一，故天与民归非归商也，归一德也。盖一德者，天民一者也。人君具此一德而上下应之者何邪？以一体故也。故人君者一念一则天人合一，念二三则天人离。天人相与之际可不畏哉。②

这里的“一德”就是“天理”。商之所以取得天下，是因为商敬畏、奉行“天理”，所以湛甘泉说：“商之得民非商求于民也，民之所归者在一德尔。”“天与民归非归商也，归一德也。”

《格物通卷五·诚意格·谋虑上》：

《履·上九》：视履，考祥，其旋，元吉。

臣若水《通》曰：上者履之，终九，以刚明之才处之，故能自考于其终，视其所履，行以考其祥、不祥，而善恶祸福之分数见矣。盖祸福无不自己求之者，祥生于所履之善，考祥非徼福也，以自考也，

① （明）湛若水撰《格物通》卷十三，《敬天上》。

② （明）湛若水撰《格物通》卷七，《诚意格·感应上》。

> 审视其所履者果天理邪？人欲邪？善邪？私邪？私则不祥生焉，善则周旋无亏。吉孰大焉，人君履天下之事随处体认天理，其履而皆善，则天下治矣，岂非所谓元吉哉？①

管理者治国理政的过程中会遇到各种各样的事情，面对各种各样的人，制定各种各样的政策，祸与福，祥与不祥，就看自己是否“随处体认天理”，是否以“天理”为依归。如果“随处体认天理”，以“天理”为依归，则“天下治矣”。

湛甘泉认为，“天理”是治国整政之本体，治国理政则是“天理”之用，即治国理政是“天理”的具体执行与操作，是“天理”向国家政治事务的落实，是体认“天理”的过程。《格物通卷四·诚意格·立志下》：

> 程颐应诏上英宗皇帝书曰：今言当世之务者，必曰：所先者，宽赋役也，劝农桑也，实仓廪也，备灾害也，修武备也，明教化也，此诚要务。然犹未知其本也，臣以为所尤先者有三焉，请为陛下陈之：一曰立志，二曰责任，三曰求贤。今虽纳嘉谋、陈善算，非君志先立，其能听而用之乎？君欲用之，非责任宰辅，其孰承而行之乎？君相协心非贤者任职，其能施于天下乎？三者本也，制于事者用也，有其本不患无其用。三者之中复以立志为本，君志立而天下治矣。所谓立志者，至诚一心，以道自任，以圣人之训为可，必信先王之治为可，必行不狃滞于近规，不迁惑于众口，必期致天下如三代之世也。
>
> 臣若水《通》曰：孔子称为政在人，取人以身，是故庶政之务本于责任求贤，而求贤责任又本于立志，立志在于求道，而体道在乎诚心，志道要矣！诚心急焉，人君务学以致治可不知乎？②

此处的“道”即是“天理”；诚心是一种心理状态，也是“天理”的重要内涵。立志求道（“天理”）是治国理政的本中之本，相对而言，其他皆为“天理”之用。

《格物通卷十九·正心中》：

---

① （明）湛若水撰《格物通》卷五，《诚意格·谋虑上》。
② （明）湛若水撰《格物通》卷四，《诚意格·立志下》。

> 孟子曰：恻隐之心，仁之端也；羞恶之心，义之端也；辞让之心，礼之端也；是非之心，智之端也。人之有是四端也，犹其有四体也。有是四端而自谓不能者，自贼者也。谓其君不能者，贼其君者也。凡有四端于我者，知皆扩而充之矣，若火之始然，泉之始达，苟能充之，足以保四海，苟不充之，不足以事父母。
>
> 臣若水《通》曰：孟子此章直指本心体用全具，可谓深切而着明矣。不忍人之心即心之生理，所谓仁也，即下恻隐之心至于羞恶辞让是非之心，即是四端之发，随感而异见尔，非谓原有四心也。夫惟圣人有是心则有是政者，所谓体用一原也。君子能知是心而扩充之，复其本心也；众人不能，则此心虽发，将随发随泯，自暴自弃者也。虽然，充之则足以保四海，不充之不足以事父母，是故帝尧之德光被四表，后之人主或以天下之大不能悦其亲，而遂肆欲以危宗庙社稷，是心充与不充之间其所系，岂细故哉？故人君苟不失其本心之正，斯不失天下之心，而天下国家可保也。

“本心体用全具”中“本心”便是“天理”。湛甘泉认为，孟子的论述打通了由体到用的隔阂，使体用贯通而成为一个整体。“体用一原”是指，“天理”是体，是理论核心与基础，治国理政则是用，是“天理”的具体体现、具体实行（操作）；治道之所以为治道，是因为治中有道，即有“天理”；没有“天理”、离开“天理”，则无以为治；没有治，则“天理”空悬，没有着落处。对此，湛甘泉在《治国格·序》有精彩的论述：“治国何以言格物也？程颐曰：格者，至也；物者，理也。至其理乃格物也。至也者，知行并进之功也，于国焉而至之也，至其在国之理也。故《大学·治国章》以孝、弟、慈，以心，以仁让，以恕言之，吾心感应乎国之理也，是故事君使臣也、立教兴化也、事长慈幼也、使众临民也、正朝廷也、正百官也、正万民也，皆国之事理也。人主读是编焉，感通吾心治国之理，念念而知于斯，存存而行于斯，以有诸己则格物之功，庶乎于治国而尽之矣。”①

（作者：佛山科学技术学院政法学院教授）

---

①（明）湛若水撰《格物通》卷四十三，《治国格·序》。

论湛甘泉的修养工夫

宁新昌

儒家哲学是工夫的形而上学，所谓工夫，就是人们通过花费一定的时间和精力、并运用一定的方法而获得一种能力，或达到一种境界。与追求的理想人格的境界相比，工夫才是首要的和基本的。儒家一直重视工夫，朱熹曾说，一部《论语》，从首篇的《学而》到最后一篇的《尧曰》都是做工夫的。王阳明也讲重工夫而不重效验。甘泉哲学也是如此。

一　工夫著力

宋代哲学家程颢曾说："凡人才学便须知著力处，既学便须知得力处。"程颢的"著力处"我的理解就是工夫的入手处，而"得力处"则是其工夫的关键。

中国古代有一些开蒙书籍，如《弟子规》《百家姓》《三字经》《千字文》《幼学琼林》之类，除了学习一些知识，认识基本的汉字之外，更多的是灌输一些做人的道理，给孩子讲一些基本的做人规范。如《弟子规》中的"父母呼，应勿缓，父母命，行勿懒，父母教，须敬听，父母责，须顺承"。这些都是最基本的行为规范。当然，父母也必须要承担起教育的责任，即父母要有教育的能力和水平。对于其中的"父母责，须顺承"，则需要做出重新的解释：父母的教育观点不是所有的都是对的，对于错误的，如何"顺承"呢？笔者的诠释是，对于父母不正确的，可以给父母指出来，通过摆事实、讲道理，说服父母，这实际也是一种"顺承"，而且是一种理性的"顺承"，"顺承"的内容首先应该是"理"，而不是其他。还有"长呼人，即代叫，人不在，己即到，称尊长，勿呼名，对尊长，勿见能"，等等，这些都是入门的工夫，是做人的基本规矩，也是工夫的著力处。

甘泉说："初学用功，茫然无著力处，只且于言动间存习。步趍要从容，言语要和缓，步步言言要与心相应，一一使由中出，存习之久，自然成片段。"① 意思是学生刚学习的时候，茫然不知如何用功。在这个时候，就需要在言语和行为上向老师学习，而且要坚持下来，即"存习"。走路要从容一些，语言要和缓一些，言行应该与思想相统一，自己的言语行为都是由自己的"心"出发的，体现的是自己的思想动机，这样一来，时间长了，即"存习之久"，就会慢慢形成习惯，即"习惯成自然"。

在西樵大科书院时甘泉订立了大科书院的训规，其中就有："诸生中各有带亲戚、宗族、子弟随学，可令读古小学，习小学之事，明洒扫、应对、进退之节，事亲、敬长、隆师、亲友之道，及六艺之文。且如习洒扫之事，每人更番（注：轮流、替换意）早扫堂上，务令于此等事存习立诚，以为讲学基本。"② 学习要从"小学"开始，学"小学"之学，习"小学"之事。"小学"的基本内容是"六艺"：即礼（规定上下尊卑等级的道德规范）、乐（祭祀鬼神、祖先的音乐、舞蹈）、射（射箭）、御（驾车）、书（语言文字）、数（算术和天文历法等）。"小学"之事就是，洒扫、应对、进退之事，事亲、敬长、隆师、亲友之礼，当然，乐、射、御等也属于"事"之列。所以，实际上"小学"之事是比较多的。

对一个人来说，你要懂得如何去做事，事有大有小，有难有易，婚丧嫁娶是"事"，洒扫应对也是"事"。学生在学的时候首先应该从一些小事做起，从当下的事情做起，从日常的事情做起。洒扫应对就是日常的小事，本来是一件很容易的事情，可就是有人学不会，甚至一辈子也学不会，学不会的原因不是这件事情有多复杂，而是在做这件事情时不用心。这就使我们想起程颢的一句话："某写字时甚敬，非是要字好，只此是学。"③ 程颢的意思是，"敬"很重要，它体现的是一个人的生活态度。而"字好"只是一件事情，只有态度好了，才能谈得上是真正的"学"。

日常生活中洒扫应对是小事，但对待它们的态度却非常重要，前者是做事，后者是做人，人不仅要学会做事，更重要的是要学会做人。这些甘泉都注意到了，以"习字"为例，"初学习字，便学运笔以调习此心；习文

① 《泉翁大全集卷之五·大科书训堂》，嘉靖十九年刻本。

② 《泉翁大全集卷之五·大科书训堂》，嘉靖十九年刻本。

③ 朱熹：《近思录》卷四。

便要澄思以蕴藉此心。久之，文字与心混合，内外皆妙。”①“习字”的目的是“调习此心”，“习文”的目的是“蕴藉此心”，“调习此心”“蕴藉此心”，实际都是修养心性，真诚做人。从一个人的“习字”和“习文”中，不仅能看出他的工作态度，更重要的是能看得出他的做人，这就是字如其人，文如其人。如果“习字”和“习文”都能做到与心性统一，这就是“内外皆妙”。当然，在现实生活中也有另外一种情况，那就是字和人的不统一，文和人的不统一，字可能很好，或者文可能很好，但就是做人不怎么样。这样的情况就是不真诚。

因此，教育应该从做事开始，做事是最基本的工夫。如果一个人连事都做不好，何来谈得上做人？这是教育的基本规律，也是一种教育方法。

二 工夫得力

黄宗羲的在《明儒学案》中说：“大凡学有宗旨，是其人之得力处。”甘泉学说的宗旨是“随处体认天理”，故其为学工夫的得力处也在这里。

“天理”范畴古已有之，早见于《礼记·乐记》，只是在宋明理学那里已经把它看成是最基本的基本范畴，程颢曾讲：“吾学虽有所受，‘天理’二字是自家体贴出来。”“天理”二字不是程颢的发明，但是他体会出来的“天理”却有了新的内涵，它的意义在于综合了“仁”“道”，“天”“命”，“性”“理”等内容。

甘泉提出“随处体认天理”的哲学命题，曾得到了其师陈白沙的赞赏，白沙曾说：“日用间随处体认天理，着此一鞭，何患不到古人佳处也。”它的意思很明白，在日常的生活当中，只有做到时时处处去自觉、践行天理的律令，就不愁达不到圣人的境界。甘泉继承白沙学说，白沙讲：“天地我立，万化我出，而宇宙在我。”“我”是顶天立地，“我”乃堂堂正正，“我”不是别的，“我”就是“心”。甘泉讲：“心包万物”“心贯万物”。基本意思一样，但有差别。白沙豪放大气，甘泉稳健平实。

甘泉的“随处体认天理”与程颢的“体贴天理”有什么不同？就字面意思看无有差别，分析起来就显出差异了：程颢的“体贴天理”说的是对于“天理”的发现；而甘泉的“随处体认天理”则突出了对于“天理”的

① 《泉翁大全集卷之五·大科书训堂》，嘉靖十九年刻本。

认知和践行。程颢的“体贴天理”和其“仁者，浑然与物同体”紧密相连，境界意义非常明显；而甘泉的“随处体认天理”与“心”无所不包、无所不贯内在相通，强调的是人的主体性，内含着他的“知行并进”的知行观。所以，甘泉和程颢在思想上有承传性。

人们可能会说，“随处体认天理”并无深奥道理。这一点不错，真理总是朴素的、易简的，古人不会把简单的道理说得让大家都不明白。但这其中的道理需要人们去领会、去体验。甘泉叫他的学生去“用功”体认天理，即“用功须随处体认天理，即大学所谓格物，程子所谓至其理。将意、心、身、家、国、天下通作一段工夫，无有远近彼此，终日终身，只是体认这天理二字”①。“体认天理”就是“格物”，就是“至理”；就是把“意、心、身、家、国、天下”中事情都作为工夫看待，作为“体认天理”的工夫实践。他说：“吾之所谓随处云者，随心、随意、随身、随家、随国、随天下、随其所寂所感时耳，一耳。寂则廓然大公，感则物来顺应，所寂所感不同，而皆不离于吾心中正之本体。”就是在“意、心、身、家、国、天下”的活动中、在寂感过程中，能“体认天理”，客观冷静、理性公正。以“廓然大公”的胸怀，“物来顺应”的态度去对待生活。

实际上，“随处体认天理”不仅是一个理论命题，更是一个道德律令，要实行起来的确是一件不容易的事情，如果真能成为一种自觉的道德律令，则说明道德主体的修养已经达到很高的水平，因为要时时处处做到体认天理是比较困难的，不妨，以制怒为例予以说明。

近人宋教仁有幅著名的对联：“存诚自不妄语始，定性惟治怒字难。”说的是制怒不是一件容易做到的事情。

孔子曾说：“不怨天，不尤人。”意思很明了，不要抱怨天，也不要埋怨人，要控制好自己的情绪。他还提到一个人要做到“克伐怨欲不行也”不是一件容易的事，通俗地说，“克”是逞能，“伐”是吹牛，“怨”是抱怨，“欲”是贪欲。一个人在平时的生活中能做到不逞能，不吹牛，不抱怨，无贪欲，就非常了不起。在笔者看来，这虽不能说是仁人，但也应该算是贤人。在现实生活中人不可能没有情感，也不可能没有情绪，一个人修养水平的高低关键在于对自己情绪的控制，能很好控制自己情绪的人，肯定修养好；而不能控制自己情绪的，就是修养不好。古人讲的“不以物

---

① 《泉翁大全集卷之五·大科书训堂》，嘉靖十九年刻本。

喜，不以己悲”，就是这个道理。

颜渊是孔子弟子当中最贤的一个，不幸短命，他的思想品德、言语行为被后人奉为学习的楷模。人们不仅要寻找“孔颜乐处”，也要学习颜渊的“不迁怒，不贰过”；学习颜渊的“非礼勿视，非礼勿听，非礼勿言，非礼勿动”。“不迁怒”实际含有制怒的意思，“非礼勿言”就是在言语当中能体现礼的要求。即使在人有情绪时，也能体现礼的存在，其中就包括了对怒和对情绪的控制。

著名理学家程颢曾做《定性书》，说的是如何“定性”问题，其中就涉及怒的问题。“性”是主体，也是本体，它“无将迎，无内外”。既没有你来我往，也没有外物的拖累。它自由自在，潇洒自如。这就是“定性”。“定性”实际就是“定心”，反映的是“心”的定力，这“心”之定力的表现就是客观冷静，坚守立场，不改信念，处事不急不躁，不愠不火。“心普万物而无心”，“情顺万事而无情”，“无心”是无私心，无私怨；“无情”是无私欲，无私情。在遇到任何事情、遭受任何风险，即使面临死亡的时候，都能不为情绪所左右，且能“物来顺应”，“廓然大公”。“物来顺应”就是理性对待，事情该怎么办就怎么办。“廓然大公”则是一种胸怀、一种境界。对于“怒”的情绪，程颢做了这样的诠释：“夫人之情易发而难制者，唯怒为甚。第能于怒时遂忘其怒，而观理之是非，亦可见外诱之不足恶，而于道亦思过半矣。”① “怒”是一种容易发生而难以控制的情绪，人在怒时能忘其怒，并由“理”而自觉“事”之是非。如果真的做到了，也基本上可以说是对于“道”有所觉悟了。道理容易讲明白，实践起来可不容易。一般人在怒的时候，往往是情绪失控，即使平时修养很好的人，也会犯这样的错误。正因为如此，才有了做人的修养工夫，不然的话，人人都就成为圣人了。

所以，甘泉特别重视工夫，他说：“圣贤之学只在性情上理会，故孔子不怨天、不尤人，颜子不迁怒、不贰过，其要只在平时时时存心体认，遇有怒即知，不发得暴。程子之言，不过使初学如此体验耳。若学之初，岂可到这时节才忘怒观理耶？患制怒不能者，只是心不存，体认之功疏耳。”②圣贤之学关键在性情上用功，对于“不怨天，不尤人，”“不迁怒，不贰

---

① 《河南程氏粹言》卷二。

② 《泉翁大全集》卷之七十五，嘉靖十九年刻本。

过”，需要平时存心体认，经常理解，时刻体会。这样才会在遇到怒时，明白事理，使怒不发。程颢所讲的是初学者的方法。学习之初，不会一下子就能做到忘怒观理。如果有人还担心不能制怒，那是因为没有好好保养自己的心性，以及没有在体认上下工夫。

甘泉认为，颜渊是古之大贤，他之所以能做到“非礼勿视听言动，不迁怒贰过，是有志也”[①]。颜渊有志气，有决心，他能做到安贫乐道。所以就应该学颜子（颜渊），有了志气，就不会被怨气、怒气、习气所影响，所左右。制怒实际乃是一种精神。

“制怒”就属于“随处体认天理”，因为随时随地都可能怒，都需要体认天理。当然，“随处体认天理”是一个普遍的命题。所以说：“随处体认天理，即孔子求仁，造次颠沛必于是；曾子所谓仁以为己任，死而后已者也；孔子称颜子之好学曰‘不迁怒、不贰过’，都在心性上用功。”[②]

由此可见“随处体认天理”的意义。正是这一命题甘泉得到了白沙的赏识，也许就是因此甘泉成为白沙思想的衣钵传人。也正是因此确立了他在中国思想史上的地位，因而有了甘泉学派。

三　工夫次第

寻得工夫的著力处和得力处，也要懂得为学的工夫次第，先做什么，后做什么，在各个环节如何去做。甘泉自觉继承《大学》的工夫路径而展开论述。

何谓“格物”？甘泉的“格物”实际是“修身”，也是“造道”。何谓“格物”？他说：“修身而已矣。”[③]什么是“造道”？“格物者即造道也。知行并造，博学、审问、慎思、明辨、笃行皆所以造道也。”[④]“吾儒学要有用，自综理家务，至于兵农、钱谷、水利、马政之类，无一不是性分内事，皆有至理，处处皆是格物工夫。以此涵养成就，他日用世，凿凿可行”。[⑤]

“诚意”是在“格物致知”之后，知至而后意诚，可见意诚是建立在认

---

① 《泉翁大全集》卷之三十一，嘉靖十九年刻本。

② 《泉翁大全集》卷之十，嘉靖十九年刻本。

③ 《泉翁大全集》卷之一，嘉靖十九年刻本。

④ 《泉翁大全集卷之八·答阳明》，嘉靖十九年刻本。

⑤ 《泉翁大全集卷之五·大科书训堂》，嘉靖十九年刻本。

知基础上。甘泉说："圣人之学通在于格物矣。故曰：'有总括之义焉。'凡意之事，则诚意之类举之矣。凡心之事，则正心之类举之矣。凡身之事，则修身之类举之矣。凡家之事，则齐家之类举之矣。凡国之事，则治国之类举之矣。"[①]"格物"是总括，也是基础，其他都是建立在它的基础上的。意是意志、意念，意也有意欲、意气、私意等含义。这里的意诚主要是在道德意志上说，意诚实际是对于意欲、意气的克服和扬弃，意诚就是培养好的品德，树立健康人格，为此需要从事亲做起，甘泉说："诸生居山日久，须要归省，以致孝养之诚，即此是学。"[②] 孟子曾说："亲亲，仁也；敬长，义也。"实际说的也是"诚"。所以，做到"诚"、实现"诚"就是"学"，"诚"是做人老实，做事踏实，在家是如此，在国家的政治生活中更应如此。"夫君臣不同，则诚意不孚；诚意不孚，则上下不交，而德业不成，是故古之帝王重焉"。君臣之间，需要诚意，不讲诚信，上下难交，不仅德业不成，更难成就事业。没有诚实和信用，什么事情都干不成。

和"诚意"有关的是"正心"，在上一节中提到的"不怨天，不尤人"；"不迁怒，不贰过"。说的就是"正心"，所谓"正心"实际就是坚持客观理性，保持天理良知，天理良知是道德理性，虽然它是一种实践意志，但它不能离开理性判断。离开理性的实践意志一定是盲目的。《中庸》中讲"喜怒哀乐未发之谓中"，"中"就是"天理"，也是理性。顺便说一下，只有是理性的，才是客观的，感觉、情绪永远是主观的。人们所讲的"不以物喜，不以己悲"。以及当喜则喜，当怒则怒。讲的就是理性，实际也是"天理"。

接下来是"修身"。"修身"是在"诚意""正心"基础上进行的，是前面成果的凝结。

正是有了"诚意"和"正心"，才会有"修身"。"修身"乃是"格物"的重心，所以，甘泉就讲："大学之书，其要在修身。"[③]《大学》中也讲："自天子以至于庶人，壹是皆以修身为本，其本乱而末治者，否矣。"任何人都应该以修身为根本，这个根本树不起来，其他事情也都干不好。那么，

① 《泉翁大全集卷之二十·圣学格物通大序》，嘉靖十九年刻本。

② 《泉翁大全集卷之五·大科书训堂》，嘉靖十九年刻本。

③ 《泉翁大全集卷之二十·圣学格物通大序》，嘉靖十九年刻本。

“修身”和“诚意”“正心”到底有什么区别？甘泉说：“故大学于诚意，曰‘好恶’，曰‘慎独’；于正心，曰‘忿懥’，曰‘忧患’，曰‘恐惧’，曰‘好乐’；于修齐，曰‘辟’，曰‘好恶’。”[①] 所有这些，大都讲的是情感和情绪，似乎难区分“诚意”、“正心”和“修身”的不同。仔细分析，“诚意”主要讲道德意志，即人必须诚实。“正心”突出人的理性思考和修养，“修身”则是在“诚意”和“正心”基础上的道德实践。

“修身”之后是“齐家”，“齐家”是人之主体性的进一步弘扬，主要体现在“孝悌慈”上。他说：“于齐治，曰‘孝弟慈’。”[②] “读齐家之事，则感其家之理……理也者，吾之良知也；学之者，所以觉其良知也，知也。”[③]

“齐家”首先在孝、弟、慈，主要处理父子、兄弟、长幼之间的关系。对长辈的孝，对兄弟的悌，对晚辈的慈。所有这些都是应该做的，都是“理”，“理”就是“良知”，学者之“知”就是对于“良知”的自觉。

在“治国”方面，甘泉作了《圣学格物通》，分有六格：诚意格、正心格、修身格、齐家格、治国格、平天下格。治国格中包括有事君使臣、立教兴化、事长慈幼、使众临民、正朝廷、正百官、正万民。平天下格有公好恶、用人、理财等，涉及内容广泛，不仅有内圣追求，也有王道理想。

在儒家那里，《大学》的工夫路径是最基本的，由格物致知、诚意正心，到修身齐家治国平天下。在不同的哲学家那里对它的理解不尽相同，上面是甘泉的诠释，表现的是他的工夫思想。此外，孟子的“尽心知性知天”“存心养性事天”。《中庸》中的“博学之，审问之，慎思之，明辨之，笃行之”以及《易传》中的“穷理尽性以至于命”。讲的也都是工夫，甘泉也做了相应的诠释。

四　境界工夫

对于人来说，总是有觉悟和不觉悟之分、自觉和不自觉之别。觉悟之前的工夫，可以叫作境界的前工夫，它表现为行之而不著，习之而不察，

---

① 《泉翁大全集卷之二十·圣学格物通大序》，嘉靖十九年刻本。

② 《泉翁大全集卷之二十·圣学格物通大序》，嘉靖十九年刻本。

③ 《泉翁大全集卷之二十·圣学格物通大序》，嘉靖十九年刻本。

日用而不知，即不知其“道”，不了解世界的本体，没有自觉生活的意义。觉悟后，或觉悟过程中的工夫就是行之著，习之察，日用知，即知其“道”，知晓宇宙的规律和道德的律令并能自觉践行，在践行的过程中体验人生的意义。所以，境界工夫就是在觉悟意义上去讲工夫的。

工夫和境界本是不能分开的，没有境界的追求，就不会有工夫的自觉。没有工夫的自觉，也就不会有对境界的追求。在践行工夫过程中，不同的人会存在差异，有工夫浅的，也有工夫深的，有工夫到家的，也有工夫不到家的。但不管怎样，态度的认真和努力则是首要的，就像程颢所说：“某写字时甚敬，非是要字好，只此是学。”

在儒家哲学中，包括宋明理学，他们所讲的本体和西方哲学的本体不太一样，西方哲学的本体总是独立于人，高高在上。而儒家哲学、宋明理学所说的本体总是和人的存在紧密相连，所谓“性即理也”“心即理也”。“性”和“理”联系在一起，“心”和“理”联系在一起。还有“心包万物”“心贯万物”，“心”包摄了万物的存在，“心”贯穿在万物当中。这样，“心”“性”活动的展开就是对于本体的追寻，也是工夫的实践，同时也是人生意义的呈现。本体、工夫、境界三者本是同一的，也是一体的，是一个事物的不同侧面。

儒家的重心在工夫。如朱熹的整个一部《论语》都是做工夫的，王阳明的重工夫不重效验。循着孔子的路径，“十有五而志于学，三十而立，四十而不惑，五十而知天命，六十而耳顺，七十而从心所欲不逾矩”。人生既是一个漫长的过程，又是一个短促的瞬间。说其漫长，是人要在这个过程中去“为仁由己”，去“造次必于是，颠沛必于是”，“不怨天，不尤人”，“不迁怒，不贰过”。甚至在人生的道路上总会遭受非笑、欺慢、毁誉、生死等各种各样的问题和困难，而这些都是与己有关的，也许都是在“玉汝于成”吧！如此走来，必然漫长。但却又非常短促，因为在宇宙的时空中，个体的存在只不过是一瞬，稍纵即逝，一晃而去，还没有来得及反思生存的意义，没有等到觉悟，就已经进入老境，临近死亡。这就是“命”。

对人而言，需要自觉“命”的意义。孔子曾说：“五十而知天命。”还讲：“不知命，无以为君子也。”“命”是客观存在的，能正确认识“命”与不能正确认识“命”者，其生活的意义是不一样的，孔子重视对“命”的自觉。孟子也在承认“命”的前提下要求人们“顺受其正”。自觉接受“命”的安排，而不是去违背“命”的要求。他说：“莫非命也，顺受其正；

是故知命者不立乎岩墙之下。尽其道而死者，正命也。桎梏死者，非正命也。”[①] 人这一辈就应该“尽道”、行道，甚至去殉道。什么是尽道，具体内容很多，一下子也说不完。《易传》所说的“天行健，君子以自强不息”。“地势坤，君子以厚德载物”。实际就是尽道、行道。

在甘泉这里“命”实际就是“随处体认天理”，就是“勿忘勿助”。这是“天命”、使命，也是境界工夫。

“勿忘勿助长”最早由孟子提出，那么，甘泉又是如何看待“勿忘勿助长”的，综其所述，主要有以下几点：

第一，“勿忘勿助”中有“敬”。他把“勿忘勿助”和“敬”联系起来。他说：“勿忘勿助，只是说一个敬字。忘、助皆非心之本体，此是心学最精密处，不容一毫人力。”[②] “勿忘勿助”是真诚的表现，即“不容一毫人力”，也就是不允许有任何外在的目的。

那么，什么是“敬”？二程曾说：“主一之谓敬，”“无适之谓一。”[③] 朱熹说：“敬者主一无适之谓。”基本意思是一心一意、全心全意、诚心诚意。

甘泉继承了二程和朱熹。即敬是“主一”和“无适”，故当弟子问：“尝深思之，所谓无适之谓一者，其所谓勿助勿忘之间者乎！既勿助又勿忘，则无所著矣，无所著则一矣。未知是否？”“勿忘勿助”就是意识对于外物的无所执着，而持守精神的专一。所以，甘泉给予回答：“难得见此”，并要“如是涵养”[④]。

这说明“勿忘勿助”是一种涵养，需要去认真地养成。

第二，“勿忘勿助”中有“忠信”。“勿忘勿助”不仅有否定的意义，也有肯定的意义，这肯定的意义就是“忠信”。他说：

> 何谓忠信？中心之谓忠，实心之谓信。人之心不实，由其不中。心若中时，何有不实？何以为中，既勿忘又勿助，勿忘勿助之间，心便中正，是谓之忠。心若中时，何有不实？是谓之信。时时念念如此，是谓之主。人能忠信则内重，内重则外便威，内便固。然此个忠信，

---

① 《孟子·尽心上》。

② 《明儒学案·甘泉学案一·论学书·答聂文蔚》，中华书局，1985。

③ 《二程·粹言》卷上。

④ 《泉翁大全集卷之十三·天关精舍语录》，嘉靖十九年刻本。

实心实德，人人固不为尧存，不为桀亡，但人自蔽失耳。①

“勿忘勿助”中有“中”，“心”之“中正”就是“忠”，“心”之“中时”就是“实”。所以“心”不仅有“虚”，所谓“虚心”，也有“实”，所谓“实心”，“心”之辩证所在就是“虚实同体”。

第三，勿忘勿助是“自然”。“自然”是陈湛“心学”的一个基本范畴，白沙提倡“以自然为宗”，甘泉承之，故有诗云：

客来问自然，本体已见前；本体何面目？见之亦至难。至难有至易，忘助两无间；两在故不测，而乃疑于天。②

这里说明了“自然”和“勿忘勿助”的关系。他继续解释说：“道以自然为至，知其自然，动不以我，斯无事矣。故学在知止，不在求静。故予体认天理，必以勿忘勿助、自然为至。”③ 这说明了他的“自然”和道家“自然”的区别，它不仅“求静”，而且有“敬”。

这里的自然不是道家的逍遥无为，而是对于社会责任的担当，在此“自然”的工夫境界中，有儒家的“浩然之气”和人格精神。他说：

盖勿忘勿助之间，只是中正处也。学者下手，须要理会自然工夫，不须疑其为圣人熟后事，而姑为他求。④

“自然”是工夫的下手处，这“勿忘勿助”的“自然”中有“中正”，也有“敬”，有对于“天理”的敬畏。所以，“勿忘勿助”和“随处体认天理”是统一的。

第四，“勿忘勿助”是“规矩”。也就是说，你要提升人格的修养，你就要遵循这样的规矩。他说：“勿忘勿助之间，正如规矩一般。”⑤

甘泉这里所说的“规矩”实际就是一种修养方式，它包括了对于客观

---

① 《泉翁大全集卷之十二·扬州府县学讲章》，嘉靖十九年刻本。
② 《泉翁大全文集卷之四十四·答江山何伦柴惟道徐贤三生问自然之说》，嘉靖十九年刻本。
③ 《湛甘泉先生文集卷之二十三卷·天关语通录》，清同治五年资政堂刊本（三十二卷本）。
④ 《明儒学案·甘泉学案一》《答聂文蔚》，中华书局1985年版。
⑤ 《泉翁大全集卷之十三·天关精舍语录》嘉靖十九年刻本。

规律的尊重，以及对于主观能动性的发挥。“勿忘”就是不懈怠，“勿助”就是不急躁。不懈怠是积极发挥人的主观能动性，不急躁是一定要尊重客观规律。所以，他批评伊尹、伯夷、柳下惠不懂得这样的道理，不能认识“天地万物一体之意”，不知道“勿忘勿助”“与天地相似”的内在联系。只有“勿忘勿助”，才能达到对于天道规律的尊重，才能实现人与万物的为一，从而实现人的自由。

甘泉发挥白沙心学，“随处体认天理”，重视“勿忘勿助”，在“勿忘勿助”中间有“敬”，有“忠”，亦有“信”；有“自然”，亦有规范。“勿忘”就是不懈怠，“勿助”乃是不急躁。“勿忘勿助”的前提是“勿正”，所谓“勿正”，即不停止，没预期，没有私心杂念，没有前提条件，所以“必有事焉”就是绝对命令。为此，才能实现“天人合一”之理想，才能为人之生命寻找到存在的根基。与天地合德，与日月合明，“知崇礼卑”，而常行于“中道”之上。

（作者：广东东软学院教授）

作为“实学”的“心学”

——试析湛若水的工夫论及其思想史意义

戴　黍　魏天翔

湛若水（1466~1560），号甘泉，广东增城人。在他漫长的从政、讲学、著述生涯中，与王阳明多有交集。《明史·儒林传序》称：“时天下言学者，不归王守仁，则归湛若水。”① 然而，就对后世的影响而言，湛若水及其业师陈白沙所代表的“陈湛心学”远不能和“阳明心学”相提并论。今人对湛氏思想的研究，也往往起因于对阳明心学的关注，将其视为后者的参照或辅翼。但是，深究湛氏的传世论著，会发现其学问多有独到之见，创新灵动之余，而且为“心学”赋予了关切现世、注重践履的实学气质。本文以湛若水工夫论为中心，试图展现和探究其深具实学品格的心学特质。

一　斥“支离”而“合一”

湛若水认为，程朱偏外忘内、陆王偏内遗外，二者都不可避免地存在着体用相分、道器相离、心物二分的倾向。进言之，学理上的支离导致了程朱和陆王在工夫论上也易走偏：

> 曷谓支离？曰或偏则外，或偏则内，二之皆支离也。人知偏外者之支离矣，而未知偏内者之为支离矣。偏外故忘本，忘本则迹，偏内故恶物，恶物则寂，二者皆支离之疚也。②

---

① 张廷玉等：《明史》，中华书局 2003 年版，第 7244 页。

② 《甘泉先生文集（卷一〇）》，明嘉靖十五年刻本，第 153 页。

湛若水反对前朝及当世学者把心分为动静、内外、未发与已发并加以割裂分析的支离风尚。湛若水所见的支离，导致修养工夫的两种偏颇：一是执着于从外在事物中求道、求性而不懂发明儒学所重的人心之仁，无法使本心之仁的自然流行与外物相接感应；二是执着于向内寻求独立自存的心体，不懂道体乃是活泼泼的实体、实理，以致专精于枯坐冥思，流于玄虚高远而不落实地。[①] 他说：“夫道无内外，内外一道也。心无动静，动静一心也。故知动静之皆心，则内外一。”[②] 湛若水对“支离”的解决方式是“合一”。他自称，“甘泉子五十年学圣人之道，于支离之余而得合一之要”。[③] 基于心学传承者的自觉，他充分强调心的本体地位与意义，心是根本、唯一的：“心也者，一也。心不一，不可以为心。”[④] 由此，“万事万物莫非心也”。[⑤] 在《大科书堂训》中，他更是自信地强调，“要内外、本末、心事合一，乃是孔孟正脉”。[⑥]

与此相关，对宋代张载的“心统性情”之论，湛若水在《心性图说》中解释道：“心也者，体天地万物而不遗者也。性也者，心之生理也，心性非二也。”[⑦] 心与性是天然合一的，而且性乃心的生理，所以心自然即可统领、引导性的状态与发展方向。他进一步申明：“惟是一心一性，非有别心别性，故天地人物之气之心之性，一也……故天地不能不生人，人不能不生心，心不能不生性。”[⑧] 从源头上说，“气、心、性”也从来都是统一的。就心与气的关系，甘泉指出：“故上下四方之宇，古今往来之宙，同一天地也，同一气也，同一心也。”[⑨] 又称：“天地无内外，心亦无内外。”[⑩] 并且“天地同是一气，人是天地之精……人者，天地之心……气之精灵中正处即心，故天地无心，人即其心”[⑪]。

---

① 参见孟淑媛《湛若水“体用浑一”修养工夫的思想理路》，《江淮论坛》2013年第6期。

② 《甘泉文集》卷七，《复王宜学内翰》，清同治丙寅年重刻本（以下同名同版不另注年代）。

③ 《甘泉文集》卷十七，《送方直养归齐云诗序》。

④ 《甘泉文集》卷十，《仁山汪子文集序》。

⑤ 《甘泉文集》卷二十，《泗州两学讲章》。

⑥ 《泉翁大全集》卷五，《大科书堂训》，嘉靖十九年刻，万历二十一年修补本（以下同名同版不另注年代）。

⑦ 《泉翁大全集》卷三十二，《心性图说》。

⑧ 《甘泉先生续篇大全》卷四，《抚州府新创三贤祠记》。

⑨ 《甘泉先生文集》内篇卷十四，《白沙书院记》。

⑩ 《泉翁大全集》卷三十二，《心性图说》。

⑪ 《甘泉文集》卷二十一，《语录》。

对朱熹所发挥的程颐“已发”和“未发”概念，即以性为未发、情为已发来说明性为体、情为用之说，湛若水干脆直接宣称，“心无所不贯也……心无所不包也。”并特地指出：“包与贯，实非二也。”① 于是，在学理上的“合一”就体现为：万物不在心外，心不仅包括性情、体用，还包涵宇宙；在工夫论层面上的“合一”则表现为：“心合内外”“体用浑一”“心与事合”，因此，宋明儒者极为关注的“格物”亦即可归结为“格心”。

在厘清和注解前人之说的基础上，湛若水明确提出“合一之学”的总纲：“合一有三要，曰心，曰事，曰理，所谓合一也。”② “盖道、心、事合一也，随时随事何莫非心也。”③ 在湛氏心学体系中，心事合一在工夫论上表现为体用一原，视、听、言、动都是道体之并进发用，且无前后上下之分。学问、事业、人伦、万物，无非此心一以贯之。治心以明德性，治事即在日常或政事上磨炼或处事应物。内外、动静、物我的合一于心，就此成为湛若水解决儒家在宋明之际的道学形态下理论与实践、本体与工夫难以相契之困境的锁钥。在湛若水那里，心学完全不是虚空、高悬的冥思苦想，而是落实到人事、万物、言行上的具体修为。事实上，这种带有明确的现实、现世取向的工夫论，才是可溯源至孔孟的心性之学的真义。就今天来说，这种“合一”而非“支离”的心学，或许能够有助于人们避免所思、所言、所知、所行相乖悖的困境，克服在伦理道德、取舍进退时无把握、无根据的茫然盲目的窘迫。

二　舍“静坐”得“随处体认天理”

湛若水袭用宋儒力倡的“天理”概念，使其与“心”紧密关联：“天理者，吾心本体之自然。”④ 要寻求并持守这一天理，就必须保持自然而然的心理和精神状态。“吾心本体之自然”所包含的主体、主动，与超越语词意义的“天理”浑然为一。湛若水以“随处体认天理”这一别开生面的工夫论命题获得其师陈白沙的赞许，并由此奠定了其白沙心学衣钵传人的地位。

---

① 《泉翁大全集》卷三十二，《心性图说》。

② 《甘泉先生文集》卷一七，明嘉靖十五年刻本，第 13 页。

③ 《甘泉先生文集》卷二〇，第 43 页。

④ 《甘泉先生文集》卷一八，明嘉靖本十五年刻本，第 69 页。

在正式阐发“随处体认天理”之前，湛若水仍然汲取陈白沙“从静坐中养出个端倪”的涵养内心善端的方法，认为“静坐久，隐然见吾心之体者，盖为初学言之”①。将其看作初学者适宜采取的修养方式。但他也强调，静坐不是不分场合、时间、条件的普遍有效的法则。在体认天理的过程中，还是要力避静坐容易流于佛老的弊病。这是因为，“圣圣相授，无此法门”。② 而且静坐“是内非外，重心略事”，较易把道、心、事各自分割开来，沦为佛、道出世的工具。他指出：

> 古之论学，未有以静为言者，以静为言者皆禅也。故孔门之教，皆欲事上求仁，动静着力，何者？静不可以致力，才致力，即已非静矣。故《论语》曰“执事敬”，《易》曰“敬以直内，义以方外”，《中庸》曰“戒慎恐惧慎独”，皆动以致其力之方也。何者？静不可见，苟求之静焉，駸駸乎入于荒忽寂灭之中矣。③

湛若水坚守着儒学立场，遵循从事上求仁、从动静着力的原则，反对专讲“主静”的佛禅方法，其论据是，一旦勉强致力于静，就“即已非静矣”；一味求静，又“入于荒忽寂灭之中”，成为佛徒且劳而无功。湛若水宣称：

> 圣学功夫，至切至要、至简至易处，总而言之，不过只是随处体认天理。④

他自己解释说：“体认天理而云随处，则动静心事皆尽之也。……体认之功贯动静显隐，即是一段功夫。”⑤ 不管是寂而静的未发本体，还是感而动的已发作用，都属于体认天理的范围，从而打破了人们通常预设的内外、动静、已发未发的界限。更细密地分，所谓“随”指的是“随心、随意、

---

① 黄宗羲：《明儒学案·甘泉学案》，中华书局 1985 年版。

② 黄宗羲：《明儒学案·甘泉学案》。

③ 黄宗羲：《明儒学案·甘泉学案》。

④ 湛若水：《湛甘泉先生文集》，齐鲁书社 1996 年版，第 531 页。

⑤ 黄宗羲：《明儒学案·甘泉学案》。

随身、随家、随国、随天下"[1]。就字面上讲，"随处"带有不刻意、不强求的自然淡定，但却绝非放任、轻率。湛若水于此所要表达的，其实是对私欲、匆促的消解，此中的工夫，就是"勿忘勿助"，也体现了不偏不倚的中正状态。

> 勿忘勿助，心中正处，这时节，天理自见，天地万物一体自见。夫动静皆定，忘助皆无，则本体自然合道成圣，而天德王道备焉。天理在心，求则得之……但求有方，勿忘勿助是也。[2]

湛若水所说的勿忘勿助的工夫是合内外的，也体现在寻常日常之中："道也者，中正之理也，其情发于人伦日用，不失其中正焉，则道矣。勿忘勿助，其间则中正处也。"[3] 湛氏还引入儒家"敬"的概念来进一步阐释道："勿忘勿助只是说一个敬字……敬者，一也。一者，无欲也。"[4] "故始终一心，始终一敬，终日终身，一心一敬，所以收拾乎此而已焉，尽之矣。"[5] 于此，作为本体的"天理"或"心"是自然的，"随处体认"的工夫也相应是自然的，勿忘勿助就是使天理呈现的工夫。并且，它不是主一物或者一理，而是保持"心中无一物"而又与万物浑然一体的状态，在此状态下，天理自现。可见，勿忘勿助和敬都是内外、动静合一的，是体道求中和守道持中的儒家涵养工夫。

但是，"天理"或"心"毕竟是理想状态下才能由"勿忘勿助""随处体认"而得，受"忘""助"等后天影响，"心之本体"往往可能被蒙蔽、掩盖而无法显现。在此背景下，湛若水提出了初心和习心的分别。当心未萌动时，"心体不污，光明自生"，本心最初的自然生发，就是初心，是中正纯善的，具有孟子所说的四端之情。所谓"人心一念萌动，即是初心，无有不善"[6]。初心是未完成的，习心则是因见闻习染而造成的蒙蔽状态，其所发之情就会走偏，从而产生恶。倘若不去除习心，心体就将隐而不现。

---

① 《甘泉文集》卷七，《书·答阳明王都宪论格物》。
② 黄宗羲：《明儒学案·甘泉学案》。
③ 《甘泉先生文集》卷七，第 29 页。
④ 《甘泉先生文集》卷三，第 3 页。
⑤ 《甘泉先生文集》卷三二，第 64 页。
⑥ 黄宗羲：《明儒学案·甘泉学案》。

湛若水据此主张“煎销习心”，强调对本心的复明。一方面，既要涵养克制，另一方面，又要读书讲学以警示、唤醒性中之天理，同时又要实施于人伦日用，致力于切近的事业，使心、事、理进一步归于合一。

王阳明认为，湛若水的“随处体认天理”的缺失在于“求之于外了”。对此，湛若水做出的解释是：“阳明与吾看心不同。吾之所为心者，体万物而不遗者也，故无内外；阳明之所谓心者，指腔子里而为言者也，故以吾之说为外。”① 据此，王阳明所说的心，指的是人的主观意识，而湛若水所说的心，则是万事万物心或称“大心”。因此，虽然他们同样把“格物”解释为“格心”，但王阳明只是守着本心去格，而湛若水则认为，格万物也是格心，并非勉强求之于外。

儒家的心性思想传至湛若水那里，具有了内重心理、外重伦理的认识论与工夫论合一的意味，既须外求，也要内省，不必建立某种超越世俗的信仰体系，就可借反躬自省和现实日用中的修习来“体认天理”，其中所蕴含的工夫论与《论语·宪问》中“不怨天，不尤人”的平实笃定，以及《论语·述而》中“仁远乎哉？我欲仁，斯仁至矣”的由衷自信隐然相似、气质呼应。

三 “知行并进”与“学以致用”

湛若水立足于“随处体认天理”，在斥“支离”的基调下，反复批评孔孟以降学术界流行的“先知后行”和“知之非难，行之为艰”等知行分离观，旗帜鲜明地提出知行并进说。

在湛若水生活的时代，知行关系的讨论往往与格物问题、理气之辨密切关联。如朱熹“知在行先”的论断就是依附于“理在气先”的观点，湛若水则基于“理气合一”，称“真知流行，即是知行并进”②。湛若水以体（主宰）与用的比喻来说明两者的关系：“主宰处是知，发用处是行。知即乾知大始，行即坤作成物。”③ 又说：“知行不可离，又不可混乱。”④ 湛若水特别强调了知行合一：

① 《甘泉文集》卷七，《答杨少默》。

② 黄宗羲：《明儒学案·甘泉学案》。

③ 黄宗羲：《明儒学案·甘泉学案》。

④ 《甘泉文集》卷七，《答顾箬溪佥宪》。

> 即尽既存，非今日尽明日乃存也。即知即行，知行并进。非今日知明日行也。①

尽管自己主张知行合一，湛若水还是批评了王阳明的“知行合一”说，认为后者对格物所做的解释是偏知消行。在《答阳明论格物》中，他认为，王阳明把格物训作正念头是错误的。与阳明相反，湛氏认为格物兼有知行两个方面，即格物不仅包含内心的修养，还包括生活实践②：

> 格即造诣之义，格物者，即造道也；知行并进，博学、审问、慎思、明辨、笃行，所以造道也。读书，亲师友，酬应，随时随处，皆随体认天理而涵养之，无非造道之功。③

在此，湛氏把格物训作造道、体认，指出内心涵养与向外扩充的读书、应酬、拜访师友等实践活动实际上不可分割。他认为，如果像阳明那样把任意的一念都当作行为，就可能会导致肆意、失控的行为。“知即行，行即知”之说，不可能没有漏洞。至于“知者行之始，行者知之成”之说，则大抵讲得通。

进而，湛若水对知行偏外或偏内的错误进行纠正，提出“体认兼知行”的命题，以体认的工夫化解知行的分离。“所谓随时随处体认天理而涵养之者，若然则知行并进矣”。④ 一方面，人们在体认天理时需强调行。格物穷理、学问思辨等都是心体认天理的具体方法，但这些方法必须经过“身至”的实践工夫⑤；另一方面，体认时又要强调知。所谓“行在一念之间”，主要是指主体的道德践履不能止于外在的事物，如果人确实能在一念思虑之间存心而体认天理，那么即使没有外在的事物也是在行，即以体认天理贯通知行。在这样的意义上，湛若水是在“体认”上讲“知行合一”或“知行并进”。湛若水认为，学不过知行，“涵养致知一时俱到”，“察见天理而

---

① 《甘泉先生文集》卷二〇，明嘉靖本十五年刻本，第 14 页。

② 参见孟淑媛《湛若水“体用浑一”修养工夫的思想理路》，《江淮论坛》2013 年第 6 期。

③ 《甘泉先生文集》卷二，明嘉靖本十五年刻本，第 19 页。

④ 《甘泉文集》卷十，《论学书·答顾箬溪》。

⑤ 《甘泉文集》卷十，《甘泉论学书》。

存之，非二事也"。[1] 换句话说，人们的认识和实践活动在体认天理过程中是不可二分的。他把知行关系比作人走路时的眼睛和腿脚的关系："知行并进，如目视而足履，学之道尽于此矣。"[2] 以"目视"喻"知"，以"足履"喻"行"，修道要达到好效果，就必须"知行并进"，"目视"与"足履"一定要同时都到，二者相辅相成，无有先后之分。知是决定行的知，行使知变得明朗。要使"知"发挥作用，须致力于真知、觉、默识，如程明道所说的"要先识仁"。同时，他主张意念也是行。"后世儒者，认行字别了，皆以施为班布者为行，殊不知行在一念之间耳，自一念之存，以至于事，为之施布，皆行业。且事为施行，岂非一念为之乎？所谓存心即行也。"[3]

湛若水将"内外合一"称为"至道"，将与这样的"至道"相契的"知行合一"谓之"至学"，由此，"则天地乾坤君臣父子夫妇之道在我矣"。[4] 这种"在我矣"的"自得"状态，所描绘的就是儒家特有的"万物皆备于我"的知行兼备的圆满之境，而"随处体认天理"则是达致这种境界的必由途径。在湛若水那里，"随处体认天理"的秘诀在于"精一"，无论是学习、政事，还是待人接物，都需要坚持"一以贯之"，他说："夫道一本者也，是故政、学、心、事，一贯而已矣。"[5]

与其师陈白沙隐逸山林，不愿入仕，疏于著述且不求实效不同，湛若水性格较为入世，主张学理与践履并重，不愿空谈心性，而望"学以致用"。他强调：

> 吾儒学要有用，自综理家务，至于兵农、钱谷、水利、马政之类，无一不是性分内事，皆有至理，处处皆是格物工夫。以此涵养成就，他日用世，凿凿可行。[6]

正是基于这样的认识，他在为其师陈白沙守墓三年后，就奉母命上京会试，其后仕途通达，官至南京礼、吏、兵部尚书。在讨论"举业是否德

① 《甘泉文集》卷十，《答太常博士陈惟浚》。
② 《甘泉文集》卷十，《圣学格物通·进德业一》。
③ 黄宗羲：《明儒学案·甘泉学案》。
④ 《甘泉文集》卷十，《问疑录》。
⑤ 《甘泉先生文集》卷十，《赠司空何柏斋应召迁被部序》。
⑥ 《泉翁大全集》卷一，嘉靖十九年刻，万历二十一年修补本，第53页。

业之累”的问题时，湛若水认为，只要不是因为利禄诱惑而丢失了为学之志，那么“德业”与“举业”还是可以相互促进的：

> 如修德业者亦读圣贤之书，为举业者亦读圣贤之书，其业一也。其世之学者以为不同，盖系乎志，不系乎业也。故不易业而可以进于圣贤之道者，科举是也。不易志而可以大助于科举之业者，圣学是也。故志于德业，则读书精、涵养深、义理透、故其词畅、其指达，其发于词，皆吾自得之实事，比之掇拾补缀而不由一本一气者，大径庭矣。故圣学反有大助于举业，何相妨之患?①

湛若水思想中的务实化、平民化、世俗化的一面，拉近了民众与儒学的距离，也反复体现了天地万物同体无外，意、心、身、家、国、天下之事与理一贯的实学风格。丰富的政治历练，加上活跃的书院讲学，以及修纂乡约、族谱和家训等对基层社会治理的主持参与，更是充实了湛若水学以致用的切实体验。他的论著和他一生的活动，都表现出一种明知笃行、为邦为政、积极入世的精神。

虽然与阳明心学的长盛不衰相比，湛若水的心学思想较受冷落，但毋庸置疑的是，后者同样具有思想史上独特而重要的地位，其丰硕的论著见证了明代心学界的热烈争鸣。湛氏的“心事合一”“随处体认天理”“知行并进”之说，一方面在上承陈白沙、比肩王阳明的思想史进程中是不可或缺的关键环节；另一方面，也因其务实、入世的态度显示出鲜明的实学特质。这种实学特质闪烁于以心性论为主导的心学体系中，确实既出人意料，又会招致质疑。期待更多的研究者对此加以关注。

（作者：戴黍，华南师范大学公共管理学院教授；
魏天翔，华南师范大学公共管理学院博士研究生）

① 《泉翁大全集》卷二，第 27 页。

心具万理与“随处体认天理”

——陈白沙湛甘泉心学论札

章继光

陈白沙开创了明代心学，白沙心学认为，心具万理，“我”之心体无所不包，天下之“道”（“理”）尽在我。他说：“道至大，天地亦至大”，“道”既为天地之本，因此以道视天地，天地不过“太仓一粟，沧海之一勺耳”。而得道君子之心包罗天地万物，并与天地之道相始终。“至大者道而已，而君子得之。”“君子所得者有如此，”“则天地之始，吾之始也，而吾之道无所增；天地之终，吾之终也，而吾之道无所损，天下之物尽在我而不足以增损我。”① 于是，白沙宣称：“君子一心，万理完具，事物虽多，莫非在我”②。

湛甘泉作为白沙的衣钵传人和江门学派的中坚人物，对推动心学在明代中后期的传播起到了重要作用。但在“心体”与“道”（“天理”）的关系与心学具体的运用上，甘泉与先师白沙略有区别。

甘泉说：“圣人之学，皆是心学。”③ 但他又说“吾所谓天理者，体认于心，即心学也”④，甘泉重视“体认”，于是他提出“随处体认天理”作为心学宗旨（黄宗羲说“先生宗旨随处体认天理”，同上书第 876 页），主张通过对书本的阅读、思考、辩难以及伦常日用的践行等，发明、体认本心，以穷就“天理”。

笔者以为，甘泉之“随处体认天理”与白沙之“君子一心，万理完具”

---

① 《陈献章集》上册，《论前辈言銖视轩冕尘视金玉》，中华书局 1987 年版，第 54~55 页。

② 同上书，第 55 页。

③ 黄宗羲：《明儒学案》修订本下册卷三十七，《甘泉学案》，中华书局 2008 年版，第 897 页。

④ 《明儒学案》下册，《甘泉学案》卷三十七，第 901 页。

的区别约体现在两个方面。

其一 白沙对“天理”重涵纳、主宰，甘泉重“体认”、唤醒

前已指出，白沙认为“我”之心体无所不包，天下之“道”（“理”）尽在我，万理皆出于一心，天地宇宙万事万物之理悉为心体涵纳并主宰，它表明人之心体有与“道”（“天理”）遨游并主宰万物的气势，彰显出白沙心学睥睨世俗、无复依傍的主体价值。

甘泉也认为，“天理”“非在外也”①，它存在于人的心体之中，是主体内在的良知良能，但它必须通过人的“体认”方能发现并激活。之所以如此，基于以下两点。

（一）格物才能体认天理

甘泉认为，人只有通过对具体事物的感知、体会，才能感应、认识并把握内心存在的天理。在他看来，体认天理犹如格物。他说：“程子曰：‘格者，至也；物者；理也，至其理乃格物也。’”“今云‘格物者，事当于理之谓也’，不若云‘随处体认天理’之尽也。”又说：“心与事应，然后天理见焉。天理非在外也，特因事之来，随感而应耳。故事物之来，体之者心也。心得中正，则天理矣。”② 他说得很明白：存在于人心中的“天理”，必须凭借具体事情、事物，才能感应出来，通过“心与事应”的“天人感应”（“随感而应”）而得到呈现。

（二）破愚去蔽，方能发明本心

甘泉认为，存在于人本心的“天理”往往为习气所蔽，人必须破除此蔽，才能唤醒自身的“良知良能”（“天理”），他说：“天理也，至善也，物也，乃吾之良知良能也，不假外求也。但人为习气所蔽，故生而蒙，长而不学则愚。故学问、思辨、笃行诸训，所以破其愚，去其蔽，警发其良知良能耳。”他指出，这种破愚去蔽，发明本心的功夫，与将人从梦寐中唤

---

① 《明儒学案》下册，《甘泉学案》卷三十七，第 884 页。

② 《明儒学案》下册，《甘泉学案》卷三十七，第 884 页。

起来，使之变得清醒、明白是同一个道理。[①]

甘泉所谓“随处体认”之“天理”，既包括具体的天地万事万物之理，也包括家国、天下之理，举凡“天理”都需随处感受、领悟、体认，他说“吾所谓随处云者，随心随意随身，随家随国随天下，盖随其所寂所感而已”[②]。

不难看出，甘泉的“体认”说在方法论上，并未摆脱程朱理学“格物穷理”的影响，故黄宗羲对此提出批评说：“先生以为心体万物而不遗”，“若以天地万物之理，即吾心之理，求之天地万物，以为广大，则先生仍为旧说所拘也”[③]。

其二　白沙重“自得”，甘泉重“自然”

白沙提出以自然为宗的观点，说：“人与自然同体，四时以行，百物以生……学者以自然为宗，不可不著意领会。”[④] 宣称“本虚形乃实，立本贵自然”[⑤]，倡导“出处语默，咸率乎自然”[⑥]。

但作为明代心学奠基人的白沙并不满足于与道同流的“自然”状态，针对明代陈陈相因、因循守旧的学风，他在“贵自然”的基础上，进而标举“自得”之学，提倡“求诸吾心”[⑦]，“学贵知疑”[⑧]。

白沙的“自得”之说渊源于先秦儒家思想。[⑨] 但它又与老庄的“自然”之说相通，更多带有主观感受的特点，是“自然”在精神感受和个体人格上的体现。庄子曾说：“不自得而得彼者，是得人之得而不自得其得也。”[⑩] 它的意思是：连本性的满足都不能获得，却获得了其他东西，那只不过得到别人已经得到的，而没有获得自己应当获得的。庄子所谓应得却没有得

① 以上见《明儒学案》下册，《甘泉学案》卷三十七，第 887 页。

② 《明儒学案》下册，《甘泉学案》卷三十七，第 887 页。

③ 《明儒学案》下册，《甘泉学案》卷三十七，第 876 页。

④ 《陈献章集》上册，《与湛明泽》七，第 192 页。

⑤ 《陈献章集》上册，《和杨龟山此日不再得韵》，第 279 页。

⑥ 《陈献章集》上册，《与顺德吴明府》，第 208 页。

⑦ 《陈献章集》上册，《道学传序》，第 20 页。

⑧ 《陈献章集》上册，《与张廷实主事》十三，第 165 页。

⑨ 参见拙文《陈白沙自述自得之学的渊源》，载 2016 年《江门市陈白沙思想研讨会论文集》。

⑩ 郭庆藩《庄子集释》，《庄子・骈拇》，中华书局 1961 年版，第 135 页。

到的东西，就是指的人所应具有和发挥的自然本性；“自得其得”就是强调人的本性与个体人格应当充分放开并得到高度的满足。白沙的“自得”主要汲取了《中庸》“君子无入而不自得”的思想，同时又借鉴、融合了庄子“自得其得”与“自然而得”的观点，表现出对主体的人格境界与精神品格的崇尚与追求，它是对儒家传统“自得”之说的重要突破。白沙的《赠彭惠安别言》中对此作出充分的诠释和表达：

> 孟子云“我善养吾浩然之气”。山林朝市一也，死生常变一也，富贵贫贱、夷狄患难一也，而无以动其心，是名曰‘自得’。自得者，不累于外，不累于耳目，不累于一切，鸢跃鸢飞，其机在我。如此谓善学，不如此，虽学无益也。①

这篇赠言是白沙“自得”价值观和心学宗旨的表白，也是他人生理想和治学精神的展现。白沙在这里描绘出的心学“自得”境界是：既要摆脱人生穷通丕泰境遇的困扰，又要摆脱一切外物与耳目闻见之知的束缚（“物累”），它超脱于生死、患难及一切荣辱、得失之上，凭借内心富于生机的浩然之气与自主精神，在人生与学术的天空自在地遨游，并让吾心成为天地万物的主宰（“不累于一切，鱼跃鸢飞，其机在我”），表现出睥睨、超脱一切的气概。刘宗周谈到白沙时说：

> “先生学宗自然，而要归于自得”，“独开门户，超然不凡。”② 对白沙心学的要义和地位作出了十分中肯的评价，和白沙比较，甘泉更重视的是白沙的“自然”说，推重他“出处语默，咸率乎自然”“立本贵自然”的思想，并将它作为治学的根基和通向“圣学”的唯一路径。甘泉说：“先师发出自然之说，至矣!”
>
> “学者下手，须要理会自然功夫”，“盖圣学只此一个路头，若寻别路，终枉了一生也。”③

---

① 文津阁《四库全书》第416册，《惠安集》附录，商务印书馆2005年版，第533页。

② 《明儒学案·师说》上册，第4页。

③ 《明儒学案》下册，《甘泉学案》卷三十七，第884页。

对白沙学宗自然的思想，甘泉反复著文予以高度赞扬：

> 唯夫子道本乎自然，故与百姓同其日用，与鬼神同其幽，与天地同其运，与万物同其流，会而通之，生生化化之妙，皆吾一体，充塞流行于无穷，有握其机而行其所无事焉耳矣。唯夫子学本乎中正。中正故自然，自然故有诚，有诚故动物。[①]
>
> 夫自然者，天之理也，理出于自然，故曰自然也，在勿忘勿助之间，胸中流出而沛乎，丝毫人力亦不存。……夫先生诗文之自然，岂徒然哉？盖其自然之文章，生于自然之心胸，自然之心胸，生于自然之学术，自然之学术在勿忘勿助之间，如日月之照，如云之行，如水之流。……孰安排是？孰作为是？是谓自然。[②]

甘泉“随处体认天理”的治学宗旨，体现了他偏重“自然”的路向，实际上是对白沙“以自然为宗”思想的继承与发挥，由于它在总的方向上与白沙心学是一致的，虽然缺乏白沙“自得”精神的气概，

更多地流露出对老师“勿忘勿助”自然之心胸与学术的向往，但白沙对此仍然表示理解与欣赏，并予以鼓励，故而当甘泉通过书信向白沙坦陈自己的想法时，白沙十分高兴地赞扬说：“来书甚好，日用间随处体认天理，着此一鞭，何患不到古人佳处也。”[③]

甘泉“随处体认天理”的治学宗旨，以其鲜明的“自然”特征而自立流派，在明代中后期与阳明心学耸动天下。正如黄宗羲所说：“先生与阳明分主教事，阳明宗旨致良知，先生宗旨随处体认天理，学者遂以王、湛之学各立门户。”[④] 它们冲破“述朱”的陈旧说教，将思想学术导向崇尚自然与主体的心学之路，对推动明代后期学风的转变与思想解放产生重大的影响。

（作者：五邑大学中文系教授）

---

① 《陈献章集》下册附录，《白沙先生改葬墓志铭》，第 884 页。

② 《陈献章集》下册附录，《重刻白沙先生全集序》，第 896 页。

③ 《陈献章集》上册，《与湛民泽》十一，第 193 页。

④ 《明儒学案》卷三十七，《甘泉学案》，第 876 页。

江门学派的中正自然、德性自由理念及其思想影响

刘红卫

道体在二程的新儒学体系中具有非常重要的意义，它是认识心体的重要参照物。基于道体的特征，二程提出了以“公”释仁及以“体用一原”的体用关系来阐发心体。陈白沙在二程新儒学理论的基础上，一方面阐释了心体“中正”的含义，另一方面在“体用一原”的基础上提出了“本体自然”的自然之学，使中正与自然之学成为江门学派的两个优秀品质。刘宗周在自然之学的基础上从“意”为心之“定盘针”的角度进一步阐发了德性自由的理论。陈白沙之后，江门学派经由湛若水、唐枢、许孚远、刘宗周、黄宗羲依次传承，江门学派的中正、德性自由的理念是黄宗羲反君主专制理论在思想层面重要的理论来源。黄宗羲在明朝末年提出了人君为“天下之大害”的思想，将儒学的发展推向高峰。

江门学派是明代儒学的一个重要学术流派，陈白沙开创的“自然之学”在明代心学史上独树一帜。近些年来学者往往倾向于关注陈白沙的自然观、静坐的功夫论及陈白沙心学与道教、禅宗的关系，往往忽略了陈白沙心学及江门学派的中正理念及“自然之学”所蕴含的德性自由理念。同时，学者往往着眼于陈白沙及湛若水个人思想体系的研究，而往往忽略了江门学派在新儒学中的地位及其对新儒学的拓展及贡献。再加之学者对江门学派传承体系的分歧，由此造成江门学派思想脉络在学术层面出现断裂，从而无法从整体上澄清和把握江门学派的理论精髓及其对新儒学的拓展和贡献。其中的焦点集中在唐枢、许孚远、刘宗周的学派归属上。黄宗羲明确把唐枢、许孚远归属于甘泉学案，而《四库全书总目》多次提及唐枢，将之归于阳明后学，或均受阳明学、江门学派影响。当代学者钱明先生在《阳明

后学研究的回顾与瞻望》[①] 一文中将刘宗周明确归属于阳明后学，邹建锋先生的专著《明儒学脉研究》[②] 则明确将唐枢、许孚远、刘宗周视作江门学派。事实上，儒学心性之学的传承注重体证，而老师的言传身教非常重要。由陈白沙至湛若水、唐枢、许孚远、刘宗周、黄宗羲的师承关系很清晰、很明确。此外，唐枢、许孚远、刘宗周与同时期的阳明后学在对儒学核心理念的理解上有明显的分歧。陈白沙心学既强调儒学体证、修养的艰辛性，又强调在艰辛体证、修养基础上体认儒学的易简性，两者兼顾使江门学派沿着新儒学的路径健康发展并彰显了强劲的生命力。只有将江门学派的中正自然、德性自由的理念置于江门学派的学脉体系中作贯通性的考察，才能真正阐明黄宗羲反君主专制理论在思想层面的理论来源，才能客观地评价江门学派对新儒学的贡献及其在新儒学中的地位。

一 二程新儒学的道体、心体理论对江门学派的影响

周敦颐、二程在孔、孟原始儒学的基础上建构了以宇宙生成论、本体论、工夫论为核心的新儒学，在新的历史背景下对原始儒学进行了全新的诠释。道体在周敦颐、二程建构的新儒学体系中具有非常重要的地位，它是认识心体的重要参照物。由道体的特质引申出心体的三重内涵，即阳刚、公正与自然。在二程的新儒学体系中，道体指生生不息的大自然，万物各遂其性是道体的基本特征。程颢在注解孔子“逝者如斯夫，不舍昼夜”时说：“此道体也。天运而不已，日往则月来，寒往则暑来，水流而不息，物生而不穷，皆与道为体，运乎昼夜，未尝已也。”[③] 朱熹亦注曰：“天地之化，往者过，来者续，无一息之停，乃道体之本然也。”[④] 心体是生生不息的生命体，以道体类比心体，是二程新儒学体系认识心体的重要路径。程颢在诠释孔子“逝者如斯夫，不舍昼夜”时，上段话讲的是道体，下段话则转而类比心体，即“是以君子法之，自强不息。及其至也，纯亦不已

---

① 钱明：《阳明后学研究的回顾与瞻望》，《宁波党校学报》2004 年第 1 期，第 87 页。

② 邹建锋：《明儒学脉研究》，社会科学文献出版社 2014 年版，第 15~16 页。

③ 朱熹：《四书集注》，岳麓书社 1993 年版，第 163 页。

④ 朱熹：《四书集注》，第 163 页。

焉”[①]。程颢又曰：“自汉以来儒者，皆不识此义，此见圣人之心纯亦不已也。”[②] 朱熹亦是如此，他上段话讲道体，下段话亦是转而类比心体，即“其可指而易见者，莫如川流。故于此发以示人，欲学者时时省察，而无毫发之间断也。”[③] 程颢在注《中庸》“‘鸢飞戾天，鱼跃于渊’，言其上下察也”时，曰：“此一段子思吃紧为人处，与‘必有事焉而勿正心’之意同，活泼泼地。会得时，活泼泼地；不会得时，只是弄精神。”[④] 亦是由道体引申至心体。此外，二程提出以“天地之心”类比人心，这也是以道体类比心体的典型范例。程颐曰：“一人之心即天地之心。”[⑤] 程颢曰：“夫天地之常，以其心普万物而无心；圣人之常，以其情顺万事而无情。”[⑥] 又曰：“天心所以至仁者，惟公耳。人能至公，便是仁。”[⑦] 二程之后，朱熹忌惮流禅对儒学的不良影响而偏重阐释性体、天理，陆九渊忌惮支离而偏重对心体的阐释。明初，吴与弼从《伊洛渊源录》中洞悉了濂洛之学的精髓，并将之传于江门学派。陈白沙全面继承了濂洛之学的宇宙生成论、本体论、工夫论，在宇宙生成论方面，他在二程“一本”论的基础上提出“惟仁与物同体”[⑧]；在本体论方面，他在二程“体用一原”的体用关系上进一步提出了“本体自然”[⑨] 的体用观；在工夫论方面，他继承了二程“勿忘勿助之间”的体证工夫，既注重体证的艰辛，又注重体证的易简。陈白沙心学及江门学派洞悉了周敦颐、二程构建新儒学的初衷，将二程以“公”释仁阐发为中正理论，将二程道体、心体体用一原的特征阐发为“自然之学”[⑩]，阐释了德性自由的理念。江门学派经由陈白沙、湛若水、唐枢、许孚远、刘宗周、黄宗羲依次传承，黄宗羲在明朝末年天崩地裂的历史背景下提出了人君是“天下之大害”的反君主专制思想，江门学派的中正、德性自由理念是黄宗羲反君主专制理论在思想层面的重要理论来源。

---

① 朱熹：《四书集注》，第 163 页。
② 朱熹：《四书集注》，第 163 页。
③ 朱熹：《四书集注》，第 163 页。
④ 程颢：《程颐·二程集》，中华书局 1981 年版，第 59 页。
⑤ 程颢：《程颐·二程集》，第 13 页。
⑥ 程颢：《程颐·二程集》，第 460 页。
⑦ 程颢：《程颐·二程集》，第 439 页。
⑧ 陈献章：《陈献章集》，中华书局 1987 年版，第 884 页。
⑨ 陈献章：《陈献章集》，第 776 页。
⑩ 陈献章：《陈献章集》，第 885 页。

二 江门学派对新儒学中正理念的继承与发展

人们在日常生活中观察到大自然化生万物而无所偏私，万物各遂其性。二程在此基础上提出了以“公”释仁，充分阐述了心体之仁的中正内涵，以“公”释仁成为新儒学的显著特征。程子曰：“仁道难名，惟公近之。”[①] 程颐曰：“仁之道，要之只消道一公字。”[②] “公”即无私欲、私心，亦即中正的意思，亦即公平、公正，可以进一步引申为正义。二程在诠释中庸时，将“中”解释为中正、中和两层含义。陈白沙心学体系的最终形成，是上溯濂洛之学实现的。在宇宙生成论体系方面，在二程人与物“一本”的基础上，陈白沙提出了“惟仁与物同体”的理论，在本体论与工夫论方面讲求以中正为核心。

与二程以道体阐释心体的路径相同，陈白沙亦是以道体类比心体，在笃实体证的基础上避免了对心体的过度诠释而流为玩弄光景。陈白沙在实现心与理凑泊的工夫历程中曾遭遇挫折，几乎导致心疾。在体认心体陷入困境之时，他在大自然中放松身心，洞察到道体生生不息的生命特征，由此得到启发，从而贯通了心体与道体，实现了心与理的凑泊。在本体论与工夫论上，陈白沙及江门学派强调以中正为大纲，在中正的大纲之下讲求工夫上之中和。陈白沙多次引用周敦颐和二程关于中正的理论，如他在《书莲塘书屋册后》中引用周敦颐《太极图说》“圣人定之以中正仁义而主静”[③]。遵从二程以道体论证心体的路径，陈白沙从元气的中正入手，阐述道体之中正，陈白沙《五日雨霰之二》云：“元气塞天地，万故常周流。”湛若水解释曰：“元气者，天地之正气也。词承上篇感雪而作。言天地中正之气，充塞两间，万故周流。上下四方之宇，古往今来之宙，同此充塞流行也。”[④] 以道体类比心体，湛若水将陈白沙的自然之学概括为中正之学。湛若水曰：“宇宙，以语道之体也。乾乾，以语其功也。勿忘勿助，一也，中正也，自然之学也，皆原诸周程至矣。惟夫子道本乎自然，故与百姓同其日用，与鬼神同其幽，与天地同其运，与万物同其流，会而通之，生生

① 程颢：《程颐·二程集》，第 1171 页。
② 程颢：《程颐·二程集》，第 153 页。
③ 陈献章：《陈献章集》，第 465 页。
④ 陈献章：《陈献章集》，第 769 页。

化化之妙，皆吾一体，充塞流行于无穷，有握其机而行其所无事焉耳矣。惟夫子学本乎中正，中正故自然，自然故有诚，有诚故动物。”① 又曰：“先生语水曰：‘千古惟有孟子勿忘勿助不犯手段，是谓无在无不在，以自然为宗者也，天地中正之矩也。世之执有者以为过泥，空者以为不及，岂足以知中正之心之道乎？夫心也者天地之心，道也者天地之理也。天地之理，非他，即吾心中正而纯粹精焉者也。是故曰中，曰极，曰一贯，曰仁义礼智，曰孔颜乐处，曰浑然与天地为以体。此天理也，尽之矣。’”②

陈白沙之后，江门学派传承了陈白沙心学中正的核心理念，由湛若水至唐枢、蒋道林、许孚远、刘宗周依次传承。湛若水认为由心体之中正，才能外发为情之中正，情复中正，才能复见天地之心。很显然，湛若水儒学本体论和工夫论的核心就是中正观。他说：“心具生理，故谓之性，性触物而发，故谓之情。发而中正，故谓之真情，否则伪矣。道也者，中正之理也。其情发于人伦日用，不失其中正，则道矣。勿忘勿助其间，则中正处也，此正情复性之道也。”③ 湛若水的学生蒋道林对江门学派的中正之学把握得很精当，他说：“中也者，中心也，即所受于天地之中也。在天为中气，在人为中心，其为道也不亦重乎！执之者，举之也，言之其能胜之矣。故道心者非他也，即中心也，惟中所以为道也。易贵中非故以中正喻诸人也，天也者，自道者也。心也者，自中者也。夫无用而不中，然后可以语中。”④ 湛若水的学生唐枢认为中正是辨别正学与异说的标准，他说：“正道如刀口上立，差过一些，便是异端，而无所用心者不与焉。孟子原学孔子，虚明中正，天道本然之实，乃是正学。扬氏以为我求心，墨氏以兼爱求心，许行以齐物求心，子莫以执中求心，告子以强制求心，淳于以言语求心，孙张以功利求心，白圭以省用求心，这便各有所着。孟子辞而辟之以明心体之大，一自小即非正学。”⑤ “正道如道口上立”即儒学、正学以中正作为本体论与工夫论的本质内容。唐枢的学生许孚远在与作为阳明后学的周海门在“九谛”与“九解”的激辩中，以“宇宙之内，中正者为善”⑥ 作为

① 陈献章：《陈献章集》，第 885 页。
② 陈献章：《陈献章集》，第 942 页。
③ 黄宗羲：《黄宗羲全集》（第 8 册），浙江古籍出版社 2005 年版，第 147 页。
④ 四库全书存目丛书（集部 第 96 册）：《蒋道林先生文粹》，齐鲁书社 1997 年版，第 275 页。
⑤ 四库全书存目丛书（子部 第 126 册）：《木钟台集》，齐鲁书社 1995 年版，第 468 页。
⑥ 四库全书存目从书（集部 第 165 册）：《周海门先生文录》，齐鲁书社 1997 年版，第 141 页。

批判周海门流禅的依据。许孚远的学生刘宗周认为儒学主静工夫的真谛就在于中正，他说："惟圣人深悟无极之理，而得其所为静者主，乃在中正仁义之间，循理为静是也。"① 由以上的论述可以看出，以陈白沙、湛若水、唐枢、许孚远、刘宗周为核心的江门学派的代表人物都是将中正视作儒学本体论与工夫论的核心内容。

三　江门学派"自然之学"与道德自由的内在关联

北宋时期，周敦颐、二程在建构新儒学时，已着意强调儒学的悦纳、易简、自然的特征。吴与弼洞察了濂洛之学的精髓，将之传于陈白沙。湛若水以"自然之学"概括陈白沙心学，"自然之学"是对二程提出的新儒学悦纳、易简、自然的特征的总括。陈白沙云："濂洛千载传，图书乃祖宗。昭昭圣学篇，授我自然度。"② 湛若水称陈白沙"真得洙泗濂洛之正传"。③ 如同二程，陈白沙从本体论的角度，以道体类比心体，提出了"本体自然"的意境，即道体生生不息，大自然化生万物而"无心"，万物各遂其性，从体用关系上讲，即为"承体起用"，是一个自然而然的过程。道体如此，心体亦是如此。陈白沙在早期对心体的体认中因没有理解"承体起用"的含义，由于用功过度而几乎导致心疾。后来在大自然中放松身心，看到大自然生生不息，即所谓"天普万物而无心"的特征，由此受到启发，认识到对心体的体证同样是一个承体起用、自然而然的过程，即"本体自然"，从而实现了心与理的凑泊。张诩描述陈白沙这一段心理历程曰："壮从江右吴康斋聘君游，激励奋起之功多矣，未之有得也。既归，杜门独扫一室，日静坐其中，虽家人罕见其面。如是者数年，未之有得也。于是迅扫夙习，或浩歌长林，或孤啸绝岛，或弄艇投竿于溪涯海曲，忘形骸，捐耳目，去心智，久之，然后有得焉，于是自信自乐。"④ 在工夫论方面，陈白沙认为儒学体证工夫的悦纳性与易简性是相辅相成的关系，惟有悦纳，体认过程才是易简的；惟有易简，体认过程才会因易简而悦纳。陈白沙认为传统理学之所以变成学者谋求科举的工具而变得艰辛，就在于其遮蔽了"义理之悦我心"

---

① 刘宗周：《刘宗周全集》（第2册），浙江古籍出版社2007年版，第230页。

② 陈献章：《陈献章集》，第769~770页。

③ 陈献章：《陈献章集》，第784页。

④ 陈献章：《陈献章集》，第883页。

的悦纳、易简因素。陈白沙曰："戒慎恐惧，所以闲此心而非劳之也。宋儒言之备矣，吾尝恶其太严也。"[①] 又诗云："戒谨与恐惧，斯言未云偏。后儒不省事，差失毫厘间。寄语了心人，素琴本无弦。"湛若水注云："盖圣学以自然为本，本立则未发而虚，已发而即实，亦周子静无动有之意。又言戒慎恐惧，若求之太过，则失其自然之本体矣。"[②] 恰如其分的体证工夫是"勿忘勿助之间"，陈白沙所谓"善求道者求之易"[③] 就是指此而言。

陈白沙之后，经由湛若水、唐枢、许孚远、刘宗周依次传承，至刘宗周时，"自然之学"的内涵在情感体验的基础上得以进一步升华，刘宗周给予自然之学本原性诠释，进一步发展了江门学派的德性自由理论。刘宗周提出"意"为心体"好善恶恶"的定盘针，将"意"与意念区别开来，阐释了"意"的本原意义，从本原上诠释了德性自律的可能性与现实性，在儒学史上具有非常重要的意义。唐君毅先生认为："然人如在无显然之恶待去之时，人又毕竟用何工夫？于此人似可放下一切，一任自然。此则在白沙、龙溪、心斋、近溪，并有此旨。然此任自然，亦即不另用安排思虑工夫之别名。如立意去求自然，则正为不自然矣。……宗周言诚意之学，则更循此意而进。"[④] 刘宗周认为心体在未发之前，如同道体一样，是一个自作主宰、自尔周流的独体。这个独体不是静止不动的，如同道体一样，独体的存在方式也是生生不息而随时随处承体起用的。"意"作为心体的定盘针，心体未发之前自然是"中"，发而自然是"和"。唐君毅先生认为，在刘宗周的儒学体系中，从自然的角度讲，心体的承体起用表现为"纯情"[⑤]，即从本原、本体上讲，没有掺和任何的感性经验在里面。很显然，心体的承体起用呈现的是一种不受感性经验干扰的德性自由。这种德性自由是通过"即心而见"与"离心而见"呈现出来的。刘宗周曰："性情之德，有即心而见者，有离心而见者。即心而言，则寂然不动，感而遂通，当喜而喜，当怒而怒，哀乐亦然。由中道和，有前后际，而实非判然分为二时。离心而言，则维天于穆，一气流行，自喜而乐，自乐而怒，自怒而哀，自哀而复喜，有显微际，亦非截然分为两在。然即心离心，总见此心之妙，而心

① 陈献章：《陈献章集》，第 943 页。
② 陈献章：《陈献章集》，第 710 页。
③ 陈献章：《陈献章集》，第 131 页。
④ 唐君毅：《中国哲学原论》（原教篇），中国社会科学出版社 2006 年版，第 491 页。
⑤ 唐君毅：《中国哲学原论》（原教篇），第 492 页。

之与性，不可以分合言也。故寂然不动之中，四气实相为循环；感而遂通之际，四气又迭以时出。”① 所谓“即心而见”即当心与外物相接时，当喜而喜，当怒而怒，随物之喜怒而喜怒，喜怒的根据是内在之性、理。所谓“离心而见”，如唐君毅先生所言“当此心不与物接，意念未发之际，此心中自有一喜怒哀乐之纯情、纯气之周流，若自有次序，而实终则有始，以互为隐显，一时俱在”②。“离心而见”即心未与外物相接时，自有其喜怒哀乐，是“纯情”的自然流露。刘宗周此类表述实际上已经在本体上将心体与道体相贯通。在本体论意义上，道体所呈现的自由，与心体所呈现的德性自由是对等的。刘宗周关于德性自由的诠释在宋明新儒学体系中独树一帜，也是宋明新儒学发展自我完善、自我升华的必然结果。基于刘宗周对新儒学的重要贡献，唐君毅先生称其为新儒学的最后大师。唐君毅先生曰：“蕺山为宋明儒学之最后之大师，而濂溪则为宋明理学之开山祖。故吾尝谓宋明理学以濂溪之为太极图说，以人之主静立人极以合太极始，而以蕺山之人极图说之摄太极之义于人极之义终也。”③ 刘宗周之前，将“意”视作意念之先的学者有王一庵、王塘南，黄宗羲称唯独刘宗周“言诚意慎独之能得其真”④。刘宗周关于心体所呈现的德性自由的理论，是黄宗羲反对君主专制的民主思想萌芽的重要理论来源。

四 江门学派的中正、德性自由理念对黄宗羲的影响

江门学派与阳明学、阳明后学是明代儒学的主流，两者之间相互碰撞、交流、吸收，将儒学的发展推向高峰。“即心见性”是江门学派与阳明学、阳明后学的共同特征，但两家学派在德性进路上有明显的不同。江门学派在本体论与工夫论上始终贯彻了中正与自然的理念，对黄宗羲提出反对君主专制的民主思想萌芽具有重要影响。阳明后学由于受王阳明“正念头”、重“易简”的体证方法的影响，流禅或玩弄光景成为阳明后学晚期的显著特征。

在本体论方面，以道体类比心体，使心体避免流荡或狂肆，是江门学派之所以长盛不衰的重要原因。以道体类比心体作为体认心体的心法，作为江

① 黄宗羲：《黄宗羲全集》（第8册），浙江古籍出版社2005年版，第902页。
② 唐君毅：《中国哲学原论》（原教篇），第500页。
③ 唐君毅：《中国哲学原论》（原教篇），第506页。
④ 黄宗羲：《黄宗羲全集》（第8册），第890页。

门学派重要的教学方法，对江门学派的生命力具有决定性意义。与之形成鲜明对比的是阳明学与阳明后学的德性进路，王阳明在体认心体时，强调“真知”，即通过感性经验所呈露的仁、善的端倪以体认仁、善之为人的本质，并在此基础上体认心体之良知良能。一旦达致真知，良知即独体，独体即心体，由独体承体起用，自然易简。在王阳明的德性进路中，道体对心体的参照作用并不明显，而是由感性经验出发，形成独体承体起用的体用关系。王阳明在晚年于《大学问》中提出“大人者以天地万物为一体”的理论，但是他的表述方式和内涵与二程、江门学派是不相同的。王阳明认为“大人者以天地万物为一体”在于“其心之仁本若是”，是从仁的爱意、生意类比天人，而非从仁之“公”意，因而不能体现心体的中正、易简特征。阳明后学的巨大的分歧，究其核心，是对自然、易简的不同解释。离开道体对体证心体的参照作用，阳明后学中出现狂肆者，是阳明学体证、教学方法的必然结果。

在工夫论方面，江门学派主张“勿忘勿助之间”的体认、修养功夫，《陈白沙“勿忘勿助”工夫的历程与内涵》一文有系统的论述。[①] 所谓“勿忘”即时时提撕、唤醒而固执于仁、善，也就是常说的惺惺法，这也是朱子学基本的体认、修养方法，包括扫、洒、应对、主敬、涵养等等。所谓“勿助”即在儒学的体认、涵养的工夫历程中不要过于助长，即本体论与工夫论方面的双重易简性。江门学派遵循二程提出的“勿忘勿助之间”的体认、修养工夫，既注重时时提撕、唤醒，以固执于仁、善，又注重儒学体认过程中的易简性对于成德的意义。既注重笃实的感性体验，又注重儒学体证的易简性，这就保证了江门学派沿着周敦颐、二程所建立的新儒学体系路径健康发展而避免了流禅或玩弄光景，这是江门学派长盛不衰的主要原因。与江门学派的体证路径不同，王阳明强调通过感性经验所呈露的仁、善的端倪以获得“真知”，一旦获得真知，由“独体”承体起用则自然易简，王阳明认为正念头的关键在“真知”。因此，王阳明对江门学派的“勿忘勿助”的体证工夫提出了质疑，湛若水曾为此有所慨叹曰：“惟求必有事焉，而以勿助勿忘为虚，阳明近有此说，见于与聂文蔚侍御之书。而不知勿忘勿助，乃所有事之工夫也。求方圆者必于规矩，舍规矩则无方圆。舍勿忘勿助，则无所有事，而天理灭矣。下文‘无若宋人然’，非徒无益，而

---

① 刘红卫：《陈白沙“勿忘勿助”工夫的历程与内涵》，《南昌大学学报》（人文社会科学版）2012年第5期，第24~28页。

又害之，可见也。不意此公聪明，未知此要妙，未见此光景，不能无遗憾！"[①] 此外，王阳明的修养功夫以正念头为核心，因此他对湛若水的"随处体认天理"的体证路径持有异议，认为湛若水"随处体认天理"是求之于外。作为王阳明本人而言，他对儒学的体证是笃实的，但是他以正念头、重易简为核心的体证、修养路径及教学方法，容易使阳明后学在体证工夫中出现分歧，狂肆、流禅或者玩弄光景则成为一种弊端或者恶果。

江门学派的中正、德性自由理念是黄宗羲反君主专制理论在思想层面的重要理论来源。黄宗羲曰："道心即人心之本心。"[②] 道心之中正即人心之中正。又曰："心无体，以意为体。"[③] 心体之承体起用，即意之纯情之发散、流行，亦即德性自由，这是天经地义之理。黄宗羲曰："天地以生物为心，仁也。其流行次序万变而不紊者，义也。仁是乾元，义是坤元，乾坤毁则无以为天地矣。"[④] "义"是"流行次序万变而不紊者"，从本体论的角度讲，指心体的承体起用，亦即德性自由。德性自由被压制、压抑，则"乾坤毁"。黄宗羲突破内在思想及外在制度的双重藩篱，提出"天下之大害者，君而已矣"[⑤]。黄宗羲反对君主专制思想的提出，标志者宋明新儒学发展到高峰。

二程以道体类比心体的体悟方法对宋明新儒学有影响的深远，以道体类比心体，实质上是给予心体一个可供充分把握的范畴，以道体中正、自然的特质来把握心体，以避免认知觉为性而流于狂肆或流禅。江门学派与阳明学、阳明后学是明代两个重要的学术流派，两者之间的交流、碰撞促进了明代儒学的发展。江门学派与阳明学、阳明后学在不同时期有四次大的分歧，分别发生在湛若水与王阳明、王阳明与私淑陈白沙的黄佐、许孚远与周汝登、刘宗周与陶望龄、陶奭龄兄弟之间，两者之间的交锋本质上是江门学派对阳明学、阳明后学在功夫论方面的矫正。江门学派继承了二程认知心体的路径，以道体类比心体，始终坚持了心体中正、自然的理念，故而被称之为濂洛正宗。

（作者：五邑大学马克思主义学院副教授）

① 黄宗羲：《黄宗羲全集》（第 8 册），第 671 页。
② 黄宗羲：《黄宗羲全集》（第 8 册），第 900 页。
③ 黄宗羲：《黄宗羲全集》（第 6 册），第 40 页。
④ 黄宗羲：《黄宗羲全集》（第 1 册），第 49 页。
⑤ 黄宗羲：《黄宗羲全集》（第 1 册），第 3 页。

湛甘泉与王阳明的人性论及教育观*

黄明喜

作为明代心学的巨擘，王阳明、湛甘泉既是富有成就的思想家，也是颇具匠心的教育家。他俩倾毕生心血于教育，大力兴办书院，以各种形式的讲学活动培养出大批弟子，促进了心学思想文化的传播与发展。

人通过教育能否成圣为贤，是摆在所有思想家、教育家面前的核心问题，湛甘泉、王阳明自然也不例外。成圣为贤作为儒家教育哲学中涉及理想人格的基本范畴，它逻辑地关联着人性论问题。二人基于时代的需要，对此分别作出自己的思考和回答。

人性与教育两者相互依存，教育因人性而做功，人性因教育而成善。就人性的发展和教育的旨趣来说，人性与教育在本质上具有高度一致的贯通性，它们是成就理想人格必不可少的两个基本条件。人性提供了趋善的可能性，教育则使这种可能的善变为现实的善，即所谓待教而成。如果缺乏必要的基本教育，一个人要成为德才兼备的社会栋梁是难以想象的。湛甘泉认为人只有接受教育，并积极修养自我，方可成就理想人格。

湛甘泉循沿孟子的“性善论”观点，肯定人具有善良的本质，“善者，吾性之本也。”① 这种善良的本质是人人共同具有的本性。但湛甘泉所持的性善论并不是肯定每个人都具有现实的善，而是强调每个人都具有一种可能为善的本性。换言之，天赋的人性是一种可能的善，是善的本源。湛甘泉人性本善的价值判断，在一定意义上表现出以人本主义的立场对人类原初平等的积极肯定。它不仅为建构心灵净化的人际关系提供了内在的理论

---

* 本文系《广州大典》与广州历史文化研究重点项目“明代陈湛心学教育流派研究”（2016GZZ08）的阶段成果。

① 陈建华：《广州大典·圣学格物通·审几下》卷2，广州出版社2015年版，第33页。

依据，而且为道德教育的可能性寻找了一个主体自身的根源。

在断定人性本善的前提下，湛甘泉认为“心”“性”是一个东西，即“心性非二”。他说：

> 性也者，心之生理也，心性非二也。[①]

为了说明仁义礼智根植于人的心性，道德并非外部的灌输和强制，而是主体对自我本性的自觉和扩充，是人自身存心养性的结果，湛甘泉把人的心性分为“初心”和“习心”两个部分，希望每个人不忘“初心”，不断增强道德修养的自觉。

> 人心一念萌动，即是初心，无有不善。如《孟子》“乍见孺子将入于井便有怵惕恻隐之心”，乍见处亦是初心复时也。人之良心何尝不在，特于初动时见耳。若到“纳交要誉”“恶其声”时，便不是本来初心了。[②]
>
> 认得本体，便知习心，习心去而本体完全矣。不是将本体来换了习心，本体元自在，习心一蔽之，故若不见耳。[③]

“初心”是人性中原初的部分，是至善的，是人之“良心所在”；而“习心”不是人的先天之心，是指受物欲蒙蔽、环境习染的后天经验之心，它可能变善，也可能为恶。湛甘泉对人性的二分法，有其突出的积极价值：一方面是对单一的“性善”或“性恶”学说的深化，另一方面就是为人的教育存在的必要性提供了强有力的理论依据。人之“初心”仅是一种善端，所以要依靠教育来保存和扩充，使其获得长足发展；人之“习心”有善有不善，更需要以理性的认识对其加以制约、改造，引导人们向善。湛甘泉坚信，只要涵养“初心”，变化“习心”，每个人都能成为尧舜那样的圣贤。他说：

---

① 湛若水：《泉翁大全集·心性图说》卷三十二，明嘉靖十九年刻本。

② 陈建华：《广州大典·湛甘泉先生文集三十五卷·新泉问辨录）卷 8，广州出版社 2015 年版，第 116 页。

③ 湛若水：《泉翁大全集·新泉问辨录》卷六十七，明嘉靖十九年刻本。

> 圣贤之进德修业在虚而已，故小贤则小虚，大贤则大虚，少有未虚……德业有不崇乎？是故君子之学，故当虚其心以为进修之地。欲致其虚者，非深见道体之无穷则亦不能强也。①

所谓“虚其心”，是说如果碰到疑惑，众说纷纭，一时难以决定取舍，则应客观静心，谨慎对待。勇于虚心涵泳，就一定可成就圣贤般的德性。

相形于湛甘泉，王阳明在讨论圣贤观和人性论的过程中，始终是以他的“致良知”学说为依据的。他说：

> 良知良能，愚夫愚妇与圣人同。但惟圣人能致其良知，而愚夫愚妇不能致，此圣愚之所由分也。②

文中所谓“愚夫愚妇”，意指普通百姓。王阳明认为，他们和圣人同样具有良知良能。但只有圣人才能致良知，而普通百姓却不能致良知。王阳明这样解释道：

> 心之良知是谓圣。圣人之学，惟是致此良知而已。自然而致之者，圣人也；勉然而致之者，贤人也；自蔽自昧而不肯致之者，愚不肖者也。愚不肖者，虽其蔽昧之极，良知又未尝不存也。苟能致之，即与圣人无异矣。此良知所以为圣愚之同具，而人皆可以为尧舜者，以此也。③

人心中的良知便是圣。圣人之所以成圣，就是因为能致其良知。自然而然致良知的是圣人；勉强而致良知的是贤人；自己蒙蔽愚昧而不肯致良知的人，是愚笨而不贤的人。虽然他们蒙昧到极点，但良知却不是不曾存在的。如果能涵养和体用良知，则与圣人相差无几。

在人性问题上，王阳明阐发了“性无不善，穷理以尽性”的观点。他继承孔子“性相近，习相远”和孟子“性善”的人性观，做出进一步的发挥：

---

① 陈建华：《广州大典·圣学格物通·进德业二》卷27，广州出版社2015年版，第261页。

② 王阳明：《王阳明全集·传习录中》卷2，上海古籍出版社1992年版，第49页。

③ 王阳明：《王阳明全集·书魏师孟卷》卷8，第280页。

> 夫子说“性相近”，即孟子说“性善”，不可专在气质上说。若说气质，如刚与柔对，如何相近得？惟性善则同耳。人生初时，善原是同的。但刚的习于善则为刚善，习于恶则为刚恶；柔的习于善则为柔善，习于恶则为柔恶，便日相远了。①

孔子谈论人性最具代表性的话就是：“性相近也，习相远也。”② 这里所谓的“性”为生性，意指人先天具有的自然本性，“习”为习性，意指后天获得的社会属性。从孔子这两句话可以看出，孔子主张人与生俱来的自然本性是相差无几的，而后天发展出来的社会属性则差别甚大。质言之，人之所以会出现千差万别的特征，完全是由“习”造成的，也就是人所处的生活环境和习俗导致的，特别是源自不同形态的教育因素造成的。孔子本人未对人性的善恶做出明确判别，孟子则倡言“性善”论。而王阳明结合他的“致良知”的心学理论，认同孔子“相近”之生性和孟子的性善说，得出“性善则同耳”的结论。因此，他明确断言：“至善者性也，性原无一毫之恶，故曰至善。”③ 认为至善是人的天性，天性原本没有一点恶。很显然，王阳明主张人的自然本性是善的。由此可见，他是一个典型的性善论者。

王阳明主张人性本善，旨在把人性与人欲区分开来，认为教育的目的是去人欲，恢复人的本性，“夫教，以复其性而已。”④ 从教育的视角来审视，王阳明十分重视教育对于人性发展的作用。人生来便具有向善的潜能，成就圣贤的可能性，“人性皆善，中和是人原有的，岂可谓无？”⑤

在王阳明看来，圣人与普通百姓的自然本性是一样的。因此，每一个人应该振作精神，自作主宰，充分发挥自己的潜能，以达圣贤之境。他说：

> 自己良知原与圣人一般，若体认得自己良知明白，即圣人气象不在圣人而在我矣。⑥

---

① 王阳明：《王阳明全集·传习录下》卷3，第123页。
② 朱熹：《四书章句集注·论语集注·阳货》，中华书局2011年版，第164页。
③ 王阳明：《王阳明全集·传习录上》卷1，第25页。
④ 王阳明：《王阳明全集·别王纯甫序》卷7，第23页。
⑤ 王阳明：《王阳明全集·传习录上》卷1，第23页。
⑥ 王阳明：《王阳明全集·传习录中·启问道通书》卷2，第59页。

希望每一个人都能坚守自己的良知，尽管良知是内在的，看不见，摸不着，难于用语言表达清楚，“不睹不闻是良知本体”[①]，“良知本是明白，实落用功便是。不肯用功，只在语言上转说转糊涂”。[②] 良知难以靠感官直接感知，用语言也不容易表述明白，但是，只要我们踏实用功、持之以恒，便可以通过自己的行为及其结果来体悟出“良知”，从而发挥出自己的潜能。

落实在教育的思想和实践上，王阳明十分强调德性的养成。他认为，只知从知识上着力而不知从德性上着力，“徒弊精竭力，从册子上钻研，名物上考索，形迹上比拟，知识愈广而人欲愈滋，财力愈多，而天理愈蔽”。[③] 这样一种以学问为本而以德性为末的做法对成就理想人格是徒劳无益的。所以，王阳明说：

> 吾教人致良知，在格物上用功，却是有根本的学问。日长进一日，愈久愈精明。世儒教人事事物物上去寻讨，却是无根的学问。[④]
>
> 致良知是学问大头脑，是圣人教人第一义。今云专求见闻之末，则是失却头脑而已，落在第二义矣。[⑤]

正是基于这样的看法，王阳明指出年幼时不抓好德性培养，一旦不良行为养成，长大以后就难以改掉。

王阳明身处的明代中叶盛行的是随意责骂和殴打儿童，采取片面的灌输式教育方式，这种做法对儿童身心健康极为不利。对此，王阳明进行了无情的揭露和尖锐的批判。他说：“若近世之训蒙稚者，日惟督以句读课仿，责其检束，而不知导之以礼；求其聪明，而不知养之以善；鞭挞绳缚，若待拘囚。彼视学舍如囹狱而不肯入，视师长如寇仇而不欲见，窥避掩覆以遂其嬉游，设诈饰诡以肆其顽鄙，偷薄庸劣，日趋下流。”[⑥] 指出当时从事儿童教育的老师，每天只是督促儿童进行句读和考试作文，责罚他们，却不知道用礼义去引导他们；想使他们聪明，但不知道怎样用善来培养他

① 王阳明：《王阳明全集·传习录下》卷3，第123页。

② 王阳明：《王阳明全集·传习录下》卷3，第109页。

③ 王阳明：《王阳明全集·传习录上》卷1，第28页。

④ 王阳明：《王阳明全集·传习录下》卷3，第99页。

⑤ 王阳明：《王阳明全集·传习录中·答欧阳崇一》卷2，第71页。

⑥ 王阳明：《王阳明全集·伟习录中·训蒙大意示教读刘伯颂等》卷2，第88页。

们。对待他们就如同对待囚犯一样，只知道绑着鞭打。这样，儿童自然就把学校看成监狱而不愿上学，把老师看作仇敌而不愿相见。于是，这些儿童便躲避上课，逃学去游戏玩耍，而为了玩耍嬉戏，他们不惜说谎捣乱。长此以往，这些儿童就会变得庸俗轻薄，低级下流。

透过这段描述，可以看出王阳明对“惟督以句读课仿，责其检束”的教学方式是持坚决否定态度的，而对“鞭挞绳缚，若待拘囚”的体罚手段是十分厌恶的。可以说，王阳明对当时严重摧残儿童身心的不良教育思想及做法所展示的揭露和批判，不但入木三分，而且令人深思。

王阳明抓住儿童“乐嬉游而惮拘检”的心理特点，主张实行“趋向鼓舞，中心喜悦”的快乐教育。

这种“趋向鼓舞，中心喜悦”的快乐儿童教育，与传统“鞭挞绳缚”“训斥检束”等痛苦儿童教育不同的是，不是采用“督”“责”“罚”的教育方式，而是采用“诱”“导”“讽”“询”的教育方式。“诱”——诱之以歌诗，“导”——导之以习礼，“讽”——讽之以读书，“询”——询之以德行。这种教育，能够使儿童如沐春风，心中充满快乐，从而顺利成长。正如王阳明自己所言：“大抵童子之情，乐嬉游而惮拘检，如草木之始萌芽，舒畅之则条达，摧挠之则衰痿。今教童子，必使其趋向鼓舞，中心喜悦，则其进自不能已。譬之时雨春风，霑被卉木，莫不萌动发越，自然日长月化；若冰霜剥落，则生意萧索，日就枯槁矣。”①

在王阳明看来，儿童的性情总是爱好嬉游，而厌恶拘束，就像草木开始萌芽，让它舒畅地生长就能迅速发育，而对它摧残压抑，草木就会萧索衰萎。所以，教育必须“常存童子之心”，顺应儿童的身心发展特点，使他们“趋向鼓舞”“中心喜悦”“乐习不倦”。这样儿童自然就能不断长进，就好比时雨春风滋润草木一样，日长月化，生意盎然。

王阳明为儿童教育设计的课程包括“歌诗”“习礼”“读书”“考德”四类，实施情感、礼仪、知识、德行四位一体教育。

一方面，他认为这四类课程分别具有“发其志意”“肃其威仪”“开其知觉”“教以人伦”即陶冶其意志情感、养成其礼仪规范、开启其知识智慧和训练其道德行为的作用。他说：“今教童子，惟当以孝弟忠信礼义廉耻为专务。其栽培涵养之方，则宜诱之诗歌以发其志意，导之习礼以肃其威仪，

① 王阳明：《王阳明全集·传习录中·训蒙大意示教读刘伯颂等》卷2，第87~88页。

讽之读书以开其知觉。”[①]

另一方面，他认为这些课程具有德、智、体、美等综合教育功能。他说：“故凡诱之歌诗者，非但发其志意而已，亦以泄其跳号呼啸于咏歌，宣其幽抑结滞于音节也；导之习礼者，非但肃其威仪而已，亦所以周旋揖让而动荡其血脉，拜起屈伸而固束其筋骸也；讽之读书者，非但开其知觉而已，亦所以沉潜反复而存其心，抑扬讽诵以宣其志也。”[②] 即是说，“诱之歌诗”不仅能激发儿童的志向，还能使他们有发泄多余精力、宣泄内心的愁闷和烦恼的机会，使他们开朗活泼起来，达到愉悦其情感的目的，实现了美育与德育的结合。“导之习礼”不但能使儿童养成一定的礼仪习惯，还能通过“周旋揖让”“拜起屈伸”等动作“动荡血脉”“固束筋骸”，达到锻炼身体、健壮体魄的功效，实现了“礼育”与体育的巧妙结合。“讽之读书”，不仅能增长儿童的知识，开发儿童的智力，还能通过“沉潜反复”“抑扬讽诵”达到“存心宣志”的功效，实现了德育与智育的结合。

此外，王阳明还专设“考德”这门课程，以训练并督察儿童在家庭和街坊中的“言行心术”，以养成良好的道德行为习惯。

王阳明认为，凡此这些课程及其教学，都是为了培养儿童的志向，陶冶他们的性情，使其在潜移默化中消除其鄙吝，净化其粗顽，时常渐染礼义而不觉其难苦，进入中庸平和状态而不知其原因。一切皆不知不觉，自然而然。“凡此皆所以顺导其志意，调理其性情，潜消其鄙吝，默化其粗顽，日使之渐于礼义而不苦其难，入于中和而不知其故。”[③]

王阳明设计了四类课程的开设顺序，并循序渐进地实行：“每日工夫，先考德，次背书诵书，次习礼，或作课仿，次复诵书讲书，次歌诗。”[④]

王阳明继承了孔孟以来“因材施教”的思想，用他的话说就是“随人分限”。如果说课程设置的主要依据是儿童身心发展的年龄阶段性，那么具体的教学实施就必须考虑儿童的个别差异性。他说：“我辈致知，只是各随分限所及……与人论学，亦须随人分限所及。”[⑤] “随人分限所及”，就是要求教学应当顾及每个儿童的个性差异，考虑每个儿童的接受能力，量力施

① 王阳明：《王阳明全集·传习录中·训蒙大意示教读刘伯颂等》卷2，第87页。

② 王阳明：《王阳明全集·传习录中·训蒙大意示教读刘伯颂等》卷2，第88页。

③ 王阳明：《王阳明全集·传习录下》卷3，第88页。

④ 王阳明：《王阳明全集·传习录下》卷3，第89页。

⑤ 王阳明：《王阳明全集·传习录下》卷3，第96页。

教。从“随人分限所及”的观点出发，他提出教学应当给儿童留下阅读和思考的余地，譬如说授书，就应做到“不在徒多，但贵精熟。量其资禀，能二百字者，止可授以一百字。常使精神力量有余，则无厌苦之患，而有自得之美。讽诵之际，务令专心一志，口诵心惟，字字句句有䌷绎反覆，抑扬其音节，宽虚其心意。久则义礼浃洽，聪明日开矣”。①

王阳明的儿童教育思想，虽然旨在“明人伦”，侧重养成儿童孝悌忠信、礼义廉耻等传统伦理道德的意识和行为，但他反对粗暴的体罚等不良教育手段，主张顺应儿童身心发展的年龄特征和个别差异，因材施教和量力施教，促使儿童在德育、智育、体育和美育诸方面都能够得到发展等思想主张，至今仍有启发借鉴价值。

湛甘泉、王阳明从不同的角度提出了圣凡平等，人皆可成就尧舜那样理想人格的观点。人的价值就是在同自身种种不良欲望抗争中提高和发展的，人只有在道德化的生活中才能充分彰显出人之为人的价值所在。

（作者：华南师范大学教育科学学院教授）

① 王阳明：《王阳明全集·传习录下》卷3，第89页。

湛甘泉的生意说

郭海鹰

“生意”义为生机，它指称一种破土而出的进取的生命力量。儒家所看到的世界洋溢着盎然生意：《诗》之“鸢飞戾天，鱼跃于渊”；《易》之“天地之大德曰生”“生生之谓易”；孔子之“山梁雌雉，时哉时哉”“逝者如斯夫，不舍昼夜”；孟子之“观水有术，必观其澜”“源泉混混，不舍昼夜”。这些无不是一片勃然生机。宋儒更有“观天地生物气象”的话头，如濂溪之窗前草不除、横渠之观驴鸣、明道之万物生意最可观、伊川养小鱼之“乐其生、遂其性”及朱子“万紫千红总是春”之类：所观皆是生意。湛甘泉浸润在儒家这一思想传统中，也极重视对生意的阐发，他强调天地万物一体生意的畅遂、流动。然而，检索目前研究湛甘泉思想的论著，几乎没有对这一问题进行专题研究，偶有所及也是片言只字。本文试图对甘泉生意说的内在理路进行梳理，认为甘泉天地万物一体之生意涵括以下五个方面：（1）天道之生意；（2）心体之生意；（3）由吾心一体之生意而推扩为一体之仁政；（4）在三教之辨中，这一体生意又是吾儒之“真种”“灵骨子”；以及（5）这一体生意落实到个人修身，就是要体贴、培养吾心生意。下面将对这五个方面一一进行疏解。

一　天道之生意

《易》曰：“天地之大德曰生。”甘泉完全接受这一点，他说：“天地之性生万物，发于元，长于亨，成于利，藏于贞。贞者，物之所终始也。”①

① 《新论》，《泉翁大全集》卷2。

又说："天覆万物，物外无天，物亦天也。"[①] 他用"至虚"指称天地生生不息的状态，在给弟子王宜学的信中说："天地至虚而已，虚则动静皆虚，故能合一，恐未可以至静言也。如明镜照物之来去，而本体之明自若也。谓静为天地本然之心，则动非天地之心乎？故《易》曰：'复其见天地之心。'"[②] 天地虽然至虚，但并非完全虚无，因为天地之间充塞、流淌着一股生生之气，"虚无即气也，如人之嘘气也，乃见实有，故知气即虚也。"[③] 在甘泉看来，这一生生之气是创生天地万物的种子，"空室空木之中，有物生焉。虚则气聚，气聚则物生。故不待种也，气即种也。得之气化而生也，故虚者生之本。"[④] 既是气种，即自然呈现出一股盎然生意，这是一股生命进取、涌动的力量。进一步讲，天地间这种"至虚"状态是动静无端，动而未尝动、静而未尝静：天地生养万物，这是动；然而，天地生养万物之时又始终"公正无私"，这是所谓的"天无私覆、地无私载"，这是静。这就是"虚则动静皆虚"。在此意义上，动（中有静）或静（中有动）都是天地本然之心。

天地间始终充塞着生生不已的创造力，世间万物更是得到这一点"生意"才获得其存在与变化。甘泉解释《孟子》"可欲之谓善"时，将"可欲之善"譬为真种，并进一步指出："譬之谷种，为其有这一点生意，故至于春能发，能苗而秀，秀而实。譬之树木，为其有根，有这一点生意萌芽，生意故自根而干、而枝叶、而花、而实。又如水陆之虫，凡有变化者，亦皆这一点生意，故静养之久，潜者或变化而为飞，飞者或变化而为潜。于此可见圣人真可学而至，不然，士何以为贤？贤何以为圣？圣何以为天？……诸学子须先认得何谓可欲之善，此是善［端］初动，动而未形，有无之间，所谓几也。"[⑤] 这里，甘泉以谷种、树木、水陆之虫为例，认为它们生命的成长与变化都离不开"这一点生意"。没有"这一点生意"，它们都将失去生命力，更不用说生命的成长与蜕变。人也是如此。人之所以能够希贤、希圣乃至希天，也全在"这一点生意"，只不过在人这里，"这

---

① 《新论》，《泉翁大全集》卷 2。
② 《答王宜学二条》，《泉翁大全集》卷 9。
③ 《新论》，《泉翁大全集》卷 2。
④ 同上。
⑤ 《衡岳书堂讲章》，《甘泉先生续编大全》卷 23。"［　］"内容据康熙二十年本增改，下文不再一一注明。

一点生意”是“可欲之善”而已。因此，这一点生意在人这里便是一向善、为善的道德力量，它不待外求，而蕴藏于心性之中，是人成圣成贤的超越根据与动力，是人格变化与德性成长的真种。

在甘泉看来，盈天地间皆是生意。“这一点生意”并不局限于一事一物之中，而是流贯天地万物间的一体生意。上文甘泉所列事物虽然有限，但其中“造化之生意勃然矣”① 的气象却不难窥见。这一勃然生意亦散见于甘泉诗文之中：

访罗念山明府园②

晨出观莲湖，回车入小北。行行竟何之？问询幽人宅。幽人夫何如？无怀谢知识。红冈一鸡飞，跬步百寻尺。无事讲灌园，来往忘晨夕。无论蔬葵生，生意亦自得。逍遥起凤坊，偶值罗含宅。横塘门径幽，荒草行潦泽。坐茂移清阴，观鱼度中昃。有鹤报主人，杯盘爱散客。三人本同心，一语破寥寂。脱屣百里侯，优入千圣域。千圣岂远哉？无为顺天则。半酣入自然，浩歌天地窄。

这首诗歌通篇洋溢着自然闲适之情，透过这种自然闲适，生意之流动雀跃可见。从莲湖、小鸡、蔬葵到横塘、荒草、鱼鹤，无一不见天地盎然之生意。天道这盎然生意实际上就是明月清风、鸢飞鱼跃之道体流行，而与人身心之生意一体，故而有“千圣岂远哉？无为顺天则”的感慨。所以，在甘泉看来，一旦浸润到这盎然生意之中而与天地万物一体，就自然而然地到达圣人的境地。

二　心体之生意

天地万物皆是一气之流行，心亦不外于是。“宇宙间一气而已。……自其精而神、虚灵知觉者谓之心。”③ 在甘泉看来，“心”只不过是这一气“精而神、虚而灵”的表现，“气之精灵中正处即心，天地无心，人即其心”。④

① 《雍语》，《泉翁大全集》卷 6。

② 《访罗念山明府园》，《甘泉先生续编大全》卷 17。

③ 《新论》，《泉翁大全集》卷 2。

④ 《泗州两学讲章》，《泉翁大全集》卷 12。

这样看来，这个“心”就是“天地生物之心”。另方面，人之一呼一吸（即人之气）通彻于天地之间[①]，这一呼一吸即天地生意（即天地生气）的涌动。“知觉”则是“人心之灵明处”，它是虚灵心体感通万物、察识天理的能力。这种感通能力在人与天地万物之间架起桥梁，它使一气原本“盲目”的流行在人这里得到“自觉”，人通过这种能力可以观感到自家与天地万物一体的生意。人一旦丧失这种能力，便不识天地万物一体，而将人与天地万物区隔为二，变得“痿痹不仁”。

“虚”与“灵”被甘泉用来指心体的两个面向。与天道对应，甘泉将人心生意盎然的状态称为“虚”，而“灵”则指这生意盎然的心体感通天地而神应不测的一面。没有心体之生意，人心是一死物而丧失感通天地的能力；反过来，心体丧失感通天地的能力，则心体之盎然生意不能得以畅遂和实现。在此意义上，“虚”和“灵”只是心体之一体两面。分别来看，心体之“虚”中有实。虚是就心体始终生生不息来讲，“人心之虚也，生意存焉。生，仁也。生生，天地之仁也，塞则死矣。圣人之心，太虚乎！故能生万化，位天地，育万物，中和之极也。必有主而后能虚。”[②]“实”并不是一种“实有的（事）物”，否则人心便会“塞”而处于一种“死”的状态。“实”是就心体之中有所主宰而言，它是“诚者自成”的“诚”，这一“诚”是天理（即生理）流贯于人心所表现出来的真实无妄。甘泉进一步说：“由其物欲之不入也，是故谓之虚；由其天理之中存也，是故谓之实；一而已矣。”[③] 物欲不入则心之生意盎然，这是虚；天理中存则有所主宰，这是实。对心体之灵，甘泉指出“灵者，心之所以神也。”[④] 这里的“神”就心体之知觉、感通能力讲，它指心体发用之灵应不测。关于知觉与心之神的关系，甘泉说：“知觉者心之体也，思虑者心之用也。灵而应，明而照，通乎万变而不汩，夫然后能尽心之神。明照而无遗，灵应而无方。”[⑤] 知觉是心体本具（心之体）的一种感通能力，它不需与外物接触便已存在，但是思虑必须与外物接触（心之用）才能产生。在此意义上，心感应事物时，只有做

---

① 人之一呼一吸，天地之气也。气在天地，吸之即翕，天地之气通我也；呼之即辟，我之气通天地也。是故知天地人之一体。《新论》

② 《新论》，《泉翁大全集》卷 2。

③ 同上

④ 《求放心篇》，《泉翁大全集》卷 31。

⑤ 《樵语》，《泉翁大全集》卷 1。

到“不汨”，即不着于物或不为其所迁，才能“尽心之神”，将心体的感通力完全实现，这样才能突破时空（方）的限制、消弭心体与天地宇宙的“隔膜”而与天地万物一体。

前已指出，天地生意在人身上挺立为一道德善的力量，这一力量蕴藏于人心性之中，不待外求。关于生意与性、心之关系，甘泉以谷种作譬予以揭示：

> 性者，天地万物一体者也；浑然宇宙，其气同也；心也者，体天地万物而不遗者也。性也者，心之生理也，心性非二也。譬之谷焉，具生意而未发，未发故浑然而不可见。及其发也，恻隐、羞恶、辞让、是非萌焉，仁义礼智自此焉始分矣，故谓之四端。端也者，始也，良心发见之始也。①

在甘泉看来，“性”是心之生理，它是天地万物一体之生意在人身上的落实，是人道德力量的根源，但是这“性”具生意而未发，等到生意萌发的时候即表现为“心”，这个“心”是一个道德心。这个“心”即是一团与天地万物一体之生意。在此意义上，甘泉所讲的心体万物而不遗只不过是让心这天地万物一体之生意得以畅遂、流动，完全实现出来。在甘泉看来，生意之萌发即表现为孟子所讲之“四端”，即恻隐之心、羞恶之心、辞让之心、是非之心；与此同时，仁、义、礼、智也在这一生意的萌发中得以分别。这与朱子将仁义礼智四德视为性（未发），而恻隐、羞恶、辞让、是非四端视为情（已发）自是不同。另外，在解释明道“满腔子是恻隐之心”时甘泉说道：“天地之大德，生而已也。故其生人也，凡存乎人之身者皆生意也。何谓人之生意也？恻隐之心凡存乎人之身者，人之生意也。程子曰：‘满腔子是恻隐之心。’是也。”② 这里的恻隐之心当然是兼其他三端而言，无论如何，在甘泉看来，恻隐、羞恶、辞让、是非这四端还不是道德本心（良心）的完全实现，它们只是“良心”开始发见、呈露的端倪，只是善的端始而已。它们需要我们去涵养和扩充，否则便会枯萎而死。四端之中，恻隐与羞恶二端更为基本，甘泉认为它们是“生意之最初者”。弟

---

① 《心性图说》，《泉翁大全集》卷 32。

② 《湛子约言下》，《甘泉先生续编大全》卷 30。

子徐世礼曾请教《论语》“孝弟也者，其为仁之本与”一句，甘泉答曰：“仁也［者，吾心之生］意也。孝弟也者，又生意之最初者也。察识［培养，推其爱］以达于其所不爱，推其敬以达于其所［不敬，而仁洽天］下矣。”① 这里，“仁也者，吾心之生意”的“仁”是朱子“仁包四德”意义上的“仁”，它泛指伦理生活中的各种德目。孝是爱亲、弟是敬长，它们对应四端中的恻隐与羞恶二端，也对应四德中的仁德与义德。这些德性都是“可欲之善”，它们都是充满“生意”的种子，只是还没完全实现出来。在甘泉看来，四端只是孟子拈出“人初心一点真切处”来指点道德善的力量而已，它们只是为我们敞开一道通向道德善的场域：“恻隐之心之端，仁之门也；羞恶之心之端，义之门也；辞让之心之端，礼之门也；是非之心之端，智之门也。是故四端不扩，则四德不达，四塞如圜，虽欲发政施仁，无本不生。”②

三 吾心一体生意之推扩：一体仁政

在甘泉看来，吾家身心之生意并不只是吾自家之生意，它还必然向外推扩而达诸事业，而这一推扩又是自不容已的。甘泉弟子陆舜臣有一段颇为精彩的描述：

> 随处体认吾心身天理，真知觉得吾心身生生之理气，所以与天地宇宙生生之理气吻合为一体者，流动于腔子，形见于四体，被及于人物。遇父子则此生生天理为亲，遇君臣则此生生天理为义，遇师弟则此生生天理为敬，遇兄弟则此生生天理为序，遇夫妇则此生生天理为别，遇朋友则此生生天理为信，在处常则此生生天理为经，在处变则此生生天理为权。以至家国天下、华夷四表、莅官行法、班朝治军、万事万物、远近巨细，无往而非吾心身生生之理气。根本于中而发见于外，名虽有异，而只是一个生生理气，随感顺应、散殊见分焉耳，而实非有二也。③

① 《雍语》，《泉翁大全集》卷6。

② 《潜江县新建四城门记》，《甘泉先生续编大全》卷4。

③ 《新泉问辨录》，《泉翁大全集》卷67。

甘泉对陆舜臣这一番推说大为赞赏。无论亲、义、敬、序、别、信、经、权这种种伦常德性，或是家国天下、华夷四表、莅官行法、班朝治军这种种典章制度，甚至是天地之间风雨露雷、日月星辰、禽兽草木、山川瓦石这种种事物都是吾心身这一“流动于腔子，形见于四体”的生生理气、也即是吾心一体生意流贯而成。在此意义上，甘泉将政事完全收归到一心之上，他讲说：“自存养以达于事业、人伦庶物，无非此心一以贯之。如一株树相似，自根本以至枝叶，无不是此生意一气贯通，本末具备，初无前后。”①

对于“心”与“政”之间的关系，甘泉在《进天德王道第二疏》② 中指出：“夫心也者，天德也，生意根本之类也；政也者，王道也，干枝花实之类也。”“心”是生意根本，而王道政治不过是干枝花实，它只是“心”的发用而已。这个“心”即前文的“良心”，这是一颗通彻天地、生意盎然的道德心，孟子所讲的四端正是其发见处。所谓“天德”是仁、义、礼、智这四种德性，称其为“天德”意在指出这四种德性是人秉得于天的，它们背后有一个生生不息的天道作为支撑。甘泉认为，从这生意萌动的四端推扩出去，便能成就仁政、义政、礼政和智政。对于这“四政”，甘泉讲说：“由恻隐之心而充之，则凡省刑薄敛，惠鲜怀保，而天下之仁政行矣。由羞恶之心而充之，则凡纳谏悔过，去谗远佞，而天下之义政行矣。由辞让之心而充之，则凡谦光受善，敬老尊贤，而天下之礼政行矣。由是非之心而充之，则凡内以领恶而全好，外以爵德而讨罪，而天下大智之政行矣。”无论“仁政”“义政”“礼政”还是“智政”，事实上都只是“一政”，王道之政而已——它不过是“良心”这一心的推扩而已。在甘泉看来，这颗良心没有掺杂任何私心杂念、意必固我（因而是生意盎然的），它是“乍见怵惕恻隐之心”，也即是一颗顺应天则而无所为的真心、纯王之心，他说：“天下大政之出于心，而大道之发于天德，帝王之行在养心以崇德，以为万事万化之本，断可知矣。由是言之，则乍见怵惕恻隐之心，无所为之心也，乃真心也，纯王之心也。”这颗真心一旦有所转念，便是“纳交要誉恶其声之心”，而成为一颗充满个人私利私欲、追求霸道政治的伪心，“其纳交要誉恶其声之心，有所为之心也，乃伪心也，［杂］霸之心也。

① 《答周充之》，《泉翁大全集》卷 8。

② 《进天德王道第二疏》，《泉翁大全集》卷 36。

故王霸之道又于此焉判矣”。

甘泉一体仁政的思想还与其“政学一也”的观念相关。在《赠龙游子祝宪佥序》[①] 中，甘泉对“政学一也”的内涵有所阐发。甘泉认为，所谓“学”就是君子之学，而“君子之学反其初而已”。这个“初”只是“性者，天地万物一体”之“性”而已，所以甘泉讲说：“初者与万物一也，万物与天地一也，能知与天地万物一，则可与几矣。是故人之大，初也，与天地万物一。一者，无物也，无物故能与道一。”这里“一者，无物也，无物故能与道一”中的两个“一”内涵有所偏向：前者指工夫论之“主一”意，后者指工夫熟后“浑浑尔”之“与天地万物一体”意。“无物”并非指不应事接物，而是指没有丝毫物欲的遮蔽。在甘泉看来，除了意必固我、功名利禄是欲外，心有所偏滞即是欲，“匪直利欲之为欲焉耳，心有所偏滞焉，亦谓之欲也。”[②] 心一旦有所偏滞，天地万物一体之“性”便会被遮蔽，而丧失其生意、生机。反之，这天地万物一体之“性”便会通透莹亮而焕发生生仁意，便会把天地万物视为吾身之一体相关者，而不忍一物之不得其所。[③] 在此意义上，甘泉讲说：“（政，笔者按）在正身。天下国家与身一也，有一不知，不可谓之知性；有一不尽，不可谓之尽性。”[④] 换句话讲，要做好齐家、治国、平天下这外王的事业，不过是要知得与尽得吾家之性分而已。

对于一体仁政的落实，甘泉强调君上要有一体之仁心，他认为人君应该将己身与公卿、庶官、万民相待为一体，而能“兼所爱、兼所养”。甘泉说道：“夫人君者，犹身之有心也；三公论道，燮理阴阳，犹身之元气也；九卿百执事，犹身之股肱耳目也；科道言官，犹身之喉舌也；天下兆姓，犹身之百体发肤也。董仲舒曰：‘正心以正朝廷，正朝廷以正百官，正百官以正万民。’其诸一体之义乎！”如果人君不能对公卿、庶官、万民“兼所爱、兼所养”，那么这“一体”便会肢解，整个国家的运作便会不畅而陷于危殆，所以在甘泉看来，要实现王道仁政，人君就必须“视三公、九卿、百职、科道、万民如一身，反身而求之，知吾身之心思不可以一时不宰也，则必思所以正其心以主群动，不宜或有放失也；知吾身之元气不可以一时

① 《赠龙游子祝宪佥序》，《泉翁大全集》卷 17。

② 《二业合一训》，《泉翁大全集》卷 4。

③ 《新论》，《泉翁大全集》卷 2。

④ 《樵语》，《泉翁大全集》卷 1。

不调也，则于内合老臣，必思所时召问论，诚意交孚，不宜如是疏阔也；知吾身之股肱耳目不可以一时不运用也，则于九卿、百执事，必思所以体悉礼遇，推心委任，不宜如是外远也；知吾身之喉舌不可以一时不通也，则于科道，必思所以纳其言、从其谏，不宜或有沮塞也；知吾身之百体发肤不可以一或不仁也，则必以天下穷民，如疾痛在身，思所以惠育之，不宜如是蠲贷不一也。”①

四 一体生意：儒家真种子

在三教观上，甘泉严辨儒释道三家的界限，天地万物一体生意的思想奠定其鲜明的儒家性格。甘泉曾批评阳明儒释道是“三间共为一厅”的观点，认为这是讲学不精之故。② 甘泉将天地万物一体生意视为儒家之真种子，而认定儒道释三家在心性本体上已经存在着根本差别，他说：“要空者莫如道与释，道者犹能谓‘鼎肉若无真种子，如将水火煮空铛’；释者犹能谓‘驯得自白牛露迥迥地’。但其所谓真种、白牛，自与圣人所谓卓尔跃如、参前倚衡者不同耳。”③ 在甘泉看来，释老二家虽然也讲性空虚无，但它们所谓的“白牛”“真种”与儒家所讲“卓尔跃如、参前倚衡”的朗朗生意（生理）完全不同。前文讲到儒家在心性本体上所讲的“虚（无）”是“虚实同体”之真虚，在这个意义上，甘泉认为释氏并不识虚，因为释氏不识理，认理为障，而将虚与实“歧而二之”。他曾以明镜作譬说：“鉴之体常明也，物照而妍媸辨焉。善学者，其学诸鉴乎，去其暗此者而已。今夫禅学者，其犹不照之鉴乎！”④ 在甘泉看来，释氏之镜乃是不照之镜。“不照”既是不能照又是不去照。“不能照”是就体上言，释氏认定大千世界都是缘起性空，皆是虚幻，在这个意义上，释氏的虚实际上是“求自根尘”的，它并不如儒家一样是从一体之生意或生机来讲，所以释氏的镜体之明只是一个“空空的明”；“不去照”是就用上言，释氏既认定大千世界皆是虚幻，自然就没有照物的必要。

至于道家所讲的“真种”，他同意学生的讲法：“真种子，窃看吾儒与

① 《再论圣学疏》，《泉翁大全集》卷36。

② 《新泉问辨录》，《泉翁大全集》卷70。

③ 《答洪峻之侍御》，《泉翁大全集》卷10。

④ 《雍语》，《泉翁大全集》卷6。

道家不同，彼以精气神，吾儒止是良心。心之良者便是天理。"[①] 换句话讲，甘泉认为道家所谓的"真种"只是从"精气"的层面讲，而完全没有涉及天（生）理的层面，而天（生）理在他看来则是儒家千圣千贤之大头脑处。所以，甘泉曾自述道："仙家学犹云：'鼎内若无真种子，如将水火煮空铛。'亦有个头脑，独知之理，理字即吾儒之头脑也，真种子也。知此真种子，然后慎之之功有所措。"[②]

对儒家"真种子"的正面阐述，甘泉以"鸡抱卵之譬"生动讲明："鸡抱卵之譬，一切用功正要如此接续，许大文王只是缉熙敬止，鸡抱卵少间断，则这卵便毈了。然必这卵元有种子方可，若无种的卵将来抱，抱之虽勤亦毈了。学者须识种子，乃不枉了功夫。何谓种子？即吾此心中这一点生理，便是灵骨子也。今人动不动只说涵养，若不知此生理，徒涵养个甚物？释氏为不识此种子，故以理为障，要空、要灭，又焉得变化？人若不信圣可为，请看有种子鸡卵如何抱得成雏子，皮毛骨血形体全具，出壳来都是一团仁意，可以人而不如鸟乎？精神在卵内，不在抱之者。"[③] 这个鸡卵一般的种子就是前文我们讲到的"良心""初心之一点真切处"，它是吾身心之"灵骨子"，没有这点生意，人的生命便会枯萎而不能成长，"抱之虽勤亦毈了"。反之，只要我们对"灵骨子"、元初这一点生意（气）勤加涵养、扩充，便自然能到达圣人境地。

五 培养吾心生意

一般认为，湛甘泉的学术宗旨是"随处体认天理"，但这种功夫并不是一种向外的格物穷索。在笔者看来，所谓"随处体认天理"即是体仁，也就是体贴自家一体之生意。具体来讲，这大致包括三个方面的内容：第一是观生意；第二是刮磨戕害吾心生意之物欲，即寡欲工夫；第三是学问思辨行以扩充吾心之生意。

甘泉弟子王崇庆尝讲天地文理斐然，颇为可观："天地之文章，如大而风云之变，小而草木之蕃，及山川委曲之类，皆可见之。常观亭前花上，

① 《新泉问辨录》，《泉翁大全集》卷 69。
② 《答问》，《甘泉先生续编大全卷》卷 28。
③ 《新泉问辨录》，《泉翁大全集》卷 67。

蜂蝶丛积，五色互映，灿然烂然，因叹化工之妙，不可揣度，毕竟实理为之地耳！所谓‘其为物不二，则其生物不测’者也，因成一诗并录焉：‘秋来五色菊如云，造化真成一段文，多少良工心独苦，可怜妆点自纷纷。’”王崇庆这番观天地文章的言论虽然颇有些见地，但只是从天地造化所呈现出来的景象入手，而未能窥见天地造化之精神命脉。因此甘泉对他这番言论评说道：“观其文亦是，更不如观其生意，即可知天地造化之大。”[①] 在甘泉看来，造化之生意才是天地造化之精神命脉，而观天地造化之生意实际上为了使观者能够在天地造化生意之中观感到自家心体之生意，观感到“天地万物一体”之性，而挺立自家向善、为善的心性本体。关于这一点，甘泉讲论颇多，这里再举一例：“虫之感也，以春而鸣；草木之感也，以阳而生。观其所感，而天地之仁可见矣。虫之寂也，蛰而息；草木之寂也，归其根。观其所寂，而万物之仁可见矣。”[②]

上文讲到心体一旦被物欲侵袭，其天地万物一体之性就会被戕害，而丧失其生意、生机。然而，现实人性又常常受到物欲的遮蔽，因此要恢复吾心之生意就必须下一番寡欲的工夫。甘泉认为去欲、寡欲工夫并不是一种“强制性”的搜刮，弟子杨东熙曾问：“名利、货色，私欲之大也，必先克去之，何如？”甘泉回答说：“然。然而所谓克者，匪坚制尔也，其惟进天理乎！天理日明而人欲日隐，天理日长而人欲日消，是之谓克。”杨东熙弟子不解，又追问：“体天理如之何？”甘泉又回答说：“今夫人之起念于躯壳也，即无往而非私，知物我之同体，则公矣。公也者，其天理乎！”[③] 所以，去欲、寡欲工夫是在涵养心体、体贴“物我同体”之天理中实现的，“先立乎大本则自去矣”[④]。并不是在涵养心体之外还另有一个去欲、寡欲的功夫。“先立乎大本”就是要存心，“古之学者以存心为本，存之又存，入圣之门”[⑤]，这就是要存养自家生生不息的生意。如何存心？甘泉认为存心之法门或规矩是勿忘勿助之间，“存心于勿忘勿助之间，则人欲彻去，天理长存，而寂然感通之体自在。”[⑥] 寂然感通之体自在则生意涌动，跃如卓尔，

---

① 《问疑录》，《泉翁大全集》卷 75。
② 《知新后语》，《泉翁大全集》卷 3。
③ 《雍语》，《泉翁大全集》卷 6。
④ 《樵语》，《泉翁大全集》卷 1。
⑤ 《新论》，《泉翁大全集》卷 2。
⑥ 《答黄安厓中丞》，《泉翁大全集》卷 10。

参前倚衡，而性之本体自然呈露，“忘与助则天理灭矣，便是死汉，无生意了。勿忘勿助之间正是生生，所谓真种子也。”① 另一方面，甘泉认为儒家既讲勿忘勿助的工夫，也讲必有事焉的工夫：前者是炼丹之火候，后者则是丹头之真种子，勿忘勿助之间即是必有事焉，两者不可割分：“必有事焉，此吾丹头真种子也；勿正勿忘勿助，乃吾之火候也。无火候是无丹也，非勿正勿忘勿助，是无所事也。舍火候而欲炼丹，譬如世念仙念佛，而未尝有做仙佛功夫也；又如念念欲为方圆，而未尝就规矩做方圆功夫也，岂不落空矣乎?”②

最后看学问思辨行的工夫。在甘泉的义理框架中，学问思辨行的工夫并不是一种外在的读书穷索，而与寡欲构成一内外夹持的两轮工夫。甘泉主张学问思辨行是存养“知觉”（心之本体）的方式，他说：“学也者，觉也。人之良知蔽于气习，故生而蒙，学问思辨所以发其蒙而觉之也，觉则复其良知之本体矣。如梦有觉之者，非外益之也。”③ 前文指出甘泉亦重视良心（知）的概念，只不过这个良心（知）只是“初心一点真切处”，只是一个善的萌端而已，必须下学问思辨行的工夫予以培养扩充，否则这点善端会被私意私欲遮蔽而彻底枯萎。所以，甘泉强调对良心（知）的教养，他说：“观小儿无不知爱亲敬兄，固是常理，然亦有时喜怒不得其正，恃爱打詈其父母，紾兄之臂而夺之食者，岂得为良知？不可全倚靠他见成的，亦须要教。故古人在胎中已有教，始生至孩提以往，皆有教有学以扩之。孟子为此言，不过提出人初心一点真切处，欲人即此涵养扩充之耳。”④ 那么，何谓涵养扩充之术？弟子蔡羽曾有此一问，甘泉答之曰：“苟操存而不失其本体，扩充之术，岂外是耶?”⑤ 因此，学问思辨行之扩充无非是操存而不失本体而已，除此之外别无学问思辨笃行之功。又说，“（扩充之指）非外有所增而致力也。存而养之，养则生，生则大，大则广，广则塞。是故至大配天，至广配地，充塞配万化，其扩充之谓乎！夫艺木者，根立而养之，则发而茂，茂而实，有不得已焉耳。”⑥ 因此，在甘泉看来，学问思辨笃行

---

① 《答问》，《甘泉先生续编大全》卷 28。
② 《新泉问辨录》，《泉翁大全集》卷 69。
③ 《樵语》，《泉翁大全集》卷 1。
④ 《新泉问辨录》，《泉翁大全集》卷 69。
⑤ 《雍语》，《泉翁大全集》卷 6。
⑥ 《樵语》，《泉翁大全集》卷 1。

之扩充心体，并不是由外而内向心体的“注入”或“增加”，它只是对本心的“唤醒”而已。这种“唤醒”并不是一种柏拉图式的“灵魂回忆说”，它唤醒的不是人心本有的道德知识，在甘泉看来这些道德知识恰恰是需要后天教养和学习的，所以有“不可全倚靠他见成的，亦须要教……始生至孩提以往，皆有教有学以扩之”的说法。它所“唤醒”的不过是人心中原本就具有的生意或生机，唤醒的是一种“闻人一善言、见人一善行”而决江河、沛然莫知能御的向善、为善的道德力量。① 在甘泉看来，这种学问思辨行的扩充是“不得已焉”的，它不待人力之特意安排，心体中那勃勃生意、生机也不会因为学问思辨行而增加一分或减少一毫：它就在那里，只待你去唤醒它。所以，甘泉说：“心道生仁，树道生实，存心根之，省察防之，讲习灌溉之。人力不与焉，而生生不已。”② 读书亦是如此，甘泉说：“人心中天理具备，读书亦唤惺一番，何等有益！此与亲师友一般，若不读书，则亲友亦不该亲耶？亦不过唤惺此心之意。我固有之，师友亦不能与我也。”③ 这里的“意”即是“生意”，在甘泉看来，读书与亲师友一样都是为了唤醒吾心之生意而已。

如何才能使学问思辨行之功“人力不与，而生生不已”？甘泉认为必须学问思辨行于勿忘勿助之间，而这首先必须“立其本”，否则它们都将成为一“物”而阻塞、扼杀心体之生意。因此，甘泉有所谓“学有五至”的讲法：

> 门人有问甘泉子曰：“闻之学也、问也、思也、辨也、行也，其圣功之五窍，通乎道也。然乎？”曰：“然。”曰：“如五星齐明也，然乎？”曰：“然。”曰：“学问思辨行之不达，必达之，弗达弗措也，世岂有斯人哉？”曰：“有若平川郭子者有之焉！于有所不达达之，其颡有泚，其穷到底，不但已焉。”曰：“如斯而已乎？”曰：“然也，而有五至焉。学而无学，学之至也；问而无问，问之至也；思而无思，思之至也；辨

---

① 王文娟认为“甘泉所言读书甚至包括学问思辨都是一种类似于媒介的‘唤醒’作用”，“每一次‘唤醒’，都是对‘理’或‘道’之全体的记忆的唤起和照察”，“格物致知是对本心之天理、本体之知的一种‘回复’、‘唤醒’。这种说法并不陌生，西方柏拉图的‘灵魂回忆说’也表达了类似的观点”，“格物不仅仅是对客观知识的追逐，客观认知最终要服务于反身穷理的德性活动，易言之，知识的功能不是为我们提供一个形而上学，而是向我们提供实际生活的指南，最终使行为合乎规范。”参见氏作《湛甘泉哲学思想研究》，第156、169、170页。

② 《新论》，《泉翁大全集》卷2。

③ 《答问·郭应奎问目六十条》，《甘泉先生续编大全》卷28。

而无辨，辨之至也；行而无行，行之至也。”曰：“五窍五星，则吾既闻之矣。若夫五至，则吾未之闻焉。”曰：“五至，一至也，无不在而无在。中正之学，学之至也。无不在者，精义之奥；无在者，存神之妙。”①

学问思辨行被视作“圣功之五窍”。“窍”是指连通身体与外界的管道，这些管道（窍）使得人与天地万物之间的生意得以畅遂、流动，没有这些管道（窍），吾心之生意就会萎靡、枯寂而丧失生机。如何使学问思辨行成为五窍而不是堵塞心体生意的五物，甘泉答之曰“五至”。所谓“五至”就是“学而无学”“问而无问”“思而无思”“辨而无辨”“行而无行”，这说到底是“无不在而无在”这一宗旨的具体落实。所以“五至”实际上就是“一至”，即在勿忘勿助间学问思辨行：既专主其上又不泥滞或被它们所迁，而使本心有所走失。换句话讲，就是在学问思辨行时本心常在，但这不意味着“照管”本心，而是唤醒本心之生意、生机而使其自我挺立。

结语

综观前文所述，湛甘泉的生意说浸润在儒家的思想传统之中，它涵括天道论、心性论、政治观、三教观及工夫论这五个面向。甘泉强调天地万物一体之生意，他认为天地之间皆是生意，这生意即是气种，它是天地万物存在与变化的根据，落实到人身上这一生意则为“可欲之善”，它是人成圣成贤的超越根据，同时也是向善、为善的道德力量。甘泉认为，人秉得天地之生意而为天地万物一体之“性”，它具生意而未发，等到生意萌发则为恻隐、羞恶、辞让、是非之四端，这四端是良心（即道德本心）的端始，它们需要观生意、寡欲、学问思辨行等工夫予以涵养与推扩，否则便会枯萎而死。此外，这充满生意之良心并不只是一颗局限于一身之中的血肉之心，它是一颗通彻天地的天地生物之心；它不仅通天彻地，而且“流动于腔子、形被于四肢”，达之于事业，而成就一体之仁政；同时，这一体生意也被甘泉视为儒家之“真种”“灵骨子”，而决定其在心性本体上与释老二家有着根本的不同。

（作者：广东第二师范学院）

① 《赠平川子郭子还泰和叙》，《甘泉先生续编大全》卷3。

经世致用：湛若水《治权论》的治边之道

李焯然

前　言

湛若水（1466-1560）为弘治十八年（1505）进士，选翰林院庶吉士，寻授翰林院编修。正德七年（1512）奉使往安南国册封安南王。次年正月十七日到达安南国，返回朝廷时婉谢安南王厚馈，深得远人之心，归后作《南交赋》，对安南国情有充分认识。五十岁时母亲病逝，从京奉柩归葬，在家守墓三年。嘉靖元年（1522）都御史吴廷举、御史朱节向朝廷推荐复用，回京复职，补翰林院编修，同修《武宗实录》。次年转翰林院侍读，又次年任南京国子监祭酒。历四年，升南京吏部右侍郎，次年转礼部左侍郎，预南北郊分祭议。六十八岁由礼部左侍郎升南京礼部尚书。七十一岁转南京吏部尚书。七十四岁转南京兵部尚书，奉敕参赞机务。湛若水虽然提倡心学，为岭南心学大家，但其学仍以经世致用为依归，《治权论》所反映的经世思想，可以作为明证。《治权论》约写于嘉靖十八年（1539），时安南王莫登庸叛乱，嘉靖皇帝欲亲征，湛若水上《治权论》，反对出兵。文中铺陈平天下之要略，提出帝王之治的方案，对了解湛氏的经世思想有一定的帮助。

《治权论》的背景：明世宗用兵安南

安南自黎朝建国以后，至正统年间与明朝恢复朝贡关系，相安无事有一百年，至明嘉靖六年（1527），安南权臣莫登庸迫黎恭帝禅让，自立为帝，改元明德，再次牵动两国的紧张关系。嘉靖八年，传位长子莫方瀛，改元大正。嘉靖十一年（莫明德三年，1532）十二月，黎朝旧臣安清侯阮淦迎立黎昭宗儿子黎宁为帝，是为黎庄宗，改元元和，以清化为基地，与莫氏政权抗争。安南政局，处于动荡不安的局面，但明朝对安南的政策，仍然是采取不接触、不干涉的漠视态度。[①]

嘉靖十五年（1536）十月六日，世宗第二子出生，昭告天下，为显示帝王君临华夷，一统天下，命礼部遣使同时往谕朝鲜、安南等国。但礼部尚书夏言奏言安南已经二十年不修职贡，国内篡乱，道路不通，现时不宜遣使诏谕，以全国体，宜遣使勘问，以行天讨。世宗以藩王入继大统，为了显示其天子地位，实有出兵安南的意图。随即下令礼部、兵部派人前往调查，并商议征讨事宜。[②]

世宗打算出兵安南的意图，引起了朝中大臣的讨论。当时朝中不乏主战的大臣。曾任广东按察司佥事的林希元就曾上《应诏陈言边患疏》指出："臣尝披祖宗地图，往来廉钦之墟，询访安南山川土俗故事，未尝不恨三杨之失策，而知交趾之可复。然今三边之近患而未能除，又何敢言交趾也。陛下诚用臣言，料理三边，岂特边患可除，将见交趾亦可图也。"[③] 闰十二月一日南京户部右侍郎唐胄上疏认为不可出兵，提出太宗郡县其地，得不偿失，故宣宗弃之。[④] 但世宗似乎意向已决，不为所动。随命提督两广军务兵部侍郎潘旦会同巡按御史，督同各将领土官，整搠兵马，锋利器械，候总兵官进兵调用，嘉靖十六年一月，又命右都御史毛伯温参赞征安南军务。同年二月，安南黎庄宗派使臣郑惟憭从海路入华，到达北京，请求中国兴师问罪，征讨莫登庸。这事件进一步加强了世宗出兵安南的决心。四月，礼、兵二部会同廷臣对征讨安南事宜进行商议，同时声讨莫登庸十大罪。《明世宗实录》嘉靖十六年四月庚申条记载：

> 逼逐黎譓，占据国城，罪一；逼娶国母，罪二；鸩杀黎广，伪立己子，罪三；逼黎宁远窜，罪四；僭称太上皇帝，罪五；改元明德、

① 郑永常：《征战与弃守：明代中越关系研究》，第 156 页。
② 《明世宗实录》卷 193，第 2 上页。
③ 林希元：《林次崖集》卷 2，台北：国联图书出版社 1964 年影印本，第 261 页。
④ 《明世宗实录》卷 195，第 1 上-2 上页。

大正，罪六；设兵关隘，阻拒诏使，罪七；暴虐无道，荼毒生灵，罪八；阻绝贡路，罪九；伪置官属，罪十。[①]

同月，兵部左侍郎潘珍上疏指出北方蒙古人的威胁尚在，“殚竭中国之力，以远事瘴岛，非计之得也。”[②] 世宗以征讨之命已下，责其不谙事体，惑乱人心，被褫夺官职。潘旦上奏支持潘珍的看法，主张静观其变，被礼部尚书严嵩和兵部尚书张瓒直斥为有失“兴灭继绝之仁，诛残去暴之义”[③]。潘旦旋被调往南京，改由山东巡抚蔡经提督两广军务。由此可见，政府高层官员，大部分都为了迎合世宗的意愿，主张向安南用兵。嘉靖十七年三月，兵部遵照世宗的意愿，推举咸阳侯仇鸾为总兵官，毛伯温参赞军务，前赴两广统帅征伐安南大军。但四月初四日，提督两广军务兵部侍郎蔡经上《安南奏议》，提出了极为详细的局势分析，指出如以出兵三十万员来计算，以一年为期，合用粮饷一百六十二万石，造舟买马等需用银七十三万余两，就算竭尽两广储备，尚欠兵一十七万员，米一百二十万两，银三十四万一千两。如不能在一年内将安南征服，兵源和粮饷之支援，将成为重大问题。因此，他认为在目前情况下出兵安南，显得过于轻率，建议先行承认黎宁为安南国王，方能以“兴灭继绝”激励人心，从而里应外合，打败莫登庸。[④] 蔡经的周详计算，说明草率向安南出兵，是没有把握和冒险的。然而，蔡经的意见无法改变世宗的既定立场，同时也遭到朝中主战人士的反驳。林希元便上《走报夷情处兵以讨安南疏》反驳蔡经的论据，认为攻取安南用兵不过二十万员，二年的军费只需银一百六十万两，粮四百万石。他并指出现时黎莫相争，是进攻安南的良机，“安南一块之土，终无独立之理，其势必折入中国。”虽然林希元把出兵安南说得理直气壮，但在面对朝中大臣的意见分歧，世宗仍未能就此出兵。

嘉靖十八年（1539）二月二日，莫登庸有意向明朝请降，希望能够得到明朝的认可。世宗命礼部尚书黄绾、学士张治出使安南，名为宣谕册立皇太子，目的是想查探安南的实情。二月十四日，莫氏父子正式向明廷递交降表，列明本国土地界限，包括府五十三，县一百七十六，州四十九，户三十万，

---

① 《明世宗实录》第 199 卷，第 2 上-下页。

② 《明世宗实录》第 199 卷，第 4 下-5 上页。

③ 《明世宗实录》第 199 卷，第 6 下-7 下页。

④ 详见郑永常《征战与弃守：明代中越关系研究》，第 167 页。

人口一百七十五万，请中国处分。[①] 但黄绾对出使有所顾虑，至七月仍未成行[②]，并上疏谓："臣奉命使安南，不敢不竭其忠赤，第彼国数多谲诈，非区划至当，不可以往。苟轻身以入其境内，而为彼所制，不特事机所关有所难处，而礼文交接亦多难定。即臣不足惜，奈国家何？"[③] 世宗大怒，以黄绾忤旨，落职，并责大臣曰："安南事，本一人倡，众皆随之。乃讪上听言计，共作慢词。此国应弃应讨，宜有定议，兵部即集议以闻。"[④] 虽然命兵部集议，但帝意已决，遂命咸宁侯仇鸾、毛伯温率兵南下，出征安南。

湛若水《治权论》对安南问题的处理方案

针对莫登庸的事件，朝中一些大臣支持对安南用兵，一些大臣则主张接受其投降，承认其政权，以平息事件。湛若水有不同的看法，其《治权论》以"治"和"权"作为根据，提出了其对莫登庸事件的立场和处理方案。他指出治理天下，以权为大："权也者，道也。孔子曰：'可与立，未可与权。'权者，圣人之大用也。惟圣人为能执行天下衡而权之，以重轻乎天下之事，以合乎道也。……犹之称锤也，以从衡也，以称物平道，礼乐征伐自天子出。"至于天子的征伐之权，湛若水进一步说："天子有征无战。故曰：'天子讨而不伐。'讨者，出令以声其罪于天下而已，不伐之而与之交战也。征者，正也，讨而正之而已也。如中国诸侯顽民有暴乱，则天子讨而正之则已，使其邻国连帅与其司寇自诛伐之则已也，而我中朝圣人坐治之而已也。如外国有篡逆，则天子讨而正之则已，使其国人与其臣民自合攻之诛之则已也，而我中国圣人坐定之而已也。"[⑤] 湛若水提出了"有征无战""讨而不伐"的理念，这也是他认为国家处理周边属国的基本原则。

对于安南莫登庸事件的处理，湛若水认为："属者安南国王与其后裔，为其臣陈暠及莫登庸父子后先篡害，据而夺之国，拒其余裔於南海之滨，绝其贡道。黎氏遣其臣出万死，航海而来告变矣。圣天子闻之，赫然斯怒

① 《明世宗实录》卷 221，第 20 下页。

② 张廷玉：《明史》卷 321，第 8333 页。

③ 《明世宗实录》卷 224，第 4 上-下页。

④ 张廷玉：《明史》卷 321，第 8333 页。

⑤ 湛若水：《治权论》，见《湛甘泉先生文集》卷 21，《四库全书存目丛书》据清康熙二十年黄楷刻本影印，台北：庄严文化事业有限公司 1997 年版，第 24 下至 25 上页。

矣。发大号，命大臣，将往征之矣。”针对朝中内外之臣有或言不宜伐者，湛若水的看法是：“古者天子不伐夷狄，征讨之而已，以不伐伐之而已。……征也者，正也。讨也者，讨也、问也，讨问其罪于其国，使人人得诛之。是谓以夷狄攻夷狄，而以不伐伐之也。以不伐伐之者，是谓不伐之伐也。军法曰：‘不战而屈人之兵。’是不战之战也。以我讨，词宜直也，故讨词为上，伐次之，战又次之。讨者，坐定之道也。且夫上天之生圣人也，将代天以理万国也，故称之曰‘天之子’，谓当代天以理天下万国之不理者，如子之乾父之蛊然也。代天以理华夷万国，而平其暴乱，奉天之道者也。如之何弗讨弗正？”[①] 湛若水认为今莫登庸父子敢行篡逆，据我天朝世封之国，不讨正之，则大权废弛。但讨伐之法。他说：

> 今非必伐之之谓也，但讨之之谓已也，正之之谓已也，使彼不得以自安，不能以一日自立于华夷而已也，使其国人人人得而诛之而已也。我兵不深入焉，夫何虞？以逸待劳，夫何崎岖？我履平易，夫何险？我不费斗粮，夫何馈饷之虑？[②]

湛若水在《治权论》指出，如果莫氏诚自悔罪，宜御璧舆衬，面缚系颈而来，必自预求旧主之嫡裔，俯伏受诏，复其旧位，返我封国，正我纪纲，安我人民，归我土地，完我府库，明我名器。这样的话，莫氏是真悔祸而非诈。大明天子必恤我人民，取尔悔悟，必将命大臣受其璧，解其面缚，去其颈组，焚其舆衬，待其父子以不死，置其于海滨一区百里之地，使食之世世，以御魑魅。莫氏其身及其子孙，都可以得享天年。但是如果没有悔改之意，诈骗归降，湛若水仍认为不应命将出师进行讨伐，他的理由是：

> 若悬兵深入，以犯不测之险。疲我将士，敝我甲兵，费我刍粮，是谓穷兵黩武也，是谓逐外以耗内也。汉武西南夷之征可鉴也。我圣天子神武不杀，必不如是也。所谓征伐自天子出者，非谓天子自伐之也。天子之兵，有征无战也，讨而不伐也。莫氏若欲诡辞以攘其国，若不悔如前之为，则二臣必将完璧以归报于圣天子，圣天子必将数莫

① 《湛甘泉先生文集》卷 21，第 25 下-26 下页。

② 《湛甘泉先生文集》卷 21，第 27 下页。

氏十恶，如嘉靖十六年文武大臣会请钦奉成命者，如永乐年间数陈叔明二十恶而榜暴之者，以声罪于其国之臣民而勿伐焉。且告之曰："黎氏，尔旧主也；莫氏，尔世仇也。我天朝圣天子，尔之大君也，尔之大父母也。上天命之，凡内外君长有罪，必讨而正之无赦，天之道也。尔宜体上天不外尔蛮夷之心，体我圣天子不忍弃尔人民之心，不忍糜烂尔赤子之心，不忍使尔人民赤子为鱼肉而我为刀俎之心。前年命将，将命出师以讨尔莫氏之罪矣；将由云南之蒙自、广东之钦州、广西之凭祥及闽、广之海船，四路并入，灭尔无难矣。复轸念之，书云：'火炎昆冈，玉石俱焚。'夫叛逆作祸者，一莫氏也；大兵四路而入，必有腹背受戮，先当其祸者，乃一国亿万之人民也。人民，天之人民也，天子赤子也，故徐徐然缓兵以需焉。今莫氏又为卑辞以诱我，使我堕其计而授之封，以定其篡焉。其大诈大不悛如此，盖自昔惯习之矣。于是天人共愤矣，明神共诛矣，彼不顾其子孙将无类矣。①

湛若水认为莫氏的行为，是天人共愤的事情，不用天朝征讨，假以时日，其黎氏旧臣余裔一国子民，必将其推翻，明朝不费斗粮，不折寸兵，不疲一人而可成万全之功：

春秋之法：'臣弑其君，凡在官者杀无赦；子弑其父，凡在官者杀无赦。'弑逆之贼，人人得而诛之，不必天吏也。今诏尔通国之陪臣，若尔夷民，各以上天之心为心，各以圣天子之心为心，有能设计以擒莫氏者，有先胁从后悔过，以全身家，能设计以擒莫氏者，有黎氏之旧臣，拥黎氏之余裔，纠占城之氓众，各设计以夹攻而擒灭之者，我圣天子必禄尔功，分尔土。凡一国之地，裂数十府州以各畀于尔，以褒尔功，尔子孙世世来袭，享于无穷焉。尔等既获全尔身，保尔家，又荫尔子孙，去祸就福，享于无穷焉。尔何惮而不为乎？"夫如是，则一国之人，皆谋莫氏者也，皆莫氏敌也，皆欲灭莫氏而分其地者也。莫氏孑然孤立，将安施其诈乎！不数月之间，莫氏父子之头可悬於长安矣。虽以此待之三年、五年、十年可也。我无因逆封之之理，彼无一朝自安之势。我有讨辞而彼无凭恃，其机在我而不在彼，彼忙而我

① 《湛甘泉先生文集》卷 21，第 31 上–33 下页。

> 不忙，我无患而彼有患，我长逸而彼长劳，如是则我国体日昌，黎氏之气亦日张，而其兵力日集，国人皆曰："天子曾讨之莫氏矣。吾何以从之？"如是者则莫氏之气日衰，党与日将反戈焉，是犹我援之戈也，特假手于彼人民也。如是者持之以岁月之久，通国将自生变也，是我坐制其定也。是故君子惟大居正而已矣，毋逐小利而已矣。天下之变，贞夫一而已矣。前所谓不费斗粮，不折寸兵，不疲一人而可成万全之功者此也。此讨而不伐之大效也，此天地之大道也，此天子之大权也，此以夷狄攻夷狄，而中国坐制其毙，以收成功者也。此之谓至德要道也，此纪纲所以永振，国势所以永昌，四夷闻之所以无怠无荒，来王之道也。①

因此可见，湛若水是主张对莫登庸加以讨伐，但讨伐并不一定就是对其用兵，为了不因莫氏一人而伤及其黎民百姓，湛氏主张"以言语代斧钺"，向莫氏政权加以声讨，以"圣天子正正之词，堂堂之道，由广西之凭祥、广东之钦州、云南之蒙自诸路而达之其国之有司，其国之有司以达于逆莫氏，必将传达于黎氏暨其遗臣民矣"。为了更广泛的声讨莫氏的罪状，"我之有司必将誊黄万数，系矢而射之其境，其境人得之，必欣欣然以相告焉，皆将以莫氏为奇货矣。莫氏回顾左右之伪臣与国人，皆其敌国矣。由是一国皆离心解体矣。"② 所以湛若水的计策是让莫氏身边的大臣和国人去推翻他，这样的话"不费我中国斗粮，不折我中国一兵，不疲我中国一卒，而可以一举而求定焉，以大惠一国之人民于无穷者焉。"

结　语

湛若水《治权论》是一篇可以反映湛若水治国和抚夷理念的优秀文章。文章写于嘉靖十八年（1539）初，当时湛若水已经七十四岁。③ 同年六月，湛若水从南京吏部尚书专任南京兵部尚书，参赞机务。这次的迁调，不知道与〈治权论〉有没有关系，但是如果根据莫登庸事件的结果，大概与《治权论》里面的建议，有颇多雷同。

---

① 《湛甘泉先生文集》卷 21，第 31 上–33 下页。

② 《湛甘泉先生文集》卷 21，第 34 上–35 上页。

③ 参考黄明同《湛若水年谱简编》，见《岭南心学：从陈献章到湛若水》，上海辞书出版社 2015 年版，第 348 页。

世宗因黄绾忤旨而生怒，遂命仇鸾、毛伯温南征。嘉靖十九年初，伯温等抵广西，征调两广官兵十一万，并加强军事上的压力，希望迫使莫登庸就范。同年十一月，莫登庸率从子文明及部目四十二人入镇南关请降，囚首徒跣，匍匐叩头，进上降表。世宗大喜，接受其请降，命削安南国为安南都统使司，授登庸都统使，秩从二品，银印。广西岁给大统历，仍三年一贡以为常。[①] 事件至嘉靖二十年完结，《明实录》嘉靖二十年（1541）四月庚申条记世宗的圣谕：

> 安南自昔属中华，至宋受王封，始沦于夷。若陈氏传世元远，又知慕义纳款，为我太祖嘉奖，著训后人，无代其国，帝王无外之仁何厚也。止因贼臣黎季犛杀主日焜，又杀其孙添平，大逆不道，上干我文祖震怒，始命将平，郡县其地，是交人于水火矣。不谓黎利复肆奸欺，鼓众作叛，又诡词请封，我宣宗皇帝念息兵未久，惟圣祖为陈氏意，以恤交人，姑置不问，累朝因之。朕即位以来，黎氏久不来庭，将奉辞伐罪，节据勘奏，乃知有莫登庸父子窃据，因其罪状未明，恐戮及无辜，暂遣文武大臣，从宜抚剿。今登庸既面缚军门，纳上请罪，是与二黎凶悖有关，察其降表，与国人代陈，情有可原，姑宥之。兹为交人永图，革去王号，毋许称国，庶免乱贼接迹相叛。既去黎氏无人，登庸久为交人附属，准受职赐印，使奉正朔朝贡，仍许其地方为置官属，以便统辖，其人民土地，朝廷无所利之。[②]

事件得以圆满解决，夏言、严嵩、仇鸾、毛伯温、蔡经等有关官员，都得到升迁和赏赐，但名单中未见湛若水的名字。湛若水的“有征无战”“讨而不伐”的理念，可以说充分表现在事情处理的过程中，而且也是理想的处理方案。虽然湛若水不同意宽宥莫登庸，世宗接受其投降并重新委以管治之权，亦未尝不是息事宁人、大事化小的解决办法。可惜湛若水已经在嘉靖十九年五月告老回乡，嘉靖二十年的论功行赏对他来说已经不重要。

（作者：新加坡国立大学雲茂潮中华文化研究中心主任）

---

① 张廷玉：《明史》卷 321，第 8334 页。

② 《明世宗实录》卷 248，第 3 上-4 下页。

湛若水的民生意识与“好生行义”的家风

程　潮

湛若水是明代特别关注民生问题的儒官，他不仅写出了内含“恤孤幼”“禁夺时”“蠲租”“薄敛”“恤穷”“赈济”等改善民生问题的理论巨著——《圣学格物通》，而且还利用自己任南京三部尚书并领衔“参赞机务”的机会，提出一系列改善民生的措施，这些措施主要反映在他的《参赞事略》中。湛若水之所以对民生问题有如此的关注，与他受“好生行义”的家风的熏陶有关。高祖有“好生之德”，行保民之义；祖父母勤慧致富，行惠济之义；父亲好打不平，行侠士之义；母亲节俭训诫，行公益之义。这种世代相传的“好生行义”家风，对湛若水的心灵产生了深刻的影响。

一　生命至上，保障一方

在湛若水的先人中，高祖湛怀德在他的心目中是一位有胆识，有责任感，秉承生命至上的理念，自觉担负起保障一方之责的义士和乱世英雄。

（一）结盟卫乡，爱惜民命

湛若水出生于明代广东增城县甘泉都沙贝村，其在增城的先人也曾是官宦之家。六世祖湛露本是福建莆田人，元朝大德年间任广东道德庆路总管府的“治中”一职，并在增城沙贝村安家落户，娶妻生子。元朝将大的郡称为“路”，“路”设总管府，府中设有达鲁花赤、总管、同知、治中、府判等官职。根据元代学者马端临《文献通考·职官考》的解释，“治中”

的职责是“居中治事，主众曹文书”，也就是管理政事的文书档案。“治中”为正官，官衔七品。五世祖湛晚丁，曾任县主簿。元代“主簿”一职，官衔八品，虽位居县正官之末，却具有参与管理一县之政的权力。元代学者朱晞颜在《飘泉吟稿·送归安县丞沙德润序》中就指出，“凡狱讼赋役、簿书期会、文牒所移”，都要先由主簿阅办后再“达乎上”，递次呈送丞、令、监等官。不过，这两位先人的官职不显，没有留下可让后人铭记的政绩。而能在历史上留下声名的，莫过于湛若水的高祖湛怀德。

湛怀德，字志高，生于元末，时逢乱世，群雄割据，社会动荡，盗匪猖獗。以渔耕为主的增城县沙贝村，南临东江，当地的渔船、农艇和过往的货船，经常受到游走于江中的盗匪抢掠；北背南香山，不时被盘踞在山中的盗贼打家劫舍。怀德秉性刚毅，眼见盗匪横行，乡里遭殃，便纠集村中一帮身壮力健又有义气的村民，练兵习武，共保村乡。当时沙贝村人丁稀少，势单力弱，他便联合东江沿岸的麦、谢、莫、罗等姓氏的村民结成民间护卫联盟，以“保障一方”为使命。他因义勇过人而为众人推为头目（即盟主），当地人还称他为“保障公”。有了这支民间护卫队，使得结盟之村能够在乱离之时“各得完保”，当地百姓得以过上安宁的生活。

按照元朝法令规定：“凡为保障一乡头目者，遥授以元帅，得专生杀。”① 而怀德因拥有一支民间护卫队，也就被元朝视为“保障头目”，授予了“元帅”之号，得专“诛赏”之权。据明嘉靖间《增城县志》记载：元朝法令甚严，盗窃财物者抵以死罪。而怀德领导的乡兵队中有个部卒，偷了白屋头的塘鱼，被人捕获押送到他那里，例应处死。怀德想对该部卒宽大处理，就让他先回家辞别父母妻子，自己回来就刑。该部卒果然如期归来，怀德为他的诚实守信所打动，便对他说：“断者难续，死者难生，池鱼微物也，忍人之死，而爱此鱼，仁人不为也。”于是教训一番后，便免了他死罪。怀德拜访邻村头目“戴元帅”时，见其要处死几个偷盗罪囚，顿生恻隐之心，就对该头目说：“吾乡无可杀之罪，无以示威，愿乞此数囚，杀之吾乡，以惩不悛。”而他将这几个罪囚带回本村时，也将他们秘密释放了。怀德之所以不将盗窃者处死，而是教育后释放，在于他秉持了生命至上（即人的生命高于一切）的理念。当然，也有人质疑说：“民

---

① 吕柟：《泾野先生文集》卷三十二，《明加赠资政大夫南京礼部尚书樵林湛公配夫人梁氏神道碑文》。

有犯法者如盗鱼之罪，虽未当死，及他部所犯，皆权其轻重之，乃能惩创奸慝，以靖乱祸。兹则一切纵之，虽足以市姑息之恩，而实乖平明之法。”意即法律的权威高于对生命的仁慈，对于犯罪者必须依法惩治才能体现公平、透明。而张文海则引曾子“上失其道，民散久矣”的观点为怀德的宽容行为辩护说：“方元季之贼蜂起杀人，苟有悯人之乱而欲拯其死命者复不之取，则夫嗜杀不厌者将取之耶？甚哉！湛公之阴德不可泯也！”[①] 即是说，怀德做法的可取之处在于：处在一个把人逼向盗窃而且杀人风行的乱世，能够爱护生命、不乱杀人比起机械执法、罔顾生命，更加可取，更值得提倡。

（二）举兵促统，刀下留人

洪武元年（1368），明太祖命廖永忠、朱亮祖统大兵入粤，要统一两广。廖永忠至福州，便致书在广东拥有重兵，且颇具民望的何真，命其归顺明朝。据明崇祯间《东莞县志》中记载：何真得书后，知元朝大势已去，便复书廖永忠（即《上廖平章书》），申明自己为“救生灵”而愿归顺。[②]而怀德也相信，天下的统一，有利于百姓安居乐业。于是他随何真归顺明朝，想过上安稳的平民生活。但明廷为保地方安定，仍让他统甘泉、清湖、绥宁三都乡兵，以维护地方治安。洪武十四年（1381），东莞中堂湛翠村村民苏友兴举兵叛乱，在东江下游的增城、东莞两县骚动，怀德的家乡也有不少人加入。南雄侯赵庸奉命征讨时，海道出师不利，战舰被叛军攻逼，几陷绝境。怀德仗义起兵，率五百多乡兵敢死队赴海力救，官兵始获解困。叛乱平息后，得胜的官兵要对增南三都参与叛乱的乡民进行缉捕，要将他们重者处死，轻者充军。湛怀德、陈仲光两人挺身而出，亲赴总兵行辕，极力为盲目参与叛乱的乡民说情保救，使得甘泉都的乡民独得幸免，怀德也因此更受乡民的爱戴。怀德死后，被朝廷旌表为“护国保境义士”，敕建“义士祠”。湛若水弟子洪垣撰《明护国保境义士湛公祠记》，王阳明后学杨起元撰《湛义士墓表》（又称《明义士湛怀德墓表》），都高度赞赏怀德的义士风范。

---

① 张文海撰：《增城县志》卷六，《湛怀德传》。

② 张二果、曾起莘撰：《东莞县志》卷六，《艺文志》。

（三）高祖义举，引以为豪

湛若水身为怀德的后代，也高度敬仰高祖的功德。正德十年（1515），他回乡葬母告老时，特作《乡誓》，以消除他做官后乡邑父老子弟对他的家族子弟所生的嫌疑和妒忌。他指出：“仰惟我高祖府君，当元之乱，保障于方土，活人弗罹于杀，于尔乡里有德；率义助顺，功闻于朝，以免及于尔一方降军，惟于乡里有德”。[①] 他希望乡邑的父老子弟能看在他高祖当年对乡民有恩德的份上，能够消除隔阂，和睦相处。嘉靖二十年（1541），他又作《谢洪觉山侍御安祀先祖义士祠神牌》，称“先祖生于乱世，著有微劳，保障一方，活全万命。愤援兵五百，而皇师之势将溃而复张，致甘泉全都，於降民之军赖功而独免。”[②] 足见，若水对身为一介匹夫，却能挺身而出、保境安民、义字当头的高祖，怀有崇高的敬意。而高祖爱护生命的人本精神和勇于担当的主体精神，也深深地影响着湛若水，使他能在为学为官的人生旅程中，注重生命的保护，特别是关注社会弱势群体的生存需要。所以，明代学者霍韬在《赠尚书湛公神道碑》中指出，湛氏家族中之所以能出现“躬备周德”的樵林先生和“名儒”甘泉子，“其渊源所自，岂偶然哉！”[③] 这就是“保障公”的“好生行义”精神所赐。

二　苦心经营，富家惠困

湛若水的祖上还有一对让世人难以忘怀的先人，就是他的祖父祖母，他们在农字上做文章，通过苦心经营，营造了一个殷实之家，同时也惠及周围贫困的乡亲。

（一）祖父农隐，耕桑行家

高祖湛怀德生湛汪，字果成；湛汪生湛江。据明朝大学士丘濬的《樵林记》记载：湛江，字宗远，“别业在上游，以山而居，以樵采为业，因以‘樵林’为号。……孝弟力田，隐君逸民者乎！”所谓“别业”，是指本宅之

① 湛若水：《泉翁大全》卷三十二，《乡誓》。
② 湛若水：《甘泉先生续编大全》卷七，《谢洪觉山侍御安祀先祖义士祠神牌》。
③ 霍韬：《渭厓文集》卷八，《赠尚书湛公神道碑》。

外，又在风景优美地方构建的供游憩的园林房舍。不过，丘濬将湛江的采樵生活视为像伊尹之“穷耕”、姜太公之“坐渔”、百里奚之“为人牧牛”一样，只当作一种“快心顺意”之事。他指出，湛江之于“樵”，只是“取适”（即寻求适意）而已，其意并不在“薪”上，“不必执柯以伐木、荷担以负薪，然后谓之樵”。[①] 这完全是将湛江视为一个单纯追求闲适生活，无须登山采樵的隐者。或者说，湛江是一个闲适的隐者，而不是一个采樵的劳动者。但嘉靖间《增城县志》则指出：“（樵林）公时或樵于林，以游其志，然以耕桑为业，非专意于樵也，托樵以寓兴耳。”[②] 即是说，湛江虽有樵隐的情趣，但并没有放弃劳动。《湛氏族谱》也说他“结庐上游庄，力田于冈麓，艺桑于围山，凿沼（池塘）育鱼，以供其母”[③]。可见，耕田、养鱼、种桑，才是他的正业。据吕柟的《樵林湛公配夫人梁氏神道碑文》记载：湛江在生产经营方面有着很高的天赋，他通过苦心钻研，掌握了一套独特的种桑技术：“先春则肥桑，桑独沃若，蚕茧异他人箔”。即是说，早春时节就给桑树施肥（如以鱼粪、塘泥为肥料），这样桑叶就长得特别肥硕润泽，蚕吃了，结出的蚕茧，比他人用蚕箔（亦称蚕帘）饲养要好。这样的经营头脑和养殖技巧，岂是一般的隐者所能比拟的？

（二）祖母贤惠，独创盆缫

湛若水的祖母梁氏以德行娴慧、善于持家见称。关于梁氏的德行，吕柟在《樵林湛公配夫人梁氏神道碑文》中说道：“梁淑人祇若先生，惟德之从，言不出口，笑不至矧（齿龈）。归湛氏时，妯娌五人，独得爱于姑媪；虽在严肃之下，敷被宽假其慈，仆妾无弗心悦。若乃纯诚敦悫，实根性成。……当其躬行，虽古鲁歜母、汉鲍妻亦相方也。”即是说，梁氏敬顺丈夫，孝顺婆婆，善待仆妾，秉性纯诚，为人厚道，是古代歜母、鲍妻一类的典范女性。歜母是指春秋时期鲁国大夫公父穆伯之妻、公父文伯（名歜）之母、季孙之从叔祖母，名戴已，号敬姜。据《国语·鲁语下》记载：公父文伯退朝后，去晋见母亲时，发现母亲正在纺麻。文伯抱怨说：“以我这样的家庭母亲还要纺麻，这恐怕让季孙恼怒，他会以为我不能孝敬母亲

① 《增城沙堤湛氏族谱》第二十七卷，《樵林记》。

② 张文海撰：《增城县志》卷七，《湛江传》。

③ 《增城沙堤湛氏族谱》第二十六卷，《樵林公传》。

吧?”母亲却将儿子的这句话视为“要亡鲁”之言，她告诉儿子“劳”（劳动）的重要性，认为“民劳则思，思则善心生；逸则淫，淫则忘善，忘善则恶心生”；主张“君子劳心，小人劳力”。她也对季孙（即季康子）说：“君子能劳，后世有继。”意即君子能勤劳做事，他的子孙就会兴旺发达。鲍妻是指东汉贫士鲍宣之妻桓少君。《后汉书·列女传》记载：鲍宣曾就学于少君的父亲，少君父亲赞赏鲍宣的“清苦”之节，就把女儿嫁给他，陪嫁的礼物很丰盛。鲍宣见了并不喜欢，就对妻子说：“少君生富骄，习美饰，而吾实贫贱，不敢当礼。”妻子回答说：“大人（父亲）以先生修德守约，故使贱妾侍执巾栉。既奉承君子，唯命是从。”鲍宣笑着说：“能如是，是吾志也。”于是少君把华丽服饰留到娘家，改穿短布衣裳，和鲍宣一起拉着鹿车回归乡里，拜见婆母礼毕，就提着水瓮去汲水，修行“妇道”，乡邦称之。鲍宣后来也成了一代名臣。吕柟在《樵林湛公配夫人梁氏神道碑文》中提到“鲍妻提瓮，歜母绩纺”，并将若水的祖母梁氏与歜母、鲍妻的德行相媲美。

不过，在吕柟的心目中，梁氏不是一般的农妇，而是一位懂技术、善经营的女强人。他在碑文中特引用梁氏常说的一句话：“我蚕则匀，我缫则纯，（我）殖则珍，而以被我后昆。”意思是说，我养的蚕大小均匀，我煮茧抽出的蚕丝精好洁白，我所经营的蚕丝品精美贵重，我要以此造福我的子孙后代。这充分地展示了梁氏作为一位女强人在养蚕抽丝技能方面的自信心以及为子孙后代着想的责任感。所以，在皇帝加赠梁氏“夫人”封号的诰文中，称赞她“力丝茧以兴乃家，克勤俭以裕于后”。

（三）经营有方，发家惠乡

湛若水的祖父母以经营农业为生，通过“俯仰食力”，使全家过上了衣食无忧的生活。不过，夫妻俩所走的不是自给自足的营生之路，而是将农业经营与市场对接，从而走上了发家致富的道路。在生产经营方面，若水的祖父祖母之间有一个相对的分工，祖父负责在田间耕田与种桑，祖母负责养蚕与缫丝。耕田收获的谷物，除了解决一家人的吃饭问题，更重要的是向贫困村民借贷，以获取一部分利息。据吕柟的《樵林湛公配夫人梁氏神道碑文》记载，若水祖父经营谷物借贷的做法是：“当年饥则出谷，熟则入谷，转殖小息，以若民利，积自然之饶。”即是说，遇到饥荒之年，他就将谷物赊出，等谷子成熟时就收回来，从中赚取少量利息，也给借谷之民带来好处，从而使家里慢慢殷实起来。为了提高谷物的产量，祖父便“耕谷以贸田廓业”，也就是通过购买田园来拓展谷物的种植面积，壮大产业，获取更多的收入。缫丝收获的丝织品，主要是在市场销售。据吕柟的《樵林湛公配夫人梁氏神道碑文》记载：若水祖母创造了一套独特的缫丝技术。她“善治种盆缫，以为缣帛絁䌷，坚致不纰，抱市必增值”。所谓盆缫，就是将蚕茧放进注了清水的釜中去煮。采取这种方式，做出的绢绸质地细薄，坚实细密而不松散，拿到市场上能够卖出好价钱。

据《嘉靖增城县志·湛江传》记载：“时豪富操其利权，乘民之困，称贷勒取倍息。樵林公不然，年饥出谷以贷民，约以年丰入谷，而薄敛其息，如是率以为常。故公虽有小益，而民则蒙大惠，豪户无所牟利。”原来，若水祖父虽然经营谷物借贷生意也是为了赚钱，但所赚的钱都是小利。但他介入谷物借贷领域还有一个重要目的，就是要对抗那些利用行业垄断来抬高借贷筹码以获取高额利息的豪富，以减轻贫困借贷者的经济负担，这于人于己都有好处。据吕柟的《樵林湛公配夫人梁氏神道碑文》记载：若水的祖母也秉持“厚值而薄取，屈己以益人”的经商理念，她曾指出：“夫产也，将传子孙，当使困者与我皆利，岂可乘机以专多乎?”无论是经营贷谷生意，还是经营丝帛生意，都不能只追求自身的利益而不顾及贫困购买者的利益，必须让贫困购买者与我方都能从中获得利益，也就是要实现双赢。

若水的祖父母不仅是一对精明能干的生意人，也是一对乐善好施的大好人。故在皇帝加赠祖父“资政大夫、南京礼部尚书”的诰文中，称他“行义感于闾里”；在《湛氏族谱》中，又称他“家有馀财，即思以济人”[①]。这里的“行义”，也就是“行善”，即对穷困者的救助，说明若水的祖父母在家乡是有口皆碑的大好人。

（四）义利兼顾，方能长久

湛若水对他的祖父祖母也是敬仰有加。他称赞祖父有“春至理农桑，蚕熟谷亦颖”的勤劳品质；称赞祖母“夫人自蚕缫，谷易丝绢并。以兹广土业，土直宁优剩（加价买田）”的经营头脑。而这都体现了一个“利”字，但这样的“利”乃是祖父母勤劳智慧的结晶，是合乎“义”

① 《增城沙堤湛氏族谱》第二十六卷，《樵林公传》。

的。他还对祖父母赞叹道：“孝友动里间，行义太丘等。自兹重乡评，世业保终竟。”[①] 即是说，他们在家庭孝顺父母，友爱兄弟；在乡里乐善好施，扶贫济困。因而他们获得乡亲的一致好评，也使家业世代相传、经久不衰。这又体现了若水祖父母“富而好义”的美德。所以，在若水的心目中，祖父母是一对善于经营、义利兼顾的好搭档。

三 家运沉浮，义心不改

湛若水的父亲具有侠义心肠，敢为弱势群体打抱不平；母亲特别同情贫困的乡亲，临终前叮嘱若水在家乡创办义仓以济贫惠乡。

（一）父亲仗义，含愤而终

据吕柟的《樵林湛公配夫人梁氏神道碑文》记载：湛江生儿子一人，讳瑛；女儿三人，长女嫁伍氏，次女嫁钟氏，为梁夫人所生，次女嫁郑氏，为侧室所生。湛瑛，字伯琛，号怡庵。幼时随其父居上游庄，长大后归沙堤大院。据王阳明《赠翰林院编修湛公墓表》、霍韬《赠资政大夫南京礼部尚书湛公神道碑》、《嘉靖增城县志·湛瑛传》和《增城沙堤湛氏族谱·怡庵公传》等文献记载：湛瑛为人刚介正直，操行严峻，刻行砥俗。与乡人交，重然诺，谨礼度，急于行义。若有人被陷害，则为之力救；有人斗殴，则为之解纷。故乡里善者尊重他，对他服信取则，并倚他以扶弱，仗他以为安。同时，他不轻假人辞色，人有过错则予面斥，无所容贷。故乡里恶者忌惮他，对他嫉视如仇，聚谋必覆他于恶地，使他再也无法阻挡他们作恶。

湛瑛年轻时为里正，掌管乡里户口、赋役等事，见县主簿为私心而枉法虐民，乃正辞力抗，因而得罪了主簿，对他怀恨在心。恰巧同乡有位猾吏叫余忠，其子为盗，瑛将此事反映到官府，官府以盗窃罪将其子扑杀。余忠对他愈加仇恨，便与主簿合谋构诬以罪，使他终遭毒祸，因愤发病而卒。湛瑛死后，乡人悲之，如失怙恃。而狡狯之徒益发横行作恶，乡人皆说：“湛公行义，顾报戾其施，而恶者自若，吾侪何以善为?”直到十余年后，这帮为奸贯盈者才被剪灭殆尽。

---

① 湛若水：《泉翁大全》卷四十二，《述先德诗四十韵有序》。

若水父亲的行义，既包括他行侠仗义，维护弱者的利益；也包括他乐善好施，周济贫者。所以，霍韬《赠资政大夫南京礼部尚书湛公神道碑》记载了皇帝赐给湛瑛的诰文，称赞他“乐士周贫”。

（二）慈母之贤，堪比孟母

湛若水的母亲陈氏是同邑甘泉都沙村陈斌的二女儿，十五岁嫁到湛家，恭执妇道。丈夫湛瑛性格刚严而少款曲，而她事之唯谨；公公妾性格悍戾，与家人不协，而她独能得其欢，闺门雍睦无间，姻党莫不称道。性格沉静，不妄语笑，行时必以扇自蔽。持家极为勤俭，平时黎明早起，二更才就寝，有事则三更始寝，习为常态。燕居的阃（内室）湢（浴室）必时洒扫；床几篋椟，覆藏唯谨，毋使沾染尘垢。丝麻针缕，必谨收叠；果蔬脯馐，必亲自区择，以上下其用，从未枉费。恰遇家道中衰，丈夫又早逝，她就携若水和诸女寓居母家，粝餐菲衣，日夜切切以训子为事，让若水从学于外。若水既已通过了乡荐，以母无人侍养，不忍离其左右，就不赴京城会试，家食十三年，母亲乃遣他求学于陈白沙。学成之后，母亲又对他说：“汝受国家教养，可以我故不仕乎？可不及我未老见汝行志乎？”在母亲的强迫之下，若水乃起赴礼部，举乙丑进士第，为翰林庶吉士，授编修一职。若水假借奉使宗藩之便，顺道迎母至京师供养。因若水秩满推恩，其母被封为“孺人”。若水虽已做翰林官，但母亲尤以“勤学砺行”为训，以激发他的上进心。湛母之“贤”，由此略见一斑。后来若水奉命册封安南国王，遂便道奉母归乡。回乡后，他便萌发了“弃官侍养于家”的念头。母亲再次强迫他与自己一齐上京，并说“吾爱京师风土，甚适也”。母亲不戚戚以乡土为怀，实望儿子能在京城安心效忠报国以成令名。所以，顾鼎臣称赞湛母“代终之功，有大造于湛氏，尤不可泯也”，并认为“湛母之贤”堪比“孟母”。①

（三）荷塘义仓，济贫惠乡

据蒋冕的《湘皋集》所载：湛若水在京做官后，将其母迎养于京师。若水将平日交际所获礼币（包括为其母祝寿的礼金）与俸禄收入都交给母亲保管。除了必要的家庭开支外，母亲将剩余的钱都慢慢地积攒起来了。

---

① 顾鼎臣：《顾文康公三集》卷二，《慈母传》。

母亲病革临终时，向若水留下遗命，要他将所积攒的钱换为谷物，在增城县甘泉都荷塘边修筑义仓，以赈济近都之贫而无种本者。她遗命粜谷七百石，建义仓于坟边，以济甘泉、清湖二都的贫者。[①] 清湖乃其所居近里，湛母的遗愿是要惠及乡邻，而不局限于甘泉本都。这也反映了湛母心胸之宽广。因此，荷塘义仓实为湛母所建，而若水乃奉命以从事。又据董玘的《中峰集》所载：为了保障义仓济贫工作的公平公正公开，若水特制定了专门的条约，请里中二位“雅行”（即行为雅正）长者主管此事，而湛氏家人不得从中牟利。义仓的运作模式是：“时耕以贷，时刈以敛，贷以户为率而籍其数，敛以斛加耗而捐其息，滥冒有稽，惰废有罚。”即是说，耕种季节就将谷物贷出去，收获季节就将谷物收回来。贷以户为单位，以登记其要贷的数额；敛以斛为单位，外加谷物的损耗，以捐纳应付的利息。对于滥冒（胡乱冒充）者要加以核查，对于惰废（贷而不还）者要加以惩罚。为了使这项事业经久不坠，湛家还嘱咐董玘将荷塘义仓之事刻于石上，以视来者。董玘追溯了义仓的发展历程，以显示湛母所建义仓的可贵。他分析指出：近世所谓的义仓，皆公家之储，且设在州、县，而不及于乡。朱熹曾对此有所诟病，始仿古法作社仓于崇安，人以为便。然其粟假之有司（官府），上说下教，经数年而始成。吕祖谦曾欲嘱乡人士大夫相与纠合而行之，不再烦于有司，但终未成功。其后祖谦门人潘叔度出“家廪”（自家廪粮）行之于婺州，仍不免遭人质疑，说明行“义”如此之难。而湛母作为一位事不出户的妇人女子，却能在生命垂没之时向儿子发出倡建义仓的遗命，以对乡人施以恩德，做出连男人都无法胜任的事，足见其“贤”。董玘又批评州县所藏的粮食不能及时发放，迫使贫民争相向闾里的豪雄借贷，而这些豪雄坐操利权，岁取倍称之息。他认为，假使一乡之间力能为者，皆如湛母之为，则其法虽不必出于上，而亦岂非“王政之助”？他希望若水能够利用“以儒向用”的机会，将来“推太孺人之志，以广朱、吕之泽”，将“义仓”精神推展开来，不独使“都里之近”得其所济，更应推及更远的地方，让更多的穷困者得到实惠。该义仓之所以不曰“社”而曰“义”，就是要将自己的“有余”奉献给邻里乡党，体现了孔子所谓的“义”。[②]

---

① 蒋冕：《湘皋集》二十六，《明封太孺人陈氏墓志铭》。

② 董玘：《中峰集》卷五，《荷塘义仓记》。

（四）父母恩义，铭记在心

孩提时代的湛若水，也曾得到祖父母的疼爱和父母的呵护。在其幼小的心灵中，也朦胧地感受到父亲仗义直行的豪侠气概，也曾目睹了父亲为黑恶势力所排挤而蒙受的不白之冤，也曾经受了十一岁丧父之痛的沉重打击。他曾感受到慈母丧夫之痛，也体会到寡母将子女拉扯大成人成才的不容易，特别是感受到母亲倡创义仓的博大胸怀和崇高美德。故他在《述先德诗四十韵有序》中指出："显考曰怡庵，高才乃雄逞。直志靡款曲，正色奸回屏。强弱以弱强，高义畏乡井。损己忧人忧，人众天久定。好士屡济贫，乐友侠游骋。长洗荤血肠，日啜十瓶茗。谥妣曰贤母，四十孀居整。贞智与慈俭，纯诚自天性。高人阳明子，碑表阐幽行。恨公不立朝，大节唾奸佞。水也寔不肖，承德数世永。每感尹母言，且免咸父订。"

"尹母"是指北宋理学家程颐弟子尹焞的母亲。《宋史·尹焞传》记载：尹焞，字彦明，一字德充。少师事程颐，曾应举业，发策有《诛元祐诸臣议》，尹焞觉得这一策论话题极为敏感，若违心应答，难道就是为了"干禄"吗？于是他不对而出，告诉程颐说："焞不复应进士举矣。"程颐说："子有母在。"尹焞将此话回去告诉了母亲，其母回答说："吾知汝以善养，不知汝以禄养。"尹焞于是终身不就举。湛若水对尹母之言每有感触，本来也是想走尹焞不去仕进，专心侍养老母的行孝之路，却又迫于慈母的压力而携母进京为官，导致母亲客死他乡，没有很好地尽到孝道。

"咸父"是指唐代文学家崔咸的父亲崔锐。《旧唐书·崔咸传》记载：崔锐曾佐李抱真为泽潞从事史，有位道人自称"卢老"，说自己曾为隋朝云际寺李先生做事，能预知过往未来之事。当时河朔禁止游客，崔锐就将他馆之于家。有一天，这位道人忽然辞去，且说："我死，当与君为子。"（意即我死后，会来投生做你的儿子）说罢，指着自己口下一颗黑子（痣），愿以这颗黑痣作为标志。崔咸出生时，口下果有颗黑子，其形神也与"卢老"相近，父亲即以"卢老"字之。湛若水当然不希望这一投生转世的传说发生在自己与父亲身上。因为他深爱自己的父亲，对父亲抑强扶弱、行侠仗义的精神深表敬意。他所希望的是今生做父子，来生还做父子。

（作者：广州大学公共管理学院教授）

湛、王之辩与明代心学发展的不同面相

姚才刚　李　莉

学者们在论及明代心学思想时，往往多留意于王阳明及其创立的阳明学派，这是不够确切的。事实上，明代心学并非只有王阳明及阳明学派的一枝独秀，以陈献章为代表的江门学派与以湛若水为代表的甘泉学派同样是明代心学发展史上不容忽视的力量。这些不同的思想派别之间既有千丝万缕的联系，也有歧异之处。限于篇幅，本文主要梳理、评论湛若水对王阳明心学的辩难。

湛若水、王阳明均为明代中叶的心学家。正德元年（1506），湛、王定交①，共同倡明圣学。正德五年（1510），两人再次相聚于京师，因比邻而居，故常能在一起探讨学问，彼此之间的情谊也得到了进一步的加深。此后，湛、王又多次相会或通过书信的方式论学。两人虽同属心学阵营，但在心物关系、格物、良知、“勿忘勿助”等问题上却不无纷争，且难以调和。

一　心物之辩

湛若水说：“盖阳明与吾看心不同。吾之所为心者，体万物而不遗者也，故无内外；阳明之所谓心者，指腔子里而为言者也，故以吾心之说为外。”② 湛若水所谓的“心”，是“体万物而不遗”之心，也即所谓的“大心”。心体广大，无所不包，心与万物不分内外，融为一体。在湛若水看

---

① 参见黎业明《湛若水年谱》，上海古籍出版社 2009 年版，第 32~34 页。

② 湛若水：《湛甘泉先生文集》（清康熙二十年黄楷刻本）卷七《答杨少默》，载《四库全书存目丛书·集部》，齐鲁书社 1997 年版，第 570~571 页。

来，心不会仅仅局限于“腔子”之内，它势必要推扩出去，去统摄、包容万物；反过来，天地万物也不是外在于人的客观存在，不是心外之物，而是以心为存在的根据。

湛若水一方面坚持心学立场，认为“有事无事，原是此心”[①]、“随时随事，何莫非心”[②]，另一方面他对“徒守其心”的做法持强烈的反对态度，而主张“大其心”。他说：“所言‘心外无事、心外无物、心外无理’三句无病。……又云‘一念事亲事君即为物’，非若后儒指天下之物为物，则又似以万物在心之外，是心外有物矣，不若大其心，包天地万物而与之一体，则夫一念之发以至天下之物无不在，而以其浑沦，则理通乎天地万物；以其散殊，则理在事亲事君之间。即心而事物在，即事而理在，乃为完全也。”[③] 湛若水认为“心外无事、心外无物、心外无理”三句无病，这无疑是对王阳明心学的肯定，接下来他又强调“大其心”，认为“心”非空洞虚无之心，而是浑沦之心，无论是人的“一念之发”还是天地万物都可以融摄于其中。

由心物一体的观念出发，湛若水又对王阳明学说提出批评。在他看来，王阳明所讲的“心”专就“腔子”而言，它是与天地万物分离的灵明知觉。因此，湛若水认为，王阳明心学有“是内非外”之弊。不但如此，他还认为“是内非外”亦属支离。湛若水说：“夫所谓支离者，二之之谓也。非徒逐外而忘内谓之支离，是内而非外者，亦谓之支离，过犹不及耳。必体用一源，显微无间，一以贯之，乃可免此。”[④] 在他看来，王阳明心学割裂了内外、心物关系，与“逐外而忘内”的程朱理学一样有支离之弊。他认为自己的学说是合内外之学，是“孔孟正脉”。

事实上，王阳明同样也有心物同体、“万物一体之仁”的思想，他说：“盖天地万物与人原是一体，其发窍之最精处，是人心一点灵明。风雨露雷、日月星辰、禽兽草木、山川木石，与人原只一体。”[⑤] 可见，王阳明亦主张以心来统摄天地万物，倡导心物合一，此点似与湛若水有异曲同工之妙。黄宗羲在《明儒学案》中对湛若水略有微词，他说：“先生（指湛若

① 《明儒学案》卷三十七《甘泉学案一》，中华书局 1985 年版，第 901 页。

② 湛若水：《湛甘泉先生文集》卷七《答欧阳崇一》，第 574 页。

③ 湛若水：《湛甘泉先生文集》卷八《新泉问辨录》，第 605 页。

④ 湛若水：《湛甘泉先生文集》卷七《答阳明》，第 567 页。

⑤ 王阳明：《传习录》下。

水，引者注）以为心体万物而不遗，阳明但指腔子里以为心，故有是内而非外之诮。然天地万物之理，不外于腔子里，故见心之广大。若以天地万物之理，即吾心之理，求之天地万物，以为广大，则先生仍为旧说所拘也。"[①] 也就是说，王阳明讲"心外无理"，正可表明心体之大，心与万物可通而为一。若像湛若水那样一定要到天地万物上求其理，无疑将又回到程朱理学的老路上去。

二　格物之辩

湛若水认为，格物即"至其理"。他说："仆之所以训格物者，至其理也；至其理云者，体认天理也；体认天理云者，兼知行合内外言之也。"[②] 从这里看出，湛若水训"格"为"至"，训"物"为"理"（天理、道），格物即"至其理"。他有时又把"格"解释为"造诣"，比如，他说："格即造诣之义，格物者即造道也。知行并造，博学、审问、慎思、明辨、笃行，皆所以造道也。读书、亲师友、酬应，随时随处，皆体认天理而涵养之，无非造道之功。"[③] "造诣"一词现在一般是指在学问、技艺等方面所达到的水平，湛若水所谓的"造诣"显然非此义，而是指体认、体察之意，格物即"造道"[④]，也即随处体认天理。所以，在湛若水这里，格物、造道、体认天理，含义都极为相近。至于格物的范围，湛若水说："盖自一念之微，以至事为之著，无非用力处也。"[⑤] 也就是说，自一念萌动到一言一行，在湛若水看来，都需要用力，都需要格之或体认之。

湛若水不同意王阳明将格物解释为"正念头"。他说：

> 盖兄之格物之说，有不敢信者四：自古圣贤之学，皆以天理为头脑，以知行为工夫，兄之训格为正，训物为念头之发，则下文诚意之意，即念头之发；正心之正，即格也。于文义不亦重复矣乎？其不可一也。又于上文知止能得为无承于古本，下节以修身说格、致为无取，

① 《明儒学案》卷三十七《甘泉学案一》，第 877 页。
② 湛若水：《湛甘泉先生文集》卷七《答阳明王都宪论格物》，第 572 页。
③ 湛若水：《湛甘泉先生文集》卷七《答阳明》，第 568 页。
④ "造道"一词来自《孟子·离娄下》："君子深造之以道，欲其自得之也。"
⑤ 湛若水：《湛甘泉先生文集》卷七《答王宜学》，第 570 页。

> 其不可二也。兄之格物训云正念头也，则念头之正否，亦未可据，如释、老之虚无，则曰“应无所住而生其心，无诸相，无根尘”，亦自以为正矣。杨、墨之时，皆以为圣矣，岂自以为不正而安之？以其无学问之功，而不知所谓正者乃邪，而不自知也。其所自谓圣，乃流于禽兽也。夷、惠、伊尹，孟子亦以为圣矣，而流于隘与不恭，而异于孔子者，以其无讲学之功，无始终条理之实，无智巧之妙也。则吾兄之训徒正念头，其不可者三也。论学之最有始者，则《说命》曰：“学于古训乃有获。”《周书》则曰：“学古入官。”舜命禹则曰：“惟精惟一。”颜子述孔子之教则曰：“博文约礼。”孔子告哀公则曰：“学问思辨笃行。”其归于知行并进，同条共贯者也。如兄之说，徒正念头，则孔子止曰“德之不修”可矣，而又曰“学之不讲”，何耶？……其不可者四也。①

在第一条诘难中，湛若水认为，王阳明将“格物”训为“正念头”，将与《大学》诚意、正心所含文义重复。应该说，湛若水的此种质疑不能说全无道理。王阳明如此解“格物”，确有语义重复之嫌。湛若水的疑惑也是当时很多学者的疑惑。可是，我们可以换一种角度来看待这个问题，即把《大学》之格物、致知、诚意、正心看作是修养工夫系统的不同环节，这些环节具有由微至著、层层推进的关系。② 王阳明正是抱持这样的观点，在他看来，将格物训为“正念头”，并无湛若水所谓的重复的问题。如果硬将格物脱略于修养工夫系统之外，认为格物是“至物”或穷究事物之理，那么，此举又将回到程朱理学格物论的窠臼，而这是王阳明所极力反对的。王阳明说：“先儒解格物为格天下之物，天下之物如何格得？且谓一草一木亦皆有理，今如何去格？纵格得草木来，如何反来诚得自家意？”③ 这里，阳明批评了程朱的格物论，他认为，格天下之物是根本无法做到的，退一步说，即使能够格天下之物，对成就道德也是毫无意义的。

在第二条诘难中，湛若水认为，王阳明以“正念头”来解释格物，将与《大学》“知止”义以及从修身来说“格”“致”的进路产生矛盾。在第三条诘难中，湛若水认为，王阳明的“正念头”与释、老、杨、墨、伯夷、

① 湛若水：《湛甘泉先生文集》卷七《答阳明王都宪论格物》，第 571~572 页。

② 徐梵澄先生认为，《大学》之格、致、诚、正，是说出了一从微至著、由小至大之心理过程。见氏著《陆王学述——一系精神哲学》，上海远东出版社 1994 年版，第 152 页。

③ 王阳明：《传习录》下。

柳下惠、伊尹等无法划清界限，后者也都“自以为正”。因此，仅以“正念头”来训格物，将会使儒家道德学说失去定准。其实，王阳明后来以“致良知”标示宗旨，判定念头是否为正的标准即是良知，内在良知时时刻刻都在对意念进行审查、监督。其致知（致良知）说与格物说是一贯的，只是强调的侧重点不同而已，“致良知是正面的端正意念——推致本正之意念于具体事为，格物是负面的端正意念——正其不正以归于正。能近取譬与省察克治都是他所强调的”。① 在第四条诘难中，湛若水认为，王阳明的格物说割裂了惟精与惟一、博文与约礼等的关系，忽略了学问思辨行之功。应该说，王阳明虽然强调良知、本心的当下俱足，突出自我觉悟，但他亦未完全排斥学问思辨行。黄宗羲在评价湛、王格物之辩时也指出此点，他说：“先生大意，谓阳明训格为正，训物为念头，格物是正念头也，苟不加学问思辨行之功，则念头之正否，未可据。夫阳明之正念头，致其知也，非学问思辨行，何以为致？此不足为阳明格物之说病。”② 只不过，王阳明对学问思辨行的重视程度不及湛若水。

从以上分析可知，湛若水对王阳明的诘难既有值得称道的地方，也有不甚合理之处。同时，湛、王格物之辩也反映了他们为学宗旨上的差别，对于湛若水来说，“格物”即“随处体认天理”；对于王阳明来说，“格物”即“致知”（致良知）。所以，湛、王格物论的差异实际上是“随处体认天理”说与“致良知”说之间的差异。

湛若水对自己的格物之说颇为自负。在他看来，其格物论彰显了知行并进的特色，符合《大学》以修身释格物的宗旨，符合“学问思辨行”的古训，且与程子格物论相契。不过，从后人的观点来看，湛若水的格物论不能说有太多的新意，它的确带有程朱理学的不少痕迹。

三 良知之辩

湛若水不完全反对王阳明的“致良知”说，但他对该说亦有非议之处。他说：“良知二字，自孟子发之，岂不欲学者言之？但学者往往徒以为言，又言得别了，皆说心知是非皆良知，知得是便行到底，知得非便去到底，

① 张学智：《明代哲学史》，北京大学出版社 2000 年版，第 69 页。

② 《明儒学案》卷三十七《甘泉学案一》，第 877 页。

如此是致，恐师心自用。还须学问思辨笃行，乃为善致。”[①] 在看来，良知人皆有之，亦可人人言之，因此，他并不讳言良知。但湛若水认为不可徒言良知，否则便会滋生弊病。他主要从以下三个方面批评了王阳明的“致良知”说。

第一，“致良知”说会导致师心自用，道德实践难以落实。在湛若水看来，王阳明强调心（良知）的知是知非的特性，对天理有所轻忽，是非的标准难以确定，难免产生师心自用的问题。有鉴于此，湛若水在倡导心学的同时，又强调天理对良知的规约功能，强调多做学问思辨行的工夫，认为只有如此，才可避免人言人殊的局面。

事实上，王阳明也讲良知即天理，湛若水所谓师心自用的担忧是否显得多余？从湛若水的立场来看，此种担忧并非多余之举。他认为，王阳明讲良知即天理，天理乃是虚指，良知才具有实义，可是，徒致良知是远远不够的，它难以做到“天地位，万物育”，所以尚须“随处体认天理”，如此才是彻上彻下、贯通内外之功，才可避免仅仅局限于一腔之内来立论。然而，依王阳明，天下之理是不必尽知的，关键在于良知能否自作主宰，人能致良知，推致良知于事事物物，成己以成物，则人、物都有合适的安顿。

湛若水固然强调修养工夫，但平心而论，王阳明亦未尝忽略工夫，他的“致良知”说乃是本体与工夫的统一。王阳明虽有从积极的功能说良知的话头，但却不以之立教，在阳明看来，就一般人而言，要使良知得以呈现，就必须有“致”的工夫。王阳明的“致良知”说不过是要学者以自己的良知为是非之准则来审查自己的每一意念，看它是否符合天理本体，这里实际上体现了良知在王阳明工夫理论中的每一种审查、批判的消极功能，与其说它要求积极地去成就善，毋宁说它更强调消极地去抑制恶。[②] 王阳明的“致良知”说包含有工夫的法门，乃是不言而喻的。当然，其在教弟子方面确实也有过于轻巧之弊，而且，其“致良知”说本身也有过于高妙之处，故而遭到湛若水的批评。在湛若水看来，儒家圣贤之学是中正之学，向任何一个方向的偏离都会失却中正之道，做到中正才能入于圣贤之域。

---

① 《明儒学案》卷三十七《甘泉学案一》，第 900 页。

② 参见郭晓东《致良知与随处体认天理——王阳明与湛若水哲学之比较》，《中国哲学史》1998 年第 4 期。

第二，“致良知”说有以“知觉”为良知之嫌。湛若水说：“知觉非良知也，所谓养知非是只养他这一点灵觉知识，乃养其所知之实理。”[①] 在他看来，“知觉”非良知，“养知”也不是为了获得“灵觉知识”，而是要培养“实理”（即道德理性），体认天理。

湛若水又说：“知觉之理乃心之本体，而谓本体是天理，本自知觉，则彼凡有知觉运动之蠢然者皆天理，于是自堕于即心见性成佛之弊而不自知也。故良知之说最为难信者，此也。”[②] 这里，他重申了“知觉”本身不是良知，从知觉之理的角度方可言良知。湛若水谓“良知之说最为难信者”，乃指阳明的良知说易有混淆知觉与良知的弊病，故而“难信”。当然，湛氏此处对阳明的“良知”概念存在一定程度的误解（详见本文后面的分析）。

第三，“致良知”的修养工夫过于滞后。湛若水说：“今之所谓致良知者，待知得这一是非，便致将去，此所谓待发见之后，一端求充一端也。只一随处体认天理，扩充到尽处，即足保四海，即是高明广大之本体。”[③] 他认为，“致良知”说是在“待发见之后”才去致，“致良知”的修养工夫过于滞后。在湛若水看来，“致良知”说非儒者修养的终极工夫，而他自己的“随处体认天理”则无时不体认，无处不体认，如此的修养工夫，才是无所不至、无所不包、无时不在的极致工夫。但事实上，王阳明的“致良知”说兼知兼行，工夫论贯穿于“致良知”过程的始终，并不存在湛若水所指责的过于滞后的问题。

四 “勿忘勿助”之辩

湛、王之间亦就“勿忘勿助”问题展开过辩论。“勿忘勿助”一语来自《孟子·公孙丑上》：“必有事焉，而勿正，心勿忘，勿助长也。”其大意是，人无论何时都不可忘记道德实践之事，但又不能心急火燎，如果勉强自己急于求成，妄加作为，不以直养，反害其气。

湛若水与王阳明在“勿忘勿助”问题上存在一定的分歧。先看王阳明的主张。阳明说：“必有事焉者，只是时时去集义。若时时去用必有事的工

① 湛若水：《湛甘泉先生文集》卷八《新泉问辨录》，第 606 页。

② 湛若水：《湛甘泉先生文集》卷八《新泉问辨录》，第 606~607 页。

③ 《明儒学案》卷三十七《甘泉学案一》，第 902 页。

夫，而或有时间断，此便是忘了，即须勿忘；时时去用必有事的工夫，则或有时欲速求效，此便是助了，即须勿助。其工夫全在必有事焉上用，勿忘勿助只就其间提撕警觉而已。……集义只是致良知。说集义则一时未见头脑，说致良知即当下便有实地步可用工。”[①] 王阳明所看重的是“必有事”，而“必有事”在他看来就是集义，也即致良知，致良知（“必有事”）是一种根本的工夫，“勿忘勿助”仅能起到辅助的作用，若将致良知的工夫落到实处，便无须再谈“勿忘勿助”。反之，若悬空守着一个“勿忘勿助”，却不用功于“致良知”，则是本末倒置之举。

与王阳明不同，湛若水对“勿忘勿助”给予了高度的重视，他说：“天理在心，求则得之。夫子曰：‘我欲仁，斯仁至矣。’但求之自有方，勿忘勿助是也。千古惟有孟子发挥出来。”[②] 又说：“勿忘勿助，心之中正处，这时节，天理自见，天地万物一体之意自见。”[③] 湛若水类似的话头还有不少，此处不一一列举。在他看来，“勿忘勿助”乃是“心之中正”的理想状态，而且，只有做到“勿忘勿助”，才能体认到心之中正，而天理即是“吾心中正之本体”。

湛若水还认为，“勿忘勿助”是“定性之要”。他说：“水能润泽万物，即天理之流行、万变万化、弥纶参赞之功用也。水在，澄之以复其本性之清。心在，定之以尽其本性之善，忘助便是坏性之端，勿忘勿助便是定性之要。”[④] 也就是说，“忘”“助”使得本心本性暗而不彰，通过“勿忘勿助”的修养工夫，就能够呈现本心本性，并加以巩固。

湛若水进而对王阳明将“勿忘勿助”视为第二义、虚义的做法提出批评。他说：“惟求必有事焉，而以勿助勿忘为虚，阳明近有此说，见于《与聂文蔚侍御之书》，而不知勿正、勿忘勿助乃所有事之工夫也，求方圆者必于规矩，舍规矩则无方圆，舍勿忘勿助，则无所有事，而天理灭矣。”[⑤] 湛若水认为，“勿忘勿助”是“必有事”的工夫，抛开“勿忘勿助”，就无所谓“必有事”。对于湛若水来说，“勿忘勿助”是更为根本的工夫。

湛、王就“勿忘勿助”“必有事”的修养工夫论进行争辩，乃是立足于

---

① 王阳明：《传习录》中。

② 湛若水：《湛甘泉先生文集》卷八《新泉问辨录》，第 612 页。

③ 《明儒学案》卷三十七《甘泉学案一》，第 909 页。

④ 湛若水：《湛甘泉先生文集》卷九《新泉问辨续录》，第 616 页。

⑤ 湛若水：《湛甘泉先生文集》卷八《新泉问辨录》，第 608 页。

各自不同的哲学立场。在湛若水这里，其所求者乃是心之中正（即天理），而“忘、助皆非心之本体也”①，因而他特别突出“勿忘勿助”。王阳明倡导“致良知”说，他“在长期的实践活动中锻炼体悟出来的良知，是个无所不包的整体，它可以说就是精神活动本身。它包括理智、意志、情感及对自己精神活动的控制与调节。良知受道德理性的驱迫，它本有的道德情感时时显露，所以它‘必有事焉’。良知又受其调节机能的驱使时时注意勿间断，勿欲速求效，而使‘必有事焉’得以在雍容宽舒的心理状态下进行。它不求中正而自然中正，不强调随处而触处皆真”②。笔者认为，“必有事”与“勿忘勿助”是修养工夫的一体两面（两者是一正一反之说法，归宿乃是一致的），湛、王似乎不必过于纠缠于此问题。

五 结语

笔者认为，湛若水、王阳明学说最根本的歧异在于致思方式的不同。王阳明主张向内自省、反躬自求，而不太关注外向性的认知（当然，他有时也倡导内外一体之说）。在王阳明看来，如果不返求内心，向外追逐，则愈求愈远，反而不利于成就道德。这种突出本心、良知的做法虽然简约易行，可是却产生了漠视事物存在、忽略客观知识的弊病，因而遭到湛若水的批评。湛若水则主张兼顾内外，其学说既不同于程朱理学，也有异于陆王心学，从而表现出融摄并试图超越理学、心学的特色，恰如有的研究者所指出的那样，湛若水的哲学体系“是一个突破理学而又吸收理学，属于心学而又批评心学的心学综合体系”③。非但如此，湛若水还十分重视“气”这个范畴，并主张将“气”与“理”“心”“性”等贯通起来，倡导理气合一、性气合一、心气合一。他将“气”论融入心学体系之中，目的是要凸显客观性。

湛若水固然认为王阳明之学有“是内非外”之弊，王阳明也指责湛若水“求之于外”。应该说，外在性的认知确实不是成就道德的充分必要条件，即使是一个人的知识很多，甚至有关道德的知识也很多，也不能保证

① 湛若水：《湛甘泉先生文集》卷七《答聂文蔚侍御》，第573页。

② 张学智：《明代哲学史》，第71页。

③ 乔清举：《甘泉哲学体系及其后传研究》，《哲学研究》1994年第2期。

他在行动上就是一个道德完人。但是，知识对于道德无疑有所裨益。平日如果重视知识特别是道德知识的积累，事情发生之后才不会惊慌失措，才能做出正确的道德判断。杨泽波先生说："无论是证之于古代中国哲学，还是借鉴于现代西方哲学，无论是理论的考辨，还是实例的分析，都可以证明，学习和认知在成就道德过程中的作用是不容丝毫否认的，因此以朱子为代表的理学不仅在学理上有其合理性，在逻辑上也有其必然性。"① 从此角度来看，湛若水在坚持心学立场的同时，也部分地保留了朱熹学说重"智"的思想及对客观物理的探索精神，应有一定的价值。两人不同的思想倾向也影响到他们各自的后学。湛门后学多倡导"合一"论，主张兼顾内外；而王门后学则多突出本心、良知的主宰功能。正是有这些不同面向的存在，才使得明代心学思想发展异彩纷呈。

不过，湛若水在心物、格物、良知、"勿忘勿助"等问题上对王阳明心学的辩难均有不太合理之处。笔者在前文已做了一定的剖析，这里再以良知之辩为例略加以说明。湛氏认为阳明的良知说易有混淆知觉与良知之弊，但事实上并非如此。王阳明在阐释良知时，确实提到知觉或灵觉的概念，比如，他说："良知是天理之昭明灵觉处，故良知即是天理。"② 在王阳明看来，良知之所以为良知，就在于它随时知是知非，良知似乎表现为一种昭明灵觉或知觉。可是，王阳明没有将良知和知觉（灵觉）直接加以等同，他认为，良知不同于一般的知觉，因为一般的知觉不能知是知非，不能进行善恶的判断；而良知却能够知是知非。阳明所谓的良知"不仅指示我们何者为是何者为非，而且使我们'好'所是而'恶'所不是，它是道德意识与道德情感的统一"③。可见，湛若水对良知的理解与王阳明的立论宗旨有一定出入，相应的，他对阳明良知说的批驳也不足以令人信服，从而造成了一些不必要的辩难。

（作者：姚才刚，湖北大学哲学学院暨中华
文化发展湖北省协同创新中心教授；
李莉，湖北大学哲学学院研究生）

---

① 杨泽波：《牟宗三三系论的理论贡献及方法终结》，《中国哲学史》2006 年第 2 期。

② 王阳明：《传习录》中。

③ 陈来：《有无之境——王阳明哲学的精神》，人民出版社 1991 年版，第 167 页。

试论湛甘泉的哲学思想

何　静

湛甘泉在陈献章生前便获赠江门风月钓台，所悟“随处体认天理”大得陈氏赞赏：“日用间随处体认天理，着此一鞭，何患不到古人佳处也。”[①]湛甘泉也因之成为江门传人。

一　提出心具认识义、主宰义、万物存在之根据义

湛甘泉言：

> 心也者，体天地万物而不遗者也。……心无所不贯也。……心无所不包也。包与贯，实非二也，故心也者，包乎天地万物之外，而贯夫天地万物之中者也。……天地无内外，心亦无内外……故谓内为本心，而外天地万物以为心者，小之为心也甚矣。[②]

心是体察万物而没有遗漏的存在。心无所不贯，无所不包，包含和贯通是统一在一起的，因此心既包含着天地万物又贯通在天地万物之中。天地无内外之分，心亦无内外之别，故言胸腔内方寸之地才是心的是把心看得太小了。湛甘泉认为宇宙间任何事物都在主体的认识范围内，主体认识所指向的对象包天盖地，含纳万物。这也就是他的大心说。张载曾云：“大其心则能体天下之物，物有未体，则心为有外。世人之心，止于闻见之狭。圣

① 《陈献章集》，中华书局1987年点校本，第193页。

② 湛若水：《泉翁大全集》，台北中研院中国文哲研究所2017年点校本，第838页。

人尽性，不以见闻梏其心，其视天下无一物非我”①。即谓宏大人心就能体察天下万物；有一物未能体认，说明人心还未能含容万物。世人之心被局限于见闻之知，而圣人则能充分发扬自己的本心，他们看待天下，无一物不与我同体。可见湛甘泉的大心说也受到了张载的引导。湛甘泉还非常强调心的主宰调控：“随时随事，何莫非心?”“人心即宇宙，人心即两仪；两仪与宇宙，吾能握其机。”② 他甚至断言人心横亘古今，把心客观化，赋其超越义：“途之人之心，即禹之心；禹之心，即尧舜之心；总是一心，更无二心。……天地古今宇宙内，只同此一个心，岂有二乎?”③“一人之心即千万人之心，一时之心即千万世之心。”④ 最后其结论是心乃万物赖以存在的依据：“盖万事万变皆本于心”；“故心也者，万事万化之大原乎。”（同上）“宇宙内只是一个心”⑤。他还详说：“致中和，天地位，万物育，亦只是此心”⑥。“致中和，天地位，万物育”语出《中庸》，意即只要达致中和的境地，天地万物就各得其所，就生长发育了。本来《中庸》是在天人合一的框架内谈中和的，认为中和是天地万物位育的前提条件，是自然界的客观准则，因为天人合德，故世人也应用中求和，以参赞弼助天地万物之化育，但湛甘泉却把天地位万物育都归之于心之功。就这样，他所言的心不仅具认识义、主宰义，更是万物的存在根据（心本体）。

需指出的是，湛甘泉还主张气本论：“观天地间，只是一气”⑦；“宇宙内只是同一气”；“上下四方之宇，古今往来之宙。宇宙间只是一气充塞流行”⑧。又说：“故上下四方之宇，古今往来之宙，同一天地也，同一气也，同一心也。”⑨ 可见他是心、气二本论者。⑩ 当然在他这里，心和气并不矛

---

① 《张载集》，中华书局 1978 年点校本，第 24 页。

② 湛若水：《泉翁大全集》，台北中研院中国文哲研究所 2017 年点校本，第 263、1118 页。

③ 同上书，第 1640 页。

④ 湛若水：《格物通》卷十九《正心中》，《四库全书·子部·儒家类》，文渊阁本。

⑤ 湛若水：《泉翁大全集》，第 1273 页。

⑥ 同上书，第 1913 页。

⑦ 同上书，第 1695 页。

⑧ 湛若水：《甘泉先生续编大全》，台北中研院中国文哲研究所 2017 年点校本，第 1944、923 页。

⑨ 湛若水：《泉翁大全集》，第 740 页。

⑩ 蔡方鹿先生早就指出：“湛若水受张载气论的影响，把气纳入他的哲学体系之中，气具有独立存在的地位，表现出某种心气二元的哲学倾向。”见蔡方鹿《宋明理学心性论》，巴蜀书社 2009 年版，第 301 页。

盾，他“沿袭了中国古代把精神现象说成是源于精气的观点”[①] 并有发展，谓：“宇宙间一气而已。……自其精而神、虚灵知觉者谓之心”[②]；“气之精灵中正处即心”[③]。认为精而神、具虚灵知觉、中正特性的气才叫心。

二 倡导随处体认天理的工夫论

湛甘泉说圣学功夫“总而言之，不过只是随处体认天理”[④]，并解释道：“吾之所谓随处云者，随心、随意、随身、随家、随国、随天下，盖随其所寂所感时耳，一耳。”[⑤] 谓随处包括随处和随时，随处即处处，即随心随意随身随家随国随天下，也即从心意身到家国天下处处都可以体认天理；随时即时时，即随寂随感随动随静随有事随无事，也即无论是寂时感时动时静时有事时无事时，时时都可以体认天理，一句话，体认天理不受时空的限制。他还表明为何不提“随事”而说“随处”的缘故：“若云随事，恐有逐外之病也。”[⑥] 是怕被分心、事为二的人们误认为“逐外”。本来在其理论体系里，事不离心，万事离不开心的管摄，即便“随事”也不存在逐外之病。湛甘泉的体认天理也即格物、造道之义，他曰：“体认天理即格物也。”“格物者，即至其理也。”“格者至也，‘格于文祖’、‘有苗格’之格。物者，天理也，即‘言有物’、‘舜明于庶物’之物，即道也。格即造诣之义，格物者即造道也。”[⑦] 解“格”字为至（造诣），解“物”为天理，可见他的体认天理、格物、造道也即至其理、达到道、把握道和理的意思。

那么具体如何体认天理呢？湛甘泉说要“察之于感应”，求心体之中正。他认为人与天地万物都存在着感应，而义理就存在于意心身对家国天下事的感应中，所谓“天地之间，一感一应而已。阴阳之屈伸，万物之往来，人事之酬酢，感与应而已矣”；“意心身感应家国天下之事，而理义出焉”[⑧]。当然天理的真正呈现还有待于心体的中正、公正无偏倚。湛甘泉的

---

① 张立文主编《心》，中国人民大学出版社 1993 年版，第 244 页。

② 湛若水：《泉翁大全集》，第 50 页。

③ 湛若水：《甘泉先生续编大全》，第 823 页。

④ 湛若水：《泉翁大全集》，第 840 页。

⑤ 同上书，第 259 页。

⑥ 湛若水：《泉翁大全集》，第 1694 页。

⑦ 同上书，第 255、253、243 页。

⑧ 同上书，第 31、1724 页。

天理主要指人伦规范，也包括自然物理，在他看来，即便是客观存在的物理也是“存诸心耳。……在心为理”[①]，也需心存得中正时以见之。他强调：

> 心中正时，天理自见。难见者，在于心上工夫未中正也。[②]
>
> 用中、择中庸与允执厥中，皆在心上，若外心性，何处讨中？事至物来，斟酌调停者谁耶？事物又不曾带得中来。[③]
>
> 惟调停节度，则随动随静，无非中正，天理自见。[④]

提出心体中正时天理自然会呈现，客观事物本身不会带着中来，中正工夫皆在心上做，心之中正状态需要主体意识的斟酌度量。湛甘泉的上述思想直接源自陈献章。后者曾说在感应中通过中道求得万理：“六经尽在虚无里，万理都归感应中。若向此边参得透，始知吾学是中庸。”[⑤] 又言：“天地之理，非他，即吾心中正而纯粹精焉者也。”“夫天下之理，至于中而止矣。中无定体，随时处宜，极吾心之安焉耳。”[⑥] 陈献章所说的理已非纯客观，而是经过整理的、处置得宜的、让人心安的中庸之道。湛甘泉承之，其所言的天理也是经过体贴调停致中庸的结果，也打上了主体道德意志的烙印。

那么如何得心之中正之体？湛甘泉主张“勿忘勿助”。其勿忘勿助甚有渊源。孟子发明勿忘勿助，认为养浩然之气不能间断，也不能揠苗助长。程颢曰“‘必有事焉而勿正，心勿忘，勿助长’，未尝致纤毫之力，此其存之之道”；“勿忘勿助长之间，正当处也”[⑦]。谓存养仁道不要忘失，也无须急迫或用力把持，优柔厌饫就行。此外，湛甘泉还受到其师的直接点拨，陈献章曾谈到以勿忘勿助体悟道体：“终始一意，不厌不倦，优游厌饫，勿助勿忘，气象将日进，造诣将日深。所谓‘知近而神’，‘百姓日用而不知’者，始自此迸出体面来也。”[⑧] 还说：“色色信他本来，何用尔脚劳手攘？舞雩三三两两，正在勿忘勿助之间。曾点些儿活计，被孟子

---

① 湛若水：《泉翁大全集》，第120页。
② 同上书，第1640~1641页。
③ 同上书，第1633页。
④ 同上书，第1832页。
⑤ 《陈献章集》，中华书局1987年版，第644页。
⑥ 同上书，第942、125页。
⑦ 程颢、程颐：《二程集》，中华书局1981年点校本，第17、62页。
⑧ 《陈献章集》，第975页。

一口打拼出来，便都是鸢飞鱼跃。若无孟子工夫，骤而语之，以曾点见趣，一似说梦。”① 在陈献章，勿忘勿助是得道的工夫，也是浴沂舞雩的境界，但在湛甘泉更多的是把勿忘勿助视作求中求理的一种方法，故其言：“滞于物、胜于事，皆忘也；矜持、欲速皆助也。”“忘则不及，助则太过。其间乃中正矣，中正者心之本体也。”“勿忘勿助，心之中正处，这时节天理自见。”②

三 宣讲中道

湛甘泉推崇中道，和传统儒家一样，也认为中道是古代圣贤世代相传的心法至宝。他在《中者天下之大本论》和《孔门传授心法论》等著述中皆提到中道的源远流长，诸如尧有“允执厥中”，舜有“精一执中”，成汤曰“建中”，文、武、周公亦曰“建极”（极即中），孔子言中庸，子思写《中庸》，程颐说“不偏之谓中”，恩师陈献章更是耳提面命要其关注中。他还提及《尚书·洪范》的不作好恶、无偏无党、无反无侧和孔子的“四毋”是其中正之道的源泉。

关于中，朱熹言：“中者，不偏不倚、无过不及之名。”③ “‘中庸’之‘中’，是指那无过、不及底说。……中只是个恰好道理。”④ 中在传统儒学里一般就是无过无不及、恰到好处、适度、合理、公正的意思。湛甘泉对中的创新在于，第一，认为中就是使无和有、形上和形下、动和静、知和行等范畴结合得恰到好处。他借颂扬子思表达己意：“为虚无寂灭者，高天下之中于无者也；为权谋术数、记诵辞章者，卑天下之中于有者也。故其言中也，必放诸天下之有，使知吾之所谓中，非沦于无也；其言天下之故也，必本诸无形之中，使知吾之所谓理，非滞于有也。”⑤ 针对提倡虚无寂灭者越过中而陷于无、热衷权谋术数、记诵辞章者不及中而沦于有的情形，子思说中一定跟有结合在一起，使人知道所谓的中不沉沦于无；又说天下之理一定本之于无形，使人知道所谓的理不滞着于有。湛甘泉赞许子思对无和有、形上和形下所做的有机统一，并且提出：“中非有形也，以中而名

① 《陈献章集》，中华书局1987年点校本，第217页。
② 湛若水：《泉翁大全集》，第116、127、1723页。
③ 《朱子全书》第六册，上海古籍出版社、安徽教育出版社2002年版，第32页。
④ 黎靖德编《朱子语类》，中华书局1994年版，第840页。
⑤ 湛若水：《泉翁大全集》，第866页。

其不偏也”[①]，中即是形容不偏倚而已。他还言：“动静合一，此是中道。”[②]关于知行，湛甘泉曰：“曷二焉？舜好察也而用中，颜子服膺也而择中庸，孰偏而知？孰偏而仁？不兼尽不足以为舜、颜。”[③]认为虞舜和颜渊都身体力行中庸，因此他们在知行观上也是不偏不倚、二者兼顾的。湛甘泉以此来说明中也是知行的有机结合。显然其继承了《中庸》不偏不倚的方法论。

第二，提出中道救偏说，试图以中正之道救治有失偏颇的学风。湛甘泉认为当时的学风大偏，宗虚无寂灭者、尚权谋术数者和崇记诵辞章者都偏执一端，背离中道；朱子学或陆学的辩护者也是“或失则外，或失则内，或失则上，或失则下”[④]，他们要么沉湎外格物理，要么热衷“发明本心”；要么是尊德性的工夫有缺，要么是道问学的工夫粗疏。因此湛甘泉感叹：“譬如四方之人欲适中都，南方之人自南驰，北方之人自北驰，西方、东方之人，自西东其驰，是之谓背驰，其能至中都乎？否也。今之学者，其病类此，故穷年卒岁，止成就其偏而已。”[⑤]好比四方之人想到中央的都城，应各从东南西北向中都驰行。倘若背道而驰，肯定到不了中都。然现在学者的弊病就类似于此，故一年到头，只是成就其偏颇而已。为此湛甘泉大倡中正之道是救偏之极致，个中他又强调不能以偏治偏：“中道而立，能者从之，不可随人救偏，救得东边，西边又偏，救西边亦然，不若只与中立。……故立教不可稍有救偏之术，救一偏是又起一偏也，为中正乃救偏之极致。”[⑥]他指出：“圣人之道，大中也；圣人之教，救偏者也。学莫贵乎各去其偏，自至乎中而止尔。”[⑦]就是说圣人之道是大中至正的，圣人的教化是用来拯救偏失的。为学没有比各自去掉偏执更重要的了，人应达至中道而后已。

四　提倡合一之学

因为推崇中道，反对支离偏颇，所以湛甘泉又推出合一之学，称合一说是其学道五十年的精要之所在：“甘泉子五十年学圣人之道，于支离之

① 湛若水：《泉翁大全集》，第866~867页。
② 同上书，第1798页。
③ 同上书，第126页。
④ 同上书，第486页。
⑤ 同上书，第224页。
⑥ 湛若水：《泉翁大全集》，第1702页。
⑦ 同上书，第223~224页。

余，而得合一之要"[①]。他指出当时的世风和学风偏离了中道，他在《二业合一训》中说，古代学者本于一，而当今学者出于二，二就是支离，这支离之弊存在得太久了。如若文武分二则天下就没有全才了；如若才干德行分二则天下便无完人了；如若体用分二则天下就没有知晓道的了；如若知行、动静分二则天下就没有善学之士了；如若德业举业分二则天下的支离就太严重了……故自从支离之说兴起，儒学就被败坏了，于是天理之说也几乎湮没无闻了。湛甘泉指陈当时朱子和陆子的后学俱有支离之弊，"或偏则外，或偏则内，二之皆支离也。……偏外故忘本，忘本则迹；偏内故恶物，恶物则寂。"[②] 他说朱子后学会因偏外而导致忘本，流于现象；陆子后学会因偏内而导致厌恶外物，走向虚寂。他还特别警示陆王学者："人知偏外者之支离矣，而未知偏内者之为支离矣。""是内而非外也，重心而略事也，犹然不悟，反谓立本，误矣。"[③] 偏内者也即是内非外者注重本心而简略事为，对此他们不仅不觉悟，反而说是在树立根本，湛甘泉认为这是错的。在给王阳明的信中，他提醒老友注意是内非外的支离之病："夫所谓支离者，二之之谓也，非徒逐外而忘内，谓之支离，是内而非外者亦谓之支离，过犹不及耳。"[④] 直言逐外忘内、是内非外都属支离，俱偏离了中正之道。总之，合一说是湛甘泉的救世之方，被其认作是根治支离的学风和世风的良药。

湛甘泉说："君子之学，内外合一，动静合几，体用合原，物我合体。""学者必内外、本末、心事之合一也，乃为孔孟之正脉。"[⑤] 其合一说就是要合一体用、本末、知行、动静、内外、心事、物我等。

湛甘泉的合一体用也即合一理气、道器、形上形下。关于体用显微，程颐云："至微者理也，至著者象也。体用一源，显微无间。"认为微不可见的是理体，著象分明的事相是其外现，理体和事相是体用一源的关系，彼此间相互统一。湛甘泉借鉴之，曰：

> 学无难易，要在察见天理……若于夫子"川上"之叹，子思"鸢

① 湛若水：《泉翁大全集》，第 92 页。

② 同上书，第 92 页。

③ 同上书，第 92、79 页。

④ 同上书，第 239 页。

⑤ 同上书，第 92、79 页。

> 鱼”之说；及《易》“大人者，与天地合其德，与日月合其明，与四时合其序，与鬼神合其吉凶，先天而天弗违，后天而奉天时”等处见之。若非一理同体，何以云然？……知此者谓之知道，是皆发见于日用事物之间。①
>
> “形而上者谓之道，形而下者谓之器。”器即气也，气有形，故曰“形而下”。及其适中焉即道也，夫中何形矣？故曰“形而上”。上下一体也。②
>
> 气得其中正焉，理也。③
>
> 虽鸢鱼川上，其理何曾睹闻？不可睹闻，无声无臭者，道之体也，所谓形而上者也；鸢鱼川上者，道之用，流行可见，与道为体者也，形而下者也。④

他提出孔子在川上叹喟的逝水、子思引《诗经》的“鸢飞戾天，鱼跃于渊”、《周易》曰大人与天地合德、与日月合明、与四时合序等现象均是道体、理的呈现，世上万象包括自然事物和人伦准则等皆是道（理）之发用。他赞同《周易》所言的“形而上者谓之道，形而下者谓之器”，认为器就是气，气有形，故曰形而下；气之中正者即是道（理），中正之道无形，故曰形而上。形上形下合为一体。他又举例说明形下之器（气）都是形上之道（理）的外现。像鸢飞鱼跃逝水，其道（理）是不可睹闻、无声无臭的，故叫形而上者；鸢飞鱼跃逝水，活泼泼地，生机盎然，可以睹见，故曰形而下者。综上所述，湛甘泉认为体（道、理、形上）与用（器、气、形下）是显微无间的、合一的。

湛甘泉还提出德业举业是本末一体、相互依存渗透促进的合一关系。在其生活的年代，人们普遍地分德业举业为二，认举业为德业之累，就连陈献章晚年也绝意仕宦，把二者截然对立起来。湛甘泉说：“吾独忧夫学者之堕于一偏也，于举业焉而立命。”⑤ 他只是忧虑学者把德业举业分二且堕于一偏，视举业为己之安身立命处。出于儒者强烈的担当精神，他倡议合

---

① 湛若水：《泉翁大全集》，第216~217页。
② 同上书，第49页。
③ 同上书，第3页。
④ 同上书，第1661页。
⑤ 同上书，第79页。

一德业举业，以德业引领举业，理由有四：其一，德业举业是本末关系。他说："志本也，业末也，本末一以贯之，其合一之道乎！……举业也者，花实之类也，在培其根，本末一贯也。""吾惟欲人读书焉、作文焉，不失本体，就根本之中，发其枝叶耳。"[①] 认为举业如同花果之类，需要培育其根本，做到贯通根本和枝叶。他以德业为举业之根本，以举业为德业之发用，提出立足根本，发其枝叶。其二，德业有助于举业。"志于德业，则读书也精，涵养也熟，于义理也明；故其辞畅，其指达，其发于文，皆吾自得之实事，比之掇拾补缀而不由一本一气者，大径庭矣。故圣学反有大助于举业，何相妨之患?"[②] 有志于德业的，就会读书也精通，涵养也到位，义理也明了；因此其言辞顺畅，其表达明晰，其文章皆是自得之事，这比那些东拼西凑而不是本于内心、一气呵成的，就大不相同了。因此德业大有助于举业。他还现身说法，自己二十七岁中举，曾弃举子业行德业十三年，及至乙丑春闱，文思泉涌，若有神助，遂得以入选翰林院庶吉士。因此有人说他：脱离举业而涵养德性尚能高中，若保存涵养的同时不弃举业的话，那么科举成绩就更可观了。其三，为德业者习举业者皆读圣贤书，只要志在圣贤，举业就可化为德业："今夫修德业者从事于古训也，为举业者亦从事于古训也，是其业一也。世之学者以为不同，非也。盖系乎志，不系乎业也。故不易业而可以进于圣贤之道者，举业是也"。现在修德业的和习举业的都从事于古训，故这二者所从事的业是一致的。关键是看人们的志向，只要志在圣贤，就可以即举业即圣贤之道。其四，舍举业无以立德业："夫离业而立德焉，自孔孟以来未之前闻也。业之不成也何怪乎！非徒业之不成也，舍业则无以立德耳矣"；"学者不可外举业焉，外举业焉，是外物也已。安有外物而可以为道乎?"[③] 意谓自孔孟以来从未听说过有离开事业而建立德业的人。离开德业事业不能成功，舍弃事业德业也无从建立。学者不能脱离举业，否则便是脱离具体事物，而道不离物，怎么会有脱离具体事物的道呢?

湛甘泉以为知行也是相互依存和促进的合一关系。他指出知行两者"孰或离之？孰或混之？并行而不悖。""知者行之几，行者知之实。……然

① 湛若水：《泉翁大全集》，第84~85、79页。

② 同上书，第76页。

③ 同上书，第78页。

而知行并进也夫。……是故离知而行，非圣人之行；离行而知，非圣人之知。"① 提出知行不能分离，也不可混同，知是行的念头、主意，行是知的实现，二者相互依存，相互促进。另外，湛甘泉认为儒家的各种修养工夫也是应该整合起来的关系，在给徐爱的信中他指出："学者之病，全在三截两截，不成片段，静坐时自静坐，读书时又自读书，酬应时又自酬应，如人身血气不通，安得长进?"② 反对把儒家所言的工夫分成两截三截，以为不能静坐时只管静坐，读书时又只管读书，应酬时又只管应酬，而应把儒家的这些工夫全都打并为一。

"随处体认天理"也体现了湛甘泉合一的智慧。首先，湛甘泉真正地合心之体用、未发已发、动静为一体，从而克服了程朱在心性论上的分离之弊。程颐曾以未发、静（寂然不动）为心之体，以已发、动（感而遂通）为心之用。朱熹于乾道五年"乙丑中和之悟"后提出心统性情说，主张心兼体用、动静、未发已发。他以性为心之体，代表静、未发，以情为心之用，代表动、已发。并说："是其一体一用虽有动静之殊，然必其体立而后用有以行。"③ 可见言心统摄体用、动静、未发已发的程朱那里，体与用、动与静、未发与已发之间不仅存在形上形下之别，还有着时间先后之分。湛甘泉指出：

> 明道看喜怒哀乐未发前作何气象，延平默坐澄心体认天理，象山在人情事变上用工夫，三先生之言，各有所为而发，合而观之，合一用功乃尽也。吾所谓体认者，非分未发已发，非分动静。所谓随处体认天理者，随未发已发，随动随静。盖动静皆吾心之本体，体用一原故也。……若谓静未发为本体，而外已发而动以为言，恐亦有岐而二之之弊也。④

认为应把程颢的重未发、李侗的重静坐和陆九渊的重已发结合起来，才是完整的体认天理之工夫。其所谓的"随处体认天理"收摄未发已发和动静，

① 湛若水：《泉翁大全集》，第 20、17 页。

② 同上书，第 218 页。

③ 《朱子全书》第六册，上海古籍出版社、安徽教育出版社 2002 年编校本，第 33 页。

④ 湛若水：《泉翁大全集》，第 263~264 页。

强调未发已发和动静皆是心之本然状，体用不二，像程朱谓静、未发为心之体，动、已发为心之用的思想恐有二分之弊。

湛甘泉合一动静有其特殊意义。陈献章说静坐中养端倪，把静坐作为主要的悟道方式，湛甘泉则对其师的观点作了重大的修正，他说："静坐久隐然见吾心之体者，盖先生为初学言之，其实何有动静之间！……随处体认天理，自初学以上皆然，不分先后。居处恭、执事敬、与人忠，即随处体认之功，连静坐亦在内矣。"① 认为陈献章说静坐见心体是为初学者言，而"随处体认天理"是为所有的人立言，它统摄动静，含静坐。实际上，湛甘泉对静坐是颇为排斥的：

> 静坐，程门有此传授，伊川见人静坐，便叹其善学，然此不是常理。日往月来、一寒一暑，都是自然常理流行，岂分动静难易？若不察见天理，随他入关入定，三年九年，与天理何干？若见得天理，则耕田凿井、百官万物、金革百万之众，也只是自然天理流行。孔门之教，居处恭、执事敬、与人忠……无事时不得不居处恭，即是静坐也；执事与人时，如何只要静坐？使此教大行，则天下皆静坐，如之何其可也！②
>
> 古之论学未有以静为言者，以静为言者皆禅也。故孔门之教，皆欲事上求仁，动静着力，何者？静不可以致力，才致力即已非静矣。③

湛甘泉说二程所传授、所赞许的静坐非常道，自然界寒来暑往，人事上才一致力就是动，因此自然界和社会生活无静可言。并且天理不关静坐，若不察见天理，即使闭关禅定静坐三五九年也与天理无关；若见得天理，则百事劳作也仍是天理流行。他还指陈若整个社会皆静坐"如之何其可也"，斥"以静为言者皆禅"。

其次，"随处体认天理"还一内外、兼心事、贯知行，融各种修养工夫为一体。湛甘泉合内外心事："圣人之学须心事合一，二之则不是。治身治家治国天下，无非心事合一"；"近而心身，远而天下，暂而一日，久而一

---

① 湛若水：《泉翁大全集》，第 1696 页。

② 同上书，第 1660 页。

③ 同上书，第 225 页。

世，只是格物一事而已”；“意心身家国天下，都在格物至其理上作一段工夫用，则心不落于空虚，而事不流于用智，都是一团天理，自然意诚、心正、身修、家齐、国治、天下平，所谓一了百了也。”[①] 他还合一知行，整合各种工夫：“体认兼知行也”[②]，即说随时体认天理包含所有的知行工夫。他言：“知行不可离，又不可混。……《中庸》必先学、问、思、辨而后笃行。《论语》先博文而后约礼。《孟子》知性而后养性，始条理者知之事，终条理者圣之事。程子知所有而养所有，先识仁而以诚敬存之。”[③] 湛甘泉征之儒家的圣贤和经典，视学问思辨、博文、知性、始条理者、识仁等为知，约礼、养性、终条理者、存仁等为行，可见其知行工夫几乎囊括儒门的修养论。综观上述，湛甘泉把儒门的工夫包括《中庸》的学问思辨行和《大学》的诚正修齐治平等来了个大融合，认为它们皆是体认天理的一整套工夫。

（作者：宁波大学马克思主义学院教授）

① 湛若水：《泉翁大全集》，第 1703、247、1679 页。

② 同上书，第 261 页。

③ 同上书，第 236 页。

论陈白沙的家训家教思想

刘兴邦

习近平同志在会见第一届全国文明家庭代表时的讲话中指出："中华民族历来重视家庭。正所谓'天下之本在家'。尊老爱幼、妻贤夫安，母慈子孝、兄友弟恭，耕读传家、勤俭持家，知书达礼、遵纪守法，家和万事兴等中华民族传统家庭美德，铭记在中国人的心灵中，融入中国人的血脉中，是支撑中华民族生生不息、薪火相传的重要精神力量，是家庭文明建设的宝贵精神财富。"优良家训、家教、家风是中华民族传统的家庭美德，是中华优秀传统文化的重要组成部分。陈白沙是明代岭南心学的开创者，他创立江门学派，建构岭南心学思想体系，实现了明代理学向心学的创造性转化和明代心学的创新性发展。同时，陈白沙也是中国传统家训、家教、家风思想的继承者和弘扬者，他撰写了《示儿》（六首）、《诫子弟》、《诫懒文》等家训、家教的文章，形成了较为系统的家训、家教思想。陈白沙的家训、家教思想是当代中国家训、家教思想建设的宝贵精神财富和思想资源。

一

陈白沙继承和发扬了中国传统优良的家训、家教、家风思想，不仅形成了独具特色的家训、家教、家风思想，而且践行中华民族优良的家训、家教、家风，成了岭南历史上著名的大孝子。陈白沙家训、家教、家风思想的核心内容是孝、悌、忠、信、勤、俭。陈白沙把孝、悌放在家训、家教、家风思想的首位。"夫孝，百行之源也，通于神明，光于四海。尧舜，大圣也，孟子称之曰'孝弟'而已矣。故君子莫大乎爱亲"。[1] 孝、悌是中

① 《望云图诗序》，《陈献章集》第17页。

华传统美德的根本，是家训、家教思想的核心，是良好家风的具体表现。孝的核心内容是爱亲，即尊敬、热爱父母。“有道于此，匪难匪易。能者谓贤，不能者耻。母疾子侍，弟扶兄醉。尧舜之道，孝弟而已”。[①] 作为良好家风之一的孝、悌，它的内容是什么？陈白沙回答说，孝就是“母疾子侍”。这是说，母亲生病了，儿子要好好地侍候、照顾母亲。悌就是“弟扶兄醉”。这是说，弟弟和哥哥一起喝酒，哥哥喝醉了，弟弟要好好扶持、照顾哥哥。陈白沙认为儿子能够做到“母疾子侍”，孝敬父母。弟弟能够做到“弟扶兄醉”，顺从哥哥，他们就是贤德之人。如果儿子不能做到“母疾子侍”，孝敬父母亲，弟弟不能做到“弟扶兄醉”，顺从哥哥，他们就是可耻之人。“有道于此，匪难匪易。能者谓贤，不能者耻。”

中国传统的孝是指孝敬父母双亲，陈白沙把孝仅仅理解为“母疾子侍”，也就是孝敬母亲，这不是指陈白沙不孝敬父亲，它与陈白沙的特殊人生经历分不开。陈白沙是遗腹子，陈白沙的父亲在陈白沙出生前的一个月就去世了，陈白沙在寡母的抚育下长大成人。陈白沙年少时体弱多病，他母亲为了把他抚养成人，付出了比一般的母亲更多的艰辛和劳累。因而陈白沙对母亲的孝心，比起一般儿子对母亲的孝心要真切厚重得多，陈白沙对中国传统孝道的理解，比平常人对中国传统孝道的理解要深刻得多。陈白沙在给明代宪宗皇帝的上疏中，对自己特殊的人生经历作了详细的介绍。“缘臣父陈琮年二十七而弃养，臣母二十四而寡居，臣遗腹之子也。方臣幼时，无岁不病，至于九岁，以乳代哺，非母之仁，臣委于沟壑久矣。臣生五十六年，臣母七十有九，视臣之衰如在襁褓。天下母子之爱虽一，未有如臣母忧臣之至，念臣之深者也。”[②] 陈白沙的父亲陈琮 27 岁就去世了，陈白沙是以遗腹子的身份来到人世的，当时他的母亲才 24 岁。为了把陈白沙抚养成人，陈白沙的母亲终生未曾改嫁，后来被朝廷授予贞节牌坊。陈白沙年少时体弱多病，直到 9 岁还以母乳作主食。如果不是母亲的仁爱，陈白沙不可能长大成人。陈白沙 56 岁时，他的母亲还把他作为小孩来看待，母子之情何等深厚。这种特殊的人生经历是陈白沙把孝归结为“母疾子侍”的直接原因。当然，陈白沙对母亲的孝敬不仅仅指“母疾子侍”，母亲生病了儿子才去侍候、照顾，它还包括平时对母亲的衣、食、住、行等日常生

① 《处士李君墓志铭》，《陈献章集》第 17 页。

② 《乞终养疏》，《陈献章集》第 2 页。

活的照料、赡养。只是母亲生病时，儿子对母亲的侍候、照顾显得更为重要，更有意义。陈白沙是这样想的，也是这样做的。陈白沙 55 岁时因朝廷诏见北上京城，他准备接受朝廷的任命为国家、为百姓服务。陈白沙进京城时，准备带母亲一同进京城，以便更好地侍候、赡养母亲。同时也让母亲出出远门，看看祖国美丽的大好河山，以表达陈白沙对母亲的孝心。由于陈白沙母亲年近 80 岁，加上他哥哥不同意，陈白沙的愿望未能实现。由于路途遥远，加上陈白沙身体虚弱，陈白沙到京之后就病了。此时在家的母亲因思念陈白沙也病了，并急切盼望他回家母子团聚。陈白沙得知母亲生病的消息，心急如焚，恨不得马上回到母亲身边照顾母亲。“得男陈景阳书，报臣母别臣以来，忧念成疾，寒热迭作，痰气交攻，待臣南归，以日为岁。臣病中得此，魂神飞丧，仰思君命，俯念亲情，辗转郁结，终夜不寐。”① 此时，陈白沙立即上疏明宪宗皇帝，表示宁愿不接受朝廷的任命，也要马上回家侍候母亲。陈白沙的《乞终养疏》感动了宪宗皇帝。宪宗皇帝反复阅读，最终同意陈白沙回乡侍奉母亲，并要求陈白沙侍奉母亲终其天年之后再出来做官，同时授予陈白沙为翰林院检讨。“（白沙）上疏，略曰：‘臣母以贫贱早寡，俯仰无聊，殷忧成疾，老而弥剧。使臣远客异乡，臣母之忧臣日甚，愈忧愈病，愈病愈忧，忧病相仍，理难长久。臣又以病忧老母，年未暮而气已衰，心有为而力不逮。夫内无攻心之病，则外不见从事之难，上有至仁之君，则下多曲全之士。愿乞养病终养。’疏上，宪宗皇帝亲阅者再三，明日授翰林院检讨，俾亲终病愈，仍来供职。”② 陈白沙的孝心感动了皇帝，这在当时是极为罕见的。

“母疾子侍”是指日常生活上侍候、照顾母亲，但它只是陈白沙孝的外在表现，绝不能把陈白沙的孝仅仅归结为“母疾子侍”。陈白沙的孝更表现在情感深处对父母的孝心。陈白沙认为，儿子内心对父母的孝心比“母疾子侍”，日常生活上侍候、照顾母亲的孝的行为更为重要、更有价值。相传明代新会县城门上有一副陈白沙撰写的对联，其文为：“万恶淫为首，论事不论心；百行孝为先，论心不论事。”这副对联的大意是：所有的邪恶中，最邪恶的事是奸淫，评价邪恶的标准是邪恶的事实，不只是邪恶的思想；所有善良的行为中，最善良的行为是孝的行为，评价孝的标准却是内在的

① 《乞终养疏》，《陈献章集》第 2 页。

② 《白沙先生行状》，《陈献章集》第 871 页。

孝心，不只是外在的孝的行为。因此，陈白沙认为，最大的孝不只是赡养父母的外在行为，而是内心的孝敬之心。“君子之事亲也，尽其在我者，不必其在人者，苟吾之所为不畔乎道，不衍乎义，则其为孝也大矣，禄之失得弗计也。”[①] 人们孝敬父母，在于充分发扬自己内在的孝心，不在于模仿别人孝敬父母外在的做法。只要不违背道义、不违背良心就是最大的孝，物质生活的照顾、赡养是次要的。在陈白沙看来，人的内在的孝心是人的真实情感，是人与生俱来的自然本性，它不因环境的变化而变化，也不因人的人生经历、社会地位的变化而变化。不管是普通人，还是圣人，其内在的孝心是一样的。“爱亲，人子之至情也，不待教而能，不因物而迁，人之异于圣人也，岂相悬绝若是邪?”[②] 一个儿子如果没有孝敬父母的内在孝心，那就不是合格的儿子。“抑闻之，子不私于亲，非子也。”[③] 陈白沙认为，如果一个人只是在物质生活上照顾、赡养父母，父母健在的时候，让父母吃好、穿好、住好。父母去世后，使父母享有各种封号和名誉，而内在情感上没有孝敬之心，这个人不是真正的孝子。“其所称孝，非常所称。常所称者，丰其养，厚其葬，生之封，死之赠而已耳。”[④] 陈白沙认为，父母健在的时候，让父母吃好、穿好、住好。父母去世后，使父母享有各种封号和名誉，这只是一般意义上的孝，不是真正意义上的孝。在物质生活上赡养父母叫作养，不叫作孝。因为在物质生活上赡养父母，不仅人能做到，动物也能做到。只有在情感上、思想上尊敬父母，使父母身心愉快、心情舒畅，那才是对父母最大的孝。陈白沙关于孝的理解与中国古代思想家孔子的理解是一致的。“子曰：‘今之孝者，是谓能养。至于犬马，皆能有养；不敬，何以别乎?’”[⑤] 孔子认为，在对待同类的关系上，人与动物是没有区别的，因为动物也能抚养同类。人与动物的区别不是养，而是敬。动物对同类没有孝敬之心。人不但能赡养自己的父母，而且对父母具有尊敬之心，这颗尊敬之心就是孝心。陈白沙把这颗孝心根植在自己的心灵中，溶化在自己的血脉中。

陈白沙不但细心周到地照顾母亲的日常生活，而且内心深处充满对母

---

① 《与丘苏州》，《陈献章集》第 200~201 页。

② 《永慕堂记》，《陈献章集》第 44 页。

③ 《与陈进士时周》，《陈献章集》第 194 页。

④ 《风木图记》，《陈献章集》第 48 页。

⑤ 《为政》，《论语今读》第 56 页。

亲的爱，对母亲的孝心。陈白沙的父亲陈琮英年早逝，他的母亲林化 24 岁守寡，难免心中苦闷和空虚。为了弥补心灵的空虚，她信奉佛教，求神拜佛。陈白沙作为儒家学者，他不信佛，而且对佛教有所批判。“自古真儒皆辟佛，而今怪鬼亦依人。蚁蜂自识君臣义，豺虎犹闻父子亲。”① 陈白沙批判佛教不识君臣之义，不忠；不识父子之亲，不孝。但陈白沙却非常理解母亲的心意，对于母亲信佛，他不但没有反对，而且能顺从母亲的心愿，每当母亲求神拜佛时，陈白沙总是积极支持、配合。“太夫人颇信浮屠法，及病命以佛事祷，先生从之。”② 陈白沙支持、配合母亲信佛，是为了满足母亲的心愿，表达自己对母亲的孝心。更有甚者，陈白沙一生体弱多病，特别是晚年的陈白沙，身体状况恶化，而陈白沙母亲的身体却非常健康。陈白沙担心自己死在母亲去世之前，不能尽到自己养老送终、使母亲终其天年的孝心。因此，陈白沙在母亲年过 70 岁以后，他每天晚上沐浴更衣，向上天祈祷，祈求上天保佑自己，使自己在母亲去世之后才死去，以尽自己养老送终之孝心。“太夫人老耋，康强如壮，先生以古稀年顾多病，常虑一旦身先朝露，不能送太夫人终。故自太夫人七十年之后也，每夕具衣冠秉烛焚香，露祷于天曰：‘愿某后母死’。”③ 也许是上天有灵，帮助陈白沙实现了心愿，成全了陈白沙的孝心，使陈白沙在年近 70 岁时送走了 90 多岁的母亲。同时，陈白沙在母亲去世后，再也不穿比较鲜亮的锦缎制作的衣服。陈白沙说，他在母亲去世前穿比较鲜亮的锦缎制作的衣服，是为了让母亲高兴。“后丧太夫人，服阕绝不衣锦绣，曰：‘向者为亲娱耳’。”④ 悌也是陈白沙家风的重要内容，悌就是顺从哥哥。陈白沙兄弟二人，哥哥名叫陈献文，长陈白沙 4 岁。陈白沙的家庭是传统的耕读之家，陈白沙自幼读书，哥哥陈献文则种田、操持家务，没有多少文化。由于陈白沙父亲早逝，陈白沙对哥哥就像对待父亲一样，他十分尊敬哥哥，顺从哥哥。每当陈白沙与哥哥坐在一起时，他总让哥哥坐在正位，他自己坐在哥哥的旁边陪伴哥哥。“事伯兄如父，坐必隅坐。”⑤ 陈白沙顺从、尊敬哥哥，使陈白沙家庭和睦、团结。陈白沙的孝、悌家风不仅在当时产生了积极的影响，使陈白

---

① 《答陈秉常询儒佛异同》，《陈献章集》第 55 页。

② 《白沙先生行状》，《陈献章集》第 873 页。

③ 《白沙先生行状》，《陈献章集》第 873~874 页。

④ 《白沙先生行状》，《陈献章集》第 874 页。

⑤ 《白沙先生行状》，《陈献章集》第 874 页。

沙成了岭南著名的大孝子。陈白沙的孝、悌家风也是当今社会家庭和睦、社会和谐、国家和顺的宝贵精神财富。

二

勤奋、节俭是陈白沙的优良家风。勤就是勤奋、勤快、勤劳，它与懒、惰相对。勤包含勤奋不懈地学习、思考、工作。俭就是节俭、节省，它与浪费、奢侈相对。俭包含生活上节省、各项日常开支节俭。勤奋是陈白沙的优良家风。陈白沙一生勤奋地学习，勤奋地读书。他一生三次参加科举考试，都以失败而告终。但陈白沙并没有因为科举考试的失败而放弃学习，放弃读书。陈白沙活到老学到老。他一生博览群书，中国古代的各种文化典籍，儒家的经典、道家的经典、佛教的经典，他无所不读。中国古代的各种小说、杂记、甚至民间的野史，他无所不读。“闭户读书，尽穷天下古今典籍，穷及释、老、稗官、小说。”① 陈白沙 27 岁时从学江西著名学者吴与弼，深受吴与弼勤奋学习精神的影响，“先生之始为学也，激励奋发之功多得之康斋。”② 陈白沙回到江门后，他继承和发扬了吴与弼勤奋学习的精神，在家乡修建了一座小书房，取名“春阳台”。陈白沙每天读书“春阳台”中，平时与家中人很少见面，连吃饭都由家人通过小窗口送到“春阳台”中。平时不出门外，刻苦攻读，“足迹不至城府”。陈白沙读书疲劳时，也不休息，只用水泡泡脚，以解除疲劳。“彻夜不寝，少困则以水沃其足。”③ 陈白沙读书期间，断决与朋友的往来，就是有朋友上门求见，也一概拒绝。时任广东参议的朱英，仰慕陈白沙的道德文章。他到江门时，曾登门拜访陈白沙。陈白沙也避而不见。“朱某时为参议，造庐求见，卒避不见。”④ 陈白沙这种勤奋学习的精神实在令人感动，也值得我们学习。

陈白沙不仅自己勤奋学习，而且告诫儿子、学生也要勤奋地学习。陈白沙有两个儿子，他的小儿子陈景阳曾在潮莲读书。陈白沙教育小儿子要勤奋学习，认真阅读儒家经典，深刻理解其中的精神实质。“四书与六经，

---

① 《白沙先生行状》，《陈献章集》第 879 页。

② 《白沙先生行状》，《陈献章集》第 879 页。

③ 《白沙先生行状》，《陈献章集》第 879 页。

④ 《白沙先生行状》，《陈献章集》第 879 页。

千古道在那。愿汝勤诵数，一读一百过。”① 陈白沙要求陈景阳反复阅读朱熹编撰的四书：《论语》《孟子》《大学》《中庸》。认真学习儒家经典六经：《诗》《书》《礼》《乐》《易》《春秋》，深刻领会四书与六经所包含的人生哲理。同时，陈白沙以中国历史上勤奋学习的典型代表邵雍、范仲淹勉励陈景阳，希望陈景阳以他们为榜样，勤奋学习，以取得优异的成绩。“吾闻邵康节，撤席废眠卧，又闻范仲淹，画粥充饥饿。”② 邵康节，即邵雍，北宋著名学者，他为了争取学习时间，晚上把床铺卷起来不睡觉，通宵达旦地学习。范仲淹也是北宋著名学者，他为了争取学习时间，饥饿了不去吃饭，画个饼以抵御饥饿。陈白沙不仅要求儿子勤奋学习，而且也要求自己的学生勤奋学习。陈白沙对学生贺钦说：“归去辽阳，杜门后可取《大学》、《西铭》熟读，求古人为学次第规模，实下功夫去做。”③ 贺钦是陈白沙 39 岁名震京师时在京师收的学生。当时，贺钦已为朝廷给事中官员，因仰慕陈白沙的人品、学问，他辞去官职，拜陈白沙为老师。贺钦回老家辽阳时，陈白沙告诫贺钦要勤奋学习，并为他开列了读书目录，要求他按照读书目录用功读书。

陈白沙为了激发自己的儿子、学生勤奋学习的热情，他特意写了《戒懒文》一文进行警示，从反面指出了懒惰的危害性。他告诫儿子、学生不要懒惰，也不能懒惰。陈白沙认为，一般人自己不知道懒惰的危害性，他详细地为大家指出懒惰的危害性。“尔懒岂自知，待我详言之。官懒吏曹欺，将懒士卒离；母懒儿号寒，夫懒妻啼饥。”④ 陈白沙指出，朝廷中的官吏懒政，不勤奋政务，他的下级就不会服从他的领导而欺骗他。军队中的将军懒惰，他的士兵就不会服从他的指挥而离开他。家庭中，做母亲的懒惰，她不为儿子做衣服，她的儿子冬天就会受冻。家庭中，做父亲的懒惰，他不种地多收粮食，他的儿子冬天就会挨饿。陈白沙认为，天地之中，最大的危害是懒惰。他要求自己的儿子、学生要深深认识到懒惰的危害性，把防止懒惰作为自己的座右铭。“细看万事乾坤内，只有懒子最为害。诸弟子，听训诲，日就月将莫懈怠。举笔从头写一篇，贴向座右为警戒。”⑤ 今天，我们重温陈白沙的

---

① 《景旸读书潮连，赋此勖之》，《陈献章集》第 313 页。
② 《景旸读书潮连，赋此勖之》，《陈献章集》第 313 页。
③ 《与贺克恭黄门》、《陈献章集》第 134 页。
④ 《戒懒文，示诸生》，《陈献章集》第 328 页。
⑤ 《戒懒文，示诸生》，《陈献章集》第 328~329 页。

《戒懒文》，仍然倍感亲切，备受鼓舞。

陈白沙的勤奋家风还包括勤思考、勤怀疑。陈白沙提出了“学贵知疑”的思想。所谓“学贵知疑”，是指在学习过程中要勤于思考、勤于怀疑。“前辈谓‘学贵知疑’，小疑则小进，大疑则大进。疑者，觉悟之机也。”[①] 陈白沙认为，怀疑、思考是学习进步的基本途径。小的怀疑、小的思考，就有小的进步。大的怀疑、大的思考，就有大的进步。陈白沙教育自己的儿子、学生要发扬独立思考、大胆怀疑的精神，对中国历史上的圣贤人物，对中国历史上的各种典籍要重新思考、大胆怀疑，不能以中国历史上圣贤人物的是非为是非，不能以中国历史上各种典籍的是非为是非。孟子是中国历史上的大圣人，陈白沙认为不能以孟子的是非为是非。“孟子聪明还孟子，而今且莫信人言。”[②] 孟子聪明是孟子勤奋学习，独立思考的结果，不能以孟子的是非为是非。陈白沙特别指出，学生要敢于对自己的老师言论进行思考、进行怀疑，不要以老师的是非为是非。陈白沙认为，如果学生以老师的是非为是非，那实际上是没有是非。“我否子亦否，我然子亦然。然否苟由我，于子何有焉?”[③] 陈白沙勤思考、勤怀疑的思想，是我们今天科学创新精神的重要思想文化资源。

节俭、节省是陈白沙的家风。不论在家庭生活中，还是在社会公共生活领域中，陈白沙都注重节省、节俭，反对浪费，反对奢侈。在家庭生活中，陈白沙注重节省、节俭，反对铺张浪费，反对奢华。陈白沙原来住在新会县城附近的都会村，大约在陈白沙 10 岁以后，他们家搬迁到了江门白沙村。20 多年后，家中的房屋已经破旧。“山中茅屋二十年”。此时陈白沙家庭人口也大量增加。陈白沙有二男二女，“先配张氏生二子，女二”。陈白沙哥哥有五男四女。“兄弟五男并四女”。陈白沙家必须进行房屋的扩建。对于房屋的扩建，陈白沙进行了仔细的测算，“辛勤结吾庐，经始算一一”。[④] 从房屋的高低、宽度到房屋所用的材料，陈白沙都进行了精打细算。陈白沙强调指出，房屋不能太高，与周围的民房一样高就行了。“卑高在平秩”。房间也不能太宽，人在房中行动方便就行了。“其间仅容膝”。房屋不能进行豪华装修，房屋的外墙不要过分进行粉刷。“四垣谢粉饰”。房屋的

---

① 《与张廷实主事》，《陈献章集》第 165 页。

② 《次韵张廷实读伊洛渊源录》，《陈献章集》第 645 页。

③ 《赠陈秉常》，《陈献章集》第 287 页。

④ 《筑室》，《陈献章集》第 298 页。

用材不能太昂贵，墙脚用牡蛎壳粘贴就行了。“牡蛎高为骨”。对于房间的用途，陈白沙也进行了安排。除了日常生活用房外，其余的房间也只能用来祭祀和藏书。“既以储简编，犹堪敛袍笏”。总之，陈白沙按照节俭、节省的原则建造房屋，反对讲排场、讲气派。在社会公共生活领域，陈白沙也秉承节俭、节省的原则，反对铺张浪费，反对大吃大喝。陈白沙从民生的高度提醒当时的官员要注意节约，不要浪费。吃饭时要想想这歺饭的费用，不要大吃大喝，不要奢侈浪费，因为天下还有很多老百姓没有饭吃，民不聊生的现象到处存在。“一食之费必计，曰：‘民其不聊生。’”① 陈白沙还警示当时的官员，兴建某项工程时要好好计算这项工程的费用，要考虑当时地方的财力状况，要考虑老百姓有没有承受这项工程的能力，不要搞超出老百姓承受能力的形象工程，不要劳民伤财。“一役之兴必计，曰‘民其不堪命。’”② 陈白沙的节俭、节省家风是我们当今社会克服铺张浪费、厉行节约的济世良方，我们应该继承和弘扬这种良好的家风，建设新时期人们的精神家园。

（作者：五邑大学政法学院教授）

① 《祭太子少保朱公诚菴先生文》（代陶廉宪作），《陈献章集》第 108 页。

② 《祭太子少保朱公诚菴先生文》（代陶廉宪作），《陈献章集》第 108 页。

《湛氏家训》的亮点及其当代价值

黄明同

常言道："国之本在家。"家庭，是社会的细胞。中华民族素重家庭、家教、家风，其中家训是家教的课本，是家庭管理的条规。湛若水晚年，撰写了《湛氏家训》（以下简称《家训》），从宇宙观高度揭示家与国，以及家庭内在的关系，从家庭生活的方方面面提出具体的训规。《湛氏家训》，共35章，俨然是一部家庭管理条规，其中的亮点仍值得今人学习与借鉴。

一 "与天地万物一体"，以"一体"作为家庭建设的核心理念

常言道："没有国，哪有家？"千百年来，中国人注重家庭，但也十分懂得，由"家"→"国"→"天下"。身为二品高官的湛若水，丰富的从政经验使他更深刻领会到家、国与天下三者的关系，故当他退休后发现，弟子与宗亲，常在乡间横行霸道后，即考虑如何管教好自己的家庭与家族，形成好的民风民俗，以求得国家与社会的长治久安，故撰写了《家训》。

《家训》的写作宗旨，是"修身、正家"，"化家、化国"①，故其第一章即为"明一体"。从"体用一体"宇宙观出发，湛若水开宗明义地提出"与天地万物一体"，阐明了家庭与社会、道德、行为的密切关系，体现其家国情怀，极其注重以"德"维系"家"的整体性。这一章是《家训》的总纲，"一体"观是家庭建设的核心理念。

湛若水提出这一核心理念，具有针对性。他指出，当时社会常常发生："每于躯壳上起念头，故常与人分尔我，相忿斗，相竞利，至于相伤杀，连

① 《湛氏家训》导言，佛山华文书局承印，1921年版。

其身家亦亡灭”；“每于躯壳上起念头，故常与兄弟分尔我，相忿斗，相竞利，至于相伤杀，连其身家与所爱妻子亦亡灭失所”。[①] 在湛若水看来，严重的社会纷争和家庭纷争所以发生其原因主要是，人们缺乏“与天地万物一体”的观念，把自己与他人分开来，是“气血之躯”产生的“私”念，一切从一己之私念出发。

湛若水认为，要在根本上解决这些问题，必须要“明一体”，即人人树立“一体”的整体观。他认为，假若人们“知天地万物一体之义”，那么，就能“与人物皆春，多少广居，多少宽平田地，受多少安乐富贵”[②]，懂得与天地间的人与物和睦相处，而对一切居住条件、财富、安乐与富贵，就统统不在乎；假如兄弟们“知同出父母一身之义”，那么，就能“疾痛疴养无不相关，必相友爱，必相护卫，如手足之悍头目，自不相离”，就不会发生“分居别业”[③]。湛若水打了一个比喻来说明“一体”：人的“手足四肢百体”，身体的各个部分是不可相分的整体，如果“分居别业，私财私妻子”，就好像“肢肢体体各私自爱，各不相顾”，便“如人体肢解一般”，结果“是养其一肢一体而失其百肢百体”，于是变成“痿痹之人不知痛痒”[④]。他是告诫族人，一个家庭、一个社会，就像是一个有百肢百体的整体，如果你出于私心，只养自己的“一肢一体”，结果就只能成为不知痛痒的残疾人，因而“分居别业，私财私妻子”，必然导致家庭、家族、社会的肢解。他强调，“一体”观是家庭、家族、社会所以能维系和发展的精神基石。

湛若水“明一体”的理论依据，是其“体用一原”观与儒家传统的“人禽之辩”。

“体用一原”而“主于一”，是湛若水富于特色的哲学观，也是其社会活动的指导思想。湛若水认为，宇宙是一个整体，任何事物自身都是一个整体，同样国家、家庭都是整体。他说，“盖人与天地万物一体”[⑤]，“体用一原，显微无间，一以贯之”[⑥]，认定宇宙间的一切，不论是看得见、摸得着的可感知的，或是看不见、摸不着的不可感知的事事物物，统统都是不

---

① 《湛氏家训》第一章“明一体”。
② 《湛氏家训》第一章“明一体”。
③ 《湛氏家训》第一章“明一体”。
④ 《湛氏家训》第一章“明一体”。
⑤ 《甘泉文集》卷七，《书·答聂文蔚侍御》。
⑥ 《甘泉文集》卷七，《书·答阳明》。

可支离的整体。其“与天地万物一体”宇宙观，为甘泉学奠定了坚实的理论基础，是其社会活动的重要理论指南，也是其《家训》的思想依据。

值得重视的是，湛若水在注重“一体”整体性的同时，强调了人的道德品格的关键性意义，启示人们只有坚守自身的道德本性，才可能做到以“与天地万物一体”的思想处事，而不是从“血气”的需要出发，去考虑与处理问题。这，正是坚持了儒家的“人禽之辩”。湛若水的老师陈献章，创立了“静养端倪”的“自得之学”，教人“反求诸心”而完成“作圣之功”，拉开了明代心学的序幕，又撰写了《禽兽说》，为明代心学奠定了理论基石。陈献章认为，“人具七尺之躯”，但“除了此心此理，便无可贵，浑是一包脓血裹一大块骨头”，这样的人“凡事所为，一信气血”，这种人“饥能食，渴能饮，能著衣服，能行淫欲，贫贱而思富贵，富贵而谈权势，忿而争，忧而悲，穷则滥，乐则淫”；这样的人，只能“命之曰‘禽兽’”①。湛若水在《家训》中，深刻指出“每于躯壳上起念头，故常与人分尔我，相忿斗，相竞利，至于相伤杀，连其身家亦亡灭”；“每于躯壳上起念头，故常与兄弟分尔我，相忿斗，相竞利，至于相伤杀，连其身家与所爱妻子亦亡灭失所”②，恰恰是以先师陈献章如上的观点来分析家庭纠纷产生的原因——由“躯壳上起念头”。可见，离开了人的道德本性，失却了“此心此理”，不能以“德”抑制物质欲望，就不可能以“与天地万物一体”的观念去维系家的整体性。

当今社会，人们的物质欲望膨胀，正是这种“躯壳上起”的“念头”，私欲使人把自己与家人分割开来，没有“一体”之念，故为一己之利而不顾亲情，相争、相斗、相杀。屡屡见于媒体的纷争与血案，大都是为争家产而起，兄杀弟，弟杀兄，甚至有子杀父，女杀母；多少家庭，因起于躯壳的私欲而不得安宁，多少家庭因家产纷争而破裂，家破人亡，可见重温湛若水的《家训》，可以找到疗治的良方。

二 “推爱”，次“爱”作为维系家的情感纽带

人，是社会动物，也是情感动物。作为社会动物的人，不能没有“德”；

① 《禽兽说》，《陈献章集》，中华书局 1987 年版，第 61 页。

② 《湛氏家训》第一章“明一体”。

作为情感动物的人，不能没有“爱”。“家”要有“德”的支撑，也要有“爱”的滋润，有“爱”是维系家的纽带。

在《家训》第二章“推爱”中，湛若水尖锐指出，“吾每见凡人多有爱其妻子，薄其父母者”①，于是他便提出“推爱”。好一个“推”字，它告诫人们，即使是“亲亲”之“爱”也不可以偏，只宠爱自己的妻子而忽略了自己的父母与兄弟，不可以！进而，他从“一体”观出发，指出偏爱产生于不懂得“己身乃父母之体”，而“兄弟乃父母一体之分”②。在湛若水看来，每个人都与父母、兄弟有着血缘关系，都是父母身体的一个部分，既然我能爱妻子，为什么就不能爱父母和兄弟呢？更何况父母爱我，我怎能不爱父母？湛若水认定，假如不爱父母，便是不孝，假如不爱兄弟，便是不友；“不孝不友”，那就失去了人的道德本性。湛若水认定，只要人们懂得自己同父母、兄弟都是“一体”，那么一定“不至于”发生“私财私妻子”，而必能做到“视兄弟如妻子”，“必能公财”③。

宗法社会的古代中国，爱有差等。“亲亲”，是爱与自己有血缘关系的亲人。然而，在现实生活中，只爱妻子不爱父母兄弟，使亲亲之“爱”扭曲了，弱化了，而不能使这种爱在维系家庭的富裕、安宁与发展中发挥应有的功能。湛若水提出“推爱”，既重在“爱”，又贵在“推”，把爱从爱妻子推及爱父母、爱兄弟，在家中讲大爱、讲公心，为家的和谐与安宁编织爱的情感纽带。

湛若水关于家不能没有爱，爱不能偏的训规，揭示了家庭建设与发展的规律，当今社会也同样存在的规律。电视剧《平凡岁月》，其中的男主角李大宝，原是一个孝顺爱家的长子，但结婚后曾一度只爱妻而忽略母亲与兄弟。这一人物虽是虚构，但却非常真实地反映了现实生活。在当今社会中，像李大宝那样爱妻子而不爱父母兄弟的人，处处可见。一位研究员退休后，一直照顾中风的丈夫，十余年如一日。丈夫去世后，儿、媳、孙仍与她三代同堂，但她每天要自己做饭，有病要自己到医院。她对别人说：“现在这世界，谁也靠不住，自己靠自己才靠谱！”俗语说：“娶了媳妇忘了娘。”有的人后悔把儿女送到国外，就等于没了。可以说，当今社会的不和

---

① 《湛氏家训》第一章“明一体”。

② 《湛氏家训》第一章“明一体”。

③ 《湛氏家训》第二章“推爱”。

谐，首先在于家庭的不和谐；缺乏爱，或存在偏爱，则是家庭不和谐的重要原因，许多人婚后宠爱妻子，对父母“养而不敬”，甚至“不养不敬”。可见湛若水“推爱”的家训，强调营造“爱”的情感纽带，实在是值得今人学习与借鉴！

三 “明礼”，营造礼仪之家风

树立好家风，是进行家训的重要目的。在《家训》中，从不同的方面提出家风的要求，首先是“明礼”，告诫族人，什么事可以做、必须做，什么事不可做，坚决不能做，让族人有一个明确的是非原则和行动准则。《家训》中，有六章论及礼仪，湛若水从各个方面规定家人的礼仪。

冠礼

《家训》第十二章“明冠礼”，是讲成年男子加冕的仪式。“冠礼”，今人称“成人礼”。湛若水认为，冠礼是为了使成年男子能担当起应有之“责”，如果“冠礼废，则天下无成人矣”，他强调“凡我子孙，宜考古礼行之”。[①] 他认为“冠礼”有“三加三祝”，即冠礼进行时，依次加冠三次，第一次加上淄布冠，表示从此有参政的资格，担当起社会责任；第二次加上皮牟，即军帽，表示从此要服兵役，担当起保卫社稷疆土的责任；第三次加上素冠，即礼帽，表示从此可以参加祭祀大典，每一次加冠，都送上一次祝福。[②] 在湛若水看来，冠礼所以重要，是因为它是一个“神圣而庄严的仪式”，“让孩子以特殊的方式知道自己已经成人”，承担起“对家庭、社会、国家乃至整个人类的责任”[③]。可以说，以冠礼让年轻人确立社会责任感，立志做一个有担当的男子汉，这在当今仍然有必要，当然在男女平等的现代社会，冠礼不应只限于男子。近年以来，社会上已渐渐兴起举办成人礼之风，这是对中华优秀传统文化的传承与弘扬。

婚娶之礼

《家训》的第十三章“明婚礼”与第十四章“明娶妇”，是关于婚娶的

---

① 《湛氏家训》第二章“推爱”。

② 参见郭海鹰编著《湛若水家训当代解读》第十二章“明冠礼”，第 39 页。

③ 参见郭海鹰编著《湛若水家训当代解读》第十二章“明冠礼”，第 40 页。

训规。男婚女嫁，是家庭延续所必需的环节。湛若水针对社会存在的问题，明确提出婚与嫁须节俭，并防止攀比的训规。他指出，婚和娶，“在在奢侈”，因“人心竞胜”，结果是“不足之家多有损世业而为之”[①]。他认为，这样的“奢侈”与攀比，既是“不孝”，也不合祖训，故向族人具体提出：“今酌聘亲之礼”与婚礼的具体规格，“不许过多，不许需索妇家财物”[②]，“若过数多，即是不孝”[③]。湛若水认定，“娶妇论财，夷虏之道”，“非人之所耻”，告诫子孙“宜深戒之”[④]。尽管湛若水有“华夷之辨”的偏见，但他强调要遵循儒家的传统，不做非人的事情，更不忍心看到因婚娶奢侈而“变卖祖业”“损世业”。

当今社会，婚嫁之礼奢侈，相互攀比之风甚盛。据媒体报道：在农村，因聘金太高，成年男子娶不到妻，骗子借此之机进行骗婚；在城市，有土豪为了显富，婚礼豪华，新娘子的金饰有数斤之重，也有在婚礼摆出小山般的现金钞票。奢侈之风如此见长，湛若水当年关于婚嫁的训规，很值得今人借鉴。

丧祭之礼

《家训》第十五章“明丧礼”与第十六章“明祭礼”，是关于丧葬之礼的训规。

湛若水认为，“丧礼”是“送终之道”，必须“慎重”。他着重强调对长辈的送终要依循《礼记》中“岁制月制”的规矩，根据年龄分别在去世前预先做好种种准备，如选好布料做寿衣，选好木料做棺木，用好材料筑墓穴等等，以使先人“可与天地同不朽”；他特别提出，丧礼不能同婚礼那样设酒肉招待，“以存吊客之哀”[⑤]。告诫族人，要以谨慎的态度对待丧礼，处理好几件事目的是把丧礼当作对父母尽孝的继续。当今社会，随着人们生活水平的提高，以及传统民俗的恢复，人们对丧礼比较注重，但往往只在排场上讲究，而对礼仪所蕴含的孝道却未有深刻的理解，有些家庭在丧礼上便出现兄弟姐妹的纷争，如此不孝之举，又何言继续“尽孝”？

① 《湛氏家训》第十三章“明婚礼”。
② 《湛氏家训》第十四章“明娶妇”。
③ 《湛氏家训》第十三章“明婚礼”。
④ 《湛氏家训》第十四章“明娶妇”。
⑤ 《湛氏家训》第十五章“明丧礼”。

湛若水认为，“祭礼”是“继养”之道。在他看来，“父母已逝，而子孙之养不逮”，所以“春秋忌祭以继其养”，以表达“子孙孝敬之心”①，也就是说，“祭”是对父母赡养、尽孝的继续。礼仪乃道德的外化，故湛若水强调，祭礼不可以奢侈，不可以“全牛”为祭品，僭用国家级的祭拜规格。改革开放以来，祭祖的民俗渐渐恢复，清明节被定为公众假日，因而民间祭拜之风也渐盛行，祭品之丰、香火之旺空前未有，尽管政府一再号召“文明祭拜”，但也难以扭转此奢靡之风。可见，在当今的文明社会，祭拜之礼仪不论是内涵与形式，都有必要重新认识，重温当年湛若水对族人的训规，很是有益。

“待客之礼”

《家训》第十七章“明礼客”和第十八章“明非礼之礼”，是关于待客礼仪的训规。湛若水主要针对当时京都与南京两地接待客人过于奢侈，而提出“待客之礼”的训规。他首先批评两京待客的奢靡，指出“待客之礼，两京太侈，添肴至三四十上”，是“暴殄天物”②。他又批评家乡待客的奢靡，指出“吾乡风俗亦奢，一待客之设，动为二三十盆碗，必用山装，山装必用肉一斤有余，所费不少”③。湛若水提出“待客之规”的三种标准，分一般的客人、初来的亲家和官员以及一般的亲人，所用的菜肴和果品皆有不同④。他告诫族人，“教子孙习为奢侈，流荡害事”⑤。

湛若水不仅提出各种接待的具体标准，而且明确反对民间过于好客，随便宴请，高标准宴请，故专门撰写了“非礼之礼”一章，告诫人们不要因为待客而影响正常的社会生活。这，对今人也更值得借鉴。孔子说“有朋自远方来不亦乐乎”，中国人好客，喜欢款待来宾，越是没钱就越是摆阔气，铺张浪费，可见湛若水提出的不奢侈，以及对不同客人分别对待的训规，应是比较合理和得体的待客之道。

综上所述，湛若水在《家训》中，十分注重各种场合的礼节，提出明确的训规。教诲族人既不奢侈，又要得体，体现了湛若水继承和弘扬儒家

---

① 《湛氏家训》第十六章“明祭礼”。
② 《湛氏家训》第十七章“明礼客”。
③ 《湛氏家训》第十七章“明礼客”。
④ 《湛氏家训》第十七章“明礼客”。
⑤ 《湛氏家训》第十四章“明礼客”。

的礼治传统。春秋时期，孔子便提出“导之以德，齐之以礼”[①] 的治国理念，德治与礼治的组合，成就中国为文明之邦。“德”，是人的内在的涵养，而“礼”则是德的外化，是人们的行为规范，二者密不可分。湛若水水撰写《家训》，如此重“礼”，是针对当时由于缺乏德的涵养，而造成社会礼仪的不当。同样。当今社会由于商品经济快速发展，催化了人的物欲的膨胀，而导致道德下滑、礼仪衰落。不讲礼仪的行为处处可见，婚嫁、丧祭、待客奢侈之风也甚盛，一般行为举止不讲究礼仪。如，媒体披露一名牌大学某副校长，在与学生谈话时，居然跷着二郎腿，双手张开搭在椅子靠背上；著名主持人在访谈时，跷着二郎腿坐着，白发苍苍的受访者走来也不起身，只是把手伸得长长的去与对方握手；在海外景点旅游的中国游客，随处吐痰、扔垃圾、大声喧哗、甚至在卢浮宫前的水池洗脚，如此这般的不礼貌的举止不一而足。中国人的尊严哪里去了？礼仪之邦的礼仪哪里去了？湛若水尚且以种种训规教育子孙后代懂“礼”、重“礼”，力求营造礼仪之家，这无疑值得今人学习和借鉴。讲礼仪，要从家庭、家教开始，只有家家营造礼仪之家风，才可以重构国家为礼仪之邦！

四 “节戒”与“勤励”，营造勤俭之家风

节俭，是中华民族的美德；勤奋，是中华儿女的优秀品格。湛若水在《家训》中，不仅着力营造“明礼”的礼仪之家风，还以“节戒”与“勤励”，营造勤励之家风。他认为，节俭可以励志，进而提出具体的训规以形成节俭与勤奋的好家风。

“节酒食”与“戒美服”

《家训》第十九章“节酒食”与第二十章“戒服美”，是关于通过饮食与衣着来培育节俭的家风。湛若水提出，饮食方面“平时家居，不许饮酒，非人所馈送及待宾，不许买肉自食”[②]；在衣着方面，“男十五下，只宜布帛，不许穿纻丝、绫罗、纱绢等物”[③]。这样的训规，在当今是比较苛严

① 《论语·为政篇》。
② 《湛氏家训》第十九章“节酒食”。
③ 《湛氏家训》第二十章“戒服美”。

了，但它却蕴含着合理性。可以说，随着社会生产力的提高，人们物质生活在不断地丰富与提高，在现代社会条件下，不可能按湛若水的要求去做，但是应该看到，湛若水要强调的是，不能“养成其华靡之习”，“早享福禄，尤为不宜”①，用意是养成节俭的好家风，这难道今人不该学习和借鉴?

湛若水反对奢靡，他为家人树立了榜样。在《家训》中说到他的衣着和饮食：尽管家庭条件很好，但一直“不肯买一纱罗穿着”②，结婚时穿的丝袍是向姓陈的朋友借的，直到39岁第二次上京参加会试路过南京时，才买了罗绸衣服。在《家训》中，他还念念不忘“昔年读书，只常用盐鱼饭励志”，“至今尚不忘盐鱼滋味”③。据史料记载，湛若水为官期间，常常在自家园圃种菜自用，清茶淡饭；他的墓被盗时，盗贼只拿到几个陶罐，没有任何珍贵的陪葬品。二品高官湛若水生前死后，他的节俭的品格，成为族人和后人的楷模。

节俭，是美德；节俭，可以励志。在今天，人们富起来了更要保持节俭。改革开放以来，中国经济快速发展，民众的钱袋子鼓起来了，奢靡之风也盛起来。试看：衣着上追求名牌，把服饰看作身份的标示；饮食上讲豪气，大手大脚，餐桌上的浪费十分惊人，尽管政府规定了公款接待的餐标，但有令却不止，尽管有人倡议“光盘政策”，但餐桌上的浪费依旧惊人。想一想湛若水反对奢靡的训规，如此奢靡的现代人难道不该好好反思，《家训》或许可以成为一服清醒剂?

勤　励

《家训》第二十一章“勉勤励”，是关于爱惜时光、努力奋进的训规。湛若水以古先贤为榜样，指出“大禹、周公皆坐以待旦，惜寸阴”④；他认同孟子所说的“鸡鸣而起，孜孜为善”见解，认定好睡懒惰的人，不可能有所成就而“成人成家”⑤。他以自身的经历为例：在南京担任祭酒时，“公务人事颇多，欲编《格物通》书，必三鼓乃睡，鸡鸣即起，从事于三年，

---

① 《湛氏家训》第二十章“戒美服”。
② 《湛氏家训》第二十章“戒美服”。
③ 《湛氏家训》第十九章“节酒食”。
④ 《湛氏家训》第二十一章“勉勤励”。
⑤ 《湛氏家训》第二十一章“勉勤励”。

乃成书一百卷，又成《诗教》三册，若早眠晏起，岂能成事?”[1]，于是告诫子孙辈：“宜法吾之勤，鸡鸣即起。百事可理。”[2]

湛若水依循“一寸光阴，一寸金”“天道酬勤”的传统理念而立训规，期待能营造勤奋的好家风，这样的家风在当今还值得倡导。可以说，当今社会的种种不良现象，都起因于人们没有受到“勤励”的家教，如：一些犯罪的年轻人，他们自小养成懒惰的恶习，好睡懒做，幻想天上掉烧饼，幻想“一天暴富”，不懂得“一分耕耘一分收获”，缺乏“勤励”的家教；特别是独生子女，更是从小受宠的小皇帝，面对这样的不成器的晚辈，家长们应好好学习湛若水的“勤励”训规，树起好家风。

五 “恤孤”与“助贫”，培育乐善之家风

湛若水虽身居高位，心中却装着百姓，怀着仁爱之心，一生致力于公益。他的《家训》，有6章对“蠲帮赡”“恤孤寡”“义阡施棺”“济饥荒”“发义仓”“遵赡法”提出训规，欲培育乐善之家。

原始儒家认定，“爱”是人的本性，是人与人、人与世界之间的纽带。孔子提出“仁者，爱人”[3]，注重有血缘关系的亲人之间的关爱；墨子则说，“天下之大患，在于人之不相爱”，“故以兼爱之说教之”[4]，主张无等差的“兼爱”；孟子则更扩大爱的范围，提出“亲亲而仁民，仁民而爱物”，“仁者无所不爱也”[5]，倡导“无所不爱”的“大爱”。“亲亲”是爱自己的亲人，“仁民”是爱天下所有的人，“爱物”是爱宇宙间的万事万物，这是中国先贤们“爱”的情怀。鉴于怀着对普天之下的大爱之心，于是便产生出乐善好施的行为。湛若水继承了这份大爱的思想遗产，不仅自己有大爱，还要子孙后代都有大爱之心。在《家训》中，具体提出展示爱心的种种训规。可归纳为如下方面。

---

① 《湛氏家训》第二十一章“勉勤励”。
② 《湛氏家训》第二十一章“勉勤励”。
③ 《孔子·颜渊》。
④ 《墨子·兼爱》。
⑤ 《孟子·尽心》。

一是，恤孤寡

《家训》第二十四章“恤孤寡”，湛若水提出，当时的朝廷对军民有“恤孤养寡之政”，体现“天地好生之仁，不遗微物者”，故在一家之中，对无子的寡妇和失去父母、“无依”的孤儿，都要提供粮食，使他们能“自养自用”“各得其所”，在一家中“行仁”。[①] 这无疑是传承了“仁者爱人”的“亲亲”之爱。

二是，设公坟，捐棺木

《家训》第二十七章“义阡施棺”，是倡导做社会公益。湛若水认为，当时流行焚烧父母尸体的做法，是一种祸害，既伤害了“子孙天性之爱”，伤害“天地泰和之气”，引发“荒旱疠疫”。[②] 在他担任南京兵部尚书兼参赞时，便颁发条令进行禁止，并建造了义冢埋葬贫困者的父母。《家训》中，他又要求家人对“有贫无棺木者”，“给予”棺木[③]。这，既是“仁民”的善举，也是“爱物”的善举。湛若水既关爱百姓，又注重生态环境的保护。

三是，济饥荒

《家训》第二十八章“济饿荒”，湛若水提出，“遇荒年”时，本乡和邻乡都会有人“不能自活”，故“吾子孙”，则要量力而为他们施粥，让他们能活下去[④]。作为富裕人家，在别人遇到困难时应伸出援助之手，家家都应有乐善好施的家风，社会就能成为一个温暖的大家庭。当今社会，在对灾区进行社会救助方面，做得比较好，但也有一些先富起来的人，不那么自觉地向贫困者伸出援助之手。

四是，发义仓

《家训》第二十九章“发义仓”，记述了湛若水遵母亲的“临终”嘱

---

① 《湛氏家训》第二十四章“恤孤寡”。
② 《湛氏家训》第二十七章“义阡施棺”。
③ 《湛氏家训》第二十七章“义阡施棺”。
④ 《湛氏家训》第二十八章“济饿荒”。

咐，用他的俸禄结余，以及亲友赠送的帛金，“买谷八百石”，设为“义仓”①，给农时没能力购买种子的乡亲提供种子，帮助他们解决一年的生计。湛若水特别告诫，“不许子孙遗失此意”，如有“不肯遵行”或私自“取其利息”，一定要追究，不得“姑息”②。这，不仅体现了湛若水为官清廉，而且处处想着为民众办实事，这是他母亲对他的教诲，他希望子孙后代都能继承下去，培育出代代相传的好家风。

五是，设赡田

《家训》第三十三章“遵赡法”，是关于对书院弟子的资助。湛若水一生致力于教育，建书院近40所，为解决家贫的弟子能安心学习，他先后在天关、莲洞和朱明多家书院设立了赡田，给他们资助。在《家训》中，湛若水直言，“令尔子孙守之，凡有各处来居学者，依旧规供给之”，并警告“毋得辄行分人私己”③，是要将这一善举坚持下去。这，体现了一位教育大家的风范。当今，一些人打着传承国学的旗号，而去谋一己之私利，以湛若水的这些训规来对照一下，这些人应感到羞愧。

《家训》的亮点，足见湛若水的训规的当代价值，很值得珍惜，值得学习与借鉴。习近平在会见第一届文明家庭代表时的讲话，强调“注重家庭”“注重家教”“注重家风”，把家庭的管理与建设，视作现代文明社会建设的基础工程。今天，把湛若水的遗稿《家训》整理出版，无疑是一件十分有意义的事，期待相关政府、社区、家庭把《家训》作为教材，使之服务于现代社会文明家庭建设的基础工程。当然，我们对《家训》应该是创造性继承，创新性传承和弘扬。它毕竟是400多年前制订的家规，其中难免有过时的内容，因而必须摒弃那些不合时宜的内容，而弘扬它具有当代价值的内容，使之走进当代社会，进入千家万户。

（作者：广东省社会科学院研究员）

---

① 《湛氏家训》第二十九章“发义仓”。

② 《湛氏家训》第二十九章“发义仓”。

③ 《湛氏家训》第三十三章“递赡法”。

谈湛若水家训的现代意义

陈家义

广州天河又一城在2016年举办的多场关于岭南先贤陈献章、湛若水心学的讲座，而带来创新的“中华优秀传统文化家风家教书法展”，以应时需，这样把人文基因植入商业空间。让更多市民感受中华传统文化魅力的熏陶，接着，筹划举办岭南家风家教书法（画）大赛、岭南传统文化传承论坛等系列公益活动。广东省岭南心学研究会继承2016年的“讲座”成就，筹办2017年“湛若水思想与当代社会”高峰论坛研讨会，是在这基础上的创新发展。本人有幸应邀参加研讨会，故以此题抒发感想。

一　人心所向的传统文化：家风家教家训

“文章合为时而著”。众所周知，近年来青少年的道德思想状况，因受社会某些不正之风“钱权交易”的诱惑，除了少数承传了中华民族优秀传统文化的家风、家教、家训以外，相当部分都是娇生惯养、我行我素的；又因时代前进、科技飙升之烈风的劲吹，本来这股强风为学习文化知识创造了方便的条件，但是，它是把“双刃利剑”，它的反能量形成了“低头一族”，并且“蔚然成风”。要教育好后代，弘扬中华民族的礼仪之邦的优良传统民风，有一定难度，甚至有人伤尽脑筋，收效并不理想，也有人已身受其害。例如，上海有个母亲迎接留学归来的儿子，却被儿子刺了九刀。据说岭南家风家教书法（画）大赛、岭南传统文化传承论坛等公益展览系列活动，人山人海，盛况空前。说明人们十分怀念、赞赏陈献章、湛若水传承中华优秀传统文化，及其家风、家教。这对于实现中国梦、和谐社会的构建以及弘扬中华民族优秀传统文化具有重大积极意义。这些活动，把优秀传统文化与现代化商场融合起来，让市民在生活中自然而然地接受文化艺术的熏陶，是艺术家与企业家的联合，又有相关党政部门，以及艺术家们的全力支持这样的文化活动，意义深远，反映中国当代文化发展的前景。

这样的活动，对树立社会主义新风，贯彻落实社会主义核心价值观起着重要的作用，更主要的是教育好中华民族的子孙后代。只要后继工作跟得上，就会让青年人吐故纳新，抱持远大理想，忠于祖国，做个赤胆忠心的中华民族的好儿女。也反映了当代人民谨记湛若水等古人圣贤的奉献。

梁启超在《少年中国说》中指出："今日之责任，不在他人，而全在我少年。少年智则国智，少年富则国富，少年强则国强，少年独立则国独立，少年自由则国自由，少年进步则国进步，少年胜于欧洲则国胜于欧洲，少年雄于地球则国雄于地球。"所以，这次家风家教书法展对未来或将延续成为岭南文化对人们的启迪，起到难能可贵的作用。

二 湛若水家训精神践行的历程

"中华优秀传统文化家风家教书法展"是从多场关于岭南先贤陈献章、湛若水心学的讲座而引发的，所以，有必要进一步探讨湛若水的家风家训精神。本次研讨会，有一道题目是"湛若水的家风、家教、家训研究"。笔者虽然未能全面深入探究此题目，但是，为湛若水家训思想精神的吸引，故想深入浅出地说明这些问题。下面谈点湛若水身体力行的湛氏家风、家教、家训的历程。

湛若水自幼家贫，靠母亲抚养成人。他把父母的训导，作为处世为人之道。做到洁身自爱，为国家、为人民鞠躬尽瘁。湛若水传承湛氏家风家训的主要依据是《沙堤湛氏族谱》。该族谱是湛若水在 34 岁（1499 年，弘治十二年）谱修首创写成的。将行动变成文字记录，在序言中写道："雨旧名露也，盖十有余年而后得断碣于墓下，乃知为治中府君之讳，乃泣而言曰，嘻！不孝之罪，尚可言哉。我无以告我治中于地下矣，吾无复举进士焉也，遂取其名更之。"这是说，通过这种父辈取名时不知祖讳而给他命名暴露这件占始祖名讳的不孝之事，激发他创修沙堤族谱的热情，终于修成了《沙堤湛氏族谱》（以下简称"族谱"）。"族谱"告诫后人："木本水源，恩义伦理，曰唯天性，人又孰无是心也？后之人，其鉴雨之辙，知斯谱之不可无，宝藏而修辑之。因略以求其详。斯谱，为原谱也。"据史料碑铭族谱记载：1517 年（正德十二年），湛若水 52 岁时，在春季重修太祖府佥公夫妇墓时。《甘泉湛氏家训》第三十五条修订，并有洪垣作序，还有弟子冼桂奇、潘洋、曾贯、应良忠等于正德七年至嘉靖二十六年期间先后作的跋，都论证湛氏家谱的重要性，说明书指出甘泉公（若水）认为“观于谱表，爱敬之心油然而生矣！家有谱表，人人爱其亲，敬其长，而天下治矣！”湛若水始终把家庭、家族的和谐看成国家安定团结的基础。因而，十分重视家训，理所当然，倡及家风、家教。从湛若水的廉洁奉献精神，便知道其家风家教的重要作用。从湛若水的人生经历便可看到家风家教的不可忽略。

湛若水（1466~1560 年），字元明，号甘泉，时称甘泉先生；著名的哲学家、教育家、书法家、思想家、政治家，甘泉精舍（甘泉书院前身）的创建人，其教育思想和践行；全力倡导其家风、家教、家训。1505 年（弘治十八年）考中乙丑科二甲进士，官至南京礼、吏、兵三部尚书；离世追封太子少保（卒谥文简）。

湛若水之父湛瑛一身豪气，正直无私，爱打抱不平，因而结怨仇家，促使英年早逝。但其骨气、风格遗传于若水。若水由母亲陈氏抚育成长。若水自幼聪敏，因逃避仇家追杀，故 14 岁始入学，16 岁往广州府庠就读，27 岁（弘治五年）中举人，29 岁往江门就学于陈献章，毅然焚掉“路引”，即因官府不公，厌烦科举仕途，潜心研究心性理学，数年间学业大进。陈献章（白沙）赞其学术成就曰：“来书甚好，日用间随处体认天理，著此一鞭，何患不到古人佳处也。”湛若水不思仕途。然而，人生命运、仕途，既是可以选择，但又是身不由己的。不然，家教、家风、家训何用？

1500 年（弘治十三年），陈白沙卒，若水为之服丧三年。若水坚持不乐仕进。但在母亲和广州府佥事徐弦再三的规劝下，1504 年（弘治十七年），历时 4 年始奉母命北上考试，受国子监祭酒章懋赏识，留读于南京国子监。次年（1505 年）上北京会考，文章受主考张元桢、杨廷和赞赏，在孝宗弘治年间中进士，选翰林院庶吉士，寻授翰林院编修。这样，若水侍机步入仕途，有机会在中原宣扬其理学。当时与王阳明（守仁）、吕柟、王崇等人相与论道，同时各立门户讲学，相从若水的学者甚众，因而声誉亦日隆。若水的仕途进展、成就，正是其家风家训的反响。

湛若水 50 岁时，因母亲病危，后逝。若水从京奉柩归葬，在家守墓三年。满服后到西樵山建书院，聚徒讲学达4年。若水讲学讲究教学方法，要学生先习礼，明学规，先静坐聚精会神，然后才授课。湛若水正是这样，以书院为阵地，传承中华传统的家风、家训、家教。

1522年（嘉靖元年）都御史吴廷举、御史朱节向朝廷推荐起用若水。若水始回京复职，补翰林院编修，同修武宗实录。次年转翰林院侍读。再次年任南京国子监祭酒，作《心性图说》。历时四年，升南京吏部右侍郎，又次年转礼部左侍郎，预南北郊分祭议。68岁由礼部左侍郎晋升为南京礼部尚书；若水71岁转为南京吏部尚书；74岁再转为南京兵部尚书，奉敕参赞机务。此时安南王莫登庸叛乱，嘉靖皇帝欲亲征，若水上《治权沦》疏，反对出兵，因此论点与文武大臣之议不合、遂请求致仕。若水75岁致仕，从此结束宦途生活，沿东南山水游览讲学而归。回广州后，在府第附近建“天关书院”讲学，因若水曾任吏部尚书，民众称之为“大官”，故称“天关”为“天官里”，（今广州东风中路一带）。若水官历两京，所至迭创建书院，著书、讲学不息，回粤后更专心讲学，故《广东新语》称之：“甘泉翁官至上卿，服食约素，推所有余以给家人、弟子，相从士的3900人有余。在会城（广州），则有‘天关’、‘小禺’、‘白云’、‘上塘’、‘蒲涧’等书院”；还时常在西樵，回增城、登罗浮、上南香等处讲学。在西樵有“大科”、增城有“明诚”、南香山有“莲洞”、新塘有“读岗”和“甘泉”等书院。若水学识渊博，著述丰富，工书法，生平著作及诗文积逾千卷。湛若水的家风、家教、家训的思想、风格亦灌输于讲学中。1560年（嘉靖三十九年）4月22日，一代伟人病逝于广州禺山精舍，享年95岁。三年后归葬增城永和镇天蚕岭。1567年（隆庆元年）朝廷追赠若水为“太子少保”（卒谥文简）。湛若水一生重视书院、家族教育，创办书院40多所，学生近4000人，俸余之资，皆以置馆田、赡养四方学子。遍及江苏、安徽、湖南、福建等地多所书院都曾受其捐助。讲学之迹，遍于江南各地，一生为传承中华民族的教育，为家风、家教、家训做出巨大奉献。

三 湛若水家训精神的时代意义

湛若水传承中华民族家风、家教、家训思想、风格是从甘泉教育思想及实践中体现出来。湛若水重视教育目的，是他所说的“圣学修而万事举”。他认为教育的作用在于使凡人通过教育和学习，才能摆脱愚昧无知，即“学则聪明日生，不学则聪明日窒”，反映了天下父母因“忧其愚，则贻之教，此父母之心皆有之者也”。他又强调：“以道学为标准，以知行为功夫，以文艺为华彩，以事业为结果。如树木之有根，而华实乃成，则所养所用皆君子，贤才昌，而天下安矣。”这是学堂教育与家风、家教、家训教育目的同一的共同性。

根据1921年（民国十年）版，佛山华文书局承印版《增城沙堤湛氏族谱》选编的《甘泉湛氏家训》归纳为九个问题（摘要释义）：

第一，家训曰：“夫常人不知此身与天地万物一体之义，每于躯壳上起念头，故常与人分尔我，相忿斗，相竞利，至于相伤杀，连其身家亦亡灭，何益之有?”湛若水认为，人与物，都是安乐富贵的。何况兄弟姐妹同出于父母之体，更应该不分彼此。强调“同根同亲”。不应该互相忿斗、争利，甚至于相伤相杀，伤及其妻子。（见《甘泉湛氏家训》）。若水认为，天地万物是一体，兄弟姐妹必须互相友爱，相互护卫。

第二，做人要孝顺父母、亲和兄弟、关爱妻子，一视同仁，不要厚此薄彼。尊敬父母，爱护兄弟，这是孝悌之义。家训说：“父母爱我兄弟亦复如爱我之心，父母爱我而我爱之反不如爱妻子，可谓孝乎?”“不念父母同体之遗，可谓友乎?不孝不友可谓有人心乎?”对父母、兄弟、妻子平等的关爱，必能公财，长保富贵，这是“善处通融之法”。（见《甘泉湛氏家训》，以下引号文相同。）

第三，甘泉主张家风：五湖四海，共患难，同甘苦。他写道：“吾闻浦江义门郑氏，初兄弟二人，犹在同堂之列，始因一人有死亡之祸，一人极力救之获免，不忍分居，盖因患难真情感激，同居共爨数百年”为例，主张教育子孙后代：“知此理，则知人之身体肢骸血气贯通，则为强盛人也。”这是中国传统：“四海之内皆兄弟。”互相取长补短。

第四，家训教导：子孙后代要自食其力，不贪公产。主张晚辈对祖传遗产物业不贪不占，依礼法行事。所以“吾今学树木之义而酌同异之中，凡吾考，凡吾祖，凡吾曾祖高祖所置之田之地之塘之屋铺，皆勿以分析可也，尚同也；凡吾子之所置，听各自收为己业可也，尚异也；至于吾子所置之业，亦勿以分子之子可也，尚同也；凡子之子之所置，听各自收为己业可也，贵异也；则礼法人情各得其宜，而天理备矣，百尔子孙，其深敬听之守之。”

第五，告诫子孙后代，要尊崇父母；父母在，不远离，不私分家产。这就是“凡我子孙，父母在者不得私爨。各爨有则惟尔之咎私者，各爨之渐，伤伦败礼，莫此为甚。尔戒尔妻子，有则惟尔之咎。百尔子孙，其尚听吾之中言。”主张孝敬父母，家和万事兴。

第六，湛若水强调：“凡父母在，兄弟不得各爨。每晨与兄弟同造父母之所，问夜寝安否，食能美否，父母问诸子过失否，过失安在，各前跪对；诸妇女相率造姑之所，问夜寝食安否，亦如之，姑问妇之过失，亦如之；子之子若孙之成人者，其问安否，亦如之退。各事其事，明日亦如之。”这番话后来便成为《弟子规》的“父母教、须敬听、父母责、须顺承、冬则温、夏则清、晨则省、昏则定、出必告、返必面”孝顺父母的精髓。

第七，湛氏家训孝经：强调父母过世了，便是长兄行使“父”职，长嫂行使“母”职。写道，“凡父母没后，听兄弟各爨，贵异也。合食于大宗之堂；小宗则以每月之朔，合食小宗之堂；兄弟从兄弟，则朔与望各合食于室，凡以尚同也。”在封建社会的“家和万事兴”，习惯并“令其子子孙孙，不得私卖与别姓之人也”。以现代观念看，这一信条只能从当时的时代性来理解。

第八，主张例行“宗祠惯例”，清明时节，扫墓祭祀，共食分肉等联谊活动。“人人同饱，而祖宗之心亦大乐矣。百尔子孙，其深思之敬之哉。”时代同乐，这是民风民俗，既有弘扬民情，难免掺杂些糟粕，孰是孰非，见仁见智。

第九，湛氏宗族家训小结：“以宗亲家训教育，望子孙万代做好人、伟人，做到人人各有欢喜之容，邻人见之，莫不叹服。”所以强调“古者之本支百世，善谕也。盖本也者，根也；支也者，枝也。百尔子孙同出一祖，如树木之枝同出一根，若气相贯通而不离散，虽百世犹夫一人之身也，故古人重合族。族合则恩谊笃，伦理亲，五品逊，万化行而天下平矣。予也，生逢治世，仕遇明朝，虽有建议，率未成功；今兹归休，惟有化家化国，可报圣明。切惟吾宗大小分析，已合族之事，势不可为矣，唯有合食之举，庶可联属子孙之心。”

可见，湛甘泉承传中华民族的优秀文化，及其家风、家教、家训做出了榜样，永受后人敬佩。作为中华后人，更要发扬光大。

四　将湛氏传承的中华家风、家教、家训发扬光大

中华民族有着五千年悠久的优秀文化历史，形成良好的家风、家教、家训的传统。湛若水以及其他圣人先贤的传承发扬光大，难能可贵。但是，由于社会进步，时代变迁，世界经济一体化，各地文化多元化，西方文化对中华文化的冲击。加上我国社会发展的特殊原因，独生子女政策施行多年。形成部分人家的后辈条件反射，娇生惯养，养成了一些年青人的不良脾气。这是家风、家教、家训在部分家庭失落的体现。道德滑坡，令一些人忧心忡忡，尤其是有识之士、仁人志士。但愿是“杞人忧天”。不过，在《天河又一城 · 中华优秀传统文化家风家教书法（画）展》、“座谈会”；系列“家风家教公益讲坛”的火热盛况，已经说明了问题。进一步传承、创新弘扬中华家风、家教、家训是当务之急。

（一）肯定湛若水传承中华家风、家教、家训成就

中国自古以来，家风、家教、家训的内涵是丰富多彩的。从湛若水的言行举止，完全符合传承中华历代家风、家教、家训的精神。在当代，仍然具有时代价值。

中国人逐渐形成了源远流长的家风家教家训文化。运用家训家教告诫家人、子弟；明确端蒙养、重家教是中华民族的光荣传统。从现代思想文化理论来看，自党的十八大以来，中央高度重视中华优秀传统文化的传承发展，2017 年初，中共中央办公厅、国务院办公厅印发了《关于实施中华优秀传统文化传承发展工程的意见》，希望以优秀传统文化为抓手，建设社会主义文化强国。天河家训讲坛、书画展会开端，就是以陈白沙、湛甘泉的德育思想为主题。有多位著名专家学者出席，又奉献书、画等作品，内容涉及治学之道、修身之道、立德之道、进学之道等方面，以书法、画卷为载体，向广大市民浇灌优秀传统文化，家风、家教、家训的精神雨露。党的十九大，更加明确：文化是国家、民族的灵魂。文化兴，国运兴；文化强，民族强。没有高度的文化自信，就没有文化的繁荣兴盛，也没有中华民族的伟大复兴。

（二）以新思想同心同德传承中华家风、家教、家训精神

“广州天河家训讲坛、展会”的起因，是沿自“岭南文化先贤陈献章、湛若水心学的多次讲座”，而带来的创新“中华优秀传统文化家风家教书法展”。参与“家风家教书法展、讲坛”活动的，有广东省委相关部门、团省委、广州市委宣传部、广州民防办等党政部门的指导；广州天河又一城、广州民防办、广州东山画院、家本纪传媒等单位的通力合作。又有艺术家与企业家的联合；广东青基会启德文化基金文化经济信息研究中心、东山读书会参与；广州市文联名誉主席、市人大科教文卫委副主任乔平、广东省政法委副巡视员罗益群先生出席。反映党政军民联合会战，共同传承中华美德：家风、家训、家教。

参加“家风家教书法展、讲坛”活动的主体，是广大民众，据不完全统计，市民流量日均 20 万人次、月均 500 万人次的数量，足以说明这次活动的时代性，有着重大意义，深受党政军民广大群众欢迎。

这次“书法展、讲坛”宣传的主题是中华家风家教。从古至今，以家风家教为核心的家文化对个人、对家庭和对社会的发展有着重要影响。有史以来，受到人们重视的。“大道之行也，天下为公。选贤与能，讲信修睦，故人不独亲其亲，不独子其子，使老有所终，壮有所用，幼有所长，矜寡孤独废疾者，皆有所养。”（选自《礼记·礼运》）。在湛氏家谱中亦不乏其意。因为，这主要是讲述“大同社会”的面貌，以及如何营造这样的大同社会，教导后世要胸怀天下。即“古之欲明明德于天下者，先治其国；欲治其国者，先齐其家；欲齐其家者，先修其身；欲修其身者，先正其心；欲正其心者，先诚其意；欲诚其意者，先致其知；致知在格物。物格而后知至，知至而后意诚，意诚而后心正，心正而后身修，身修而后家齐，家齐而后国治，国治而后天下平。”（见《礼记·大学》）。主要论述了家庭与国家的治理，以及社会道德与个人修养的辩证关系。这些都是与家风、家教、家训有密切关系的。

（三）中华家风、家教、家训的源远流长

湛若水承传的中华家风、家教、家训不是无源之水、无本之木。它的继承，可以追根溯源，在近代，湛若水开了个好头。中华古代的家训（或称家教、家范、家诫、家规等）。本文所述的家风、家教、家训，也是有时

代性的，不同的时代，有不同的含义。封建社会的家风、家教、家训是封建士大夫教诲其后代子孙按封建家风立身处世的伦理道德，也是中华古代文献中的一个门类。在先秦时期，已有《太公家教》。秦汉以后，又有东汉马援的《诫兄子严教书》、三国诸葛亮的《诫子书》、西晋杜预的《家诫》等著作，都是为训诫子孙后代的书籍。北齐时期，黄门传郎颜之推写了《颜氏家训》，全面阐述了立身处世、立志成才和处理家庭关系、人际关系等一系列准则，是有关家庭教育门类的专著，后人认为它是第一部“古今家训，以此为祖”。自此，仿照此书体例的家训著作层出不穷。唐代流传下来的家训著作很少见，但两宋时期的家训著作十分丰富。北宋有司马光编写的《司马温公家范》十卷，汇集了儒家经典关于处理家庭关系的各种准则和历代符合儒家道德标准的模范事例，对后世影响很大。南宋名臣赵鼎和大诗人陆游都著有家训传世。宋代袁采的《袁氏世范》、元代郑文融的《郑氏规范》。明清两代，撰写家训的风气旺盛，其中完整地留传下来，比较著名的有庞尚鹏的《庞氏家训》、姚舜牧的《药言》、杨继盛的《杨忠愍公遗笔》、朱柏庐的《治家格言》、张英的《恒产琐言》和《聪训斋语》，以及《曾国藩家训》、《孝友堂家训》等等，不一而足。总之，中华家训著作卷帙浩繁，内容极丰。现今讲传承，对古今的家风家教家训都要去粗取精；去其糟粕，取其精华，创新内容，与时俱进。本文所议，是以《甘泉湛氏家训》的湛若水家训精神，弘扬中华民族正能量的家风、家教、家训。为中华民族的伟大复兴添砖加瓦。

（作者：广东省社会科学界联合会教授）

家风·世风·门风·学风

——以明代大儒王阳明为例

钱　明

王阳明殁于明嘉靖七年十一月二十五日（1529年1月9日），至明万历年间，曾经声名显赫的绍兴王府已开始走向衰微。常言道，贵不出三代，阳明家族同样也逃不出这一历史的宿命。明隆庆元年（1567），即阳明殁后近四十年，新继位的穆宗下令恢复了阳明被莫须有的罪名所削去的新建伯爵位，并诏赠新建侯，谥文成；隆庆二年又诏准荫子一人，世袭副千户。据光绪《余姚县志》卷七《荫封》记载，姚江山阴王氏荫封世袭之系谱为：王正亿—王承勋—王先通—王业泰。在此四代人中，竟然发生了两次大的家族纠纷，致使朝野上下震惊，王门内外牵累，终而导致了姚江山阴王氏的过早衰微，甚至还影响到王学的传承与发展。总的来说，在阳明的直系后裔中，既少有学术上的卓然成就者，又少有政治上的傲然气节者。也就是说，其后裔不惟于阳明立言之志未有所得，而且于阳明立功之业亦罕有所获，真正值得称道者，的确凤毛麟角。

实际上，阳明门下一批最具影响力和号召力的弟子，如黄绾、王臣、徐阶、薛侃、欧阳德、王畿、钱德洪、王艮等人，都曾为阳明后事及其家中事务献计献策、尽心尽力过。这其中既有在朝王学的徐阶等人为恢复阳明名誉、争取嗣子荫袭所做的不懈努力，又有在野王学的王畿等人为经理王家事务、保障正亿权益所做的大量工作。虽然这些奉献从根本上说都是出于巩固宗门、发展王学的需要，但毕竟反映了这些人对阳明的忠诚和对其后代的呵护。然而，阳明弟子们的精心呵护，并没有挽救王家衰退的趋势。明万历年间，阳明后裔中虽有三品以上官衔者六人，使一度衰微的姚江山阴王氏略显中兴气象，但其中真正靠自己本事入仕升迁者，却少得可怜。至清康乾年间，阳明之后已是学脉绝传，门庭冷落，不惟家中，就连族中，亦少有读书之人，而大多以商贾为业、佣工为生。到了清末民初，阳明父亲王华时从余姚迁居山阴后积累起来的王氏家产，除坐落于越城光相坊的伯府第系朝廷御建，产权列入官府“防护录”，作为祭产不准变卖外，其余各房台门住宅都已被陆续变卖殆尽。[①] 真可谓“其兴也浡焉，其亡也忽焉”；国家如此，小家也是难逃此运。相比于明代余姚的另两大望族孙氏和谢氏一直兴旺到清代末年的情形[②]，王氏兴旺的时间如此之短，确实值得慎思。究其原因，既有家族个人方面的，也有世风学风方面的，而后者正是本文想要回答的。

一　家风是世风的反映

家族衰微源于家风衰薄，而家风衰薄又折射出中明以后社会风气的剧烈变化。明人何良俊曾对松江一带望族衰微的原因做过中肯分析：

> 盖吾松士大夫一中进士之后，则于平日同堂之友谢去恐不速。里中虽有谈文论道之士，非唯厌见其面，抑且恶闻其名，而日逐奔走于门下者，皆言利之徒也。或某处庄田一所，岁可取利若干；或某人借银几百两，岁可生息若干；或某人为某事求一覆庇，此无碍于法者，而可以坐收银若干；则欣欣喜见于面，而待之唯恐不谨。盖父兄之所

① 参见王诗棠《王阳明世系及遗存在绍兴》，收入钱明主编《阳明学新探》，中国美术学院出版社 2000 年版。

② 沈德符《万历野获编》卷十三《三世得谥》载：“父子得谥者，以为盛事，然尚未有三世得之者。今于余姚孙氏见之。第一世，右副都御史，赠礼部尚书，谥忠烈（燧）；第二世，南京礼部尚书，赠太子少保，谥文恪（陞）；第三世，吏部尚书，赠太子太保，谥恭简（鑨）。则国朝二百余年来，海内仅此一家而已。且宗门贵盛，世以忠孝清白见称。鑨兄弟四人，俱致位列卿，名德无玷，真熙朝盛事也。”（中华书局，1959，第 349 页）《野获编》成书于万历间，故作者沈德潜仅记孙燧、孙陞、孙鑨祖孙三代得谥事，其实后来尚有孙如游、孙嘉绩爷孙得谥事。孙燧曾为阳明平定宁濠叛乱立下“首功”（王阳明语），后阳明遣使护其丧归乡。《始宁东山志》（十八卷，明谢敏性纂修）载：明成化十一年，谢长二十世谢迁中状元，历成化、弘治、正德、嘉靖四朝，官至谨身殿大学士，卒赠太傅。谢迁弟谢迪中弘治十二年进士，官至广东左布政使。谢迁仲子谢丕中弘治十八年探花，官至吏部左侍郎兼翰林院掌院学士。据不完全统计，明清二代，余姚泗门谢氏得贡生以上功名者 50 余人，有 120 余人得各类官职。从泗门镇志办编写的《泗门地名志》《泗门古宅》看，余姚泗门镇的历史，大半部为谢家史。

交与而子弟之所习闻者，皆此辈也。[①]

明人叶权亦认为："承平惰逸，如富家骄子，既不治生，又能荡产，势使之然也。"[②] 也就是说，承平惰逸，逐利废学，乃是江南望族衰微的根本原因。然若具体到阳明家族，除了这些根本原因，还不能不联系到阳明家人的分崩离析、阳明门下的越俎代庖、地方势力的角力抗争等诸多内因和外因。而所有这些内外部原因又在社会发展普遍规律的作用下，对阳明家族产生了巨大的合力，使之未及三代，即已由盛转衰。

其实，对于发生在社会大环境巨变下的家族内部的不良习气以及由此导致的仇仇相报、子孙受殃、破家荡产的恶果，阳明生前不是没有觉察到，他在正德十二年写的《谕俗四条》[③] 中，就曾语重心长地告诫自己的弟子和后人：

为善之人，非独其宗族亲戚爱之，朋友乡党敬之，虽鬼神亦阴相之。为恶之人，非独其宗族亲戚恶之，朋友乡党怨之，虽鬼神亦阴殛之。故积善之家，必有余庆，积不善之家，必有余殃。见人之为善，我必爱之；我能为善，人岂有不爱我者乎？见人之为不善，我必恶之；我苟为不善，人岂有不恶我者乎？故凶人之为不善，至于陨身亡家而不悟者，由其不能自反也。今人不忍一言之忿，或争铢两之利，遂相构讼。夫我欲求胜于彼，则彼亦欲求胜于我；仇仇相报，遂至破家荡产，祸贻子孙。岂若含忍退让，使乡里称为善人长者，子孙亦蒙其庇乎？今人为子孙计，或至谋人之业，夺人之产；日夜营营，无所不至。昔人谓为子孙作马牛，然身没未寒，而业已属之他人；仇家群起而报复，子孙反受其殃。是殆为子孙作蛇蝎也。吁，可戒哉！[④]

正德十三年，他又在写给诸弟的书信中作了深刻的自我批评，为家风衰薄、逐利忘义主动承担责任：

---

① 何良俊：《四友斋丛说》，中华书局 1997 年版，第 312~313 页。

② 叶权：《贤博编》，中华书局 1987 年版，第 30 页。

③ 项乔说："此四条明白痛快，足以唤醒人心，请我族众一体遵守。"（《项乔集》，上海社会科学院出版社 2006 年版，第 526 页）说明阳明此四条，既是针对整个社会说的，又是针对自家子孙说的。

④《王阳明全集》，上海古籍出版社 1992 年版，第 917~918 页。

> 吾家祖父以来，世笃友爱。至于吾等，虽亦未至若他人之互相嫌隙，然而比之老辈，则友爱之风衰薄已多。就如吾所以待诸弟，即其平日，外面大概亦岂便有彰显过恶。然而自反其所以，推己尽道，至诚恻怛之处，则其可愧可恨，盖有不可胜言者。究厥所以，皆由平日任性作事，率意行私。自以为是，而不察其已陷于非；自谓仗义，而不觉其已放于利；但见人不如我，而不自见其不如人者已多；但知人不循理，而不自知其不循理者亦有；所谓“责人则明，恕己则昏”。日来吾每念及此，辄自疚心汗背，痛自刻责。[①]

后来王家所发生的一切，果然验证了阳明的上述自责性判断。其死后不久，家族内部“友爱之风衰薄”的现象，即显出愈演愈烈之势，以致为了财产分配、爵位世袭而勾心斗角、相互倾轧。

正因为生前就已觉察到家族内部的诸多隐忧，加之对社会发展一般规律已有所认识，所以阳明一直对包括正宪在内的正字辈诸侄都要求甚严，这从他写给正宪及诸侄儿的书信中便可窥见一斑。比如嘉靖元年（1522）他在《寄余姚诸弟手札》中说：“近日正思辈在此，始觉稍有分毫之益，决不可纵，今在家放荡过了也。此间良友比在家稍多，古人所谓‘蓬生麻中，不扶而直’，是真实不诳语。”[②] 这里虽然批评的是侄儿王正思，其实适用于所有正字辈及其他王氏传人。无奈长期的军旅生涯，使阳明无暇顾及晚辈的教育问题，至于言传身教式的调教，则更是心有余而力不足。于是，阳明自责、忧虑、劝诫甚至发怒，试图解决后人不争气的问题，但结果却很不理想。原因就在于，阳明良好的愿望并不能代替无情的现实，中明社会的历史巨变，足以把阳明的愿景击得粉碎。总之，如果说导致阳明殁后其家风不正、兄弟反目的直接原因是正字辈家长们即阳明诸弟之家教不严、榜样失范的话，那么其间接原因便是伴随江南经济繁荣而来的社会风气的转向和剧变。

二　家风也是门风的反映

阳明家风也直接或间接地受到了王学门风的影响。王学发展到晚明，已

---

① 参见拙著《阳明学的形成与发展》，江苏古籍出版社 2002 年版，第 293 页。

② 同上书，第 302 页。

是宗派林立，门户之见越演越烈。对此，王门中人亦多有述及，如王畿说：

> 概惟先师设教，时时提揭良知为宗，而因人根器，随方开示，令其悟入，惟不失其宗而已。一时及门之人，各以质之所近领受承接，人人自以为有得。乃者仪刑既远，微言日湮，吾党又复离群而索居，未免各执其方，以悟证学，不能圆融洞彻，归于大同。①

赵贞吉《重刻阳明先生文粹序》说：

> 吾生有知即知诵说先生之言，见世之儒生，始骇王先生之异而攻之，中喜王先生之为异而助之衍，终羡王先生之持异乃欲驾其说，于是王氏之学又若自异矣！②

所谓“离群索居”，“各执其方”；“欲驾其说”，“又若自异”，均道出了阳明学说为其门人后学所利用，并作任意发挥，进而导致王门分化的主客观原因。阳明弟子陈九川也不无惋惜地指出：“阳明发明良知之学，而流传未远。诸贤各以意见掺和其间，精一之义，无由睹矣！”③ 这就是说，王门诸贤其实并未掌握阳明学说的本质。而王门弟子“各以质之所近领受承接”，进而“各执其方，以悟证学”，以至“以意见掺和其间”，用“意见之私”随意解读甚至曲解阳明学说，最后各立宗旨、自创异说④，结果导致王门分化的门风特征，又不能不对阳明家风产生一定程度的影响。更有甚者，王门诸子不仅各立宗旨、自创异说，而且从各自立场出发，对阳明后裔有保有废、又拉又打，有意无意地把分门别派的门风带进了阳明家庭，

---

① 《龙溪先生会语》卷一《冲元会纪》，明万历四年查铎刻本。吴震编校《王畿集》，凤凰出版社 2016 年版，第 681 页。

② 官长驰注：《赵贞吉诗文集注》，巴蜀书社 1999 年版，第 519 页。

③ 《黄宗羲全集》第 7 册，浙江古籍出版社 1994 年版，第 531 页。

④ 明儒胡瀚有一精辟论断：“宋儒学尚分别，故勤注疏；明儒学尚浑成，故立宗旨。”（《明儒学案》卷十五，中华书局 1985 年版，第 330 页）对明儒勤立宗旨之举，清初学者既有赞同者，又有反对者。赞同者如章实斋，其曰：“学者不可无宗旨，而必不可有门户。”（《文史通义》卷五《浙东学派》）反对者如陈几亭，其曰：“圣人有无宗之宗。”陆桴亭亦曰：“大儒决不立宗旨。”（《思辨录辑要》卷三十一《诸儒类》，第 299 页）陆陇其更是把各立宗旨视为学术淆乱之恶果：“自明季学术淆乱，各立宗旨。”（《松阳讲义》卷一《大学》之首章）从后人的上述议论中可以看出，“各立宗旨”的确可视为阳明学的一个重要特征。

从而使阳明家人的内部冲突亦愈演愈烈。换言之，是阳明学派的冲突与分裂引发或者加剧了阳明家族的冲突与分裂。

不唯如此，与阳明关系均相当密切的张璁、桂萼、霍韬、方献夫、黄绾、席书、黄宗明等“议礼派”朝中要员的分化整合①，也对阳明家族的冲突、分裂产生了一定影响。众所周知，阳明本人能够保留新建伯的爵位而不被夺爵，是“议礼派”再三申救，坚持“功罪不相掩，功疑为重”底线的结果，如嘉靖四年席书疏荐举阳明“文武兼资，堪任将相……定乱济时，非守仁不可”②；嘉靖六年杨一清评论阳明“学问最博，文才最富……遇有兵部尚书员阙，召而用之，则威望足以服人”，认为阳明“精忠大节，终不可泯也”③；方献夫则对阳明没有得到公正待遇而鸣不平：“呜呼！先生在江西之功在社稷，田宁之功在吾广，可谓鞠躬尽瘁，死而后已，而犹不免于訾议，人心谓何，而亦岂足为先生之损益？”④。但是，阳明学说遭到抨击、王门扩张受到抑制，同样也是“议礼派”强力作用的结果。明世宗一直有把阳明爵位彻底革除的打算，后经过“议礼派”的竭力规谏，才使阳明受到的处分有所保留，只取消了世袭恤典，从而为后来阳明的平反留下了一线生机。但即使这样的结果，对王家的损害仍旧是实实在在的，因而导致王家的利益纠纷也是不可避免的。况且“议礼派”在强烈肯定阳明事功的同时，却对其思想学说表现出高度的警惕和疑虑，于是他们便想尽各种办法打压和贬抑阳明学派，这也同样会对王家的分化整合产生一定影响，尤其是当这种压力来自最高当局而最直接的受害者则是阳明家人的时候，对王家内部所产生的冲击和震动就更是超出寻常了。“议礼派”既要充分利用阳明的事功才能，为明王朝的统一安定确立标准，但同时又自觉不自觉地限制、贬抑阳明思想的传播，对阳明学派的壮大保持高度警惕，为此，他们中个别人甚至不惜把阳明推向道德法庭，欲从根本上毁掉阳明在世人中的形象，杨一清所谓的阳明“窃负儒名，实无方正之学”⑤，就包含了对其学问与德行的双重贬抑。

---

① 关于“大礼议”诸问题及其与阳明学派的关系，可参考王宇的《合作、分歧、挽救王阳明与议礼派的关系史》，《中山大学学报》2009年第6期。

② 《明世宗实录》卷四十八，嘉靖四年二月辛卯条。

③ 唐景绅、谢玉杰点校《杨一清集》，中华书局2001年版，第1001页。

④ 方献夫：《西樵遗稿》卷七，《四库全书存目丛书》集59，第135页。

⑤ 《明世宗实录》卷九十八，嘉靖八年二月戊辰条。

除此之外，又如同王门的分化与地缘因素有很深的瓜葛一样，阳明家族的分裂也与地方势力在背后的鼓动有密切关系，这从阳明殁后不久便开始发生的余姚与山阴之间的一场纠纷中即能看出一斑。当时围绕阳明的籍贯问题，山阴人同余姚人曾发生过一场激烈争执。要知道，明代户籍制度中的入籍或转籍均非易事。与“不治生理、游手游食”“俗称大贫”的“堕民”，“著于版籍，至今不齿于庶民”[①]，即不为各地民众所欢迎（这种现象浙东地区尤为突出，所谓“顾彼八府特严”，就是指的浙东各地严格户籍流动的规定）的状况不同，当时名家名流是各地争相“夺取”（最简单的“夺取”就是使之“入籍”）的对象，像王阳明这样能够从祀文庙的大儒，自然会成为各地“夺取”的重点对象。所以当时的山阴人说阳明属山阴籍，余姚人说阳明属余姚籍，一时间，弄得朝廷命官也不知所措。而双方争夺的根本原因又不外乎两条：一是因为阳明学说影响巨大、事功彪炳于史，凡是其故乡人，都会觉得脸上有光，地方知名度也会随之攀升，这对发展当地的经济文化显然十分有利；二是因为隆庆皇帝降旨，谕阳明入圣庙，配享孔祀，并且规定阳明所属的县可以增加考取秀才的名额。阳明的归籍问题可以决定科举考试的入取人数，这在当时无疑是具有极大吸引力的。于是，围绕阳明籍贯问题的这场纠纷，便不可避免地发生了。据余姚人陈季康说：当时“山阴人凭借着阳明先生的祠堂、住宅、事迹都在山阴，提举出来，最为重要的证据，我们余姚人则引指阳明先生的祖先和他自己都是生长在余姚的事实作为反证，可是一时更没有其他强有力的证据。看当时的情形，差不多山阴人要占优势了。后来余姚人之主其事者，于无意中偶然经过一所学塾，忽地听到一个学童朗读《古文观止》里阳明先生所作的《瘗旅文》（按：内有‘吾龙场驿臣余姚王守仁也’句）……乃恍然大悟，高兴非常，便提出阳明先生的这首自白，证明他的确是余姚人，因为出于阳明先生本人所说的话，这种铁证，已没有推翻的余地。”[②] 这场争论一直到民国年间都未见停息，而所谓的“定论”，若像当下个别学者之辩术[③]，则可能永远都不会有什么结果。笔者无意也没有必要去参与这场争

① 叶权：《贤博编》，中华书局 1987 年版，第 32 页。

② 参见陈季康《关于争执阳明先生籍贯的故事》，邵苇水编《余姚三哲纪念集》，余姚县立民众教育馆 1935 年编印。

③ 参见诸焕灿《为王阳明寻根》，钱明、叶树望主编《王阳明的世界》，浙江古籍出版社 2008 年版。

执，而只是想根据历史事实提出自己的如下看法：与所有王阳明居住过的地方相比，绍兴（余姚、山阴在明代皆属绍兴府）与阳明的关系最为密切，也最为重要，在这一点上，余姚与山阴实属利益攸关方，没有必要争个你高我低。我们所要弄清的，其实不是阳明的籍贯问题，而是阳明何时迁居山阴？在绍兴和余姚分别开展过怎样的学术活动？这些活动对阳明学的创设具有怎样的意义？阳明学究竟诞生于何时何地？这些问题才是当下阳明学研究的关键问题。[①]

笔者之所以要讲这段历史，无非是想证明地方利益对学派分化、家族分裂是有相当作用的。换言之，阳明家风不仅受王学门风的影响，也受地方利益的左右，其家族内部所表现出来的利益纷争的背后，其实就有地方利益集团的支持与鼓动。

三　家风还是学风的反映

家风在一定程度上还是学风的反映。阳明家族的衰微，与包括阳明学派在内的明代学风的转向也有较大关系。众所周知，王阳明是举世公认的“三不朽”精神的体现者，阳明学之所以能受到日本人的极度喜爱，与阳明身上的“三不朽”精神不无关系。江户时代的阳明学者吉村秋阳即指出：

> 迨明中叶，余姚王子出焉。更揭致知二字，以示圣学之全功……予每读公传，辄慨然以谓，公固百世殊绝人物，所谓三不朽之存乎其身，皆莫非良知之妙用实验矣。而顾奉公之教者，则往往失立言之旨，唯簸口舌谈过高，而既入猖狂自恣之流。[②]

因为阳明在强调立言的同时，从未放松过立德和立功，而立功在阳明那里，又是其“致良知”学说的内在要求和价值再现，与一味追求功名利禄、升官发财的假道学可谓风马牛而不相及。用清初学者魏禧的话说，就是“以道学立事功”。魏禧还赞誉说：“姚江王文成公以道学立事功，为三百年一

① 参见拙作《王阳明迁居山阴辩考——兼论阳明学之发端》，《浙江学刊》2005 年第 1 期。
② 吉村秋阳：《读我书楼遗稿 · 王文成公传本序》，明治十五年刊本。

人，洒北宋以来儒者之耻。”[①]

可是在后阳明时代，“致良知”学说却悄悄变了味，“三不朽”精神亦渐渐走了样。随着“三教合一”说的甚嚣尘上，逃禅遁空一度成为时尚，颓废空虚的学风弥漫于整个学界，王门中的不少人亦染上了“簸口舌谈过高”的不良习气。东林学者高攀龙尝批评说：“当文成之生，学者则已有流入空虚，为脱落新奇之论，而文成亦悔之矣。”[②] 高子的意思很明显：空疏学风不始于“以道学立事功”的阳明而始于只讲心性不谈事功的阳明后学。

与此同时，明代学风在陷空媚俗的时候，还成了政治权力的附庸。在专制文化、科举文化的强力磁场中，众多阳明学者不是遁入空门、跌入俗门，就是步入衙门、堕入财门，入仕求功名利禄成了他们追逐的主要目标。这样的世风、学风无论对门风还是家风的杀伤力都是不言而喻的。

当时看一个家族的兴衰与否，一般只看这个家族科举入仕者的人数，而不看他们的学术成就、德业操守。尽管以阳明为代表的姚江山阴王氏表面上是成就于举业功名，而实际上却是成就于学业文章，又尽管阳明一贯反对轻学业、重举业的功名主义价值观，但他的后裔们还是抵挡不住功名利禄的诱惑，纷纷弃学逐利，甚至放弃举业，争夺家业。所以他们不仅在学业上毫无建树（惟三世孙王承勋“略知文艺”，四世孙王业洵稍显活力，五世孙王贻乐对阳明遗著“重为掇拾”），而且还屡屡做出有辱王华、阳明声誉的败家之事。而所有这一切，皆起因于阳明所建立的丰功伟绩以及由此带来的世袭荫禄。阳明为了建功立业、创立新说，可谓“百难备尝”、出生入死，然而他的后人们却躺在他的功劳簿上，带着他的光环，享受着荣华富贵（尽管偶然也会因朝廷斥伪学而受到些惊吓）。因此可以说，阳明留给世人的是其丰硕的思想文化遗产，而留给自己家人的却是优越的政治地位和丰厚的朝廷俸禄。这对其家人来说，与其说是福，倒不如说是祸！

阳明以后的数百年王家衰落史，再一次证明了老子“祸兮福所倚，福兮祸所伏”的辩证关系。拥有财富荣耀的阳明后人们，大都不思进取，不仅在“言”上无甚成就，而且在“功”上也谈不上像样的政绩，至于“德”就更不用说了。他们且不说与集“三不朽”于一身的先祖阳明大相径庭，而且与同乡黄宗羲家族也是不可同日而语。黄宗羲没有王阳明那样的

---

① 《魏叔子集》中册，中华书局2003年版，第805页。

② 高攀龙：《高子遗书》卷九下《王文成公年谱序》，文渊阁《四库全书》本。

功勋伟业，他的后人们也享受不到世袭荫禄，于是大多以治学为生，并且在家学的熏陶下，不少人都成了名师大家，如其子黄百家，孙黄千人，五世孙辈黄璋，六世孙黄征义，七世孙黄炳垕等，在经史子集以及文学、自然科学等方面，皆有不俗之成就。[①] 反观阳明家族，阳明的丰功伟业，反倒成了分崩离析、过早衰微的导火索。在后继传人上，阳明后裔的传布情况说起来更是叫人寒心不已。据笔者所知，阳明后裔如今只在杭州、绍兴、北京等地有少量分布，而朱子后裔却有200余万人广布于海内外，其中分布于韩国、东南亚、日本等地的就有80余万。[②] 尽管阳明学后来在东亚尤其是日本的近现代史上曾发挥过举足轻重的作用，但一想到其令人失望的家传后裔[③]，尤其是拿来与其他大思想家作比较，就不禁让我这个以研究阳明学为毕生事业的阳明后学者哑然失语。

从一定意义上说，"三不朽"精神的分裂是明代学风走向颓废衰落的起因之一，也是导致王门分化、王家分崩的重要原因，而这种分裂的征兆，其实在阳明身上就已显露。所以阳明去世后，反王派与挺王派之间的斗争也主要围绕"三不朽"的精神及其相互关系而展开。如在反王派把攻击的矛头从政治转到学术、又从学术转到德行的时候，挺王派则坚持要把从祀阳明的理由紧扣在政绩军功上，认为"有国家者，以先儒从祀孔子庙廷，非但以崇德，盖以报功也"[④]。而对阳明来说，报功显然要重于崇德，所以凡祭祀阳明者大都以报功祠称之。反王派之所以要把攻击的矛头由立功转向立德，固然是因为中国文化原本就强调道德至上，道德批判的杀伤力要大大高于政治批判和学术批判，较之政治业绩和学术建树，人们一般亦更

---

① 参见蓝溪子《明清余姚竹桥黄氏世家述评》，载《浙东文化论丛》第二辑，上海古籍出版社2004年版。

② 比如韩国的朱子后裔至今有15万人之多。据韩国《新安朱氏世谱总卷·清溪公实纪》（1902年忠孝堂刻本）记载，南宋宁宗嘉定十七年（1224）春，原任浙江乌城县令的翰林院学士朱潜（字景陶，号清溪，系朱熹曾孙）目睹蒙古军步步南侵，干戈不息，而偏安江南的南宋朝廷权臣主和误国，毫无救亡图存之意，愤然"袖家谱携二男一女，与门人叶公济、赵昶、陈祖舜、周世显、刘世奎、杜行香、陶成河七学士浮海而东，舟泊高丽全罗道之锦城，乃以为家。此后数百年间，这支入籍高丽国的朱子后裔，始终保持着"紫阳世家"之家风，并以大贤后裔受到韩国历代朝野人士的尊重和民众的爱戴（参见张静《朱熹在韩国的后裔》，《朱子文化》2006年第1期，第47页）。

③ 唯有杭州的王诗棠一支是个例外（参见拙作《王阳明后裔今何在——王诗棠、王书铭先生访谈录》，《儒学天地》2008年第3期）。

④ 《明神宗实录》，万历元年五月戊戌十九日条。

关心名人的道德品行；然而更主要的恐怕还在于阳明本人在德行操守上的失范。正因为此，一些反对崇祀阳明的人，虽肯定阳明的才智，但对其德行却很不以为然，比如南京福建道御史石槚在上疏中说："王守仁，谓之才智之士则可，谓之道德之儒则未也。"① 这也是为什么万历二年十二月十四日在决定阳明从祀文庙的议论中，对阳明的事功、学问予以突出表彰，而对其德行则采取回避态度的重要原因。对此，《神宗实录》万历二年十二月甲寅条是这样记载的：

> 守仁之学，以良知为宗，经文纬武，动有成绩。其疏犯中璫，绥化夷方，倡义勤王，艾群凶夷，大难不动声色，功业昭昭在人耳目。至其身膺患难磨砺，沉思之久，忽若有悟，究极天人微妙、心性渊源，与先圣相传宗旨，无有差别。历来从祀诸贤，无有出其右者。

到了万历十二年，御史詹事讲仍在上言中说：

> 夫守仁之功烈文章、献章之出处大节，谁之知之，臣考其学问，虽专言良知、专言主静，若近于偏枯，顾言知而未始废行，言静而未尝离动，合一之功，与宋诸大儒之论同归一致。独奈何议论之纷纷也！②

可见，当时关注的还是阳明的功烈文章、学问事功。只有在申时行等人的上言中才把立功、立言、立德合在一起作为评价阳明的标准，并且发出了"气节如守仁，文章如守仁，功业如守文，而谓之禅可乎"③ 的呼声。这说明，阳明一生所做的杰出贡献，"立功"是最早被官方认可的，"立言"次之（因涉及与正统朱子学的关系问题），"立德"要到后来才有所松动，而且即使申时行表彰的"气节"，也是指的政治气节，而非个人品行。换言之，由在朝阳明弟子（比如徐阶于嘉靖四十一年至隆庆二年任首辅的作用就很大）发起的为先师恢复名誉的运动，首先始于政治评价，然后是学术

① 《明神宗实录》，万历元年七月戊子十日条。

② 《明神宗实录》，万历十二年十一月庚寅条。

③ 《明神宗实录》，万历十二年十一月庚寅条。

评价的转换，最后才是德行上的部分肯定，而阳明“三不朽”形象的完整树立，则更是后来的事了。

那么，当时的人们为什么要对阳明的个人德行采取回避的态度呢？除了想利用民众的崇德心理诋毁阳明外，阳明本人在个人品行上究竟有没有值得追究和反省的地方呢？对此，拙著《王阳明及其学派论考》（人民出版社 2008 年版）第六章所述之内容已给出了一些回答。笔者的结论是：王阳明对其家族的过早衰微是负有一定责任的。这种责任，既源于阳明建立丰功伟业后为后人所提供的无功受禄、世代享受的客观条件，又源于阳明自身在个别方面不够检点而为后人树立了不良形象的主观因素。如果说阳明对前者早已有所警觉并提出过忠告的话，那么后者便是由于阳明的“疏忽”而造成的出乎其预料的后果之一。而这一切，又不能不说与“三不朽”精神的分裂、明代风尚（包括世风、门风、学风）的颓废有着不可分割的因果关系。

（作者：浙江省社会科学院教授）

湛若水家训思想与中国古代“家风文化传统”

赖功欧

作为明代著名思想家与教育家，湛若水对家风文化传统有自己的基本理念。笔者正是从湛若水的哲学理念及家训思想契入整体的中国古代家风、家教、家训等文明礼统，才提出“家风文化传统”这一概念的；应该说，这是极具中国特色的文化传统。在现代汉语中，“家风”一语是指一个家庭或家族的传统风尚，它是以一家或一族世代相传的道德准则为基础的。至少我们在有典籍可查的近三千年中国历史文化中，优良家风一直是作为中华民族的传统美德在持续传承着。它成为一个个体最为基本的立身处事之准则，并发展出了以此为起点的社会和谐之共识。从几千年的历史事实来看，“家风文化传统”“家训传统”这些概念是成立的。事实上，司马光的《训俭示康》已出现“习其家风”一语。而在诸多的文学作品中，“家风”一语的出现频率就更高了。北周庾信《哀江南赋》序“潘岳之文采，始述家风；陆机之辞赋，先陈世德”。宋辛弃疾《水调歌头·题永丰杨少游提点一枝堂》词：“一葛一裘经岁，一钵一瓶终日，老子旧家风。”宋元明清的笔记、小说及现代文学作品中出现的“家风”词语，更是不胜枚举。有着鲜明价值取向的中国家风文化传统，又可从以下这些较富传统特色的术语中透见其思维指向：家训、世范、家范、庭训、家语、家规、家仪、家矩、家诫、齐家、治家、聪训、教化等等。它不仅表征着中国古代在家族或家庭教育上是有章法的，更在思维方式上表征着一种道德价值取向。

一　湛若水家训思想及其孝敬理念

湛若水（1466~1560），不仅是明代大儒，也是著名教育家、思想家。

王阳明年谱曾载阳明与其“一见定交，共以倡明圣学为事”[①]。可见，湛若水在哲学思想上可列入明代心学范畴。而其哲学基本理念则可以甘泉下面这段话为表征：

> 天理只是心之生理，如彼谷种，仁则其生之性，仁即是天理也。心与天理何尝有二。[②]

此中“心与天理何尝有二”，是甘泉心学在原理层面表征出的基本命题，而其核心则在以天理贯通心物内外；“天理”与“心”已打成一片，天理亦是心之生理。故其修身方法以体认为宗而“随处体认天理”[③] 乃十分自然。而我们若在此基础上认真探究甘泉在家风传统方面的基本理念，则不仅要从文献而且须从其一生行迹中追溯。黄宗羲在《明儒学案》中就指出过：“正德丁亥，奉母丧归，庐墓三年。”[④] 其时，王阳明已在《湛贤母陈太孺人墓碑》盛赞甘泉：“湛子始以其母之老，不试者十有三年，是也。复出而取上第，为美官，则何居？母亦老矣，又去其乡而迎养，既归复往，事亲以老于畎亩，其志也；其出而仕，母命之也；其迎之也，母欲之也；既归而复往，母泣而强之也。是能无从乎？无大拂于义。”[⑤] 此中全然透显甘泉孝道。再看，其师陈献章仙逝，湛氏甚至“为之制斩衰之服，庐墓三年不入室，如丧父然”“道义之师，成我者与生我者等。”[⑥] 此段出自江西先贤罗洪先的《湛甘泉墓表》。无论如何，“成我者与生我者等”，代表了他的一种极为广义的孝道基本理念。观湛甘泉多处办书院而必用《孝经》教学育人之经历，更能呈显其孝道理念之坚实。无怪黄宗羲盛赞其“士子来学者，先令习礼，然后听讲，兴起者甚众”[⑦]。此种习学“先习礼”的观念，显然亦呈显出他的一种家风、家教观。

湛若水亲自厘定的多种儒家经典中，有《二礼经传测》《节定仪礼燕射纲目》等，他还亲立《甘泉湛氏家训》三十五条（其第一条即为“明一

---

① 《王文成公全书》卷 32，《年谱》。

② 《甘泉先生文集》卷 11，《问疑续录》。

③ 《甘泉先生文集》卷 21，《四勿总箴》。

④ 黄宗羲：《明儒学案》卷 37，《甘泉学案一》，中华书局 2008 年第二版，第 875 页。

⑤ 《王文成公全书》卷 32，《湛贤母陈太孺人墓碑》。

⑥ 罗洪先：《湛甘泉墓表》。

⑦ 黄宗羲：《明儒学案》卷 37，《甘泉学案一》，中华书局 2008 年第二版，第 875 页。

体”），从这些重要文献中全然可透见其是何等重视儒家孝道与礼仪，又是何等的尊宗敬祖，敦亲睦族。故甘泉修成《沙堤湛氏族谱》后即告戒后人：“木本水源，恩义伦理，曰唯天性，人又孰无是心也？后之人，其鉴雨之辙，知斯谱之不可无，宝藏而修辑之。因略以求其详。斯谱，为原谱也。”其坚信家谱之于孝敬之道的重要意义在于“存宗法以教仁孝于天下”“人伦正而风俗化，风俗化而天地位、万物育”。他认为“观于谱表，爱敬之心油然而生矣！家有谱表，人人爱其亲，敬其长，而天下治矣！”此中“存宗法以教仁孝于天下”是其家训思想中的基本理念。目标是从宗族孝亲发展到社会普遍的“孝敬”“恭敬”之人伦风俗以至代代相传的人间孝道——从立家垂教到良风美俗。故其又言：“夫谱何为者也？夫谱也，普也。族有谱，所以普族也；普族也者，将普之笃恩义焉，将普之正伦理焉，纳其族而归诸善焉者也。是故谱必有图，图以系谱，谱视以言，图视以象，象不尽意，言不尽神，然而观象玩言而仁孝之道立矣。”可见，修家谱之宗旨是在正伦理而立孝敬之道。甘泉在《东鲁韩氏族谱序》中如此写道：

> 惟天地定位，类聚群分，圣人设教，敦族明伦。人之有伦也，自有男女斯有父子，有父子斯有兄弟，有兄弟斯有朋友，有朋友斯有君臣。故人伦之行也，始于父子、兄弟、夫妇之间，化诸家而后及诸国。是故圣人立宗法以正之。人伦正而风俗化，风俗化而天地位、万物育。①

又说：“欲族人之父慈子孝，兄友弟恭，非尽可以言喻也；欲谕之以言者，莫若谕之以寔矣；谕之以寔者，莫若视之以象矣，是故循名观寔，莫大乎谱；立家垂教，莫过乎图。”② 须知，如此重家谱之修，如此重孝敬之立，这在宋明理学家中也是少有的。

湛甘泉的孝道思想，还可从其《君子笃恭而天下平论》作一溯源，其以《论语》孝之主旨即为敬，提出“至于犬马，皆能有养，不敬何以别乎”，故甘泉孝道的基本理念是以敬为本，他深信：恭敬者，所以致道而成天下之治也；倡言“民敬、信、悦而尊亲”。故湛氏在劝君治天下之《圣学

① 湛若水：《东鲁韩氏族谱序》。

② 湛若水：《梅州罗氏族谱序》。

格物通》的文献中，提倡孝亲敬长。孝道基本理念的树立，使其不仅注重家谱之立，更重忠孝祠的修建。乃至其在嘉靖三十二年（1553）以一88岁老夫还在提议重修忠孝祠。

湛若水的家训思想及其孝敬理念，是有坚实的中国古代家风文化传统基础的。而湛氏的一系列相关思想理念，也成为这一传统中的一个节点，前承后续。

二 《颜氏家训》之前的“家风文化传统”基础

如果将湛氏家训思想作为中国古代家风文化传统的一个节点，那么，我们首先可上溯的便是颜之推的《颜氏家训》,《颜氏家训》出现于南北朝的北齐时期，对其后的历史影响巨大。“古今家训，以此为祖。”[①] 是人们对《颜氏家训》历史地位之共识。而事实上，此前除儒家原典《大学》以“齐家”范畴倡导道德家风外，《管子》《韩诗外传》《韩非子》等文献中，都有相关论述。如此看来，作为家训“祖典”的《颜氏家训》，又是有着久远而深刻的历史文化与思想基础的。

先从儒家孔、孟开始，应该看到的是，孔子与孟子其实是从对“孝悌”的倡导而涉入家风文化范畴的。孔子对孝悌的重视早为世人所重视，其实孟子也有此类观念，且与农耕文化相关：“……深耕易耨；壮者以暇日修其孝悌忠信，入以事其父兄，出以事其长上。”[②] 这是指一个家庭在农闲时就要认真修习孝顺父母、敬爱兄长、为人守信的道德。孟子同时告诫统治者切勿“夺其民时，使不得耕耨以养父母。”[③] 孟子深知，统治者若无时不侵占百姓的生产时间，必然会使他们难以以耕种来养活父母家人，这如何能在家庭中熏陶成孝道之德呢？所以孟子是再三向统治者进言：“勿夺其时，数口之家可以无饥矣。谨庠序之教，申之以孝悌之义，颁白者不负戴于道路矣。”[④] 此中所言“庠序之教”是指古代地方学校；和前面所引孟子所言“暇日修其孝悌忠信”，足证孟子已有将家庭教育与地方学校教育结合之理念。故从中我们也能理解为什么孟母三迁的典故：家风必受邻里之风的影

① 赵忠心：《中国家训名篇》，湖北教育出版社1997年版，第1页。

② 杨伯峻：《孟子译注》上册，中华书局1960年版，第10页。

③ 杨伯峻：《孟子译注》上册，第10页。

④ 杨伯峻：《孟子译注》上册，第5页。

响。此外还有必要提及的是，《孟子》中是以一“炙”字来说明这种风气熏陶式的影响：“故闻伯夷之风者，顽夫廉，懦夫有立志；闻柳下惠之风者，薄夫敦，鄙夫宽。奋乎百世之上，百世之下，闻者莫不兴起也。非圣人而能若是乎？而况于亲炙之者乎？”① 其所谓“亲炙”，即是亲受熏陶。在孟子看来，道德人格的形成与成长，是在某种风气中接受熏陶而自然成就的。无怪深有体验的孟子要从家风而倡导一种社会风气。

早期儒家文献中，《大学》这一文献是真正对中国古代家风文化形成极有贡献者。而《大学》是通过“齐家”这一概念而凸显家风文化的。朱子在《大学章句序》的开篇第一句话，即明确指谓：“大学之书，古之大学所以教人之法也。”② 齐家的重要意义，在其作为“治国平天下”之起点；在早期儒家的思想逻辑链中，如果连自己的“家”都不能治理好，怎能掌国家大事？当然，“修身”的概念在整篇《大学》中是更为核心的概念，然而，“修身”本身也要通过家风的熏陶教化而成。因而，“齐家”的道德价值指向及其意义，极其重大。《大学》强调各色人等无一例外都须经格物、致知、诚意、正心、修身之前提，将其德性彰明显扬。从而分别导向齐家、治国、平天下的不同事功领域。实质上，家、国以及家人、国人之间，亦存在着村社、城镇、都邑等广阔的社会空间，以及宗族、姻亲、邻里、乡党、师友、同侪等极复杂的人际关系，这些都是个体在格、致、诚、正基础上以“齐家”为起点而践履德行的领域或对象。这里我们还要特别指出的是，《大学》只是小戴《礼记》的一个篇章，在儒家的三礼文献中，其实都涉及家风问题，《仪礼》更是如此。《仪礼》虽然是古代流传下来的一些关于礼节仪式的说明，本无多少理论阐释；所谓儒者学礼也即是学此节目。然而事实上孔子已开始给这些“礼”予以理论上的说明，后儒更是继续了孔子的这一伟业并对“礼”进行更有系统的诠释，从而被称之为“义”，即更合宜地契于事理。如《礼记》中就有《祭义》，是用来阐明祭祀之原理的，而《礼记》中的《婚义》，显然又是以其来阐明结婚原理的。无论如何，原始儒家已然有了十分鲜明的家风问题的思考了。

此外，我们仍有必要重申《孔子家语》这部文献的重要意义，在历史的不断疑古风潮中，它相对地被忽视。然而，随着 20 世纪末出土的文献中

---

① 杨伯峻：《孟子译注》下册，第 329 页。

② 朱熹撰《四书章句集注》，中华书局 1983 年版，第 1 页。

与《家语》类似文字的出现，学界逐步认同此文献，有学者甚至誉其为“研究孔子第一书”①，其越来越受到重视。整部文献所呈现的“家风文化”是至为明显的，如《大婚解》《问礼》《五仪》《本姓解》等篇章，就涉及十分具体的家风问题之诠释。

这里还有必要提及的是，过去我们总以为家风、家训之类都出自儒家，其实远非如此。我们此处只需列举法家思想的代表人物韩非子即可，韩非子文集中的《六反》一篇就明确揭示家风之重要：“夫富家之爱子，财货足用。财货足用则轻用，轻用则侈泰；亲爱之则不忍，不忍则骄恣。侈泰则家贫，骄恣则行暴。此虽财用足而爱厚，轻刑之患也。凡人之生也：财用足则隳于用力，上治懦则肆于为非。”② 这种严词指斥“侈泰则家贫，骄恣则行暴”的态度，即传达出这位法家代表人物对家风问题的基本立场与理念。

韩婴是汉武帝时的太傅，曾与董仲舒辩论而不为所屈。其《韩诗外传》以儒家为本，从礼乐教化上传达出家风思想。《韩诗外传》卷九即有“孟母断织”、“田子为相”③ 等故事，体现出他在理念上深刻认识到母教子“贤良”的家风，有何等重要性。

三 “家训”类家风文化传统

显然，在词语诠释上，“家训”指的是一种教诲，当然是指长辈对晚辈的立身处世、持家治业的教诲。家训，作为“家风文化传统”的组成部分，自然是作用于家庭或家族范畴中的，然而重要的是，其价值凸显在个体修身从而齐家的基本功能上；“家国”的意义尤可从此中透见。且在国家不安定时期，家训更可替代国家制度而发挥稳定社会秩序的基本功能。我们可从中国历史上一些延续几百年的大家族如江西修水的陈氏家族，即可十分明白地看到它的作用有多大。此足以让我们理解为什么自汉朝开始，家训著作就日渐丰富；而且尤在中国世族的家谱中记录下诸多治家训子的名言警句。此中最值称道之名训，即颜氏家训、朱子治家格言等。当然，我们

① 王国轩、王秀梅译注《孔子家语》，中华书局2009年版，前言第3页。

② 王焕镳选注《韩非子选》，上海人民出版社1974年版，第127页。

③ 曹大中：《白话韩诗外传》，岳麓书社1994年版，第353页。

不要忘记中国历史文化的中“庭训”亦属此类。

《颜氏家训》之所以能列为中国历史上的第一部家训著作，从而在思想、文化史上被人们推崇为“古今家训，以此为祖”，实因其不仅是一部我国历史上最早的系统性专著，而因其确有传承家风传统而自有独特见地。我们只要看看该专著的架构，就知其具何等卓见，而其内容又是何等丰富：

序致第一
教子第二
兄弟第三
后娶第四
治家第五
风操第六
慕贤第七
勉学第八
文章第九
名实第十
涉务第十一
省事第十二
止足第十三
诫兵第十四
养心第十五
归心第十六
书证第十七
音辞第十八
杂艺第十九
终制第二十

其卓见不仅呈现于家风家教的严格章法，尤显于训练的方法上．颜氏深通“少成若天性，习惯如自然”① 之道，故其在方法论上强调持续性的规范训练，且提出：若等不良习惯养成再施之以体罚纠正，则晚矣。如其所言：

① 赵忠心：《中国家训名篇》，湖北教育出版社 1997 年版，第 6 页。

“骄慢已习，方复制之，捶挞至死而无威，忿怒日隆而增怨，逮于成长，终为败德。”① 意为：待到人的放纵傲慢成习惯，再来纠正，就是打死其人亦难有效果；而其父母只会越来越生气并使怨恨情绪大增。等其人长大，终成品德败坏之类了。

中国历史上的两个“朱子”，都有家训类文献留存。朱柏庐的《劝言》与《治家格言》，我们放在后面讲。现在，我们暂且先来看看南宋朱熹的《朱子家训》：

> 君之所贵者，仁也；臣之所贵者，忠也。父之所贵者，慈也；子之所贵者，孝也。兄之所贵者，友也；弟之所贵者，恭也。夫之所贵者，和也；妇之所贵者，柔也。事师长，贵乎礼也；交朋友，贵乎信也。见老者，敬之；见幼者，爱之。有德者，年虽下于我，我必尊之；不肖者，年虽高于我，我必远之。慎勿谈人之短，切莫矜己之长。仇者以义解之，怨者以直报之，随所遇而安之。人有小过，含容而忍之；人有大过，以理而谕之。勿以善小而不为，勿以恶小而为之。人有恶，则掩之；人有善，则扬之。处世无私仇，治家无私法。勿损人而利己，勿妒贤而嫉能。勿称忿而报横逆，勿非礼而害物命。见不义之财勿取，遇合理之事则从。诗书不可不读，礼义不可不知。子孙不可不教，童仆不可不恤。斯文不可不敬，患难不可不扶。守我之分者，礼也；听我之命者，天也。人能如是，天必相之。此乃日用常行之道，若衣服之于身体、饮食之于口腹，不可一日无也，可不慎哉！②

其意为：作为国君，最重要的是怀有仁慈的心。作为臣子，最重要的则是忠诚。为人父，最重要者则为慈爱；为人子，最紧要的是孝道。做人兄长，最要者乃友爱弟妹；作为弟妹，则要恭敬兄长。做丈夫的，最要者乃态度平和，做妻子的，则须重视温柔之作用。与师长相处，最要者乃合乎礼；与朋友交，最要者则是讲信用。遇见老者，当有尊敬之心；看见幼者，当有慈爱之心。对品德高尚之人，虽年纪比我小，我亦应尊重他；而对那些品行不端者，虽年纪比我大，则该离他远些。千万不可随便论他人之短，

① 赵忠心：《中国家训名篇》，第 6 页。

② 录自：《紫阳朱氏宗谱》。

更不可恃己之长而自以为是。若对人有恨意，化解之道当在于检点自己是否立于道义一方；对那些自己所怨之人，则更应以平直心态，正常地对待之。遭遇何种环境，都应心平气和接受之。他人有小过错，则应有包容心；他人犯大过错，则应将合于理义之行明白告之。千万不要以为仅仅是一件小小善事而不去做，更不可以为是小小坏事而放胆去做。面对他人的缺点，我们应帮他稍加掩盖；他人之优点，则应助其宣扬。处世不应为一己私事而与人结仇；治家更要注意不可因私心而有不公平做法。不要做损人利己之事，不要有妒贤嫉能之心态。遇不顺之事，切勿因气愤而求一时之快；不要违背常规而去伤害他物。遇有不合正义的发财机遇，应果断放弃；遇合情理之事，则不妨施行。古圣先贤所传经典，不能不读；待人之合理规范与处世之常态，则不可不知。后代子孙，切勿不重视其教育；而对仆人帮佣，亦须多体谅关怀。数千年文化传统不可不尊；遇灾变，不可不相互扶持。谨守本分，亦须有赖了解做人之基本规范。人之一生命运，由天定。只要人能做到以上各点，则老天必助。此理，均为日常生活中随处可做者。如衣服之于身体、饮食之于口腹，都是每天都不可离开者、不可缺少者。我们面对如此基本之生活道理，怎可不重视呢？

这里我们不能不提及的还有宋代包拯的《包孝肃公家训》、陆游的《放翁家训》，明代高攀龙的《家训》、吴麟征的《家诫要言》，清代张履祥的《训子语》、张英的《聪训斋语》、曾国藩的《曾国藩家训》。这些家训文献中均有一“训”字，故皆列入“家训”类；应该说，在家风文化中，这类文献为最多，影响也最大。须知，如果说家训、庭训类的家风文化，早在中国已然形成传统；那么，我们可不可以说，传承中华文化的因素之一，或许就在家训这一家风文化的基因传承上呢？先看何谓庭训，《论语·季氏》篇载：孔子在家中，儿子伯鱼步过庭院，孔子教其读《诗经》和《礼记》。从此，父教便称庭训，后又扩展为“家教”。古代中国私塾多各自为政，且不受朝廷管制。秦始皇焚书坑儒，然私塾中仍有人在默写《尚书》并传授《论语》，儒学故此而不绝。进言之，中华文化的传承又往往依于文化世家，此谓之家学渊源；故“幼承庭训”一语在古代文献中乃常见。必须看到的是，庭训和家教，确带动整个社会风气的改变，使人们以此为荣。而注重庭训之文化世家，则明显具备家教有方、世代不辍之绵延特征。如钱镠（曾留下《钱氏家训》），又如范仲淹，如曾国藩，如陈宝箴世族等，莫不如此。《曾国藩家训》提出八字曰：考、宝、早、扫、书、蔬、鱼、猪。曾氏家族代有英才，绝非偶然。

四 “家范”“世范”“家书”“劝言”类家风文化传统

范为典范之意，“家范”即指良好的家风典范；而《家范》这一文献则来自司马光。历代推崇《家范》为家教的范本，全书共十九篇，系统地阐述了家庭的伦理关系、治家原则，以及修身养性和为人处世之道。我们稍作追究，便知司马氏家族确有家教传统，司马光的父亲从小对司马光即施以严厉家教，精心培育。《温公家范》可称之为一部伦理学专著，是表征那一时代家庭道德关系的伦理学著作。全书有上下两册，共 10 卷。书中引征诸多儒家经典《易经》《诗经》《大学》中涉及治家、修身之格言；司马光以一个历史学家的眼光，收集了大量历代治家有方的实例和典范，真正树立起楷模典范。其结论尤有核心价值观意义：礼为治家之本，家正则天下定。在此核心原则基础上，他分疏性地对父母、子女、兄弟、姑嫂等诸般关系作出了符契于礼（理）的概略阐释。其下，又在第二卷至第十卷中，对祖、父、母、子、女、夫、妻等各家庭成员，分别提出了较详细的道德要求。可见，原则、方法、要求、范例，层次十分清楚而义理通贯；极显一个理学家与历史学家的见识与学养。据史志载，唐朝狄仁杰就曾著有《家范》十卷，然其书不传。司马光之意，是取前人旧名而撰成此书，并以为家教之本，后学之范。其以《周易·家人》卦辞以及节录《大学》《孝经》《尚书·尧典》《诗经思齐》诸篇语录，为全书之序；正文自《治家》至《乳母》共有 19 篇之多，其杂采史事而为后代取范者，可视为其深心所在；而其间夹有自论者，更为其深有体验者。

要之，司马光自己之所以将《家范》看得比《资治通鉴》更为重要，即在其基本理念：人格示范教育重于一切。钱穆先生说得好：“孔子和儒家，是最看重道德教育，人格教育，和文化教育的。他们创造了中国社会里‘士君子’的教育。”钱穆说的“士君子”人格，就以儒家教育的“家范”与“世范”之旨归。故司马光言：“昔者圣人，遗子孙以德以礼，贤人遗子孙以廉以俭。舜自侧微积德，致于为帝，子孙保之，享国百世而不绝。周自后稷、公刘、太王、王季、文王积德，累功至于武王而有天下。其诗曰：诒厥孙谋，以燕翼子。曰：丰德泽，明礼法，以遗后世，而安固之也。故能子孙承统八百余年，其支庶尤为天下之显，诸侯棋布于海内，其为利，岂不大哉。”[①] 司马光认为积攒许多财富留给子孙是愚蠢的，古代圣人决非如此。古代圣人留给子孙以德以礼，贤人留给子孙以廉以俭。你看，舜从地位很低下之时就注意积德了，后成为帝王，子孙后代保其江山而连续称帝上百代。周族自始祖后稷至公刘、周太王、王季、周文王都极重视积德，一直到周武王，建立了周王朝。诗经中的格言则在重述如何积累恩惠，明确礼仪法度从而恩泽后人；如此国家必安定。他以周王朝历史为范例，指出其能维系八百多年的必然性所在。

宋代袁采又有《袁氏世范》，亦可属家风文化中的“家范”类，即袁氏家族为人处世的规范；其影响仅次于《颜氏家训》，在历史上亦被认为“《颜氏家训》之亚”[②]。该文献共有三卷：《睦亲》《处己》《治家》，篇幅不算大，内容不为少，所言条理十分详尽。

家书作为家庭成员的沟通方式之一，在中国古代实是维系家人情感的一种主要联系方式。而中国家书，不仅是文字产生之时即已孕育出的一种艺术形式；其在家风文化延续中，尤在凸显儒家的道德理想主义。杜甫《春望》诗：“烽火连三月，家书抵万金”二句，足证家书在特定时期有特定价值。而“劝言”在家风文化范畴中，则是指以劝告的方式告诫家人。朱柏庐《劝言》与王中书《劝孝歌》，都为此类凸显儒家道德理想主义之文献。

家书在家风文化中的作用极大。此例无须列举。现代中国人知道得最多的可能是曾国藩家书，在思想对应上，曾氏是受儒家特别是宋明理学影响最深者。这里我们只举其较具体而生动之一例：曾国藩曾在给弟弟曾国荃的一封家书中，深有体会地谈到自己一生中最难忘、也最为难堪的四次教训。他为何要写这封信给其弟？原来其时的曾国荃刚被慈禧封为湖北总督，然曾国荃此时又恰在湖北境内得罪慈禧宠臣官文，故其一个月内几次被慈禧严斥，其时京城官员亦都以为他居功自傲而目中无人。这使得曾国荃处于焦虑的状态中，甚而萌生退朝还乡之想。曾国藩见其弟如此消沉，即刻写信开导其弟。信中痛陈自己一生引以为耻的四次重大教训。信尾再三开导荃说，吾平生长进全在受挫受辱之时，所以现在虽侥幸成名，绝不敢有半点自诩。信尾劝其弟要咬牙立志，积蓄斗志，增长智慧，千

---

① 赵忠心：《中国家训名篇》，湖北教育出版社 1997 年版，第 110 页。

② 同上书，第 54 页。

万不要从此气馁。若要立不世之功、成不世之业，离开“坚忍”二字决无可能——坚忍乃成事之根基。在中国的儒释道思想中，无不强调坚忍心。

笔者较为欣赏的还有蔡邕家书，蔡邕在写给女儿蔡文姬的信中，教导她要注意品德修养。其原文为：“夫心，犹首面也，是以甚致饰焉。面一旦不修，则尘垢秽之；心一朝不思善，则邪恶入之。人咸知饰其面，而莫修其心，惑矣。夫面之不饰，愚者谓之丑；心之不修，贤者谓之恶。愚者谓之丑，犹可，贤者谓之恶，将何容焉?”此教核心理念在切实修心思善，则善莫大焉。从中大可透见儒家思想是何等深入人心。

从家书的普遍性向看，中国家书又多有居安思危之教诲，让后辈清楚看到，历史上大多数官宦之家都是盛不过三代而已。此又如《红楼梦》中《好了歌》所唱：古今将相在何方？荒冢一堆草没了。故“金玉满堂，莫之能守”。对此，中国思想有更进一层的对应，此对应体现在家书中则是教诲如何克勤克俭，明白骄奢淫逸是败亡的根本道理：由俭入奢，易于下水；由奢入俭，难于登天。所以要一直保持素朴的勤俭之风，此亦曾国藩所谓：“富贵而骄，自遗其咎。”此类教诲，亦多从儒家理念，而骨子里，则大有佛道思想遗存。

《劝言》类文献亦在笔者所言“家风文化传统”范畴内，此仍以朱伯庐《劝言》为典范，他是明朝秀才，清初在家乡开设私塾，其思想以程朱理学为本，理念上倡导知行并进。后人所称的《朱子家训》，其实就是其流传极广而人皆所知的《治家格言》，而其《劝言》亦为家风文化之典范之作。《治家格言》倡言洁身自好，强调加强个人修养，主旨在宣扬传播传统美德。而《劝言》则深入浅出而极具实用性，对“孝悌”“勤俭”“读书”“积德”等作了简明到位而又深刻契理之论述，让人既增强理解又得要领。诚如其所言：“积德之事，人皆谓惟富贵，然后其力可为。抑知富贵者，积德之报，必待富贵而后积德，则富贵何日可得？积德之事，何日可为？惟于不富不贵之时，能力行善。此其事为尤难，其功为尤倍也。盖德亦是天性中所备，无事外求。积德也随在可为，不必有待。”[①] 这实是劝人行善无待，行善积德都是无条件的，“无事外求”而无条件者，才是真正的积德行善。而其原理则在“天性中所备”，这是对宋明理学天理自然、良知无待的

① 赵忠心：《中国家训名篇》，湖北教育出版社 1997 年版，第 247 页。

一种最佳诠释。而在朱氏的《劝言》中，是如此出之自然而契机契理。这里，我们还要提及的《劝言》类文献，还有清朝王中书的《劝孝歌》，此“劝言”循循善诱，以极强的说服力、感染力而成“劝孝”之果。故其在历史上亦为名作。

（作者：江西省社会科学院研究员）

湛若水与霍韬《家训》之比较

戢斗勇

过去研究湛若水，鲜有联系霍韬者。增城的南香山文化旅游景区建设，把这两位大儒拉在了一起并纳入了现实研究的视野。除佛道人物外，与南香山（亦称“南乡山”“南樵山”“峨眉山”“眉山”等）相关的学者型历史人物，现已知有三人，即葬于此地的宋代探花李昴英和明代礼部尚书霍韬，以及在此地办书院的明代南京礼、吏、兵三部尚书湛若水。

李昴英（1207～1251），字俊明，号文溪，番禺人。南宋宝庆二年（1226）进士，官至吏部侍郎。立朝有节，谥号忠简。陈白沙先生曾在李昴英的后代刻印《李文溪集》时应邀作序，而湛若水则为李忠简祠仪门撰联“父子一男两学士，祖孙四部二天官”。但毕竟李昴英与湛若水两人不同属一个朝代，本文暂不讨论他们的关系。

霍韬（1487～1540），字渭先，号兀厓，后改渭厓，南海县石头乡（现属广东省佛山市石湾区澜石镇）霍村人。正德九年（1514）会试第一名，殿试赐二甲第一进士出身，人称渭崖先生，官至礼部尚书太子少保。他在生之时，就相中了南香山之南部一块风水宝地，嘱咐家人在他死后定要将他葬身于此。霍韬生前就在南香山兴办了南粤书院，在霍韬未退休前一直派人看守，准备退休后即携家人住进书院里来，当时书院是否聘师招生待考。他还在书院内或前后周边挖有池塘。此书院或许就在霍韬坟茔一带，遗迹待觅。霍韬未挨到退休便在京任上去世，皇帝赐葬，并赐号文敏，追封太子太保。因而现存霍韬墓有“奉天诰命”大碑和明嘉靖皇帝御撰嘉赠霍韬及其夫人的祭文。

大儒湛若水1540年75岁退休回家乡后，于南香山之东部开坛授学，建莲洞书院，手书“湛子洞”三个大字，为南香山难得的摩崖石刻保留至今。湛若水在霍韬去世时致祭曰：“公之宅阴于眉山之南，我之书室近在眉山之东，幽明不暇，有感而通，浑然相寻于宇宙之无穷！”[①] 湛若水与霍韬这两个大儒，就这样被南香山关联到了一起。

湛若水与霍韬不仅仅是有南香山的这一点联系，霍韬生前与湛若水的关系较为密切。湛若水曾经请霍韬为自己的父亲湛瑛撰《赠尚书湛公神道碑铭》，霍韬也有书信与湛若水讨论湛氏所作《春秋》以及“礼”的学术理论问题。霍韬受中枢权臣夏言排挤，于1536年从吏部左侍郎明升暗贬为南京礼部尚书，就曾带着儿子霍与瑕兄弟拜时任南京吏部尚书的湛若水为师，霍与瑕后来成为湛若水的得意弟子。霍韬去世前一年担任朝廷礼部尚书掌詹事府期间，还在南京偕湛若水、邓贲斋等人游新泉书院，又与湛若水、邓贲斋、冼桂奇、何彦等游灵谷寺。在霍韬死后，湛若水不仅致祭，且撰墓表。虽然湛霍两人在大礼议中观点对立，在墓表中，湛若水对霍韬仍给予了极高的评价，谓霍为女娲补天式的中流砥柱。[②] 而且，湛霍二人属于姻亲关系，霍韬二女儿（1526～?）嫁给了湛若水的三儿子湛涞之（1525～1552），这当是霍韬去世以后的事，是否他生前就已经确定这门婚事，就不得而知了。另外，霍韬之侄霍若裕娶湛若水侄孙女为妻。

本文依照本次国际学术研讨会主题的要求，研讨湛若水的家风、家教和家训，觉得有必要将湛若水与霍韬联系起来研究。湛霍两人都编有《家训》，前者称《湛氏家训》，后者称《霍渭厓家训》。将两人的《家训》做一个比较，可使人们更深入地了解两人的思想，并让人们从两人的《家训》中得出一些教益。

一 湛、霍《家训》之同

我们首先来分析《湛氏家训》与《霍渭厓家训》的相同点。

（一）湛、霍的家族都面临同样问题

湛、霍两人都是在朝为官，官居二品，家族一些子弟和亲戚出现了仗势欺人、横行乡里的情形，致使两人声誉严重受损。

霍韬为官时，极力为家族聚敛资产财富。当时主要是利用权势大肆收买

---

① 湛若水：《祭霍韬》，《石头录》，广西师范大学出版社2015年版，第320页。

② 湛若水：《尚书湛若水表墓》，《石头录》，第381页。

无主沙田和寺产。沙田指的是沿海濒江淤泥积成的围田、潮田、桑田、荒田等。寺产则是朝廷压抑过于膨胀的佛道以及杂神崇拜，禁毁某些寺庙，人员遣散还俗所收缴的土地财产。霍韬曾把沙田比喻成野兔，“一兔在野，众共逐焉，无主故也；积兔在市，过而不问，有主也。海中沙田，野兔之类也，其争也，逐兔也。”① 他曾指使子侄“减价买田”，直到后来一发不可收拾，引起民众的不满，纷纷到官府告发。同乡的李氏就因为同霍氏争田土而殒命。霍韬只能给家族去信，规劝子弟收敛买卖土地的行径。他还采取一些补救措施，要求霍氏子弟对低价承买的土地按现价补偿，以减消民愤。霍韬担心家族子弟徒增事端，授人把柄，危及官位。他在家信中屡次提醒霍氏家族成员“凡事只谨守法度勿惹事”②，“只愿兄弟子侄勿生事为我累”③，他要求家人向他汇报“有人馈礼物否？曾受纳否？又本家有事干扰官司否？”④ 当他一发现苗头，立即制止。他写信质问“予每戒家人勿生事，勿求官司，勿得罪乡里，过人口舌。何为又去卖盐，又开银矿，又去做沙？皆不知足也。”⑤ 他要求“各兄弟勿惹闲事，乃闻又去布政司取椒票，是何道理？我居此地，当以廉介率百官，如辞受取与不严，赃官何所警戒？今年考察，可密访本处官，贪赃者来报，只勿枉人”⑥。他甚至深情地写道：“死后复能带天地金银入棺中否？生前劳劳，徒取人怨怒，取人冷谈冷笑。他日子孙过，人口齿皆云渠父祖平昔稔恶，今累及子孙也。”⑦ “天地生我，国家养我，将以福惠天下。”⑧ 霍韬聚敛土地财富，生前就受到夏言、龚大捻、李充浊、李鹤鸣等政敌的上疏攻击，身后更是谤贬不断，虽似有失公允，但对家族管教欠严，不能不被人诟病。

湛若水受政敌弹劾，主要是因私办书院。但他也与霍韬一样，自己在京做官，家人、族人中难免有些不肖者，凭借他的威望，横行乡梓，欺压平民，结怨于民。他在《付男柬之家书》中说：“近年人情上下日非，族中生事，乡里诈冒，名皆归我，忌者因起谗谤。”⑨ 在《付天润孙嘱书》中说：“水系第

① 霍韬：《两广事宜》，《渭厓文集》（六），广西师范大学出版社 2015 年版，第 2326 页。
② 霍韬：《家书》，《渭厓文集》（四），广西师范大学出版社 2015 年版，第 1613 页。
③ 霍韬：《家书》，《渭厓文集》（四），第 1623 页。
④ 霍韬：《家书》，《渭厓文集》（四），第 1626 页。
⑤ 霍韬：《与郭冢山书》（十一），《渭厓文集》（四），第 1603 页。
⑥ 霍韬：《家书》，《渭厓文集》（四），第 1631 页。
⑦ 霍韬：《家书》，《渭厓文集》（四），第 1623 页。
⑧ 霍韬：《家书》，《渭厓文集》（四），第 1627 页。
⑨ 湛若水：《付男柬之家书》，《泉翁大全集》卷之七。

三房，其长房长兄祯生师贤、师圣，孙大川、如川、似川、象川、至川等，皆不循教法，赌钱饮酒，撒泼殴人，至死无悔，所不足取矣。”① 在湛若水去世后，“其家人夷书院为墓，庵于九龙泉下，供大士像，名水月庵……虽文简所不料，而实有以启之”。② 可见甘泉先生也因不肖子侄而被人诟病。

（二）湛、霍采取了同样的解决方法

湛、霍两人在生前就已经知晓了家族中不肖子侄的劣迹，并想方设法防范这类事件的发生。他俩不约而同地采取了编写《家训》的方法，将家族的教育和行为规范放在了十分重要的地位。

霍韬于正德二年（1507）制定《家训》二十篇，作为其推行家族礼仪教化的范本。嘉靖八年（1529），霍韬又重新润色并精简《家训》至十四篇，并增添三篇附录。他在《家训·序》中明确表示“于戏！立家极难，败家极易，祖考尝为其难矣，兄弟子孙毋为其易也哉，念哉念哉，保尔家哉。”③ 霍韬不仅编写《家训》，还建造宗祠，广置族产，霍氏家族控制有铁、炭、陶瓷、木植等，以及其他“便民同利”的产业，诸如墟场、市肆、码头、店铺，等等。于是霍韬实行家族管理，并于嘉靖四年（1525）在家乡建立祠堂和子弟学校石头书院。嘉靖九年（1530），霍韬因母丧归家，将母葬于西樵山，并在山上建立了四峰书院。这些都当另文探究。

湛若水的《家训》成书于嘉靖二十年（1541），“这份家训是湛若水退休回家乡后编写的，因为他常年在外地做官，疏于管理家族和家庭事务，回乡后看到家族和家人与乡邻的关系并不和睦，多生事端。于是，他痛下决心，整顿家务。他以家训的制订和推行为抓手，在家训中应用其‘体用浑一’之学，把全书分三十五章，内容包括宗法制度、合食制度、冠婚丧祭礼、赈济抚恤等，尤重家庭成员的伦理道德教育。家训编成后，由其弟子、当时巡按广东的监察御史洪垣向各府县推行。洪垣还为之作序，曰：‘吾师甘泉先生具明德新民之学，既尝以其政齐家者，推之于国与天下矣’”。④ 当时湛若水已经 76 岁退休在家。从他的家书中，可以看到，他也有一些不肖的家族子侄，因而也采取了修编《家训》的方法来进行约束规

① 湛若水：《付天润孙嘱书》，《泉翁大全集》卷之二十四。

② 檀萃：《白云寺》，《楚庭稗珠录》，广东人民出版社 1982 年版，第 161 页。

③ 霍韬《家训前编》，《渭厓文集》（六），第 2339 页。

④ 戢斗勇：《甘泉学派》，广州出版社 2017 年版，第 36 页。

范。他要儿孙们按照《家训》行事，对破坏家规的“坏家法者”，要从祠堂开除出去。如《付天润孙嘱书》：“今特立嘱书一样四本，其一本付天润，一本付嗣先，一本付寿曾、寿鲁，一本付绍先、光先等，各各永远执照遵行。若有一人敢背《家训》，分田分爨，租利不依各管庄家人公分各送，敢有多取多言，以坏家法者，即是不孝子孙，斥之不许入祠。故嘱。”[1] 他还以方献夫、霍韬家为警示，在《付男柬之家书》中说：“只望尔归管家行《家训》，令习熟不废，可免别人议笑于身后，如方霍子孙叔侄纷争如仇也。”[2]

当时许多官宦人家都编制《家训》，成为一时的风尚。广东籍在朝为官者中，如伦文叙、方献夫、庞尚鹏等，这些家族在成为望族后，十分重视家族内部的管理和永续发展壮大，都将目光投向编撰《家训》，湛、霍的《家训》就是这一风潮的代表。

二 湛、霍《家训》之异

虽然湛、霍两人都重视《家训》，但两人的《家训》还是有很大的不同。主要表现在以下三个方面。

（一）篇章内容不同

按郭海鹰博士编注的《湛氏家训》，共计 35 章。其篇章依次为：明一体、推爱、保同、异同、戒私爨、问安省过、同异、公分租、合食训、合食荐、合食仪节、明冠礼、明婚礼、明娶妇、明丧礼、明祭礼、明礼客、明非礼之礼、节酒食、戒服美、勉勤励、立家长、蠲帮赡、恤孤寡、培宗子、立家塾、义阡施棺、济饥荒、发义仓、祭品、修缉弊坏、正礼教、遵赡法、择童仆、慎典籍。并有序、跋、后三篇附录。

《渭厓文集》中的《家训》分“前编”和“续编”。《家训前编》有序、《家训提纲》《合爨男女异路图说》，后有十三节，依次为：田圃、食箱、货殖、赋役、衣布、酒醋、膳食、冠婚、丧祭、器用、子侄、蒙规、汇训，其中蒙规有三篇，与涵芬楼版的《霍渭厓家训》相通，其他各节只是一个“纲”，具体的“目”则应读涵芬楼版《霍渭厓家训》。《渭厓文集》《家训》

---

① 湛若水：《付天润孙嘱书》，《泉翁大全集》卷之二十四。

② 湛若水：《付男柬之家书》，《泉翁大全集》卷之七。

后有祠堂四言诗五首。亦有版本附录祠堂事例、社学事例和四峰书院事例及跋。《家训续编》有序和内文16篇，依次为：雍睦、友爱上、友爱下、敦睦、家教、婚娶、子弟、子侄、俭德、慎德、嗣世不肖、世载秽德、奕世儒宗、奕世清德、阴陟、先德，均为史上各类家族事例。

（二）理论构架不同

湛若水是著名的心学家，正如郭博士在编注《湛氏家训》的“导读”中所言：这部《家训》“是一部富于理论色彩的家训”，其核心思想和逻辑起点是湛若水一生贯彻始终的“天地万物一体”的理念。“在《家训》中，湛若水以‘一体’的整体观为理论依据，从家族家庭的内在关系，到家庭与家族的道德伦常、礼仪、婚嫁、丧祭、饮食、服饰、教育、义举等方方面面，进行全面而详尽的阐述”。[①]《湛氏家训》的理论架构反映的是哲学家、心学家编写的手笔，是湛若水的心学思想在家庭问题上的贯彻。

霍韬虽有心学思想，但他并非哲学家，而是一位杰出的政治家。他以参与大礼议闻名，霍韬一生执着于“礼”，以礼为大者，“礼”被他认为是家国延续和治理的基本原则。“礼”的基本的价值观，也成为《霍渭厓家训》的逻辑起点和核心理念。

（三）特点倾向不同

郭博士概括了《湛氏家训》的四个特点：第一、亲情与仁爱；第二、礼仪与恭敬；第三、宗祖与传承；第四、齐家与治国。在涉及财物方面，遵循“平等”和“勤俭节约”的原则。

《霍渭厓家训》重视家族经济和童蒙教育。由于霍韬自己就是通过古代科举考试的途径，经历了读书—考试—做官“三步曲”实现政治身份的提升，同时也使得霍氏由平民家族上升为士绅家族。因而他的家训的核心问题是立家保家，内容涉及的问题许多是经济方面的，反映了商品意识、工商经济已经渗入宗族伦理之中。而童蒙教育内容的《蒙规》三篇，与其他十二节相比，分量大、规范详细。他通过《家训》维系家族，尤重严格对族产的管理，这些与霍韬不断扩大家族产业，需要规范家族的经济管理有关，也可以从他兴办石头、四峰两间专供家族子弟读书的书院的举措，为其《家训》的特点倾向找到佐证。

---

① 郭海鹰：《湛若水家训当代解读》，广州出版社2017年版，第3~4页。

三　湛、霍《家训》之优

《湛氏家训》和《霍渭厓家训》的编撰并在家族内实行，为湛霍两家的子孙培育起到了良好的效果。湛若水儿子“涞之名在第一等第十，湘之名在第二等第一”①，“次孙天润素守礼法，读书好学，补增城县学廪膳生员，立心操行，孝弟忠信，人无间言，又克承水学，以圣贤为志”②。霍韬更是对子孙教育有方，长子虽不幸早丧，但在 15 岁时就已注释《楚辞》。二子霍与瑕是进士，任官浙江慈溪知县、兵部职方司员外郎、广西左江按察司，是甘泉学派的重要一员。七子霍与樱和九子霍与瑺都是举人。

由于湛若水和霍韬是名人，两人所编撰的《家训》在历史上有较大影响。湛若水门生冼桂奇、潘洋皆以《湛氏家训》秉“中正之法”，可“训天下后世”。门人曾贯则用《湛氏家训》于本家族。广东右布政使应良撰《书〈湛氏家训〉后》。《湛氏家训》在 1541 年梓印并由洪垣推行后，曾于民国十年（1921）由华文书局承印出版。《霍渭厓家训》编撰后，有嘉靖八年石头书院刊本。嘉靖十五年就有南京卞氏登门拜访，求取霍韬家训作为样板。《霍渭厓家训》有明代汲古阁精钞本，收入清末民初《涵芬楼秘笈》，还有现代的《丛书集成续编》本。广西师范大学出版社 2015 年出版了《渭厓文集》，包含了《家训》。该社 2015 年还另行出版了《霍渭厓家训》。

湛、霍的《家训》有许多内容，对于今天的家庭教育，仍有十分重要的价值。例如，《湛氏家训》提出要按照儒家的“推爱”原则处理家庭成员的关系；他提出“明非礼之礼”，对不合理的乡规民俗，敢于大胆变革，绝不因循守旧；他甚至对“择童仆”都提出了独到的见解，主张要雇用老实本分的人，这对于当下怎样雇用保姆等服务人员，是有教益的。《霍渭厓家训》认为应当从小教育子弟，规定言行举止和仪容仪表，养成良好的生活习惯；要求子侄应当尊师重道、孝敬亲人、友善朋友，要求子侄学习技艺，特别是强调教育子侄从小参加农活劳作，体验了农业劳动的艰苦辛酸，就会产生爱惜粮食，尊重农民的善良心理，养成勤劳节约的好

---

① 湛若水：《付男柬之家书》，《泉翁大全集》卷之七。

② 湛若水：《告祖考文》，《泉翁大全集》卷之十五。

作风，免于沦为好逸恶劳的流俗。他说：“家之兴由子弟之贤，子弟之贤由乎蒙养。蒙养以正，岂曰保家，亦以作圣”①。“童蒙以养心为本，心正则聪明。故能正其心，虽愚必明，虽塞必聪；不能正其心，虽明必愚，虽聪必塞”②。“规曰，诵读，所以致知也；字画，咏歌，习礼，所以游艺也”③。他在家书中说：“自今我家有不肯力耕者，以不孝论……各兄弟俱要尽力农作，以劝子侄。子侄不肯耕，斥出”④。有著者指出：《霍渭厓家训》突出了“有付出才有收获”，“霍韬家训打破了宋明理学家教人‘半日静坐、半日读书’的观念，特别强调了劳动的重要性。直到如今，这种观念依然有着十分重要的借鉴与现实意义。”⑤ 霍韬要求霍氏子弟“做第一等人事，做第一等人物，占第一等地步，使乡邦称为忠厚家，称为谨慎家，称为清白家，称为勤俭家，称为谦逊家。子弟守礼安分，保家业不坠，遵家法不坏，我望足矣！”⑥ 霍韬甚至为家族子弟和祖先的关系设计了“会膳”制度以及一种新的仪式“报功最”考功制度，“会膳”体现孝道，而“报功最”实际是一种全面的绩效管理的制度，进行严格考核，奖优罚劣。湛、霍的家训当然也存在时代和认识的局限，例如《霍渭厓家训》里面就有明显的歧视妇女的思想；再如，湛、霍两人提倡的合爨制，也是不适应当代家庭的。

虽然历史发展了，社会进步了，但家庭仍是社会的基本细胞，是人生的第一所课堂、终身的学校。家风的建设和传承，影响着一个人的一生、一个家庭的和睦、一座城市的社会风气乃至一个国家和民族的未来。传统家训中记录的箴言警句、规定的为人处事原则，树立的品德言行要求等，这些传统虽不是“篇篇药石，言言龟鉴”，但却是先人们留下的一笔丰厚而宝贵的文化遗产，是家庭美德非常重要的载体，从古至今都是培养道德情操、规范行为举止的有效方式。在当今的社会文明建设中，党和国家十分重视家风、家训和家教的作用，习总书记多次做过重要指示，并根据领导干部子女、家属腐败类案件一直呈上升趋势，影响恶劣的状况，明确要求

① 霍韬：《家训前篇》，《渭厓文集》（六），广西师范大学出版社 2015 年版，第 2346 页。
② 霍韬：《家训前篇》，《渭厓文集》（六），第 2347 页。
③ 霍韬：《家训前篇》，《渭厓文集》（六），第 2356 页。
④ 霍韬：《家书》，《渭厓文集》（四），第 1613 页。
⑤ 李楠：《中国古代家训》，中国商业出版社 2014 年版，第 138 页。
⑥ 霍韬：《与郭冢山书》（十二），《渭厓文集》（四），第 1605 页。

领导干部要把家风建设摆在重要位置，做到廉洁修身、廉洁齐家。在社会民众中，夫妻、婆媳关系紧张，子女教育遭遇困境等家庭问题频发，让很多人感到棘手和无措，从族谱家训中汲取文化养分，对于缓解家庭矛盾一定是有利的。从这个意义上，我们认真研讨《湛氏家训》和《霍渭厓家训》，从中吸取有益的资源，是有重要的现实意义的。

（作者：佛山科学技术学院岭南文化研究院研究员）

湛氏家训的传承和创新

林海华

党的十八大以来，党中央和习近平总书记高度重视家风建设。习近平总书记强调，要注重家庭、注重家教、注重家风。湛若水家训，是湛若水心学与实践相结合的产物，是“随处体认天理”和“治心立性命”学说向生活和实践的延伸和拓展。研究传承湛氏家训，对深化湛若水心学理论研究，弘扬社会主义核心价值观和中华优秀传统文化，推进新时代家风建设，具有一定的现实意义和思想价值。

一　挖掘湛氏家训思想精华，弘扬传承核心价值观

修身齐家，是湛若水家风建设的目标，是湛若水心学的逻辑路径、思想图景。湛若水秉承传统中国修身齐家治国平天下的思想，继承传统中国家风建设的经验和做法，编写了湛氏家训，其目的，用他的话来说，是“修身、正家、裕后”。湛若水家训，涵盖了生活起居方方面面，涉及从家庭、家族到乡村建设很多领域，说理透彻，通俗易懂，内容丰富，不乏精华。主要思想精华有重亲情、明礼仪等。

（一）重亲情

亲情是家庭维系的纽带。湛若水在家训中，用大量的篇幅阐述了父母、兄弟、妻子的情义，尤其是兄弟之间的情义。在他看来，一是兄弟一体同根。开篇第一章即是“明一体”。他针对现实中常常存在的兄弟之间“竞利”“忿斗”现象，强调兄弟“出于父母一体”，“必相友爱”“必相护卫”，而不是“各私自爱”“各不相顾”。兄弟同根，如同树木，“其根干不得不同，其枝叶花实不得不异，其同小异，无非自然之理”。二是爱父母兄弟如

同爱妻子。针对一些人爱自己的妻和子，而“其薄父母兄弟”的现象，他强调要像父母爱我们一样爱父母，要像爱妻子一样爱兄弟。湛若水的这些表述，体现出中国传统以血脉为纽带的孝亲、仁爱思想。家庭以爱来维系，重视亲情、互献爱心，是家庭、家族和睦有序、平安幸福的基础。对照当下，现实社会中不乏兄弟争抢财产、房产而反目成仇者，不乏只顾老婆小孩、对年迈父母少闻少问甚至不闻不问者。传承优秀家训、良好家风，就是要倡导湛若水提出的兄弟一体同根、爱父母兄弟如同爱妻子的思想，就是要倡导家庭成员之间相互关爱、谦让互利的精神。

（二）明礼仪

礼仪是家庭建设的基本内容。湛若水重视对家庭、家族的礼仪教育，他对家庭基础礼仪做了多方面的规范，主要有七种，一是冠礼，即行成人礼。他认为，成年必须行冠礼，而且要行考古礼。二是婚礼。针对婚礼奢侈现象，他提出节省办事，只有少量礼金和礼物，数量过多则是不孝行为。三是娶妇。针对娶媳妇论财的现象，他指出这是“夷虏之道”，“宜深戒之”，“不许向妇家索要财物”。四是丧礼。针对用酒肉招待参加葬礼的宾客，他认为这种做法不可提倡，应该与吉礼区别开来，保存哀思。五是祭礼。他认为，对祖先的祭祀是“继养”，要有孝敬之心，可有酒有肉，但不要“好尚奢侈”。六是礼客，即待客之礼。他针对南京、北京待客太过奢侈的现象，提出乡间待客规矩，教诫“不可流连放纵，教子孙习为奢侈，流荡害事”。七是非礼之礼，即乡俗没有由头的饭局。湛若水针对乡间普遍存在的动辄在家请客吃饭的现象，指出为表恭敬，应该选择合适的时间主动上门请客。不能花太多的时间在应酬上，以免影响妨碍生产经营。从湛若水对各种礼仪的规范来看，湛若水提倡遵循礼仪，注重适度，反对奢侈浪费。湛若水所言，对今天种种不良社会现象仍有很强的针对性和指导性。在现实生活，一些封建思想和腐朽思想沉渣泛起，一些地方的婚娶丧祭花样繁多、比富攀财，一些家庭嫁不起、娶不起、死不起，哀事办成喜事。还有一些人整天忙于应酬，“下班思来想去，下班约来约去，晚饭眉来眼去，饭后摸来摸去”。传承好家训好家风，就是要传承湛若水“随处体认天理”，从各种礼仪、礼遇中弄明白个中道理，遵守礼仪但不失德，把握尺度而不贪财、不贪酒食，注重节俭而不奢侈浪费，喜事喜办、哀事哀办。

（三）立家规

家规是家庭建设的重要手段。湛若水家训本身为一本家规手册。他在家训中，除了在父母、兄弟、妻子关系和礼仪方面制订很多规矩外，还对家人在衣食住行等方面立了很多规矩。他提出“公分租”，对财产的分配，注重公平，主张按子孙，而不是按人房头分，“人各一份，人人同饱”，体现出公平、平等观念。提出“立家长”，让年长者管束子弟，不能让子弟有“非为放纵、饮酒赌博之类”，体现出强烈的法律意识。提出“立家塾”，告诉子孙不分老少，“不可不令读书知礼法”，体现对家庭家族的责任担当。此外他还在多方面对家庭家族作出规范，如在“祭品”篇中，对祭礼用品的规定具体到水果、菜、酒和汤饭。湛若水立家规，所要构建的是一个公正平等、向善向上、知礼守法的家庭秩序和家庭形态。传承好家风好家训，就是要强化家庭、家族的规则意识、法律意识，倡导公正平等理念，增强责任担当。

（四）倡勤俭

勤俭是治家之本。湛若水家训，通篇透露出勤俭节约的思想。不仅在婚娶丧祭等方面倡导勤俭作风，在衣食住行上也要求勤俭。他要求家人“节酒食”“戒服美”，要求家人“平常家居，不许饮酒”，平常要吃咸鱼、时菜和小鱼；“男子十五以下，只宜衣布帛”，不能“养成其华靡之习”。他要求家人勤劳，“鸡鸣即起，百事可理”。湛若水倡导的勤俭家风，是对中国传统美德的继承和发扬。勤俭持家，历来是中国人的优良品质，至今尤甚。传承好家风，就是要推行湛若水提出的“节酒食”“戒美服”，反对享乐主义和奢靡之风，永葆艰苦奋斗本色；就是要治懒治慵，倡导务实干事，勤奋创业。

（五）行友善

友善是社会和家庭和谐的润滑剂。湛若水家训，倡导关爱他人、关爱弱者。他在“蠲帮赡”篇中提出，要帮助本家读书人，提供粮食、靴帽、灯油、纸笔。在“恤孤寡”篇中，对孤寡给予粮食支持，使其“自养自用”“各得其所”。在“济饿荒”篇中，告诫子孙，对乡邻“遇荒年不能自活者”，“量作粥活之”。在“发义仓”篇中，湛若水按照母亲遗愿，建立“义仓”，对无种子耕种的村民，借给种子，帮助村民渡过难关。湛若水的这些训诫，体现出仁爱、友善精神，是对其修身齐家思想的践行和延伸。这种精神在当今社会尤其要提倡。关爱他人、同情弱者，是建设社会和谐的基础，是建设美好幸福家园的重要支柱。当前国家大力提倡关爱他人、关爱社会，大力开展志愿服务、扶贫助弱工作。但乐于助人的人在社会上仍不够多。单从志愿服务领域看，广东省的志愿者占总人口比例仅百分之七八，相比西方国家大多在百分之十五以上的比例，我们仍显得很少。传承好家风，就是在全社会所有家庭家族中强化关爱他人、关爱弱者的意识，提高人们践行关爱精神的积极性和主动性，共同构筑大爱社会。

二　注重传承创新，推动湛氏家训的大众化生活化

湛氏家训是历史产物，不可避免地存在一定的历史局限性，刻烙上深深的历史印记。对湛氏家训，要坚持古为今用、推陈出新的原则，做好创造性转化和创新性发展，把传承弘扬家训思想与群众性精神文明建设结合起来，与家风家教活动结合起来，在转化创新上下功夫，在普及推广上下功夫，在结合融入上下功夫，取其精华、去其糟粕，着力推动湛氏家训时代化、大众化、生活化。

（一）要提炼，去粗取精

湛氏家训积淀着丰富的传统文化精髓，体现在忠、孝、俭、和、善的中华传统美德上，体现在仁、义、礼、智、信的中华传统价值观上。但湛氏家训毕竟是湛若水所处时代的思想和实践反映，其思想和内容都带有当时的时代印记，要发挥湛氏家训在当代的影响力和育人功能，必须根据新时代的要求和社会实践，对湛氏家训进行科学的提炼和合理的开发利用，挖掘其合理内核，剔除其时代印记和不合时宜的内容。比如，湛若水认为火葬是不孝的表现，这在当时是正确的，在现在则与国家提倡火葬的政策是相矛盾的，但孝的精神是值得提倡的。比如提倡平常生活，咸鱼、时菜、小鱼即可，我们现在过上小康社会，饭菜应该更丰富一点，但节俭精神是值得继续提倡的。

（二）要简化，去繁就简

湛氏家训，以说理说教、立规立矩为主，不限体例排比，不同于朱氏家训、颜氏家训重体例、重排比和重背诵、重记忆，不容易被当代人所理解接受、传承弘扬，某种程度上影响其广泛性、深入性。要使更多的人理解掌握、传承践行，实现湛氏家训的大众化生活化，就必须根据时代需要作外科手术，进行简单化、通俗化处理。一种方法是翻译，古文今译，使用现代话语，保存基本思想，让更多的现代人读懂领会。另一种方法是精简，保留精华，剔除冗长，做到通俗易懂，易记易诵，方便更多的人接受理解、传承践行。

（三）要活化，激而活之

湛氏家训，如同古旧建筑，既然有学术价值和思想价值，就应该把它激活，改造更新，注入新鲜血液，为今人所用。湛氏家训蕴含着丰富的人文精神和道德思想，挖掘利用、激活传承其思想精华，是弘扬优秀家风、深化家庭建设的需要，是践行社会主义核心价值观的需要。活化湛氏家训，就是把湛氏家训融入社会生活中，注入现代思想元素和传播形式，通过多种形式、多种渠道表现出来，达到改造人、教育人、熏陶人的目的。一是内容活化。结合当前核心价值观建设，改造更新家训内容，使之具有时代活力。比如，吸取湛氏家训精华，编写新湛氏家训，使湛氏家训更具有时代价值。摘编湛氏家训，形成精华本，供人们学习，等等。二是形式活化。既可利用传统的宣传栏、报纸、广播电视等形式，又可利用微信、微博等新媒体，展示湛氏家训的精华部分，使之在当地乃至全省、全国产生名人效应和思想效应。

（四）要普及，推而广之

湛若水作为一代大师，是岭南名片、广东名片。湛氏家训积淀着丰富的优秀传统文化元素和心学精神，不仅有很强的学术价值，还有很强的权威性和社会影响力。普及推广湛氏家训优秀思想，既是深化甘泉心学研究的需要，也是弘扬优秀家教家风的需要。一是加大普及推广力度。湛氏家训，除本地人外，知之甚少。加大普及推广力度，才能提高知名度、扩大影响力。可以利用各种阵地、各种媒体，进行宣传普及。比如，编印湛氏家训公益广告，使湛氏家训在一定范围内家喻户晓。将湛氏家训精华编成短信、微信，发送广大市民。将湛氏家训中名言警句镌刻在石碑上，成为城市名片。组织书法家书写湛氏家训，赠送市民。二是融入主题教育活动。结合文明创建、家风建设，规划设计主题突出的群众性活动，推动湛若水优秀家训思想、家风精神，进社区、进学校、进乡村。比如，以湛氏家训为主题，开展征文、演讲活动，开展学家训、传家训、用家训主题活动，组织专题电视访谈节目和专题教育活动等，推动良好家训家风思想转化为践行核心价值观的重要精神力量，转化为促进社会和谐稳定的实际行动。

（作者：广东省广播电视网络股份公司副总经理）

诗道即心法

——论陈献章心学诗道

邱鸿钟

孔子为何将《诗》放在六经之首？一代大儒陈白沙又为何不著书而独好为诗？为何在古希腊的传说里，人间最早的诗人是神的儿子？黑格尔为何认为诗是最高阶段的艺术？海德格尔为何说“人充满劳绩，但还是诗意地安居于大地上”。这些穿越历史与现实、哲学与文学、古今中外数千年的提问是非常令人惊奇和值得探讨的。

清代乾隆年间佛山学人陈炎宗在《重刻诗解序》中评论道：“族祖白沙先生以道鸣天下，不著书，独好为诗。诗即先生之心法也，即先生之所以为教也。先生之道因诗教而益彰矣。”① 提示，诗在陈白沙的心学中占有非常重要的作用，可谓白沙心学的认识论和方法论的主要特征。我们如何基于现代哲学等跨学科的知识背景来理解白沙心学的这一诗意特征是本文讨论的主要目的。

一　作诗切莫迷失本真

何为诗？东汉许慎（约 58~约 147 年）在《说文解字》中释义道：诗，志也，从言。南朝刘勰（约公元 465~520 年）在《文心雕龙·明诗》中对诗的解说则是：“诗言志”，“在心为志，发言为诗，“诗者，持也，持人性情。说明古人重点将诗界定为志向、意向心理活动的表达或展现的方式，而不在乎它是一种有韵律的文学体裁的形式。陈白沙深谙诗的这一本质特

① 孙通海点校《陈献章集》（下），《重刻诗教解序》，中华书局 1987 年版，第 700 页。

征，反对不少诗人只是追求诗的词句华丽而忘记诗的作用的做法。陈献章认为诗来源与人对自然的领悟，而且人人皆是天生的诗人，他说："受朴于天，弗鉴以人；禀和于生，弗淫以习。故七情之发，发而为诗，虽匹夫匹妇，胸中自有全经。此《风》《雅》之渊源也。"基于这样的认识，白沙先生指出了当时诗学上的不良风气："诗家者流，矜奇眩能，迷失本真。"[①]（《夕惕斋诗集后序》）诗者过于拘于声律、工整对偶，穷经皓首，粉饰文貌，但无补于世，即使是号称大家的李白杜甫，其诗也没有实现诗的真正目标。

将诗仅仅理解为一种优美的文学体裁，还是理解为一种可以助人理解自然奥妙的认识方式与贯通六经的学习方式，两者境界的差异的确非常之大。当时有一位后学问白沙先生："君子之所以学者，独诗云乎哉？"白沙回答："一语默，一起居，大则人伦，小则日用，知至至之，知终终之，此之谓知。其始在乎立诚，其功在于明善，至虚以求静之一，致实以防动之流，此学之指南也。"[②]白沙先生认为，诗可用之而小，也可用之而大，全存乎人。他说："天道不言，四时行，百物生，焉往而非诗之妙用？会而通之，一真自如。故能枢机造化，开阖万象，不离人伦日用而见　飞鱼跃之机。若是者，可以辅相皇极，可以左右六经，而教无穷。"[③] 在白沙先生看来，天道运行的神机妙算几乎就是一本有韵律的诗篇。下面让我们穿越几个世纪来看看西方哲人是如何看待诗与人的本真的关系的。海德格尔特别欣赏荷尔德林的下列诗句："人充满劳绩，但还诗意地安居于这块大地之上。"他评论道：荷尔德林重言诗意的安居是在这块大地上的安居绝不是多余的，反而道出了诗的本质"诗并不飞翔凌越大地之上以逃避大地的羁绊，盘旋其上。正是诗，首次将人带回大地，使人属于这块大地，并因此使他安居。"[④] 人是世界上唯一会制造劳动工具和用劳动创造生活的高级动物，但为什么如此辛劳的凡人却还需要诗意地安居这块大地之上？这是因为诗的特性给人类从劳绩中抽身而出的思想解放和意义的赋予。人毕竟不是动物，而是有一种追求意义的高级神灵，如果说树巢、土穴、洞窟能为躯体挡风遮雨的话，那么，诗才能让人的神灵安居。因此，海德格尔说："诗首

① 孙通海点校《陈献章集》（上），《夕惕斋诗集后序》，第 11 页。
② 孙通海点校《陈献章集》（上），《送罗养明还江右序》，第 25 页。
③ 孙通海点校《陈献章集》（下），《夕惕斋诗集后序》，第 11 页。
④ 海德尔格著，郜元宝译《人诗意地安居》，广西师范大学出版社 2002 年版，第 75 页。

先让人的安居进入它的本质”，“有诗人，才有本真的安居。”这种本真的安居如何理解？借白沙的解释，就是“以自然为宗，以忘己为大，以无欲为至，即心观妙，以揆圣人之用”。安居的本质是心安，而这种心安来自于自我：“自信自养以达诸用，他人莫能助也。”① 当然，心安也是可以观察测量的，白沙借程子的话说：“切脉可以体仁，仁，人心也。充是心也，足以保四海，不能充之，不足以保妻子。”② “四海”一词，在汉语中的基本释义本指全国或世界各地，但在中医《灵枢·海论》中特指人身之四海：即髓海、血海、气海、水谷之海。纵观上下语境，白沙此语指身体之四海似乎更为贴切。因为在传统中医看来，心的状况是密切关乎五藏六腑的健康的，有云：”心为五藏六腑之主“心动则五藏六腑皆摇”而”恬淡虚无，真气从之，精神内守，病安从来。是以志闲而少欲，心安而不惧，形劳而不倦，气从以顺，各从其欲，皆得所愿。故美其食，任其服，乐其俗，高下不相慕，其民故曰朴。是以嗜欲不能劳其目，淫邪不能惑其心，愚智贤不肖不惧于物，故合于道。所以能年皆度百岁，而动作不衰者，以其德全不危也。“（《素问·上古天真论篇》可见，简而言之，志闲、心安才是人安居的本真！

二 诗让人看到了内在的无限的自由的心灵

孔子为何在文学中独取《诗》作为六经之首？亚里士多德为何只著《诗学》而不是其他文论？陈白沙先生又为何只言诗教？而不直言心学之理？黑格尔为何认为“诗的原则一般是精神生活的原则”？诗在文学、艺术和哲学等跨界领域中为何都具有如此崇高的地位？要解答上述这些问题就必须朔源诗的艺术属性，以及追问诗与存在之思的关系，或者说诗道与心学有何内在的关系？

海德格尔注意到了这个有趣的问题，并对两者的关系作了最诗意的简述，他说：“思服从（存）在的声音，就须寻觅言词，以便使（存）在的真理得以表出……诗与思在照看语言这一点上极其相似，但它们同时又各有

① 孙通海点校《陈献章集》（下），《送张进士廷实还京序》，第12页。

② 孙通海点校《陈献章集》（上），《古蒙州学记》，第26页。

所司。说‘类似’，意味着有‘差别’。思者道说存在，诗人命名圣神。”[①]“在思中，存在成为语言，语言是存在的家。在其家中住着人，那些思者以及那些用词创作的人，是这个家的看家人。”[②]海德格尔并不看好思（考）对认识存在的作用，他认为存在之思既是一种高级的漫游，也是一种非常困窘的事情，虽然是一条无法回避的幽僻的小径，至多不过是一条不会带来什么簇新的智慧，也会迟早会放弃的田间小道。[③]海德格尔为何对千百年的存在之思（科学与哲学）不寄予厚望呢？这是因为他认为建立在概念基础之上的思对于存在来说是贫乏的、偏见的、狭隘的、不够自由和开放的。之前，黑格尔是这样看待诗对心灵自由开放的作用，他说：“诗艺术是心灵的最普遍的艺术。”这是因为创作诗的心灵本身已经得到自由，诗力求摆脱外在形成材料（或媒介）的重压，不受为表现用的外在感性材料束缚，而只在思想和情感的内在空间与内在时间里逍遥游荡。[④] 黑格尔和海德格尔都认为作诗是一种与思非常相近的活动。在黑格尔看来，当人意识到自己的内心活动，这种内心活动就变成了自己的对象，这时，心灵既是认识主体，又是认识对象，这样它才是自觉的。[⑤] 这也就是说，创作诗的过程就是一个自我认识和自我觉察的过程。与思相比，作诗还必须寻找合适的字眼来贴切地表达自己的观念和情绪体验。黑格尔认为使用艺术来表达思的必要性，就在于通过把心灵的生气灌注于外在的现象，让眼睛看的见的现象成为灵魂的住所，让人从有时间性的环境和有限的事物行列中浪游的迷途中解脱出来。[⑥] 艺术的理想本质就在于使外在的事物还原到具有心灵性的事物，使外在的现象符合心灵，成为心灵的表现。[⑦] 艺术借用形象要比思用概念更容易让人看到自己的内心世界。因为思的抽象的普遍性和特殊性并不是真实的和现实的，理念的现实性只有在具体个别事物里才能得到。显然，哲学和科学都是抽象的，而艺术是具体的、个别的和现实的。

接下来的问题是：为何唯独诗是最适合思表达的艺术形式呢？而不是

---

① 海德尔格：《人诗意地安居》，郜元宝译，第 27 页。
② 海德尔格：《人诗意地安居》，郜元宝译，第 24 页。
③ 海德尔格：《人诗意地安居》，郜元宝译，第 31 页。
④ 黑格尔：《美学》第一卷，朱光潜译，商务印书馆 1994 年版，第 113 页。
⑤ 黑格尔：《美学》第三卷，朱光潜译，第 10 页。
⑥ 黑格尔：《美学》第一卷，朱光潜译，第 195 页。
⑦ 黑格尔：《美学》第一卷，朱光潜译，第 201 页。

美术和音乐等艺术形式。这是因为“诗所特有的材料就是想象本身，而想象是一切艺术类型和艺术部门的共同基础。”[①] 海德格尔甚至说：“一切艺术本质上都是诗。”[②] 由于诗可以去表现一切可以纳入想象的内容。所以，黑格尔认为，“艺术类型发展到最后阶段，艺术就不再局限于某一类型的特殊表现方式，而是超然于一切特殊类型之上。”诗既是人类最早的源始的母艺术，也是一种超然一切艺术之上的最后阶段的普遍艺术。因此，“诗比任何其他艺术的创作方式都要更涉及艺术的普遍原则。”[③] 在各门艺术之中，只有诗才可能这样向多方面发展。诗的表现所用的材料不象建筑、绘画、雕塑等艺术形式强烈地依赖于外在的具体感性的媒介，而是以内心的观念和观感这些精神性的媒介代替了感性的媒介。诗可以用各种内在和外在的形象显出心灵对存在思的最大的自由度。

三 诗人的天职是返乡[④]

陈献章在《归田园三首》中吟道：“我始惭名羁，长揖归故山。”[⑤] 他为何放弃在外继续求学求功名回归故里？当时的社会环境正值贵族弄权、英宗复辟等社会动乱时期，宋以来的程朱理学占据了意识形态的统治地位，思想界如同一潭死水，献章两次参加科举会试不中，一身学问但仕途无望，落第后再拜江西程朱理学家吴与弼为师，学习古圣贤垂训之书，“然未知入处”，似乎没有找到真道，半年后，他返乡回到家乡白沙村闭门不出，开始他“既无师友指引，惟日靠书册寻之，忘寝忘食”数年，但仍处于一种茫然的“未得”之状况。他终于明白“学人言语，终是旧套。”[⑥] 他对旧学有了自己批判的眼光“圣贤教人，多少直截分晓而人自不察。索之渺茫，求诸高远，不得其门而入，悲乎！”。[⑦] 后来，他终于领悟到“疑者，觉悟之机也。一番觉悟，一番长进。章初学时亦是如此，更无别法也。”[⑧]。他在故园

---

① 黑格尔：《美学》第三卷，朱光潜译，第 13 页。

② 海德尔格：《人诗意地安居》，郜元宝译，广西师范大学出版社 2002 年版，第 90 页。

③ 黑格尔：《美学》第三卷，朱光潜译，商务印书馆 1994 年版，第 14 页。

④ 海德尔格：《人诗意地安居》，郜元宝译，广西师范大学出版社 2002 年版，第 68 页。

⑤ 《陈献章集》（上）《归田园诗》第 292 页。

⑥ 陈献章集（上）《与张廷实主事》三十四，第 174 页。

⑦ 陈献章集（上）《与张廷实主事》三十七，第 176 页。

⑧ 陈献章集（上）《与张廷实主事》十三，第 165 页。

里筑春阳台，“舍彼之繁，求吾之约，惟在静坐，久之，然后见吾心之体隐然呈露，常若有物。日用间种种应酬，随吾所欲，如马之御衔勒也。”①当时他的心境有正如诗中所说：“游目高原外，披怀深树间。禽鸟鸣我后，鹿豕游我前。冷冷玉台风，漠漠圣池烟。闲持一觴酒，欢饮忘华颠。逍遥复逍遥，白云如我闲。乘化以归尽，斯道古来然。”② 自此，他完成了由崇尚读书穷理的程朱理学向主张求之本心的陆九渊心学的转变。看来，陈献章选择弃京师返回家乡自修自得对于存在之思是有利的，甚至说是必要的。海德格尔就有过这样的体验，他曾讨论过这样一个类似的问题：“我为什么住在乡下？”因为那里更适合哲学思考，他说：“思深深扎根于到场的生活，二者亲密无间……我的工作就是这样扎根于黑森林，扎根于这里的人民几百年来未曾变化的生活的那种不可替代的大地的根基。”虽然只身一人在乡下研修会令人感到孤独，但海德格尔认为，即使在城市里可不难感到寂寞，但绝对想象不出来这份孤独。他认为，“孤独有某种特别的源始的魔力，不是孤立我们，而是将我们整个存在抛入所有到场事物本质而确凿的近处。”“惟其如此，那种源始单纯的生存才会重新向我们言说它自己。”③ 海德格尔借诗人荷尔德林“满怀赤诚，返回故园”的诗句而发挥道：“接近故乡就是接近万乐之源（接近极乐）。故乡最玄奥、最美丽之处恰恰在于这种对本源的接近，绝非其他。所以，惟有在故乡才可亲近本源，这乃是命中注定的。”海德格尔提出这样一个看似很朴素的问题：“还乡意味着什么呢？”他说：“”还乡就是返回与本源的亲近。但是惟有这样的人方可还乡，他早已而且许久以来一直在他乡流浪，备尝漫游的艰辛，现在又归根返本。因为他在异乡异地已经领悟到求索之物的本性，因而还乡时得以有足够丰富的阅历。”④ 显然，陈献章完全具有海德格尔所说的这样一种哲人归隐的处境和游历。还乡对于陈献章来说，就是实现“进修在我，成我者天也。”⑤ 的人生诗道之目的。

返乡的根本目的与意义在于亲近本源，而这种本源从字面上看就是返乡者的出生地—有自己母亲的故土，而从哲人的眼光来看则是存在之思的

① 陈献章集（上）《复赵提学佥宪》，第 145 页。

② 陈献章集（上）《归田园诗》，第 292 页。

③ 海德尔格，郜元宝译《人诗意地安居》，第 67~68 页。

④ 海德尔格，郜元宝译《人诗意地安居》，第 69 页。

⑤ 《陈献章集》上，《与张廷实主事》二十九，第 172 页。

根基，心学逻辑之起点。陈献章这样开诚布公地宣称：“此学以自然为宗者也”[①] 因此，“诗人的天职是返乡”就是对存在之思的寻根问祖！陈献章曾有诗教于弟子湛若水：“有学无学，有觉无觉。千金一瓠，万金一诺。于维圣训，先难后获。天命流行，真机活泼。水到渠成，鸢飞鱼跃。得山莫杖，临济莫渴。万化自然，太虚何说？绣罗一方，金针谁掇？[②] “圣人之学，惟一求尽性，性即理也，尽性至命。理由化迁，化以理定。化不可言，守之在敬。有一其中，养吾德性。”[③] 可以认为，这些诗完整地表达了白沙悟道过程，以及他对心学境界与修行方法的理解。

（作者：广州中医药大学经济与管理学院教授）

---

① 《陈献章集》（上）《与湛民泽》，第 192 页。

② 《陈献章集》（上）《示湛雨》，第 278 页。

③ 《陈献章集》（上），《与民泽》，第 278 页。

黄绾《明道编》对湛若水的评论

张宏敏

由于“黄绾与陈白沙”“黄绾与湛若水”二文已经对黄绾与陈、湛心学之间的学术粘连有过详细的论述，在此，不妨直接转入晚年黄绾对昔日道友湛若水的批评话题。

黄绾对江门心学创始人陈献章、主要传人湛若水学说的批判始于正德十三年（1518）左右，此时，黄绾隐居紫霄山刻苦用功圣贤之学亦有五六年之久，并小有心得。主要体现为对宋儒之学（尤其是程朱一系）的质疑，其《寄阳明先生书》（四首之三）云：

> 绾领教入山，颇知砥砺。迩来又觉向者所谓“静坐”、所谓“主敬”、所谓“静中看喜怒哀乐未发作何气象”，皆非古人极则工夫。所谓极则工夫，但知本心元具至善，与道吻合，不假外求，只要笃志于道，反求诸己而已。……“笃志”一语，真万世为学之要诀也。近世如白沙诸公之学，恐皆非圣门宗旨。①

【笔者按】承蒙广东岭南心学研究会黄明同教授的提携，后学先后三次前来广东参加与陈、湛心学有关的学术活动。2015 年在广东增城召开的以“湛若水与当代社会”为主题的“心学国际学术研讨会”（“增城第二届甘泉文化节”系列活动之一）上，我提交了“黄绾与湛若水”的文章（约两万字），对黄绾与湛若水的交游、论学场景已有过翔实的解读。（黄明同主编《湛若水与当代社会》，广州出版社 2016 年版，第 177~201 页。）2016 年在广州召开的“第二届心学国际学术研讨会上”，我提交了“黄绾与陈白沙”的论文（约一万字），作为“姚江心学与江门心学互动的一个案例”。

这次会议，原本写一篇题为《王阳明在广东（广州、增城）学术活动考论——以嘉靖七年秋冬之际为中心》的论文，前来向与会专家学习。近来，琐事缠身，论文无法按时完成，权从尚未出版的博士学位论文《黄绾思想研究》中，抽出一个专题，来探讨黄绾晚年《明道编》对湛若水“随处体认天理”学术的评论。不妥之处，敬请大家赐正。

① （明）黄绾著；张宏敏编校整理：《黄绾集》，上海古籍出版社 2015 年版，第 339 页。

黄宗羲《明儒学案》有言：“（陈献章）之学，以虚为基本，以静为门户”；这是因为献章在受学于康斋先生吴与弼之后，归家而绝意科举，“筑春阳台、静坐其中，不出阈外者数年”[①]。而陈献章的“静坐”工夫，则来源于程朱道学中“涵养须用敬”所倡导的“静坐”方法。弘治八年（1495），湛若水在江门师从陈献章之时，陈即授以程子之书。[②] 这可视为陈、湛之学源自程朱道学的一个佐证。湛若水在弘治十年（1497）十月所成《上白沙先生启略》书中，也不讳言“随处体认天理”的体悟，即源于程颢“吾学虽有所受，‘天理’二字却是自家体贴出来”和李延平“默坐澄心，体认天理”之论：

> 自初拜门下，亲领尊训至言，勿忘勿助之旨，而发之以无在无不在之要，归而求之，以是持循，久未有著落处。一旦忽然若有开悟，感程子之言：“吾学虽有所受，天理二字却是自家体认出来。”李延平云：“默坐澄心，体认天理。”愚谓“天理”二字，千圣千贤大头脑处。尧、舜以来，至于孔、孟，说中，说极，说仁、义、礼、智，千言万语都已概括在内。若能随处体认真见得，则日用间参前倚衡，无非此体，在人涵养以有之于己耳云云。[③]

黄绾通过对“静坐”工夫的切身实践，收效甚微，倒是得出“本心元具至善，与道吻合，不假外求”的体悟，进而以为“静坐”“主敬”“静中看喜怒哀乐未发作何气象”的修道路径皆非“古人极则工夫”。这是因为“笃志”一语，才是万世为学之要诀；易言之，以“反己笃志”为标尺，陈献章、湛若水诸公之学（“主静”“随处体认天理”），“皆非圣门宗旨”。

应该肯定，此时（正德十三年左右）的黄绾对阳明心学兴趣正浓，而对王阳明、湛若水二人学术的分歧也能洞见：“往年见甘泉颇疑先生（王阳明）‘拔病根’之说，凡遇朋友责过及闻人非议，辄恐乱志，只以静默为事，殊不知无欲方是真静。若欲无欲，苟非勇猛锻炼、直前担当，何能便得私欲尽净、天理纯全？此处若不极论，恐终为病。绾近寄一书，略论

① （明清之际）黄宗羲著；王维和、张宏敏编校：《〈明儒学案〉〈宋元学案〉黄宗羲案语汇辑》，杭州出版社2013年版，第15页。

② 黎业明：《湛若水年谱》，上海古籍出版社2009年版，第12页。

③ （明）湛若水：《甘泉先生文集》“内编”卷十七，嘉靖十五年刻本，第28~29页。

‘静坐无益’，亦不敢便尽言及此。”[①] 总之，中年时代的黄绾在追随阳明先生求“道”之后，经过一番真修实证的“为学”与“为道”，得出“反己笃志”为万世为学之要诀的“体验式”收获，从而对江门心学即陈、湛之学予以批评。

“黄绾与陈白沙”一文已论，程朱的“用敬”“主静”式的“修道”实践方法由佛禅之学而来。既然江门心学所主“为学”“为道”路数由程朱一系而转来，那么，湛若水的“随处体认天理”之旨也难逃与禅学的瓜葛。黄绾在晚年所成《明道编》中明论“今日君子”（“今日朋友”）——湛若水的“随处体认天理说”实为“下乘禅学”：

> 今之君子，有为下乘禅学者，不见物则之当然皆在于己，以为天下之理皆在于物，故云“随处体认天理”，故谓“工夫全在格物”。其云“格物”，曰：“格者，至也。物者，事理也。此心感通天下之事理也。格之者，意、心、身皆至也。即随处体认天理也。”其学支离，不足以经世，乃伊川、晦庵之为弊也。予尝扣其“随处体认”之旨。彼云：“随处体认天理者，皆在外而不在内。”然明道曰：“某学虽有所受，至于‘天理’二字，却是自家体贴出来。”此言甚切，皆在内而不在外也。由是观之，则其所谓“体认”者，果何如哉?[②]

根据湛若水的言论，“随处体认天理”的入手处与程朱一系对《大学》“格物”之“即物穷理”工夫一致，《大科书堂训》“第二条”即曰：“诸生用功须随处体认天理，即《大学》所谓‘格物’，程子所谓‘至其理’。将意、心、身、家、国、天下通作一段工夫，无有远近彼此，终日终身，只是‘体认’这‘天理’二字。”[③] 程颐关于“格物致知”的解读是：“格者，至也；物者，理也，至其理乃格物也”；“致知在所养，养知莫过于寡欲”。故而黄绾认为湛若水的“体认天理”说与程（伊川）朱（晦庵）的“即物穷理”说工夫路数一致，即侧重向外推进。问题在于，“体认天理”说最早

---

① 《黄绾集》，第 340 页。

② （明）黄绾著，刘厚祜、张岂之标点《明道编》，中华书局 1959 年版，第 12 页。

③ （明）湛若水著，钟彩钧点校《泉翁大全集》卷五，http://hanji.sinica.edu.tw。

是由程颢而非程颐所提揭："吾学虽有所受，'天理'二字，却是自家体贴出来。"[①] 程颢经"自家体贴"后告诉世人，其"体认天理"的工夫取向"在内而不在外"；然而，黄绾曾当面请教过湛若水"随处体认天理"的用工路径，有"随处体认天理者，皆在外而不在内"之告。承上，黄绾以为"宋儒之学，其入门皆由于禅……伊川、晦庵则由于下乘"[②]，因循此说，湛若水"随处体认天理"说亦由"下乘禅学"而来。

总之，晚年的黄绾宁可使自己的学术声誉受损，也要以"不得已"的学术态度，展开对宋明儒包括"今日朋友"、"今日君子"（王阳明、湛若水）的批判：

> 予言宋儒及今日朋友禅学之弊，实非得已，盖因年来禅学之盛，将为天下国家之害，尝痛辩之，皆援先儒为据，皆以朋友为难言，故于其根本所在，不得不深明之，世有君子，必知予之不得已也。[③]

这里，黄绾援引了《孟子·滕文公下》中孟子"予岂好辩哉？予不得已也"[④] 的呐喊，面对明代中叶"圣人之道日衰"的情景，感慨之至，抱着"为往圣继绝学"式的古代士大夫特有的责任伦理意识，返归"四书五经"，赓续孟子所开"道统"，而创立"艮止""执中"之学。

（作者：浙江省社会科学院哲学所副研究员）

---

① （宋）程颢、程颐著，王孝鱼点校《二程集》，中华书局1981年版，第128页。

② 《明道编》，第12页。

③ 《明道编》，第12页。

④ 张定浩、祝柯杨编著，祝鸿杰审订《孟子选读》，杭州出版社2011年版，第78页。

王阳明与湛甘泉的友情

湛汝松

很多人都知道，明代著名的哲学家、教育家王守仁（号阳明）与湛若水（号甘泉）是好朋友。但他们是怎样的好朋友呢？让我们先看看明末清初著名学者黄宗羲在《明儒学案》中的一段话：

> 王、湛两家，各立宗旨，湛氏门人，虽不及王氏之盛，然当时学于湛者，或卒业于王，学于王者，或卒业于湛，亦犹朱、陆之门下，递相出入也。其后源远流长，王氏之外，名湛氏学者，至今不绝，即未必仍其宗旨，而渊源不可没也。①

黄宗羲认为王阳明与湛甘泉学术虽"各立宗旨"，却互相影响，而且源远流长，至今（清初）盛行不绝。

分别出生于浙江余姚和广东增城的王阳明与湛甘泉，两人经历不一，学术主张不同。他们深厚的情谊是怎样形成和发展起来的？

一　共同志向，是友谊的深厚基石

明代弘治十八年（1505）夏日，40 岁的进士湛甘泉从广东增城到京城就任翰林院庶吉士。在朋友的引荐下，他认识了刑部主事、在吏部开堂讲学的王阳明。

王阳明当时只有 34 岁，但出生于官宦世家，兴趣广泛，在京为官已七年，开堂讲学也声名鹊起，别人看来可谓"目空千古"。湛甘泉却初入官

① 《明儒学案》卷三十七《甘泉学案一》，第 1 页。

场，仅在朝廷负责修史、著作、收藏图书的文化专门机构翰林院中当个相当于今日实习生的庶吉士。但他进士前是理学名家陈白沙的得意门生，八年前因在老师“自得之学”之基础上悟出“随处体认天理”学说已被陈白沙指定为衣钵继承人。由于他们都以“倡导圣学”为志向，并同时认为学习“圣学”目的是涵养身心。于是一见如故，成为好友。

王阳明结识湛甘泉以后，大起契悦之心。他对人说：“予求友于天下，三十年未见此人。”① 湛甘泉也对人说：“若水泛观于四方，未见此人。”② 王阳明认为到北京二三十年自己为官多年，从未见过有湛甘泉这样在学术上有成就的人。湛甘泉说自己游学多年，从未见过有像王阳明这样既年轻又有经验的官员。他们互相欣赏对方的长处，取友之长、补己之短，真是不谋而合的绝配。

“落落千百载，人生几知音？”（王阳明《书泉翁壁》）两个有着“倡明圣贤学说”共同志向的人就这样“一见定交，共次倡明圣学事”，在京城竖起了他们友情的第一块里程碑。由此可见，共同的志向，是他们友谊深厚的奠基石。

二 患难之交，使友情不断升华

正德元年（1506），十五岁的朱厚照登上了明朝的皇位。权宦刘瑾趁皇帝年幼无知，营私结党，排除异己，残害忠良。正当王阳明和湛甘泉其乐融融地切磋学术时，南京给事中御史戴铣等二十余人因上疏弹劾刘瑾遭逮捕。刘瑾权倾朝野，谁敢得罪他，就要受到迫害。然而，刚正不阿的兵部主事王阳明就敢直言上疏，力救忠良。他把刘瑾激怒了，被廷杖四十，锒铛入狱。

王阳明入狱不久，其父王华也被调往南京，后又被罢免。朝廷反刘瑾的官员越来越少。一般人都怕惹祸上身而避免接近王阳明。但是，湛甘泉却没有因此疏远朋友，反而为朋友搽洗伤口，一起饮酒赋诗，使其感到患难之交的温暖。第二年闰正月，王阳明被贬至贵州龙场，当一个七品芝麻官之下看守驿站的驿承。王阳明离京时，湛甘泉不仅为这位落难的朋友送

---

① 《湛甘泉先生文集》卷三十二《外集》第3页。

② 《湛甘泉先生文集》卷三十一《墓志铭》第15页。

行，还以诗《九章（并序）》相赠，给伤痕累累的朋友以最大的慰藉和鼓励。

湛甘泉赞王阳明是绝代无双的人才，对他被迫害既同情又愤怒。诗中回顾两人相交以来的友情。他用“黄鸟”暗寓王阳明，说被贬离京就是逃脱罗网；他借道家“升仙”之说对朋友寄予无限希望。接着，他又将自己与王阳明比作为伯牙子期式的知音，决心“誓死以同襟”。然而，人落难时决不能只停留在悲伤里，而应顺应自然，体认天理，在艰辛中作无穷的探索。诗中最后用“天地我一体，宇宙本同家”的哲理，预言他们共同倡明“圣学”的理想一定会实现。①

湛甘泉的赠诗，令王阳明悲喜交集。他以诗八首回应，既表达因被迫害造成朋友分离的悲伤，又流露出为有湛甘泉这个深明大义的朋友而欣慰；既袒露坚守志同道合友情的情怀，更表示共同倡明“圣学”的决心。

王阳明在贵州龙场，湛甘泉经常以诗寄情，怀念朋友。“昨夜梦见之，仿佛精神契”，“合欢讵知梦，是梦聊足慰”，“念之生悲凄，达日不能寐”（《戊辰腊廿七日夜梦王伯安兄》）。湛甘泉在梦中也见到两人一起为倡明“圣学”精神投合默契的情景。虽然梦中也知是梦，但有这样的梦也足以自慰了。在《秋怀三首寄王庐陵阳明子》中，湛甘泉分别寄秋月、桃李、燕雁以怀人，用比兴表达他们之间深厚的友情。

王阳明所在的贵州古龙场（今修文县）驿站，地处万山丛棘之中，环境险恶，但在湛甘泉的鼓励下却以乐观的态度泰然处之。他一面勤于公务，一面在逆境中反思人生，潜思彻悟后提出了“知行合一”等学说。“龙场悟道”，讲学育贤，不仅让其学术思想出现了飞跃，而且增进了他与湛甘泉的友情。正德三年（1508）学生徐爱、蔡宗兖、朱节中举上京赴任，王阳明对他们说，湛若水是我志同道合的好朋友。你们到京后一定要拜见他，并说见到他等于见到自己。由此可见，患难见真情，他们的友情完全到了不分你我之境界。②

正德五年（1510）三月，39岁的王阳明遇赦，调到卢陵（江西吉安之南）任知县。八月，刘瑾因谋反被判凌迟。十一月，王阳明朝觐入京，调

---

① 参考《湛甘泉先生文集》卷二十六第3~4页《九章赠别并序》。

② 王阳明答诗见《王阳明全集》（新编本）第677~679页。

任南京刑部主事，住在大兴隆寺。时任后军督府都事的黄绾与他会面。两人谈及习学的时候，黄绾说自己虽有志于学，但“实未用功”。王阳明即以“人惟患无志，不患无功”勉励，并向他介绍了湛甘泉。第二天，王阳明便引黄绾与湛甘泉会见。三个人在湛甘泉的寓所里推心置腹地畅谈人生与“圣学”，订立“三人终身共学之盟”，要让友情贯穿一生。① 但是，王阳明任南京刑部主事的调令已下，他不能老赖在北京不走。三个刚“订与终身共学”的人马上又要分离。为了留住王阳明在北京一起“倡明圣学”，黄琯与湛甘泉四出活动，最后到当时吏部尚书杨一清处请求。结果，王阳明被改任吏部验封司主事。这时湛甘泉也升为翰林院编修。王阳明留任京城后，择邻而居，也迁到湛甘泉居住的长安灰厂。两人经常在大兴隆寺讲学。公务之余，与黄琯三人切磋学术，“相欢合意”。于是，一场场聚众讲学就在京城盛行了。

正德七年（1512），湛甘泉为册封安南王受命出使安南。离京时，王阳明饱含真情，作了《别湛甘泉序》及《别湛甘泉二首》相赠。

在《别湛甘泉序》中，王阳明坦诚地叙述了自己立志“圣学”的过程，每受挫折感孤单时，总会受到湛甘泉的鼓励。他说：“吾与甘泉友谊之所在，不言而会，论之所及，不约而同，期于斯道，毙而后矣。”可见，王阳明对湛甘泉十分信赖和尊崇。他们心有灵犀，思想交融。他们的友情在“倡明圣学”的共同理想上再次升华。

《别湛甘泉二首》，是王阳明送别朋友的真情流露。“迟回歧路侧，孰知我心忧”；“南寺春月夜，风泉间竹房。逢僧或停楫，先扫白云床。”多么情深意切的诗句，让人强烈地感受到他们志同道合友情的难能可贵。②

三 学术分歧，不碍终生不移的友情

王阳明与湛甘泉相交之初，由于两人志向相同，学术分歧也不明显。但随着王阳明的学术越来越成熟，双方的辩论就越来越激烈。

正德九年（1514）春天，湛甘泉到滁州与王阳明相会。夜论儒释之道。

---

① 参考《王阳明全集》（新编本）1428 页。

② 《别湛甘泉序》《别湛甘泉二首》分别见《增城沙堤湛氏族谱》卷二十七，第 106～107 页、卷二十八，第 105 页。

次年，甘泉母丧于京师。甘泉扶柩南归。此时，已升任为南京鸿胪寺卿的王阳明在龙江关为湛母吊唁。王阳明与湛甘泉相见时也互论格物，“兄意只恐人舍心求之于外，故有是说。不肖则以为人心与天地万物为体，心体物而不遗，认得心体广大，则物不能外矣。故格物非在外也，格之致之之心又非在外也。”① 可见，双方的观点截然不同。此后，他们在聚众讲学，书信往来中都经常互相批判对方的学术观点。正德十六年（1521），王阳明在江西南昌正式揭示“致良知”之说。② 此后，王阳明“致良知”和湛甘泉的“随处体认天理”便成了当时心学范畴内既各立宗旨又互相渗透互相影响不同的两个思想体系。学界称之为“王湛之学”。

湛甘泉母亲逝世。他守孝三年后隐居于西樵办书院讲学。嘉靖初年，湛甘泉被诏回京，自始官场得意，官至南京礼、吏、兵部尚书。此时，王阳明也升为南京兵部尚书，参与朝廷军务决策。父亲去世，他服丧六年后兼任都察院左都御史。期间，他们两人见面虽少，但彼此仍保持诗书往来，而且在往来的诗歌与书信中仍不忘讨论学术。

王阳明与湛甘泉在学术上两人互不相让，屡屡交锋，有力地促进了明代思想文化的发展；更可贵的是，他们没有因学术上的分歧影响相互的友情。

王阳明曾先后为湛甘泉父亲湛瑛和母亲陈氏题写了《赠翰林编修湛公墓表》和《湛贤母陈太孺人墓碑》。如果说正德六年（1511）在其父墓表以“公子若水，求濂洛之学，为世名儒”赞扬湛甘泉时学术分歧还未显露。但正德十年（1515），他们在龙江关互论格物，双方的观点已截然不同，王阳明仍在其母墓碑上写下赞颂母教子有方的感人文字。可见，他们的友情并未受学术分歧而影响。

其实，王阳明天生与湛甘泉有缘。早在洪武年间，他的先祖、兵部郎中、广东参事王纲因战事在湛甘泉家乡增城遇难。增城人为心目中的英雄重修了庙宇。嘉靖七年（1528），王阳明广西平乱后请假回乡时专门到罗浮山西麓的增城，一为拜祭先祖，二为造访好友甘泉故居。祭祀先祖时，他写下《谒忠孝祖祠文》和《谒忠孝祠诗》。拜祭先祖后，他到访问了湛甘泉故居，并饱含深情题写了《书泉翁壁》和《题甘泉居》。

---

① 《湛甘泉先生文集》卷之七第1页《与阳明鸿胪》。

② 《认识王阳明》编委会编《认识王阳明》，中国档案出版社2012年版，第16页。

海上孤忠岁月深，旧遗荒落杳难寻。
风声再树逢贤令，庙貌重新见古心。
香火千年伤旅寄，丞尝两地隔商参。
邻祠父老皆人厚，从此层城是故林。[①]

《谒忠孝祠诗》中，王阳明为增城民风淳厚感动，希望层城（增城）从此是他的故乡。

我闻甘泉居，近连菊坡麓。
十年劳梦思，今来快心目。
徘徊欲移家，山南尚堪屋。
渴饮甘泉泉，饥餐菊坡菊。
行看罗浮云，此心聊复足。

在《题甘泉居》中，王阳明透露了十多年的希望：移居南山造屋，与好友甘泉为邻，同饮甘泉水，共赏菊坡菊，同观罗浮云。

我祖死国事，肇禋在增城。
荒祠幸新复，适来奉初丞。
亦有兄弟好，廿年思一寻。
苍苍蒹葭色，宛隔环瀛深。
入门散图史，想见抱膝吟。
贤郎敬父执，童仆意皆亲。
病躯不遑宿，留诗慰殷勤。
落落千百载。人生几知音？
道同讵形迹，期元负初心。

《书泉翁壁》中，更表达了他们心心相印，日夜思念的友情。

当带病的王阳明离开湛甘泉故乡增城往老家余姚回归时，却不幸病故于途中。王阳明在增城写下的《题甘泉居》和《书泉翁壁》便成体现他们

① 《谒忠孝祠诗》，见清同治十年版《增城县志》卷之八《祠祭旧祠》“忠孝祠”第20页。

生死之交的绝唱。[1]

王阳明病逝后，有人向皇帝告他擅离职守。嘉靖皇听信谗言，竟下诏书停止王阳明家人继承他生前的爵位，并宣告他的学术为伪学而加以禁止。此刻，湛甘泉却为其抱打不平。他在撰写《奠王阳明先生》中，回忆两人的深厚交情，对王阳明加以肯定与赞扬。接着又在《阳明先生墓志铭》中详细介绍阳明的功绩，并希望“某平生与阳明公同，他年当作一传矣”[2]。此后，湛甘泉仍不断以诗文表达对王阳明的敬意与怀念。可见，他们的友谊是道义之交，生死之交。学术分歧，完全不影响他们终生不逾的友情。

明代学者苏浚在《鸡鸣偶记》中有段对朋友十分精辟的论述：“道义相砥，过失相规，畏友也；缓急可共，生死可托，密友也；甘言如饴，游戏征逐，昵友也；利则相攘，患则相倾，贼友也”。

时下，广交朋友成了“时尚”，因名利互相吹捧却又因名利互相攻击的“朋友”屡见不鲜。以史为镜，在“朋友圈”盛行的今日，王阳明与湛甘泉的友谊正是历史给我们最好的启迪：

（作者：广州市增城区民间文艺家协会名誉主席）

---

① 《题甘泉居》和《书泉翁壁》，见民国十年版《增城县志》卷二十九《艺文》第5页。

② 《湛甘泉先生文集》卷三十一，《墓志铭》，第15页。

张君劢和“日本阳明学”

邓　红

前　言

张君劢1958年参加发表《新儒家宣言》，似乎进入了新儒家之列，但是比起牟宗三、钱穆、唐君毅、徐复观等人，他的学术水平应该说是新儒家中很普通的一个，有人酷评他的学问“致广大”或有之，“尽精微”稍逊之，可谓恰到好处。可以说，从1949年在政治上头撞南墙，到1958年发表《新儒家宣言》进入学术界，1955年写作的《比较中日阳明学》充其量是张君劢离开政治界奔赴新儒家学术界途中的一本学习笔记（Note）而已。然而就是这样一本小册子，却得到了许多人的掌声。本文根据已有的研究成果，以笔者的“日本阳明学”论为视角，重新审视张君劢和《比较中日阳明学》，弄清张君劢的阳明学知识究竟是从哪里来的，他接受了哪些“日本阳明学”理论，从“日本阳明学”得到了哪些启示。

一　张君劢其人其事

张君劢（1887~1969年），本名嘉森，字士林，号立斋，江苏宝山（今上海市宝山区）人。6岁时入私塾，12岁时进入上海江南制造局广方言馆学习。20岁去日本留学，在早稻田大学学习法律和政治学，后留学德国学习哲学。

张君劢一生在政治和学术之间徘徊。在政治方面，他1932年和张东荪一起组建中国国家社会党（民社党前身）。1946年国家社会党和中国民主宪政党合并，改为中国民主社会党，张君劢仍任主席。1941年参加发起筹组中国民主政团同盟（后改称中国民主同盟），任中央常务委员。1945 年出席联合国会议，任联合国宪章大会组委员。1945 年 4 月至 6 月，张君劢代表中华民国签署联合国宪章。1946 年任政治协商会议代表，并起草了《中华民国宪法》，参加重庆国民政府的国民参政会。1949 年中华人民共和国建立之前，被中国共产党宣布为 43 名头号战犯之一。

1949 年 11 月，张君劢应邀赴印度讲学，逐步淡出中国政治，回避国共两党，开始了流亡海外的生活。1952 年远走美国，潜心文化学术，鼓吹复兴中华文化，1957 出版《新儒家思想史》①，开始提倡新儒家。1958 年和唐君毅、牟宗三等人连名发表了“中国文化与世界”所谓“新儒家宣言”，宣告了儒学自“五四运动”被“打倒孔家店”以来，再次在现代中国思想舞台登场。

在此之前的 1955 年，居住在美国华盛顿的他写了一本题为《比较中日阳明学》② 的小册子在台湾出版，为二战后在中国（台湾）首次举起了彰显阳明学的大旗。《比较中日阳明学》是一本只有不到百页的小册子，一个名为“现代国民基本知识”丛书里面的一本；虽然命名为“比较中日阳明学”，在日本人看来是没有什么学术价值的书，但毕竟是中国第一本这方面的书。

现在无论在台湾还是大陆，新儒家俨然是一门显学，甚至出现了台湾新儒家和大陆新儒家争论谁是本家的滑稽事情。研究张君劢的也不乏其人，但是还没有研究《比较中日阳明学》的专论。由于《比较中日阳明学》是专门比较研究中国和日本的阳明学的著作，于是本文沿用本研究的“日本阳明学”视角对《比较中日阳明学》的内容进行探讨，澄清“日本阳明学”对张君劢的影响。

二 写作《比较中日阳明学》的目的

看完上节对张君劢生平的介绍之后，人们不禁要问，厌倦了政治突然回到学术界的张君劢，一个远离学术界多年，对日本的学术毫无造诣的门外汉，为何会异军突起，以比较中日两国的阳明学这样冷僻的题目，作为

① 张君劢 1957 年出版的《新儒家思想史》，被誉为新儒家最初的著作。原文为英文写成，台北弘文馆出版社 1986 年出版中文版。

② 中华文化出版事业委员会：《现代国民基本知识》第三辑，1955。

自己重新打开儒学大门的敲门砖的呢？如果说他关于宋明理学的素养来自家学私塾的话，其日本阳明学知识又是从哪里来的呢？

《比较中日阳明学》的目录如下：

关于《比较中日阳明学》的著作目的，他在“引言”里如下写道：

日本王学者在实行方面之义勇与活泼为吾国人所不及，故应采日本之长，补吾国之短。[①]

在“篇六”如下写道：

日本尝以王学而造成开国维新之大业。同一学说，而彼此结果大异，可以证明末之失败乃解释王学者之责而非王学自身本有之果效。吾更考之近代欧美哲学，以比较王学，因其可以相通，益以坚吾之信。因其不相通而认为应加以修正或补充，以合于现世之需要，此非吾国人自身所当努力者乎？

我更有欲言，日本王学者心地之纯朴，与力戒言而不行之弊，大足为国人师法。[②]

---

① 张君劢：《比较中日阳明学》，中华文化出版事业委员会，1955，第 4 页。
② 同上，1955，第 93 页。

说是日本阳明学在实践方面有非常优秀的地方，值得中国人学习效法，如果学好后运用于中国的现实，掀起一番行动，必定大有作为。拿《校后记》中牟宗三的话说，叫“振兴王学，借鉴日本，恢复其活泼泼地与事业之精神”[①]。

然而，回顾张君劢1955年写作此书时的日本，刚刚签订《旧金山和约》不久，还没有从战败的苦难深渊中挣扎出来。战前一度如火如荼的“日本阳明学”社会运动奄奄一息，再也恢复不了过去的辉煌和荣光。中国哲学史的一环的宋明理学研究，也处于极端不振的境地。1970年著名日本作家、自称“阳明学者”的三岛由纪夫曾这样描述战后日本阳明学的现状：

> 作为行动哲学的阳明学，现在被埋葬在尘埃中、置放在架子上的书籍罢了。据说朱子学以别的形式得到复兴，作为朱子学的一个分派的阳明学，除了一部分爱好者，只有其名称勉强为人所知。在美国研究阳明学的学者似乎有三个人，在日本也只被两、三个号称阳明学家的学者所继承。对政治家、现实中的行动家应该有用的基本哲学的优点却遗失殆净。[②]

顺便解释一下，美国的三个阳明学者，大概指的陈荣捷、狄百瑞和秦家懿他们吧。日本的两三个学者，大概指的岛田虔次和山下龙二等人吧。关于这一段历史，可参见本书拙文“何谓日本阳明学”。

尽管如此，上述张君劢的话（包括牟宗三的“校后记”），丝毫没有顾及20世纪50年代初日本当时的困窘现实和“日本阳明学”的凋落状况，没有考虑过日本为何有“日本阳明学”那样的过去辉煌却没能摆脱二战失败的命运，没有思量过日本战败的思想因素。他们憧憬的、脑海里记忆的依然是大日本帝国的过去辉煌，那明治中叶到大正时期的社会运动“日本阳明学”的盛况和荣光，企求在台湾甚至是已经解放了的新中国再现日本式的“活泼泼之事业精神”，这就是张君劢写作《比较中日阳明学》的目的。

---

① 牟宗三的《校后记》，载张君劢《比较中日阳明学》，中华文化出版事业委员会，1955。

② 〔日〕三岛由纪夫：《革命哲学としての陽明学》，载《三岛由纪夫全集》——“评论”，东京新潮社2000年，第277页。

三 《比较中日阳明学》的基本特征

《比较中日阳明学》分为两个部分。“卷上”专门讲明代王阳明的学说和发展、衰落过程。

第一篇“阳明学说体系”，将王阳明的学说分为六方面加以简单的概括论述。

（甲）理与气

（乙）心与理

（丙）身，心，知，意，物

（丁）知与行

（戊）致良知

（己）万物一体为立己立人之准则

根据张君劢的解说，甲、乙、丙总的来说是理气合一，心理合一，身、心、知、意、物为一件（一体），也就是“心即理”。

（丁）讲述了知行关系“知行合一”，认为那是阳明学中最重要的学说。

（戊）讲述了“致良知”，说那是王阳明成熟期的语言，良知是其宇宙论的本源。

（己）讲述了“致良知”的扩大和运用，认为那即是“经国经民”。

结果，他把王学的精华概括成了“心即理”“知行合一”“致良知”三个项目。而我们知道这样的三项目快餐式的概括法是“日本阳明学”的拿手好戏。

如果说“卷上”部分还没有什么大问题的话，“卷下”的“日本阳明学”部分则问题多多。

“篇四”的“甲”主要讲到中江藤树为止的，也就是到“日本阳明学”诞生为止的儒教在日本传来和发展的历史。

“乙”为“日本阳明学之兴起”。这一部分基本上抄袭井上哲次郎的《日本阳明学派之哲学》的“叙论”部分。

首先，他说在日本朱子学和阳明学是曾经同时并行流传的学问，朱学的流派久远而不绝，比之阳明学时断时续。其理由张君劢直接引用井上的

"朱子学为官府之教育主义"，"阳明学则官府视为谋叛之学"① 的话来作论证。②

其次，张君劢论述了日本朱子学和阳明学的异同，更是原封不动地引用了井上哲次郎那段关于朱子学和阳明学异同的五项目，以之来说明两派的特征：

> 井上哲次郎更论两派之异同。甲曰一为尊德性，一为道学问。乙曰一为理气二元论，一为理气一元论或理气合一论。丙曰朱子主张心有理气两面，阳明以为心明则理自明，故有心即理之言。丁曰朱子以为为明理计，不能不博闻广见，阳明以为真正之知存于吾心，不需外求。戊曰朱子先知后行，阳明反之，有知行合一之说。③

紧接着张君劢比较说明了两派的长处和短处，所做的论证也还只是直接引用井上哲次郎的话而已：

> 井上哲次郎以为两派各有短长，不易定其得失。然以为朱派多博学多闻之士，然不免固守迂腐之病。王学有偏于主观之弊，然使学者单刀直入，得达于正鹄，自为朱子派之所不及。④

再次，张君劢认为中江藤树是日本阳明学"提唱第一人者"，讲述了其事迹、文章和思想。这一段论述基本上是将《日本阳明学派之哲学》内容直接翻译成了中文而已。

具体而言，《比较中日阳明学》第 60、61、62 页关于中江藤树事迹和文章的介绍，基本上是将《日本阳明学派之哲学》的"第一编，中江藤树及藤树学派"的"第一章，中江藤树"的"第一，事迹"的第 7 到 14 页的有关部分切下来再组合进文章。

《比较中日阳明学》第 62 页有下面一段话：

---

① 见井上哲次郎著《日本阳明学派之哲学》"叙论"，富山房 1900 年版，第 2 页。

② 《比较中日阳明学》第 59 页。

③ 《比较中日阳明学》第 60 页。井上的话见《日本阳明学派之哲学》"叙论"，第 3~4 页。

④ 《比较中日阳明学》第 60 页。井上的话见《日本阳明学派之哲学》"叙论"。第 2 页。

藤树之宇宙观，井上哲次郎名之曰“一元的宇宙观”，以三语为之说明。一曰神人合一，二曰物我一体，三曰内外莹彻。

“一元的宇宙观”一句在《日本阳明学派之哲学》的第42页，“神人合一”“物我一体”“内外莹彻”分别在第81~83页。

四 “日本阳明学”系谱与明治维新

《比较中日阳明学》“篇五”的题目是“日本阳明学的复兴及其赞助日本开国与维新大业”。

该章“第一节”在前一节以中江藤树为日本阳明学的兴起的基础上，介绍了“日本阳明学”的概况。他以大盐平八郎的《古本大学刮目》为日本阳明学的最优秀著作，然后再说佐藤一斋门下人才众多，再以三轮执斋为“日本阳明学”的中兴之祖。甲、乙、丙三节，分别叙述了执斋、一斋和大盐中斋（平八郎）。其描绘的日本阳明学的系谱，大致如下：

中江藤树
大盐平八郎
佐藤一斋
三轮执斋
佐久间象山
吉田松阴
高杉东行
池田草庵
吉村秋阳
奥村慥斋
竹村悔斋
大桥讷庵（朱子学）
栗栖天山—河井秋继—川田瓮江
山田方谷
东泽泻
伊东潜庵　大久保甲东　西乡隆盛

柳泽芝陵
泽村西坡
林圣宇（朱子学）
中村敬宇（朱子学）

我们已经多次指出，日本阳明学的系谱是三宅雪岭的《王阳明》（东京：哲学学院，1883 年）[①] 原创的、高濑武次郎的《日本之阳明学》（1899 年铁华书院出版）发展的、井上哲次郎《日本阳明学派之哲学》定型的。三个系谱如下：

三宅雪岭	高濑武次郎	井上哲次郎
《王阳明》	《日本之阳明学》	《日本阳明学派之哲学》
中江藤树	中江藤树	中江藤树与藤树学派
熊泽蕃山	熊泽蕃山	渊　冈山
三轮执斋	北岛云山	熊泽蕃山
川田雄琴	三宅石庵	北岛雪山
佐藤一斋	三轮执斋	三重松庵
大盐平八郎	川田雄琴	三宅石庵
春日潜庵	中根东里	三轮执斋
西乡隆盛	镰田柳泓	川田雄琴
高杉晋作	梁川星岩	中根东里
	竹村海斋	林　子平
	大盐平八郎	佐藤一斋
	佐藤一斋	梁川星岩
	吉村秋阳	大盐平八郎与中斋学派
	山田方谷	宇津木静区
	奥宫慥斋	林　良斋

① 三宅雪岭和井上哲次郎同是东京大学哲学科第一期学生。而且在 1884 年（明治十七年）1 月，以三宅雪岭、井上哲次郎和井上圆了等东京大学哲学科的毕业生为中心，组成了一个名叫“哲学会”的组织。而高濑是井上的直系弟子，可以说这个系谱是他们三人共同炮制的。

池田草庵	吉村秋阳
春日潜庵	山田方谷
伊藤茂右卫门	横井小楠
西乡隆盛	奥宫慥斋
大久保	佐久间象山
海江田诸士	春日潜庵
	池田草庵
	柳泽芝陵
	西乡隆盛
	吉田松阴
	东泽泻
	真木保臣
	锅岛闲叟

可见张君劢《比较中日阳明学》的日本阳明学系谱基本上是上述系谱的综合，接近于井上哲次郎的《日本阳明学派之哲学》。

“第二节”讲述“日本阳明学”对明治开国和维新的贡献，他说：

> 日本阳明学对于开国与明治维新之贡献，尤为卓越。此时期中无伟大之阳明学理论家，然佐久间象山与吉田松阴之于开国，西乡隆盛与伊藤博文等之于远略政策，皆有大功于日本，而其熏陶之效，阳明学有以致之。①

随后，他对为何说这四人是明治维新的第一功劳者作了论证。

对于佐久间象山的论证，用了一种非常奇妙的逻辑展开。他说“佐久间氏为服膺朱子，不得以之列于王学”②，然象山的“西洋艺术，东洋道德”论非常精彩。其对东西洋文化之短长，能作公平之判断，有功于日本思想界。这样的诡辩，也是来自于井上哲次郎。

① 《比较中日阳明学》第 72 页。

② 《比较中日阳明学》第 74 页。

井上哲次郎在《日本阳明学派之哲学》中将佐久间象山列入阳明学派，但提示的证据，不是《象山全集》的文章，而是几首诗词里面表露的一些思想倾向而已。《日本朱子学派之哲学》的“附录第三，佐久间象山的人格和学说”则基于《象山全集》，认为象山的学问是朱子学。

按照井上的诡辩逻辑，象山不是阳明学者。但“吉田松阴是象山门人，所以把象山算作阳明学者也是可以的吧。松阴的门人高杉东行也是阳明学者”[①]。也就是说，吉田松阴和高杉晋作是明治维新最大的功劳者，为了将明治维新和阳明学拉上关联的话，不得不将二人算进阳明学。为此松阴的先生佐久间象山，也必须和阳明学拉上关系，不然就简直说不过去吧。

所以在下面的“乙，吉田松阴”一节中，张君劢提示的“松阴是阳明学者”的证据，就是“松阴的老师是阳明学者佐久间象山”。他前面还说“佐久间氏为服膺朱子，不得以之列于王学”，马上又改口说是“阳明学者”。这种井上发明循环证明法和强词夺理，在张君劢论证阳明学和明治维新的关联时经常使用。

在“丙，西乡隆盛”中对西乡是阳明学者的证明，使用了德富苏峰写的《西乡隆盛先生》[②] 传记。他说：

> 吾读西乡传，知其早年曾读近思录与治阳明学。兹依德富苏峰所作西乡传，录其手抄之佐藤言志录以见其修身养心之功……[③]

读《近思录》就应该是朱子学者嘛，为什么非要朝阳明学去扯呢。

“丁，伊藤博文”论述伊藤博文，其论证只是叙述伊藤博文的政治功绩和豪侠忠义之举。这样的论证也是张君劢的无奈之举，因为虽然伊藤是松下村塾生徒，但其政治生涯堪称日本帝国主义的缩影，连日本学者也耻于说伊藤博文是阳明学者，至少井上哲次郎没有说过。最后关于伊藤博文被韩国义士安重根暗杀一事，张君劢居然说伊藤博文“可谓其能实践吉田松

---

① 《日本朱子学派之哲学》第 883 页。“付录第三、佐久间象山的人格和学说”。而第一个提出高杉晋作为阳明学者的，是三宅雪岭著《王阳明·祖述和反抗》一节，提示的唯一证据，是高杉晋作在一本《传习录》后写了一首诗“王学振兴圣学新，古今杂说途沉湮，唯能信得良知学，即是羲皇以上人”。

② 苏峰德富猪一郎著《西乡南洲先生》，民友社 1926 年版。

③ 《比较中日阳明学》第 80 页。

阴氏‘死而后已’四字之遗训者”,① 作为一名中国学者说出这样的话真是难以理解。

五 关于“日本阳明学”的特征

在《比较中日阳明学》“篇四，日本阳明学之兴起”（第60页），张君劢如下论述了日本人的性格和阳明学的关系：

> 第一，阳明学简易直截，因而合于日人快刀快刃之性格。
>
> 第二，阳明学侧重于“即知即行”，合于日人勇往直前之习惯。
>
> 第三，日本人注重事功，将阳明学应用于人间社会，产生大效果。

这一段话可谓《比较中日阳明学》最有名的部分，现在还被一些中国学者反复引用和转述。其实这几句话也是从井上哲次郎《日本阳明学派之哲学》的《结论》部分论述阳明学的日本化或者说是日本式的阳明学的特征时论述的，张君劢只不过把它们转述翻译成了中文，再加了个一二三而已。

“第一，阳明学简易直截，因而合于日人快刀快刃之性格”一段，为井上哲次郎这一段话的翻译：

> 然るに學として陽明學より單純なるはなし。易簡直截といふものの洵に当たり。是を以て日本人の陽明學に接するや，其性其物と適合し，此れを以て彼れを迎へ，彼れを以て此れに容れ，相互融会して一となり。…… （《日本阳明学派之哲学》第574页，《结论》）

“第二，阳明学侧重于“即知即行”，合于日人勇往直前之习惯”一段，为井上哲次郎这一段话的翻译：

> 其實行に資すべき者の多きは，断乎として疑ふべからず。陽明學派の人，论著甚だ少なきも，彼等の行状は著書に代わるべきもの。······知行一致が彼等の主义なるが如く，彼等は其知る

① 《比较中日阳明学》第83页。

所を實行せり。

（《日本阳明学派之哲学》第 575 页，《结论》）

“第三，日本人注重事功，将阳明学应用于人间社会，发生大效果”，为井上哲次郎这一段话的翻译：

然れども日本の陽明派は實に活潑なる事跡を成し，赫奕たる痕跡を留め，支那の陽明派に優ること遠しとなす。

（《日本阳明学派之哲学》第 574 页，《结论》）

在“篇五　日本阳明学的复兴及其赞助日本开国与维新大业”的结尾部分，张君劢将“日本阳明学”特征概括成以下五点：

第一，日本学者对于朱王两家，绝不偏袒。……良以道为天下之公道，学为天下之公学，与其为甲乙之争，何如并行不悖之为得。

第二，日本王学对于知行合一与即知即行八字，尤为注重。言而不行日人引为深耻。此吉田松阴西乡隆盛所以以身殉其所信也。

第三，日本人对于道德观念如忠君爱国，如吊民伐罪，视之为一种理念或柏拉图之意典，尽量从真善美方面去做，绝不许加以污点，故知行合一云云，竟与置生死于度外，同一解释，尤为善之理念化之至者。

第四，吾国宋明儒家并非不知杀身成仁，如文文山陆秀夫之死，如东林志士之死，或为亡国以后，不愿降志辱生，或以言官犯颜极谏，其死为消极的。而吉田松阴之开国勤王，西乡隆盛之务勤远略，以自己之主动，造成一种局面，而身殉之，其死为积极的。

第五，日人本其所信，各主张其政策，因而有彼此政见之争，然开港锁国之后继之以勤王，征韩论反征韩论之中，归宿于内固国本，乃至宪法既行，在朝之保守者与在野之进步党，终能协调于政党政治之中。……①

---

① 《比较中日阳明学》，第 83~84 页。

这五条对“日本阳明学”的高度评价，是《比较中日阳明学》一书中，张君劢除受井上哲次郎等日本阳明学者影响后，自己总结出来的个人意见，但却问题特别多。

首先，第一条“日本学者对于朱王两家，绝不偏袒”的说法，和他自己在“卷下乙”提出的“朱子学是官府的教育主义”“阳明学是谋叛之学”的特点是矛盾的，和张君劢自己引用过的井上哲次郎论朱王两派异同的五个不同点也是相违背的。

其次，这五条除第一条外，都是针对“日本阳明学”和明治时期日本的政治局势和社会运动的关系而言。这些正好符合我们所说的“日本阳明学”是一场社会运动而非思想学术研究的特点，却被张君劢当成了学术性的东西。

再次，吉田松阴不是阳明学者，至少吉田松阴不承认自己是阳明学派。让我们再引用一下吉田松阴语录吧：

> 吾曾读王阳明传习录。甚觉有味。顷得李氏焚书。亦阳明派。言言当心。向借日孜。以洗心洞劄记。大盐亦阳明派。取观为可。然吾非专修阳明学。但其学真。往往与吾真会耳。①

刚才我们提到的三宅雪岭的日本阳明学系谱里面也没有吉田松阴。所以吉田松阴之死可谓“积极的”，却于日本阳明学无关。

最后，赞美西乡隆盛之死为“积极的”说法是非常错误的。我们知道，西乡隆盛在明治维新时期固然立下了汗马功劳，所以被誉为“维新三杰”之一。但是维新后他因政见不和而愤然下野。他主张的政见是“征韩论”，也就是要去侵略征服韩国，反对派的意见则应该先解决国内各种问题，再去解决对外问题。西乡最后起兵造反失败而自杀，造反的理由除征韩论外，在维新政府的改革之下武士的生活日渐穷困，实施征兵令之后士族的军事权又再度丧失，西乡要“造成的局面”就是对外侵略，为这些武士们找一条出路。西乡之死代表保守派士族对明治维新政府所作最后的抵抗，所以连日本人都不赞美西乡的后半生，只是觉得一个明治功臣这种死法太可惜了而已。井上哲次郎就说：“他最后作乱而毙，留下千岁逆贼之名，诚可惜

① 井上哲次郎著《日本阳明学派之哲学》，富山堂1900年版，第555页。

哉。然后人亦不负他。”[①] 意思是说他死了虽然后人没有忘记他，但毕竟是明治维新政府的叛逆者。

顺便说一句，西乡死后不久日本国内的“征韩论”出台，日本对韩国的侵略最终引起中日甲午战争。张君劢不会不知道这段历史吧。

关于张君劢的这五条，日本著名阳明学家冈田武彦先生说：“恐怕主要是看到幕末维新以后‘日本阳明学’而发出的敬意吧。”[②] 也就是说，以上五条并非从学术论述“日本阳明学”的特征，是对“日本阳明学”在幕末维新以后兴起的社会运动的盛况而发自内心的敬意，特别是对井上哲次郎利用“日本阳明学”为大日本帝国宪法颁布后的日本国民树立忠君爱国精神服务，将“日本阳明学”和“国民道德建设”结合在一起的状况感到的羡慕。

而我们知道，张君劢本身也是一名宪法专家。

六　关于中日阳明学比较

关于中日两国阳明学的区别和各自的特点，历来有许多议论。下面略举几种主要的说法，以确认张君劢对中日阳明学所做“比较”的历史位置。

（一）“事功”和行动主义

井上哲次郎说：“如熊泽蕃山、大盐平八郎、佐久间象山、吉田松阴等，都应看他们的事功。”[③] 也就是说，日本阳明学具有以“事功”优先的特点，即重视行动主义。把熊泽蕃山、大盐平八郎、佐久间象山、吉田松阴、伊藤博文等人判定为阳明学者，并不是因为他们的思想，而是他们长于实践，立有实际功劳。井上甚至把日俄战争的“军神”广濑武夫也算成阳明学者，理由是为天皇立下了战功。前面我们曾经提到过，作家三岛由纪夫就曾写过一篇《作为行动哲学的阳明学》的论文，而且据说因他的剖腹自杀行为是敢于行动而被人封为“阳明学者”。

刚才我们提到的张君劢在《比较中日阳明学》“篇四，日本阳明学之兴

---

① 井上哲次郎著《日本阳明学派之哲学》，富山堂 1900 年版，第 553 页。

② 冈田武彦监修《复刻·阳明学》第一卷《总论》，本耳社 1983 年版，第 15 页。

③ 井上哲次郎著《日本阳明学派之哲学》“叙论”，富山堂 1900 年版，第 4 页。

起”中论述的日本阳明学的三个特点，特别是“第三，日本人注重事功，将阳明学应用于人间社会，发生大效果”一条，便是对井上哲次郎这一观点的鹦鹉学舌。

众所周知，“知行”的关系是宋明理学的重要命题。朱子主张“知先行后”，王阳明对其进行了批判，提出了“知行合一”论。王阳明说：

> 某尝说知是行的主意，行是知的功夫；知是行之始，行是知之成。若会得时，只说一个知已自有行在；只说一个行已自有知在。①

可见王阳明主张的“知行合一”的意思是“知是行的主意，行是知的功夫；知是行之始，行是知之成。”并没有主张“行先知后”的意思。相反，王阳明反对将“知行”分开，反对将“知行”分为两段去用功：

> 知之真切笃实处，即是行；行之明觉精察处，即是知，知行工夫本不可离。只为后世学者分作两截用功，失却知行本体，故有合一并进之说。②

井上哲次郎强调的“事功”优先和重视行动主义，可谓“行先知后”，也就是重视“行”，这是和王阳明“知行合一”说相悖而行的。

（二）事业式和枯禅式

另一个“日本阳明学”大家高濑武次郎说：

> 大凡阳明学含有二种元素，一曰事业性的，二曰枯禅性的。得枯禅之元素者可以亡国，得事业之元素者可以兴国。中日两国各得其一。③

也就是说，日本继承了阳明学中的事业性元素，也就是好的、正面的、

① （明）王守仁著，吴光等编校，《王阳明全集》第1卷，上海古籍出版社2006年版，第5页。

② 同上方，第42页。

③ 高濑武次郎著《日本之阳明学》，铁华书院1899年版，第33页。

积极性部分，所以国家得以振兴。中国继承的是枯禅性的元素，也就是坏的、负面的、消极性的部分，所以失败了。这一段话在日本从此成为讲“日本阳明学”时的名言，也被不明真相的中国学者们重复引用。

拙文《何谓“日本阳明学”》对高濑的说法进行过全面批判，结论是中国明代王阳明一派的学问之所谓“中国阳明学”，从来没有高濑所抹黑的那么“枯禅”“空疏”，不是明朝亡国的原因，最多只算次要原因中的一种；更不是中日甲午战争失败的原因。况且在日本，也有岛田虔次等从王阳明、泰州学派到李卓吾思想那里寻找“中国近代思维萌芽”的流派。[①]

再者，这种说法的立足点是从政治上的成败去评价中日阳明学，完全符合“日本阳明学”之社会运动的本性。

张君劢在“篇六，日本阳明学之特色与中日王学之合作”中，全文引用高濑武次郎的这段话来说明中日阳明学的特征。不仅如此，张君劢对高濑这段话之后的话用了第 88 和 89 两页进行了大段引用，以说明中日阳明学各自的长处和短处。可见张君劢的《比较中日阳明学》也深受高濑的影响。

（三）“心本主义”和“理本主义”

沟口雄三则以“心本主义”和“理本主义”来概括中日两国阳明学的特点。[②] 他认为，一部中国思想史是把握“理”的方法的变迁史，在这种意义上说阳明学也属于“理本主义”。然而，日本有着比起普遍的“理”来说，更加重视主观的心的纯粹性之“心本主义”的风土，阳明学在这方面特别显著，日本阳明学和中国本来的阳明学的本质区别，就在于离开了“理”的心情伦理方面。[③]

但是，比起“理”来说，更加重视“心”，比起“性即理”来，更重视“心即理”，这难道不是宋学和明学、所谓朱子学和阳明学的区别吗，不知什么时候又成了中国阳明学和日本阳明学的区别。所以沟口的说法没有什么道理。

沟口在另一个场合又说：

---

① 请参见笔者《何谓“日本阳明学”》一文。

② 见沟口雄三、「ふたつの陽明学」（《理想》572、1981 年）、「「日本的陽明学」をめぐって」，杂志《現代思想》特集：日本人の心の歴史 1982 年。

③ 荻生茂博氏的评说。见《近代・アジア・陽明学》，东京：ぺりかん社 2008 年，432 页。

> 世界上存在着两种阳明学。一是中国阳明学，一是日本阳明学。日本阳明学和中国阳明学的区别在于，日本的阳明学不像中国那样，是顺应时代的要求而产生的，为此，看不到中国阳明学那种宣传思想的联动，卷入民众参加的讲学运动之类的运动的一面，也看不到学派的流向，其学派的名称也只是后人为了方便才取的名字，也可以说当时并不存在这样的学派。①

可见这里沟口不仅否定了日本阳明学重视行动的特点，甚至不承认日本存在过阳明学派，只是说日本人因为阳明学和朱子学同时平行地传入日本，日本人不是历史性的，而只是从形式上、实质上的不同方面去理解这两个学派的区别。换言之，日本并不存在所谓“日本阳明学”那样的学派，只存在着各种各样的日本人对阳明学的不同理解而已。

（四）“近代的阳明学”和“前近代的阳明学”

近年来，上述几种说法不太流行之后，荻生茂博和小岛毅等人开始主张以有无“近代性”来捕捉日中两国阳明学的特征，主张日本的阳明学是“近代的阳明学”，中国的阳明学是“前近代的阳明学”。② 他们对以井上哲次郎为首的“日本阳明学”也持批判态度，但是他们判定中日阳明学“近代化”的标准自身，却还是井上一派在百年前就建立了的“日本阳明学”标准。

按照这一判断标准，中国历史在明代已经开始“停滞化”了（所谓“中国停滞论”或“亚洲停滞论”）。“停滞”的理由和明代明学心学的消极的、枯禅式的因素有关，明王朝的灭亡和“心学泛滥”也脱不了干系。然而日本通过明治维新，实现了欧美标准的“近代化”。不管怎样“阳明学是明治维新的原动力”“阳明学先导了明治维新”的说法，成为“近代亚细亚的共通理解”。③ 而且“日本阳明学”的发动者不满足于此，以阳明学的几个原则（“心即理”“知行合一”“致良知”等）作为口号，企图为日本（帝国）树立新的“国民道德”，建立日本人新的精神世界。用杂志《阳明学》的话说，“以阳明学来涵养国民精神，高扬国民道义，护持国体，在海

① 沟口雄三译注《传习录》（中公古典 12，中央公论新社 2005 年）的解题，第 13 页以后。

② 荻生茂博著《近代・アジア・陽明学》，东京：ぺりかん社，2008 年。小島毅著《近代日本の陽明学》，講談社選書メチエ369，2006 年。

③ 荻生茂博《近代・アジア・陽明学》，东京：ぺりかん社，2008 年，432 页。

外发扬国威”。①

中国明代儒学的一个流派阳明学在异国日本得到了“近代化”的话，那么儒学的其他流派乃至中国传统思想也可以实现“近代化”，于是出现了所谓“传统思想的近代化”或者是“传统思想的近代形态”之类具有普遍性的课题。

在中国，“传统思想的近代化”的类似课题，以前有毛泽东式的“批判继承”、张岱年式的“抽象继承法”、“中国哲学的本体性诠释”（成中英）之类的论调，但在我们看来都是无果之花。至少我们对日本阳明学是明代阳明心学在异国日本的“近代化”形态这一说法深表怀疑。如果真有此事，这牵涉到明代的其他学派（明代理学、东林派之类）、明代以外的时代的儒学思想（先秦诸子、汉唐经学、程朱理学、清代考证学之派），儒学以外的传统学问（道家、墨家、佛教之流），再延伸到古代希腊、罗马的哲学能不能近代化，怎么去实现近代化，近代化后是个什么样子的大问题。

带着这样的疑念我们再一次审视“日本阳明学”，我们发现了“日本阳明学”的本质、发现了“日本近代的阳明学”的秘密。其本质和秘密在于：它们只不过是利用了王阳明哲学思想的一些思想原则和行为方式（“心即理”“知行合一”“致良知”等口号），以对明治维新进行贪天功为己有式的解释、对完成近代化后的日本社会思潮进行改造（纠正全盘欧化政策-三宅雪岭等人）或者是在《大日本帝国宪法》和《教育敕语》之下建设“国民道德“（井上哲次郎等人）、日本人心理构造的再构筑（日本主义者、杂志《阳明学》等）为目的的“阳明学”社会运动的口号而已。

结　语

在这个发现过程中，笔者明确了“日本阳明学”不是学问学术流派，而是特定时期特定社会环境下的社会运动，建立了自己的“日本阳明学”论。再就是笔者使用这个“日本阳明学”视角，对20世纪将日本阳明学引进中国的孙中山、梁启超、朱谦之②以及张君劢进行了考察。

---

① 冈田武彦监修《复刻·阳明学》第一卷《总论》。

② 邓红：《朱谦之和“日本阳明学”》，《阳明学研究》（第二辑），武汉大学阳明学研究中心，2016年。

由于孙中山在后期抛弃了“阳明学明治维新原动力论”，这里暂且省略之，专论其他三人。

梁启超、朱谦之和张君劢三人的“日本阳明学”知识和素养有如下共同共通点。

一，三人都有日本留学经验。日本经验造成他们的阳明学素养和知识都不是来自400年前中国明代阳明心学，而主要接受的是“日本阳明学”的知识。其中井上哲次郎“汉学三部作”，特别是《日本阳明学派之哲学》的影响不可否认。

二，他们来到日本后，都对“日本阳明学”创造的“阳明学明治维新原动力论”感动不已且无条件地接受，并将之传到中国，想以之促进中国的近代化。也就是说，对他们来说，阳明学与其说是学术的修养，还不如说是政治的工具，希望像“日本阳明学”推进明治维新那样，在中国也掀起“日本阳明学”那样的社会运动，启蒙落后的民众、拯救苦难的国家，在中国尽快实现近代化。

三，他们都没有像孙中山那样看穿“日本阳明学”的虚构。于是“阳明学是明治维新的原动力”，不但影响到了如宋教仁、蒋介石在章太炎等革命家加学者那里不断接受并传为美谈，到了梁启超、张君劢、朱谦之等学者那里就被当作真理无条件地逆向输入，起到了影响舆论、教育民众的作用。

四，他们都将“日本阳明学”作为一种学术流派逆向输入中国，特别是朱谦之和张君劢都著述有学术性的介绍“日本阳明学”的书，但是其主要内容都是照抄照搬甚至复制“日本阳明学”的。这样的复制之所以在20世纪50、60年代的大陆和台湾给予学术界很大的影响，在中国的日本思想史研究方面甚至具有开创性意义，那都是因为当时的学术规范还不严格、日本阳明学的原始书物因为各种原因在中国得不到广泛流传而已。[①]

（作者：日本北九州市立大学文学部教授）

① 高濑的阳明学著作、“井上汉学三部作”自发行以来在日本没有再版，也没有被翻译成中文，更不用说三宅雪岭、德富苏峰、陆羯南等日本主义者的著作了。

湛甘泉、王阳明与南康郭氏

周建华　董　华

一　湛甘泉为南野（南康）郭氏族谱作诗文

《南康郭氏五修族谱》载，湛甘泉为南野（南康）郭氏族谱作诗文三篇。查《泉翁大全集》《湛若水年谱》等相关研究资料，这三首诗文均未收入，系甘泉铁诗文。

湛若水（1466～1560）明代哲学家、教育家、书法家。字元明，号甘泉，广东增城人。孝宗弘治年间进士，选庶吉士擢编修。世宗嘉靖初，官南京祭酒、礼部侍郎。后历南京礼、吏、兵三部尚书。少师事陈献章，后与王阳明同时讲学，各立门户。王主讲“致良知”，湛主讲“随处体认天理”，认为：“吾之所谓心者、体万物而不遗者也，故无内外；阳明之所谓心者，指腔子里而为言者也，故以吾之说为外。”① 强调以主敬为格物功夫；说：“故善学者，必另动静一于敬。”②，著有《湛甘泉集》。

（一）湛若水《题宗祠前池》云：

“嘉靖庚子夏季，余南归道经蓉城，恭访旧父母鲤山郭先生庐。庐倚其伯祖祠，祠前有半亩塘，清滢可爱，询之傍曰：此郭氏祖祠。明堂池也，同与鲤山携手环游塘堤，感而赋近律一首，并门帖书之。春正时朔后二日也。”并有诗云：

① 《答扬少默》。

② 《答于督学》。

名家西郭冠蓉乡，清澈祠边半亩塘。
源溯汾阳浚派远，流通灨上引波长。
三层鲤浪腥陈俎，两砌萍生藻荐尝。
日暎浮金榱桷动，洋洋如监奉先堂。[①]

嘉靖庚子，即嘉靖十九年（1540 年）。是年，湛若水已是七十五岁高龄，在兵部尚书任上致仕。据《湛若水年谱》载，是年七月朔日，先生有《寄渭厓霍宗伯》[②]；七月初二日，离南京，出石城门，泊龙江关；门人、故旧为其饯行。初八日是，访甘泉山，与友人会饮于甘泉馆。初九日，还抵仪真；发舟镇江。二一、十二日，在甘泉精舍。十五日，反棹至无锡；抵姑苏。十六日，撰《更定谢恩疏》[③]。十七日，至嘉兴府。十九日，过崇德。二十日，至杭州；登岸至天真精舍，以三香谒阳明先生。二十七日，常山道中。三十日，至广信府。[④]

八月初二日，过武夷山分岭；暮至崇安县。初三日，同周节推游武夷山。初六日，过鹅湖书院，有《谒四先生诗》。十四日，抵南昌。十五日，王汝中等饯行；作《息存箴》以示洗、王、方诸同志，其云："人心之神，俨乎天君，胡不守尔宅，而逐逐奔奔，形与神离？他乡莫知，出入无时，伊谁之为？匪出匪入，匪忘则执，窒尔天窍，而不顺天之则。匪鼻端之白，匪周天之息，息与天通，与天无极，而存之乎呼吸。一息之呼，吾气通天，与天同舒，草木蕃敷。一息之吸，天气通吾，与吾同翕，龙蛇藏蛰。靡吾靡天，通为一体，形分气牿，皮肤汝尔。一息一念，一念一天，是谓息存，与天浑然，是谓息至。自息至刻，至时至日，日至月至，三月不违。过此非我，天行无为。"[⑤]

二十日，至赣州，写下了《寄罗整庵太宰书》，又别纸论辩白沙先生非禅及理气合一之说，其云："门生湛若水顿首大冢宰整庵翁罗老先生大人丞丈执事：水也奉违门下久矣，梦想常依左右，往年欲造讲席未遂，今蒙诏许归休，正拟得偿夙愿，游武夷后，近病右足□疼痛，医治少愈，其根未

① 《南康郭氏奉先堂五修族谱》，一九三八年刻本。
② 黎业明：《湛若水年谱》，上海古籍出版社 2016 年版。
③ 《泉翁大全集》第 11 卷，第 12~13 页。
④ 《泉翁大全集》第 38 卷，第 21 页。
⑤ 《湛若水先生文集》（通行本），第 28 卷，第 7 页。

除，尚未堪走五六十里之途，缘分浅薄，不得一瞻德容，引望怅然，奈何奈何！谨具启起居，兼近编杨子折衷一部，托县家差人呈上请教，诚以杨子援儒入禅，尽驱圣人之说以附己意，又敢于非诋正心诚意之大训，一时学士靡然从之，所谓'以学术杀天下后世'者，虽杨、墨之祸不过此甚也。执事知言之学，素精于儒释之辨者，以为何如？幸终教之。谨启。别纸又云：'水顿首言：人多言整庵翁、白沙先生师为禅，水谓白沙先生非禅也。第一指教之初，便以孟子必有事焉而勿正心，勿忘勿助长为标的；又以明道学者须先识仁一段，末亦孟子此段为存之之法。水自思得，以书禀问：『天理二字，最为切要，明道云：「吾学虽有所受，然天理二字，却是自家体贴出来。'李延平教人默坐澄心，体认天理。水以为天理切须体认，日用间随处体认天理，便合有得。"①

二十四日，撰《静斋书院记》（《泉翁大全集》，第30卷，第4~5页）。

二十五日，由陆行过九牛，夜宿南康县。

九月初一日，度梅岭。

由此推断，湛若水应是在八月二十五日至八月底这段时间在南康，与《南康郭氏五修族谱》所述"嘉靖庚子夏季"，时间上有出入。准确时间应是"秋季"。

"蓉城"，即南康；下首诗提到的"蓉江"，即章江南康段。

2.《寿太尹鲤山七十有一》云：

蓉江箫鼓晓喧阗，冠盖缤纷集寿筵。
逢矢悬堂过七十，海筹添屋计三千。
光腾北斗辉南极，算永龟龄引鹤年。
我欲霞觞飞送祝，蓬莱青鸟约琼仙。②

3.《鲤山公像赞》

无污其品，有斐其人。
心清若水，政焕如春。

---

① 《泉翁大全集》第85卷，第21~23页；其别纸又见罗钦顺撰《困知记》，第174~176页。

② 《南康郭氏奉先堂五修族谱》，一九三八年刻本。

威仪棣匕，乡党恂匕。
猿鹤不怨，兰蕙常新。
善者好之，德廉结僯。①

二　南康郭氏鲤山公

《南康郭氏五修族谱》“贤行列传”有关鲤山公记载云：

“鲤山公，祥瑞号鲤山，四岁能强记，常就塾与群儿作官衙排堂戏，大人奇之。第邃于诗文。以贡拔山水县丞，邑多暴客，丞佐以清净探丸者竟寝当道上，其才超迁令崇安，匕江闽要冲，事倍繁于山水，至则讯其愉苦者，首剪数巨猾，与民苏息，问孤恤寡，简赋均徭，邑永赖。会有中以法者，士庶奔千里代为申雪，遂指袖归老。

“先是山水以清廉与乡绅甘泉公甚善。及崇安归，湛公由大司空致仕回，道经南康步访其燕居，蔌酒对酌，为之书门联，有“山水清廉贤令尹，芙蓉坦荡老耆英”之语，并祠前池塘诗记一首，诘朝仍徒步携手至西郊别去，人争睹羡云。

“论曰：一命之士苟存心爱物，于人必有所济，况寄百里尹连城乎？鲤山丞山水，继令崇安大邑，永庇其济人，当更甚然，可闻不可考矣。孟云，观近臣以其所，主甘泉湛公证人也，设鲤山公在山水非甚清甚廉，彼过县时，疏旷已久，贵贱方悬，望匕然，去之不蚤，肯步其庐，而亲书门帖，咏池塘哉，是故君子大居正，亦惟君子能好其正。”②

三　南康郭氏的来历

郭氏在我国是名门望族，人口众多，分布广泛，历史悠久，从汾阳堂郭子仪上溯到黄帝，历经九十余世。郭氏先人在历代王朝，人才辈出，文韬武略，功名盖世，德泽昭彰。到唐朝郭子仪时，最为辉煌。郭子仪有八子七女，其后裔遍布五湖四海。郭氏南康奉先堂族人是郭子仪长子郭曜的

---

① 《南康郭氏奉先堂五修族谱》，一九三八年刻本。

② 《南康郭氏奉先堂五修族谱》，一九三八年刻本。

后裔，族史记载鼻祖发脉自陕西华阴，郭曜在徽授江西庐陵（今吉安）刺史时，携其子郭晖由金陵（今江苏南京）徙吉州（今吉安）麻江，郭晖八世孙郭该由麻江徙同江，郭该七世孙郭裕由同江徙南康大田，是为南康奉先堂始祖。①

《西城郭氏先祠记》，永丰钟瓘（咸宁知县）云："南野西城 郭氏，唐中书令子仪之后，累迁而吉水之同冈、富口，以至于南野。南野西城之祖，则为贵和，由贵和以至于今，凡十一世。"②

南康郭氏为唐汾阳王郭子仪后裔。郭子仪德行功业为后世景仰，宋代名相王溥、吕蒙正、寇准、王旦、欧阳修（三篇），宋明理学创始人周茂叔均为其作《像赞》。宋以降，为郭子仪作《像赞》的名人还有很多，如解缙、谢启昆、刘节等。③

一世郭子仪（仕唐，太尉，拜校中书令，图凌烟阁，封汾阳王，谥忠武）；

二世郭曜（授卫尉卿，赠太子太傅，谥太原侯）；

三世郭锋（为参军袭封汾阳郡公）；

四世郭琮（令尹）；

五世郭端夫（中山大夫）；

六世郭在徽（金陵籍，南唐鸿胪寺正卿、庐陵刺史）；

七世郭晖（字伯阳，随父任庐陵，家麻岗，仕南唐，为紫金光禄大夫上柱国，从周祖战，殁河内，封广国公，葬庐陵儒行乡门十三都大丰塘）；

八世郭轩，字孟与（左中大夫，葬安福岑仔塘）；

九世郭靖，字明淑（中吕蒙正榜进士，银青光禄大夫，检讨国子祭酒，侍郎史）；

十世郭熙，字和殳（任澶州推官，转吉州观察使）；

十一世郭圣，字光伯（居麻岗，葬安福）；

十二世郭桂，字圭卿（在庐陵）；

十三世郭绂（在庐陵）；

十四世郭该（在庐陵）；

① 《南康郭氏奉先堂五修族谱》，一九三八年刻本。

② 《南康郭氏奉先堂五修族谱》，一九三八年刻本。

③ 《南康郭氏奉先堂五修族谱》，一九三八年刻本。

十五世郭宏（在庐陵）；

十六世郭甫（在庐陵）；

十七世郭清臣（在庐陵）；

十八世郭文伯（在庐陵）；

十九世郭建极（在庐陵）。

迁南方后，南康历代先祖世系：

第一世郭裕（即十七郎，郭氏远祖子仪公世二十世，由庐陵迁南康）；

第二世郭承绪，字宗孟（郭氏远祖子仪公世二十一世，定居南康大田乡）；

第三世郭饫，字道艘（郭氏远祖子仪公世二十三世）；

第四世郭启后（郭氏远祖子仪公世二十四世）；

第五世郭卿（郭氏远祖子仪公世二十五世）；

第六世郭昌一（郭氏远祖子仪公世二十六世）；

第七世郭添傅（郭氏远祖子仪公世二十七世）；

第八世郭贵和，字时用，一字云涧（郭氏远祖子仪公世二十八世。有志虑。宋季，川寇猖獗，人皆惊避，始由大田徙居南康之西城省元坊。尝叹一身经两朝，历尽艰险）；

第九世郭仲荣，字先卿，一字竹居（生于宋宝祐乙卯十一月二十一日，殁于元至大已酉二月初七）；

第十世郭原佐，字廷臣，一字西山（应乡荐，任赣州司庾，出纳详慎，节义著闻，致仕归家，建奉先堂祠宇，以安祖灵，膳祭产以奉祀，急流勇退，淑慎其身。生于元前至元壬午十月初九，殁于元后至元戊寅六月十八）；

第十一世郭汝立，字卓夫（读书尚志，有干济才。荐为陕西会宁幕僚。会宁为陇西僻邑，素称难治，卓夫莲幕勤慎爱民，民甚宜之）；

第十二世，郭秉中、衡中、仁中、用中、允中、时中、礼中、瑞中；

第十三世，郭溥，字博泉（永乐七年贡）；

第十四世，郭宗正、宽正、宏正；

第十五世，郭嘉瑞，即鲤山公；

第十六世，即郭日贡，系鲤山公子侄辈。

贵和，南宋处士，听说丞相文天祥在赣州募兵勤王，感叹说：“这是王师也！”于是一个人跑至赣州，在文天祥军中效力，罢归后避处山中。

元代，有原佐者，“读书好古，节义著闻”，有司以材荐了赣州司庾，“出纳详慎，职守不怠”。

衡中，汝立次子，接任父亲之职，任陕西会宁幕僚。

彦博，志向不群，以茂异选补学官弟子，治《尚书》，不录乡荐，郡邑举于藩，上于春官，养于太学，以辰祭归吴。

彦彬，“质颖秀”，童稚时读书史，背诵不忘，选为学官弟子，屡应试选绅录，岁荐于礼部，卒业成均赴铨，授知汉阳县事。汉阳县属武昌，邑小事繁，民贫赋重，素称难治，彦彬治事有方，民感之。

祥鸾，能言即能废弃，颖悟绝人，着意古文词。嘉靖初年，祥鸾应试，进士、南安府知府李公，出试题为《广居论》，祥鸾下笔千言，以“尧舜为基，仁义为栋，及一坏于春秋，尼父修之，再坏于战国，轲氏修之”等语，李公称为奇才，为其赋诗曰：“遗才不忝郭祥鸾，一论挥来天地宽。好向凤楼添手段，秋风捷翮起鹏抟。”把他放在首位，然祥鸾早夭，诚为可惜。[①]

四　南康郭氏奉先堂

奉先堂，南康郭氏祭其祖考之堂。

嘉靖戊申年是嘉靖二十七年（1548），重修祠堂“奉先堂”，其《奉先堂祠宇》云：“嘉靖戊申六月吉，合族各输资费竖造。”

据《南康郭氏五修族谱》载，“奉先堂在南康县治城西省元坊内，坐西向东，祠宇一所共计三栋，前以塘路为界，左以国子监牌坊脚为界，右以祠宇墙脚巷路为界，直计八丈，横计九丈，门首鱼塘一口。建自西城三世祖原佐公，后毁于火。明代洪武辛酉，五世祖衡中公因其址而重构焉。弘治丙辰正月吉，首事伦正公、嘉恩公、曰恭公等合议修葺。正德丁卯二月吉，合族又加整修，厥后屡加修理。乾隆辛丑三月吉，祠完成将圮，五房孙曾会议重构，因公业无多，略加修整，以安祖灵，幸孝子义孙俱各踊跃，再祠内石栏干系嘉靖戊申六月吉，合族各输资费竖造，康熙壬午吉，经管首事建珖重修。”[②]

乐安籍进士张纯有《南野西城郭氏奉先堂》云：“吾观近世故家大姓，能以忠厚其家者鲜矣。矧求其能尽奉先思孝之道乎？夫孝，百行之源，万善之本，故曰立孝自亲始。故家大姓未能尽事亲之孝者有矣，矧求其能笃

① 《南康郭氏奉先堂五修族谱》，一九三八年刻本。

② 《南康郭氏奉先堂五修族谱》，一九三八年刻本。

追远之诚乎？此南安郭氏奉先堂之所由以作也。郭氏旧为南安故家，而能以忠厚世其家者，故于奉先之礼尤加谨焉。今年春，予登第归自京城，友人郭彦博氏来征文以序之，按其辞，因季兵燹堂毁于时。天朝洪武辛酉彦博季父衡中乃撤而新之。轮奂翚飞，为祖宗光，若衡中者，能以忠厚世其家者也，能尽奉先思孝之道者也，能笃追远之诚者也……”①

咸宁知县、永丰籍进士钟瓘有《西城郭氏先祠记》，记述了奉先堂的来历，云：“南野西城郭氏，唐中书令子仪之后，子仪五世孙在微居庐陵之麻岗，其后累迁而吉水之同岗、富口，以至于南野。”②

五 十六世郭日贡为阳明私淑弟子

《南康郭氏奉先堂五修族谱》载，郭日贡，字国光芒，号东田，生于正德丁卯六月初九，殁于隆庆壬申十一月初二，为南康郭氏奉先堂十六世孙。其妻朱氏，朱汝严女，应赠孺人，生于弘治乙丑二月初一，殁于万历戊子五月十七，与日贡合葬于南康鲤鱼山。生子三：处铎、处可、处伊。日贡由明嘉靖三十一年贡，任广西上林县知县，调署资阳篆。幼尚志持重，以老成人以道化自任，每谓学问惟致良知而已民，良知一致，何善不可为？与季昆五六人，沉酣经史，各占长艺，蜚声胶庠，以贡选，知粤西上林县，县僻隘，每留猷念，竟莫胜其挥霍，考中下，左迁长沙教，提良知醒人，成达最多当道。拔署资阳篆。资阳差可展骥，仍申良知之说，顽民良士一时胥化，以晚得为恨亡，何谢事，随告病归，两处献黎闻上，亟称道学郭先生如阳明先生云。③

由此观之，郭日贡乃阳明先生私淑弟子。

郭日贡生平事迹，见诸志书者不多见。《南康郭氏六修族谱》记有郭日贡《祠堂栏杆记》一文，云：“郭有贤胤，旧矣，基业之隘于前者，增于后，规制之朴于昔者，俙于今，盖时也，势也，有不得已者也。正德丁卯岁，内寝久矣，而前堂廊庑未修，豪杰者从而增之，一改观也。嘉靖戊子，前堂后寝备矣，而月台阶级未修，豪杰者从而新之，又一改观也。迄今二

① 《南康郭氏奉先堂五修族谱》，一九三八年刻本。

② 《南康郭氏奉先堂五修族谱》，一九三八年刻本。

③ 《南康郭氏奉先堂五修族谱》，一九三八年刻本。

十余年，三祭之暇，子姓常聚朝斯夕斯，或供香烛，或荐时新，或修举业，睹天光阔大风雨拂面，月台宜有栏杆，庶可以障风雨。于是鸠工募石，各捐私藏。计金一两者不云多，半两和之不云少，同心合谋，始事于嘉靖戊申六月二十八日而落成，完美于己酉八月二十六日，工凡四百有奇，嗣后拜位，悉银构石工费，殆亦称是，而每日食之需，则凡契祭者，轮为之供，又所以乐观厥成而分一二于费劳也，于戏兹役之成也，等明阶级，壮仪陟降，雅观宴祚，贤子孙者，谓其能心祖宗之心也，祖宗之心生，视子孙为一体，阴欲后胤，以无伤以祖宗之心为心者，故族将大族将大故，庶工与其不为时之所趋，势之所所便，有不得不然者乎？然窃有告焉，礼言之宗庙，成莫先制，祭器而分焉，不敢过也。昔者先王立之表仪，树之风声，礼仪以坊德事，形势以域民，其为栏杆莫大，管子天下才也，而缕簋朱纮，君子谓之滥晏，平仲贤大夫也，而豚肩不掩，亘君子谓之隘，是为士，为大夫，为诸侯，其制度，其祭享，宜循其分而为之礼，之所为而不敢俭，礼所不为而不敢过，是谓能礼乎？礼而祖宗之心慰矣，水星滥耶隘耶俭耶过耶，则又非吾之所知也，乃为之记，又从而歌曰：城西之郭，派自汾阳，爰立宗庙岁祀有常。济美冠裳，分秩其伦。度循其章，匪墙匪越，歆祀孔良，奕世弥昌。”①

《南康县志》记有郭日贡《东渡观澜》诗，其云：“章水自南来，东流潆洄急。悠悠川上心，砥柱中流立。”

“东渡观澜”为古南康八景之一。章江从县城边流过，至东门外约距城二里许，即为东渡观澜名胜。古时在文昌宫（今赣南卷烟厂内）侧有观澜门，孔圣殿（也在今烟厂内）有观澜亭。上门登亭以观碧波石船，或登石船以濯清流，颇足怡情悦性。咏东渡观澜的诗篇甚多，如清南康知县曾迪《东渡观澜》诗云：“江头看湍急，浩荡浸穹碧。化机未有涯，至理元无极。”

郭日贡有《题万安寺宋僧遗身》（南康县万安寺）两首，其一云：“相传正学在义文，豪杰兴期共迓今。地脉有灵占道脉，人心无倦合天心。转移此日黉宫水，培植当年泰华岑。寄语吾侪何庆幸，欲从台宪颂余阴。”其二云：“芳春浪暖共乘船，兴绕蓬山弱水边。淡荡轻风吹短褐，琳琅佳句步

① 《南康郭氏奉先堂五修族谱》，一九三八年刻本。

高贤。绝无尘滓淆清孤，滕有祥云罩碧巅。此日登临非浪迹，士林咸乐着先鞭。”①

郭日贡为生员时，曾纂辑《南康县志》（嘉靖）版，是南康有志记载的第一部官修县志。进士刘昭文纂修，除郭日贡外，还有生员赖资锦、阳曜、吴学夔、奚元吉同时纂辑，南安府推官冼沂、知县曾迪鉴定。此书嘉靖三十二年（1553）起修，三十四年（1555）刻印成书，共13卷40目，约10万字。原版上海图书馆。

郭日贡还有记长沙名胜《明道堂记》文，只存篇目，原文散佚。

六　王阳明、湛若水、邵宝、刘节与郭氏的交集

这里有一个问题，即郭日贡是嘉靖年间人，而其时阳明先生已去世，郭日贡又不是王阳明弟子的传人，怎么私淑王阳明呢？

查郭氏鲤山公，即郭日贡之父辈，受湛若水的影响较深，与刘节通好。这一来，关系便明朗了。

王阳明、湛若水、邵宝、刘节，差不多生活在同一时代，官场地位也都显赫，属当朝鼎鼎大名的人物。这四个人的关系，围绕着王阳明，颇有点意思：

湛若水是王阳明的挚友；

王阳明和邵宝是挚友；

刘节与湛若水也是很要好的朋友；

王阳明是刘节的崇拜者；

王阳明、湛若水习心学；

邵宝、刘节也是理学中人。

这样一来，南康郭氏受理学、心学的影响和浸染就不言而喻了。

据族谱载，郭日贡族兄日经，幼颖敏，为学官弟子，习《毛诗》，文多秀出，人咸推服，屡应试不第，处贫无怨，孝敬母亲，为人称道，知府邵宝为其书“兹孝”二字，以示褒奖。

王守仁（1472～1529），幼名云，字伯安，别号阳明。浙江余姚人。明代著名思想家、文学家、教育家和军事家，陆王心学之集大成者。弘治十

① 《南康县志》，清乾隆刻本。

二年（1499）进士，历任刑部主事、贵州龙场驿丞、庐陵知县、右佥都御史、南赣巡抚、两广总督等职，晚年官至南京兵部尚书、都察院左都御史。因平定宸濠之乱军功而被封为新建伯，隆庆年间追赠新建侯。谥文成，故后人又称王文成公。

邵宝（1460~1527），字国贤，号泉斋，别号二泉，江苏无锡人。明代著名藏书家、学者。进士。授许州知州，历户部员外郎、郎中。历为江西提学副使，修白鹿书院学舍以处学者。宸濠向索诗文，严拒之。为身守正，不交权势。官户部左侍郎兼都察院左都御史，时刘瑾擅政，邵宝入京绝不与通，遂被劾致仕。刘瑾败亡，起邵宝为左佥都御史，拜南礼部尚书。卒，赠太子太保，谥文庄。

邵宝，实学派代表人物，教生徒以致知力行为本。理解王阳明的心学。他在任江西提学副使时，释菜濂溪书院，修白鹿书院学舍以处学者。邵宝有与王阳明一样受刘瑾迫害的经历，邵宝和王阳明两人惺惺相惜，交谊很深，二人多有诗文交来人往。弘治十三年，邵宝除江西按察司副使提调学校，在江西任职达六个年头。为庆贺邵宝的升官和送别，有感于北京的天旱缺雨，王阳明写了篇《时雨赋》，赋中把邵宝比作江西的及时雨，比作春风化雨。弘治十六年，邵宝至赣州府、南安府，“长至日释采于濂溪书院。”① 在江西任上，邵宝还邀请王阳明的弟子袁庆麟主持白鹿洞书院。

刘节（1476~1555），字介夫，殿试以百首梅花诗入仕，世称梅国先生，江西大余人。弘治十八年（1505）进士，授武选公，因忤逆权臣刘谨，谪宿松知县。后为录广德知州，四川提学副使，广西提学副使，河南、福建参政，浙江左右布政副都御使，嘉靖十一年（1522）为刑部右侍郎，晚年回乡，创办“梅国书院”。工书，书仿颜真卿。著有《梅国集》四十二卷等。

刘节，曾拜理学名臣黄仲昭为师，是为理学中人。刘节籍南安，南安系周敦颐、二程奠基理学的地方，从小受理学文化的熏陶，后来成了理学家。刘节与湛若水差不多在同一个时代，与湛若水同一年考上进士，且与湛若水交好，因此，与心学也有浸染。刘节的祖父刘原芳（未详~1466）去世后，刘节曾聘请时为南京吏部尚书湛若水为其祖父撰写神道碑，湛若水鉴于他们的同年交情，欣然答应，“节寓书以币，征文于甘泉子。甘泉子曰：嘻！若水之与子，同年兄弟也，视而祖犹祖也……乃鲁祖国宝不仕，

① 《邵文庄公年谱》

乃祖志均不仕……”在考察了刘氏的源流之后，他认为虽然刘氏祖上一直没有做官，但是却把这份好运蓄积到了刘原芳及其后代的身上。

刘节称赞王阳明的为人和为学，他在为南康县建的王阳明生祠作的《都宪阳明王公生祠记》，对王阳明的立德、立功、立言，有很高的评价。对王阳明的立德，评价曰："公禀气完粹，志向刚勇，以至圣大贤为师……公修仁义，习诗书之乐，一旦用武遏强寇，风驱电扫，不遗余力，使进而宰天下，诘戎兵威，制四夷，虽古之专征忾敌，干不庭以式辟疆土坷也。”对王阳明的立功，评价曰："日者御史中丞阳明王公奉明天子命，江湖闽广四藩，连属十余郡之地，诛恶伐叛，师族用命。不用命，悉得以兵法便宜从事，制权严重，在昔臣未有也。有之自今日始，公始至下……昔盗贼为苦患甚剧，邑城围者过半，使射非中贼户足解去，危祸殆不可言。我都宪王公来揃，循我有众，亲率我子弟，斩灭是贼，俾我民、安我父母、保有我子孙、利我桑麻谷粟。士卒业于校，工食力，端贾货殖于道，罔虞侮。我公万世之功在我民者，如山峙川注，永永无斁。我民盍为公久图之?”对王阳明的立言，评价曰："养心之学，洞视千古士，自功名而下不齿也……谪贵阳下吏，穷理尽性之学，益造精蕴。北起为吏部郎，进乡太业鸿胪讲堂之士，四方日集。每语及天下事行仁善者，喜。否则，忧形于色，食寝殆废。救时敢谏之风直追往哲，而荐于道优入濂洛之域，与支离空虚之学实相凿枘。”①

刘节与南康郭氏交好，曾为南康郭氏写过多篇像赞、题赞、题赠等，如：《扩轩三喜赞》《处士尚周赞》《西宿燕居像赞》《挽西宿》《赠廷鸣南还》《题处士德箴》《答天祥梅山待选求考墓铭》《题太尹恩诚》《题处士鹅峰》《汉阳太尹南山像赞》《西宿公像赞》《文峰公像赞》等。其《题太尹思诚居封川》，对思诚极尽赞扬：金厥承恩拜玉旒，除书遥捧下端州。江城鼓角千家晓，驿路风烟五岭秋。治行好追高密令，家声应继汉阳侯。皇朝登用三途并，征诏旋看出凤楼。”②

七 鲤山公后世

南康郭氏自鲤山公后，为南康著姓。明代乐安进士张纯《南野西城郭

---

① 《南康县志》，清乾隆刻本。

② 《南康郭氏奉先堂五修族谱》，一九三八年刻本。

氏奉先堂序》云："郭氏旧为南安故家，而能以忠厚世其家者，故与奉先之礼尤加谨焉。"

鲤山公后世郭礼伯（1905~1978），别号君鸣，黄埔军校第一期毕业。国民党中将，1938年主修《南康郭氏五修族谱》。

三岁丧父，家境清寒，由伯母抚养长大。本县城南国民小学及私立赣南中学毕业。

1921年进入赣军军官教育团受训。后任驻粤赣军一团一连司务长，粤军一团一连任排长，加入讨陈炯明之役。1924年5月由赣军保荐考入黄埔军校一期步科第三队学习。1935年庐山军官训练团毕业。1921年由赣军司令彭程万、李明扬介绍加入国民党。黄埔军校毕业后入教导第一二团任排、连长，副营长，参加两次东征淡水、棉湖、兴宁之战役，后任国民革命军第一军第二师第四团第一营营长、四团参谋长，参加北伐武昌，南昌攻城，赣北追击之役。1930年任十四师独立旅第一团团长，八十九师五二九团团长，1933年春，派赴东北军万福临第四军团北平总部任政工主任，1934年4月，出任江西保卫第一师师长，后任军事委员会南昌，武汉行营中将参议。1935年任江西省国民军事训练委员会主任委员，1937年任江西省军管区副司令。抗日战争爆发后，1939年任第六预备师师长。1940年重庆中央训练团党政班第七期学习，毕业后担任中队长至1941年夏第十五期结业为止。1941年任第九战区一九四师师长，1942年任七十九军副军长，1946年任军政部第十六军官总队中将总队长。

抗战期间，曾参加豫东、武汉会战，第二、三次长沙会战，浙赣会战等。胜利后任第三方面军司令部高参。1946年冬于南京出席首届国民代表大会，当选第一届国民大会代表，1946年7月退役，1947年任江西省政府委员兼省训团教育长，1949年兼任江西省民政厅厅长。1949年秋到台湾，后曾任国民党基层党务工作，1960年任台湾省桃园县民政局长，1970年退休后转任中台化工公司董事。1978年2月14日病逝于台北。

郭礼伯曾主修《南康郭氏奉先堂五修族谱》（一九三八年刻本），并为其作序，说明了修族谱的目的意义："新学主义曰民族，曰群治，史家义例，曰宗族，曰土著，皆与宗族有密切之关系者也。当今世界竟胜，种族争存讲仁学者，皆专主同胞而亟期达团体之目的，全亚本吾同种，而况吾族之系出于一源乎？是则宗族团体即为群治之其也。家庭教育又为各种学界之基础也。夫以今日当世廿四"，又对其宗族人才辈出加以称赞，"上溯远祖，唐则汾阳以功线著，宋则谪仙以哲学显，以及军劳战绩，代有武库干城，博学鸿词，门多文坛飞将，节孝长留，浩气坚如金石，科名高耀，诗书不坠先型，故迄今后嗣耕读纯良，簪缨跄济，犹有礼义忠厚之遗，徽知其一脉绵延，和光散著，如水源之浩瀚朝宗也……"

郭礼伯又有《福生公赞》诗："赋性纯粹，器主只宏通。治家人俭朴，处世谦恭。教育儿女，义方是训。由湘返梓，肇振家风。子孙绵奕，感仰宗功。"①

一九三八年，时任第一集团军第一军团总指挥兼第一军军长刘峙曾撰《赠蓉江郭君礼伯序》，称赞郭礼伯"天资聪颖，抱负钦奇，笃志匡时，谋谟宏远。"②

郭礼伯事伯母至孝，国民党要员蒋中正等均撰文为贺。

时任国民党军事委员会委员长的蒋中正有《郭母冯太夫人赞》："懿哉贤母，汾阳之光，其仪不忒，其德弥彰，相夫勤慎，教子义方，名齐欧母，绩媲姬姜。天锡厥福，身体康强，桂林毓秀，兰穗生芳，拈花佛座，百代馨香。"蒋中正又有《郭母李太夫人赞》："贤哉郭母，秉性温柔，三从兼备，四德殊优。荻丸诒训，韩郑同俦，侄师羊祜，子法陶朱。名昭女史，懿范长留。"③

郭母李太夫人去世，许多国民党要人送了挽联，写了"赞"，如：时任国民党任军事委员会参谋长何应钦有《郭母李太夫人赞》；时任国民党第十八军军长的罗卓英有《郭母李太夫人赞》；时任国民党江西省长、上将熊式辉有《郭母李太夫人赞》；时任任第 20 军团军团长兼第 13 军军长汤恩伯有《郭母李太夫人赞》，以及曹浩森、杜心如、刘咏尧、冷欣等。④

（作者：周建华，赣南师范大学国学研究院教授；董华，中国明史学会王阳明研究分会副秘书长）

① 《南康郭氏奉先堂五修族谱》，一九三八年刻本。
② 《南康郭氏奉先堂五修族谱》，一九三八年刻本。
③ 《南康郭氏奉先堂五修族谱》，一九三八年刻本。
④ 《南康郭氏奉先堂五修族谱》，一九三八年刻本

陈献章及其弟子湛若水在南安的交往与游学简述

邓思喜

陈献章（1428～1500），字公甫，号石斋，别号碧玉老人、玉台居士、江门渔夫、南海樵夫、黄云老人等，广东新会都会村（今广东江门市新会区）人，因曾在白沙村居住，人称“白沙先生”，世称为“陈白沙”。他是明代著名的思想家、教育家、书法家、诗人，是广东唯一一位从祀孔庙的硕儒。

作为一名家境殷实的农家子弟，陈献章一开始走的也是科举取士，求取功名的人生之道。他自幼就十分的聪明伶俐，读书识字吟诗很有灵性。正统十一年（1446），他不满 20 岁就进入县学读书并显现才华。20 岁时，春季参加童试考中秀才，秋季参加乡试以第九名中举，声誉传遍广州，前途不可限量。但是，随后的进士之路似乎与他无缘了，他一生累计参加了正统十三年（1448）戊辰科、景泰二年（1451）辛未科、成化五年（1469）己丑科三次京都会试，均名落孙山。尤其是成化五年他名震京师，以 41 岁的“高龄”参考，却仍然无法摘得殿试中属于他的那顶桂冠。从此以后，陈献章才断了仕途发展之念想，返回故里专心于治学。而在陈献章数度赶考路途之上，南安因得其地利，而数次与他及其弟子湛若水有过交集，他们或途经南安，或讲学南安，南安都深受其教诲，为南安构建“儒雅之邦”增添了一份不灭的光彩。现将有关史料线索整理如下，不当之处请予指正。

一　陈献章拜师学艺、进京赶考往返南安

南安即今江西大余县，明时为江西布政使司南安府治地，地处江西最

南端，因有一条梅岭驿道而与岭南连通，是岭南学子进京赶考的必经之道。

明正统十二年（1447），陈献章在乡试中举之后，随即整顿行装，踏上北行之路，到京城参加戊辰科会试。这是20岁的陈献章第一次跨过梅岭到南安，当时考期在即应该只是匆匆而过而已。这一年，陈献章踌躇满志，他一年三考，前两考都春风得意，京考他也以为一定会如愿以偿，却没有想到会折戟沙场，仅中副榜而无缘殿试。在国子监读书学习三年后，他再次应考，仍名落孙山。经过两次会试考试，他似乎看透了世事的浮华，看明白了科举对人的自然天性的束缚与戕伤，但他仍然不甘心就此沉沦，于是决定不考了，返乡准备另辟路径求得成功。这是陈献章第二次途经南安，但那时他毕竟有点心灰意冷，也在这里没留下什么。

景泰五年（1454），26岁的陈献章从新会来到江西临川，师从名儒吴与弼。吴与弼（1390~1469），字子傅，号康斋，江西崇仁人，他是明前期程朱理学的典型代表。在教学内容上，他主要以程朱理学的经典著作为主，因此，他“于古圣贤垂训之书，无所不讲”[①]，而陈献章在听讲这些著作时，却“未知入出”，吴与弼注重用圣贤典籍来进行心之体悟和思考，因此在教学时要求弟子亲自参与实践，培养学生独立思考和感悟的能力。陈献章在吴与弼那里拜师学艺数月“竟无所获”，但康斋先生那份隐居躬耕的田园生活情趣，对陈献章却产生了潜移默化的影响。这是他第二次往返南安。此时，陈献章虽然考无功名，学无所成，但他已是一名理学弟子了。南安是中国理学的肇源之地，其时府城内有祭祀理学鼻祖周敦颐及理学奠基人程颢、程颐的“三贤祠”，还有颇具规模、培养人才的道源书院，这些都是陈献章在南安的参观学习之地。

景泰七年（1456），陈献章在家乡修筑春阳台，他静坐在春阳台中学习直至成化元年（1465），“十余年间，履迹不逾于户阈”。[②] 十年的磨炼，在付出极大的耐性和毅力后，陈献章在求学方面进行了新的探索和追求，涵养了他为学的理想境界和意志力。“士从事于学，功深力到，华落实存，乃浩然自得，则不知天地之为大，死生之为变，而况于富贵贫贱，功利得丧，

---

① 阮榕龄：《年谱》《陈献章集》附录二，第806页。

② 阮榕龄：《年谱》《陈献章集》附录二，第807页。

取信予多之问哉!”①

二 陈献章应诏进京、辞官返乡款留南安

成化二年（1466），陈献章39岁时，因听从钱溥劝学，复游于太学，在京都因作和杨龟山（杨时）《此日不再得》诗而名震京师，引得罗伦、章懋、庄昶、贺钦等当时翰林院名士和朝臣前来拜访，被尊之为师。

成化五年（1469），第三次会试落第后，陈献章内心充满着极度的惆怅和失意，从此彻底断绝了以科场求取仕进与功名的希望。南归后，“杜门扫却，潜心大业”②，将满腔的失意与苦闷化成了为学求道、体认天理的动力，最终创立了岭南第一个学术流派——江门学派。

尽管陈献章在岭南教授生徒，过着隐居田园的生活，但他的名气愈来愈大。成化十七年（1481）冬，在广东布政使彭韶、两广总督朱英刻意推荐下，宪宗皇帝下诏准备征聘陈献章为官。于是，在成化十八年（1482）九月，陈献章带着侄儿景星出山，应诏进京。路过广州时，全城轰动，大家都想目睹一番这位岭南文化巨子的尊容与风采，“由城南及藩台，观者数千万人，图其貌者以百数十计。”“观者如堵，至拥马不得行”③，众人都将陈献章当作圣人来看待。

陈献章翻越梅岭再一次来到了南安。在南安这个江西最南端的州府，陈献章受到南安知府张弼的热情款待，两位明代最知名的书法大师在此相遇了。

张弼（1425~1487），字汝弼，号东海，晚称东海翁，松江府华亭县（今上海松江）人。张弼是成化二年（1466）的丙戌科进士，先是授兵部主事，晋员外郎。成化十四年（1478）因作《假髻篇》讽刺时贵，遭权贵者忌恨，被排挤出京，调江西南安府任知府。在南安，张弼是个很有作为的官吏，他到任后，目睹梅岭驿路及府城横浦桥一片秃败之状，决心进

---

① 陈献章:《李文溪文集序》《陈献章集》卷一，第8页。

② 张诩:《白沙先生行状》《陈献章集》附录二，第870页。

③ 阮榕龄:《年谱》《陈献章集》附录二，第826页。

行彻底修复。于是，他“先开沙河，使江面既阔而无拥并之险”[①]，然后架桥，“两岸石埠与中流五墩既成”[②]，桥墩以巨石砌实，生铁嵌衔，四周缝隙灌以石灰浆。桥上“随数架梁，梁上加亭，亭覆以瓦。亭有栏，设为贾区”[③]。桥上“凡为亭三十间，长三十丈，阔一丈八尺，较旧高、广皆加三尺”[④]。将桥亭贾区的收入均用于横浦桥的修葺。是年冬十二月，经江西、广东二省藩司奏准，张弼与南雄知府江璞签订《江广两省货物中途驳运协议》，在大庾岭南面的驿路中途建中站，南北货物运输均在中站中转，较好地解决了南安、南雄两地长期的搬运纠纷。成化十五年（1479）八月至次年十月，张弼采取每千税一的税率向过岭的广盐课征修路费，采取以工代赈办法招募修路劳力，组织实施梅岭驿路（岭北段）的全面整修工程。他自己则“集父老，率工师”，亲临现场督导，费时一年零二个月。整修后的驿路“其长二十五里，其阔一丈，悉用碎石块平砌其中，而青石长条固其边幅，泥淖若遁，滴雨如失。旋取铁力巨材，遇水架梁，以免病涉。又以余力补修城中衢及城外至迎恩坊而北，则崭新修治，与岭相准。凡为路者三十余里”[⑤]。同时，梅关关楼亦修葺一新，张弼为关楼亲题“岭南第一关”关匾。梅岭驿路经张弼大规模整修之后，“开元遗险，脱于回旋”，“人可掉臂醉行，负任者昏夜可以陟降”，[⑥] 使驿路真正成为连通南北的交通大动脉，带来了“商贾如云，货物如雨，万足践履，冬无寒土”[⑦] 的盛况。他还完成了蒙川馆、吟风弄月台等市政建设。

张弼还是一位诗人、书法家，他善诗文，擅长行、草、楷、隶诸体，尤精草书，取法狂草大师张旭、怀素。《明史·文苑传》称其“工草书，怪伟跌宕，震撼一世”。往往酒酣兴发，顷刻数十纸，疾如风雨，矫如龙蛇，欹如堕石，瘦如枯藤。更喜作擘窠大轴，怪伟跌宕，震撼一世，人称“张旭复生”。他针对当时“台阁体”千人一面的书风流弊提出了“书贵自得”的师古观、“天真烂漫”的创作观等书学理念，使得当时的书风为之一变，

① 张弼：《南安府志》《重修横浦桥记》，第 522 页。
② 张弼：《南安府志》《重修横浦桥记》，第 522 页。
③ 张弼：《南安府志》《重修横浦桥记》，第 522 页。
④ 张弼：《南安府志》《重修横浦桥记》，第 522 页。
⑤ 张弼：《南安府志》《重修横浦桥记》，第 522 页。
⑥ 桑悦：《南安府志》《重修岭路记》，第 524 页。
⑦ 桑悦：《南安府志》《重修岭路记》，第 524 页。

四方求书者无虚日，甚至海外诸国，都知张东海之名。

当陈献章经过南安时，张弼知其盛名，将其款留在府城之北玉枕山中的佛寺之中，带他到周敦颐在南安讲学、程颢与程颐“二程子”读书的“吟风弄月”参观，张弼还颐想用“曹参礼盖公”之典故将陈献章留在南安，但白沙先生不受。于是，他们在玉枕山中吟诗作对，互相唱和并交流草书心得。据《张东海文集》《张东海诗集》记载，为了将陈献章挽留于南安，知府张弼借用陈献章头上戴的方巾这个名目对陈献章使用激将法，因而在大余流传有“玉枕山诗话”的千古佳话，张弼在《张东海文集》中记载了这段佳话的来龙去脉。

张弼的激将诗云：

白沙村里玉台巾，不奈风吹易染尘。
莫笑乌纱随俗态，宋廷章甫是何人？

陈献章觉得有点受辱，则对云：

一枕横秋碧玉新，金鳌阁上见嶙峋。
使君得此原无用，卖与江门打睡人。

张弼又诗云：

炎瘴多收一两新，独看天柱耸嶙峋。
横秋玉枕真无用，自是乾坤不睡人。

从中可看出两人的对诗情节显得非常妙趣横生。

再之，陈献章又以南安府的照山天柱峰及玉枕山为名，作绝句云：“客囊羞涩客衣单，却买南安玉枕山。纵有枕头那得睡，鸡声催入紫宸班。”“寄语江门打睡人，而今天地正芳春。觉来莫管闻花鸟，须扫昆仑顶上尘。”“青茸铺榻玉枕横，白云为被天作帐。东海先生睡不着，日月当天正大明。”

张弼则赋诗云：“平生浑未识丹砂，赤土时将向客夸。忽忆自家丹一寸，辰砂犹自隔天涯。”“耳根何处得浮尘，浪说康斋识未真。风月周台灯火夜，伊川路上见斯人。”①

足见两人之相见恨晚的情谊。

陈献章在南安所作诗还有《宝积寺》《金鳌阁》《横浦桥》《宿中台》② 等。

《宝积寺》云：

> 酒醒回龙欲二更，迢迢秋漏彻江城。
> 何须不理东湖棹，徐孺庭前月自明。

《金鳌阁》诗云：

> 横浦秋成百尺桥，金鳌阁上见山遥。
> 凭高无限归来思，何处飞云不可招。

《横浦桥》诗云：

> 乘舆十月犹溱洧，子产安知为政在。
> 隔江骑马是何人，下马问讯张东海。

《宿中台》诗云：

> 黄菊花开又一年，南山无分对陶潜。
> 不知风月随侬否，恼杀台中此独眠。

张弼为陈献章所作的诗还有《读陈公甫和陶诗》《和陈白沙〈宝积寺〉》《陈公甫寓寺连日不见寄之》《送陈公甫应聘入京》《闻陈公甫受职告归》等③。

《读陈公甫和陶诗》云：

---

① 张弼《张东海文集》，第 72 页。

② 张弼《张东海诗集》，第 31~32 页。

③ 清同治《南安府志卷二十六·艺文九》，第 689、690 页。

体惊孟似敖，毕竟敖非孟。
册后多变更，随宜写吾性。
月光有盈亏，月魂怕如镜。
独坐濂溪台，人眠夜逾静。

《和陈白沙〈宝积寺〉》诗云：

十笏禅房十笏台，香烟花气自徘徊。
丁宁莫放游尘到，点破窗前紫翠苔。

《陈公甫寓寺连日不见寄之》诗云：

何事今朝阻笑谈，凄风寒雨暗江南。
百年事业知多少，九月光阴又廿三。
绿酒且散人酩酊，黄花自笑鬓髦鬖。
晚晴还过周台宿，细与崆峒道士参。

《送陈公甫应聘入京》诗云：

势利不我杨，贫贱不我戚。
委曲义理途，飘然若无踪。
问我今行藏，而我亦未识。
扁舟倚江沙，浩歌秋月白。

《闻陈公甫受职告归》诗云：

君恩天地宽，臣义日月皎。
无职徒冒官，优游岂不好？
未识义如何，请问程明道。
李密是何人？亦有陈情表。

嘉靖十五年（1536），曾任刑部右侍郎、都察院右副都御史的邑人刘节见到陈献章的诗，即兴和诗一首，一同收录于《南安府志》之中。

刘节和诗云①：

万古横秋一枕新，草茵花绣玉嶙峋。
乾坤席幙容高卧，还有闻鸡起舞人。

三　湛若水作记咏诗题亭留南安

湛若水（1466～1560），字元明，号甘泉，广东增城（今广州市增城区）人。明弘治五年（1492）乡试中举，弘治十八年（1505）乙丑科进士，选庶吉士，擢编修，官历南京祭酒、礼部侍郎、礼部尚书、吏部尚书、兵部尚书。他是陈献章的弟子，且深得严师的耳提面命，因而成为白沙学说的衣钵传人，是明代中期“心学”在岭南传播的代表人物。

湛若水也是通过梅岭驿道北上为官或南下返乡探亲的，所以，他也多次途经南安。他像他的老师陈献章一样，钟爱南安的山水风光，喜欢瞻仰南安府城中那些理学先贤留下的足迹，他前后与数任南安府知府及同科进士刘节等交好，留下了许多反映明代大余教育的故事、文记和诗词。

（一）交知府季斆作庙学记

季斆（生卒年不详），字彦大，瑞安进士。“由南吏部郎中出守南安，始诣学，即毅然修葺，湛若水为之记。及随王文成征桶冈、横水，为第三哨统兵官，尤著劳绩。又征浰头为四哨统兵官，攻破右坑、新田、铅厂等巢，升广西左参政，道出南昌，值宸濠叛，胁赍伪檄至吉安，为逻者所得，文成为请于朝，得释还籍。”② 季斆是弘治十五年（1502）壬戌科进士，比湛若水早三年入仕为官。正德六年（1511）由南京吏部郎中出任南安府知府。在任期间，他与同知赵珩、推官张霆等在剿灭安抚山区“贼乱”之后，倡兴儒学，重修府城内孔庙大成殿。第二年，即正德七年（1512）二月，湛若水奉旨以一品服出使安南国册封安南王，借此送母返乡，途经南安被

① 明嘉靖《南安府志卷之八・地理志》，第 334 页。

② 清同治《南安府志卷十五・名宦》，第 330 页。

季斅所邀讲学于道源书院。同时，又受南安府同知赵鹤，训导张谕、傅杰、高瓒及府学学生谢云祥等所请，为新修成的孔庙留作训言。湛若水作为一位京官，看到地方官员有所作为非常高兴；作为一名教育家，对于地方教育的兴欣发展，也是他愿意看到的。所以，他高兴地答应了，将所题之训言与季斅兴修大成殿之事合成一篇，名为《南安府重修庙学记》留于南安孔庙之中，教育启发南安弟子好学上进。后世修《南安府志》《大庾县志》均收录其文。

湛若水《南安府重修庙学记》全文如下①：

> 维正德庚午，既歼乱竖，乃复法度。辛未起，关中李君梦旸督学江右，适瑞安季侯斅来守南安，与同知济南赵君珩、推官上海张君霆，协和有政，上下逊志。季侯始造学宫而兴叹曰："兹惟致道之基，周、程于兹，实开道源。古者释奠、饮食、讞讼，庶政攸出，我嗣弗兴，何以为理？惟兹殿庑其圮，祀用弗虔，我乃修大成殿，舞佾歌八音，拜俯以奠。惟兹侯明艺废，德用弗兴，我乃修于射圃，侯鹄弓矢，庆饮扬觯以观。惟兹讼狱胥兴，盗贼兹炽，彝伦弗叙，礼义弗行，我乃修于学宫，乡饮读法，考厥德业，以猷大献于斯，以公以弃。惟兹学道弗明，胶于末俗，吾乃修是道源，尝祀有恪，以惠迪多士。"乃曰于郡宪缙云周公南、兵备宪副昆山王君秩、三山戴君敔协赞厥成。
>
> 越明年，壬申夏，殿庑堂宇百废俱兴。同知赵君鹤、训导张君谕、傅君杰、高君瓒率诸生谢云祥等，告于甘泉湛子，愿有训言。湛子曰："夫子之道，若观沧海，我罔知其大；若观穹天，我罔知其高。性道难闻，而文章可见，是故一贯也。诸生观夫释奠之仪，则希贤希圣之心兴矣；观夫饮读，则少长爱敬之心兴矣；观考德，则进修之心兴矣；观射觯，则忠直孝友之心兴矣。观夫听讼，则是非之心兴矣；观夫执讞，则好恶之心兴矣。是故，文章修而圣道可闻矣。为记诵文辞，以利进取而已，岂侯所期于诸生哉！"乃登拜嘉，请刻于石，永告弗忘。

① 清同治《南安府志卷二十一·艺文四》，第530页。

（二）教儒生何昞题亭名

这是一个大余关于湛若水在南安潜心指导理学弟子的流传故事。说的是明嘉靖年间，在南京为官的湛若水在往返家乡增城时，都喜欢在南安逗留几天，他崇敬理学鼻祖周敦颐，在游览之余作《君子堂》《吟风弄月台》等诗，以示纪念。

《君子堂》诗云[①]：

君子堂开君子题，君子去后遗人思。
后来居守者谁子，太邱恺悌吾无疑。

《吟风弄月台》诗云：

一
金鳌阁上看山来，为仰前修陟古台。
弄月吟风乃何意，芙蓉自对菊花开。
二
台高吟弄莲君子，铁汉楼开对墨君。
宇宙无穷今古事，人情类聚又群分。

期间，他还常常被请到道源书院讲学，南安学子听到是湛若水来了，都纷拥而至，讲堂爆满。其时，书院有一个弟子名叫何昞，此人学诗杜甫，工行、草书，性格桀骜。他筑书斋于府城西北的龙泉山中研究心性理学，连南安知府陈健想去看望一下都不让进去。湛若水听说此事后，亲自到龙泉山去看望，两人一见如故。此后，湛若水每次到了南安都要到龙泉山造访，还为何昞书斋南池旁边的一个凉亭，亲笔题名为“墨酿亭”。何昞在湛若水的教导下，对学习中遇到的许多问题茅塞顿开，于是他又建“醒亭”于斋侧。之后，何昞通过多年的学习与研究，他已然成为一名脱胎换骨的乡贤。他在龙泉山书斋背后的石壁上还刻了一首诗，诗曰：

---

① 清同治《南安府志卷二十六·艺文九》，第692~693页

鸟道回穿一径斜，阴阴草间背西华。
笙簧松奏风前曲，珠玉泉飞石上花。
波老百年归战马，林高千古叫悲鸦。
山僧知我非凡夫，云里偷芝旋煮茶。

诗中表达了对精神升华的喜悦之情。

（三）访归乡刘节赋诗词

刘节（1476~1555），字介夫，大余本地人。明弘治十四年（1501年）以乡试解元举于乡。弘治十八年（1505）乙丑科进士及第。历官兵部主事、安徽宿松知县、广德知州、四川提学副使、广西提学副使、河南参政、福建参政、浙江左布政、江淮漕运总督、都察院副都御使、刑部右侍郎等，晚年告老还乡，兴办梅国书院，编纂明嘉靖十五年《南安府志》三十五卷。刘节与湛若水年龄相差10岁，但他们很早就相识。他们是弘治十八年乙丑科殿试的同科进士，湛若水是二甲第三名，刘节为二甲第四十二名；他们均与王阳明交好，湛若水是王阳明的挚友，刘节是王阳明的崇拜者，湛若水与刘节是同年。当王阳明升任南京太仆寺少卿时，刘节也到了滁州，看望阔别多年的亦师亦友的王阳明。当王阳明督师完成“南赣平乱”，南安之属县南康县兴建王阳明生祠时，刘节特作《都宪阳明王公生祠记》以示怀念。湛若水一直做的是京官，而刘节除了起头与结尾在京城，一直为外放官员，两人的交集不多，但绕不开的就是刘节的故乡、湛若水回乡的必经之地——江西南安府。湛若水一生兴办书院众多，他对刘节晚年回乡办书院大加赞赏。嘉靖十九年（1540），在湛若水75岁高龄时，终被批准退休，可以回乡养老了。回乡之路他走的是水道，先是到浙江绍兴拜谒王阳明，然后取道南昌、赣州，越大庾岭，一路游览讲学而归。经过南安时，刘节设宴款待湛若水，并请他到梅国书院讲学，受到书院学子的极大欢迎。湛若水对梅国书院的规模、格局赞赏有加，特作诗题赞。

《题梅国书院》诗云[①]：

---

① 清同治《南安府志卷二十六·艺文九》，第693页

一

山绕孤城城带溪，幽居溪畔与城西。
主翁独擅溪山胜，消得泉翁来杖藜。

二

楼外台前沼引溪，楼中充栋与云齐。
半年恭默开群籍，学礼无宁但学诗。

三

书院初成桃李树，即看桃李渐成蹊。
背山莫讶刘园僻，起舞还应听晓鸡。

（作者：原大余县地方志办公室主任）

明清南赣方志王阳明历史书写的地域形态及其变迁*

李晓方

王阳明与南赣地域社会，因其人其地在中国历史上的独特地位和魅力，长期以来受到学界的关注，并在王阳明的南赣史实钩沉、平定动乱、社会治理、讲学活动等方面均取得了重要的研究成果。① 在这些研究中，南赣方志是被广泛征引的基本史料。但因受限于研究主题，南赣方志对王阳明的历史书写本身尚未引起学界关注。作为成就王阳明学术与事功最重要的地域，当年南赣巡抚所管辖的赣闽粤湘交界地区的八府一州，其府志、州志是如何书写王阳明及其活动的，具体包含王阳明的主要称谓和其直接参与或与其相关的历史活动，这些历史书写又呈现怎样的地域形态，历经了怎样的变迁，又何以如此。探究这些问题，对于深入理解王阳明与南赣地域的历史文化过程具有重要的意义。因此，本文拟就上述问题，并主要基于北京爱如生数字化技术研究中心开发的地方志数据库作初步探讨，以期抛砖引玉。

---

* 本文是国家社科基金项目《明清时期赣闽粤交界地区的社会治理研究》（16BZS113）的阶段性成果。

① 主要可参见曹国庆《王阳明与南赣乡约》，载《明史论丛》（第3辑），江苏古籍出版社1993年版；方志远：《旷世大儒：王阳明》，河北人民出版社2000年版；周建华：《王阳明南赣活动研究》，中国文联出版社2002年版；黄志繁：《乡约与保甲：以明代赣南为中心的分析》，载《中国社会经济史研究》2002年第2期；唐立宗：《在盗区与政区之间，明代闽粤赣湘交界的秩序变化和地方行政》，台湾大学出版社2003年版；廖祥年：《王阳明祠庙与明清赣南地方社会》，硕士学位论文，厦门大学，2005年；黄志繁：《“贼”“民”之间：12—18世纪赣南地域社会》，三联书店2006年版；黄国信：《王阳明巡抚南赣经费研究——以盐法为中心》，载《盐业史研究》2009年第3期，载钱明《王阳明及其学派论考》，人民出版社2009年版；朱思维《王阳明巡抚南赣与江西事辑》，江西人民出版社2010年版。

一

明清时期的南赣地域，是指现在赣闽粤湘四省交界的广大区域。因特殊的地理区位和自然环境，明清时期尤其明中叶至明末，南赣地域动乱不断，社会动荡不安。所谓“时广东湖广福建与南赣地方接境，盗贼充斥”①，南赣潮惠间“皆盗窟也，四处剽掠，长吏莫能制”②，郴州桂阳“俱系贼巢”③。类似描述，不胜枚举。有鉴于此，明清政府特设南赣巡抚一职，对南赣地域加强治理。④ 在历任南赣巡抚中，王阳明因其显赫的历史地位，在南赣方志中的历史记录尤为丰富。现存大量的明清南赣方志，目前已经有相当一部分被数字化可供全文检索，这为展开本课题的研究提供了前所未有的便利条件。本文基于北京爱如生数字化技术研究中心开发制作的《中国基本古籍库》《中国方志库》（初集、二集）所收录的 27 部明清南赣府志州志（其中明代 11 部，清代 16 部），对其中“王守仁（守仁）”“王阳明（阳明、阳明先生、阳明子）”“王文成（文成）”等主要称谓语进行全面检索、统计。现就明清南赣方志中王阳明主要称谓的累计词频数分布情况见表 1。

表 1　明清南赣府志、州志阳明称谓词频统计

省	府州志	守仁	阳明	文成	小计
赣	嘉靖《赣州府志》	29	11	0	40
	天启《赣州府志》	25	38	19	82
	同治《赣州府志》	131	190	116	437
	嘉靖《南安府志》	16	7	0	23
	万历《南安府志》	10	3	32	45
	康熙《重修南安府志》	6	7	13	26

① 嘉靖《南安府志》，卷二十六《宦迹传一》。

② 道光《宁都直隶州志》，卷十四，《武事志》。

③ 《王阳明全集》，卷九・别录一・奏疏一，《攻治盗贼二策疏》，第 348 页。

④ 南赣巡抚设于明弘治八年（1495），裁撤于清康熙三年（1664），历任南赣巡抚辖区范围存有变动，但大致管辖范围均为现在赣闽粤湘四省交界区域。关于明代南赣巡抚辖区变动，可参考唐立宗《在盗区与政区之间——明代闽粤赣湘交界的秩序变化与地方行政演华》，台湾大学出版社 2003 年版。

续表

省	府州志	守仁	阳明	文成	小计
赣	同治《南安府志》	78	76	66	220
	光绪《南安府志补正》	4	8	40	52
闽	嘉靖《汀州府志》	4	3	0	7
	乾隆《汀州府志》	25	1	6	32
	万历《漳州府志》	4	13	0	17
	康熙《漳州府志》	15	7	4	26
	光绪《漳州府志》	18	9	17	44
粤	嘉靖《南雄府志》	0	0	0	0
	乾隆《南雄府志》	2	1	1	4
	同治《韶州府志》	4	7	1	12
	康熙《韶州府志》	1	2	0	3
	嘉靖《潮州府志》	2	10	0	12
	顺治《潮州府志》	10	25	1	36
	乾隆《潮州府志》	11	18	0	29
	民国《潮州府志》	2	7	0	9
	嘉靖《惠州府志》16 卷 35 年	21	1	0	22
	嘉靖《惠州府志》12 卷 21 年	8	1	0	9
	光绪《惠州府志》	36	11	16	63
湘	万历《郴州志》	2	1	0	3
	康熙《郴州总志》	5	2	2	9
	乾隆《郴州总志》	4	2	0	6
	嘉庆《郴州总志》	14	6	1	21

说明：表中数字是指相对应的“守仁（含王守仁）”“阳明（含王阳明、阳明、阳明先生、阳明子）”“文成（含王文成）”等主要称谓的累计词频总数。

由表 1 可知，明清南赣方志中王阳明主要称谓的历史书写，有三个明显的特点；第一，从地域分布看，无论明代还是清代，上述词频累计最高的都是《赣州府志》和《南安府志》；尤其在清末的方志中，同治《赣州府志》与同治《南安府志》的累计词频分别为437次、220次，远超位列第三的光绪《惠州府志》63次。第二，从时间分布看，自明而清上述词频累计总体呈上升态势，但也有个别府域在少数时期出现了下降，如万历《南安府志》的累计词频45次，康熙《重修南安府志》的累计词频降至26次；顺治《潮州府志》的累计词频36次，乾隆《潮州府志》的累计词频降至29次。第三，从词频分布看，明清南赣方志对王阳明不同称谓的书写呈现出不同的时空形态。明代南赣方志中的"守仁"词频总体要高于"阳明"词频，如嘉靖《赣州府志》的"守仁"词频为29次，"阳明"词频为11次；又如嘉靖《惠州府志》的"守仁"词频为21次，"阳明"词频仅为1次。但个别州府在明万历前后呈现出相反的特征，如万历《漳州府志》的"守仁"词频为4次，"阳明"词频为13次；又如嘉靖《潮州府志》中的"守仁"词频为2次，"阳明"词频为10次。至清代，南赣方志中的"阳明"词频和"文成"词频总体呈上升态势，并在清代历修《赣州府志》《南安府志》《潮州府志》《韶州府志》中超过或持平了"守仁"词频；但在清代历修的《汀州府志》《漳州府志》《南雄府志》《惠州府志》《郴州总志》中，"守仁"词频依然高于"阳明""文成"词频。

对上述结果进一步检索统计，则会发现明清南赣府志、州志对王阳明称谓的历史书写，在书写范围与分布卷目上也呈现出不同的时空形态。以词频数最多的《赣州府志》《南安府志》为例，检索"守仁""阳明"词条的书写范围与分布卷目，具体如表2所示。

表2　明清《赣州府志》《南安府志》阳明称谓卷目分布

府州志	守仁	阳明
嘉靖《赣州府志》	创设（8）、祀典（6）、秩官（3）、名宦（2）、人才（3）、艺文（7）	山川（2）、祀典（4）、艺文（2）
同治《赣州府志》	城池（4）、山（6）、官廨（3）、祠庙（6）、名迹（7）、茔墓（1）、学校（4）、书院（2）、榷税（1）、兵制（1）、武事（23）、官师名宦（16）、武勋（11）、忠义（1）、儒林（22）、寓贤（3）、艺文志书目（1）、艺文志文（18）、艺文志诗（1）	旧序（1）、凡例（5）、城池（2）、山（26）、祠庙（42）、寺观（2）、名迹（17）、茔墓（1）、学校（3）、书院（24）、官师名宦（5）、儒林（11）、文苑（1）、善行（4）、隐逸（1）、寓贤（1）、艺文志文（45）、艺文志诗（4）、外志杂记（2）

续表

府州志	守仁	阳明
嘉靖《南安府志》	世历（2）、地理（1）、秩祀（3）、建置（3）、经略（1）、崇表（2）、艺文（2）、宦绩（2）	秩祀（5）、食货（1）、宦绩（1）
同治《南安府志》	沿革（1）、城池（8）、典祀（1）、古迹（1）、名宦（3）、武略（1）、艺文（62）、事考（1）	典祀（6）、武略（2）、艺文（11）艺文（73）、古迹（2）、名宦（2）、新造录（2）

说明：括号中的数字，表示该词条在该卷目中的词频数。

表2表明，明清南赣方志对王阳明历史书写的范围和卷目分布，总体呈扩展趋势。越后编纂的地方志，对王阳明及其在南赣活动的记载越详细，对王阳明在南赣活动的挖掘或拟制、建构得越充分。由明代方志主要记其作为朝廷命官的军事行动和施政作为，到清代尤其是清中后期以降的方志大量记其作为圣人的讲学活动和传说故事，以及对阳明活动遗址遗迹的发现与再发现。对王阳明及其在南赣活动的记载，也由职官志、兵事志、营建志、艺文志等卷类门目逐渐拓展到舆地志、外志、杂志等更多的卷类门目。

综上所述，明清南赣方志对王阳明的历史书写，一方面呈现出了不同的时空形态，另一方面在同一地域不同时期的方志中，其书写范围与分布卷目则总体呈扩展趋势。而这些特点的形成，其背后有着深刻的历史原因，下面试作进一步探讨。

二

明清南赣方志中王阳明历史书写呈现的时空形态，并非历史偶然。这一现象，既反映了王阳明在南赣的活动及其影响存在着客观的地域差别，也反映了不同地域或同一地域不同时期的士民对王阳明的情感、认识、评价存在着时空差别，同时也反映了意识形态、价值观念、社会潮流的历史变迁。

第一，王阳明在南赣的活动及其影响存在着地域差别。王阳明自正德十一年（1516）九月受命巡抚南赣，正德十二年（1517）正月开府赣州，至正德十六年（1521）六月离任。纵观王阳明出任南赣巡抚期间，王阳明在赣州、南安两府驻足时间最长。[①] 开府赣州、疏通商税盐税、平定横水桶冈动乱、奏设崇义县、大兴讲学、刊刻古本《大学》《朱子晚年定论》《传习录》、行《南赣乡约》等诸多重要活动，均在赣州、南安尤其是赣州发生。[②] 此外，据廖祥年的研究，在南赣地域范围中，赣州府和南安府也是阳明弟子和再传弟子以及修建阳明祠庙最多的州府。[③]

第二，不同地域或同一地域不同时期士民对王阳明的情感、认识、评价存在差异。“守仁”与“阳明”“文成”等称谓语的时空分布及词频变化折射出这点。“守仁”词频高的府州，大多是王阳明军事活动影响较深的地方，其方志记述的主要是王阳明作为朝廷命官的施政作为，书写相对客观平实。以明清《惠州府志》为例，明嘉靖壬寅志载，“正德末提督南赣都御史王守仁奏立县疏”[④]，又“丁丑，从都御史王守仁征剿横水桶冈浰头诸寨屡获俘”[⑤]；明嘉靖丙辰志载，“特都御史王守仁巡抚南赣，方讨贼以为弥盗有本，乃立十家牌、乡约法，于是民知礼教，奸宄衰息”[⑥]。又“兵部尚书新建伯王公守仁，先以御史中丞之节，提兵削平之，遂疏于上，立县建学”[⑦]。清光绪志载，“明正德十四年南赣提督王守仁平浰头，始奏立县”[⑧]。类似这些客观平实的历史记录，主要见于明清时期的《漳州府志》《南雄府志》《惠州府志》《郴州府志》等。

而“阳明”“文成”词频更高的时期和地域主要是将王阳明定位为学者甚至圣人，方志对其历史书写赋予了更多的情感色彩。如天启《赣州府志》记：“暨阳明先生俱先后莅任虔州，若天独私此一方也者，流风藉甚，道术光显”[⑨]；同治《赣州府志》记：“及访阳明讲堂旧址于郁孤台下，则破瓦

① 王阳明任职时间起止，可参照（明）谢诏等修《重修虔台志》卷一《敕疏》，明天启三年（1623）序抄本；唐立宗：《在盗区与政区之间——明代闽粤赣湘交界的秩序变化和地方行政》，台湾大学出版社 2003 年版，第 506~507 页。

② 方志远：《旷世大儒：王阳明》，河北人民出版社 2000 年版，第 404~406 页。

③ 参看廖祥年《王阳明祠庙与明清赣南地方社会》，硕士学位论文，厦门大学，2005 年。

④ 嘉靖《惠州府志》卷一《图经》，《和平县图经》，嘉靖二十一年（1542）刻本。

⑤ 嘉靖《惠州府志》卷十一《乡贤传》，《王天与》，嘉靖二十一年（1542）刻本。

⑥ 嘉靖《惠州府志》卷一《郡事纪》，嘉靖三十五年（1556）刻本。

⑦ 嘉靖《惠州府志》卷十六《词翰志》，《新建和平县儒学记》，嘉靖三十五年（1556）刻本。

⑧ 光绪《惠州府志》卷二《舆地志》。

⑨ 天启《赣州府志》卷二十《纪言志 二》。

颓垣无复存者，亟谋复之，众议佥同。……并谕九属士民捐资助役，不逾年而次第告成。向非先生教泽入人之深，士大夫闻风响应，顾有如是之易且速乎?”[①] 值得注意的是，在明嘉靖年间，王阳明本人及其学术受到朝廷的打压，作为学者或圣人的身份尚未被大多数人所认同，事功卓越的官员身份相对更多，因而南赣方志在此时段的记载上多是“守仁”而非“阳明”。如嘉靖《赣州府志》中的“阳明”词频（11 次）远低于“守仁”词频（29 次），记述比天启、同治府志亦更为简略，并局限在山川、祀典、学校、艺文等少部卷类门目。

第三，意识形态、社会潮流、价值观念变化直接影响到南赣方志对王阳明的历史书写。明清南赣方志对王阳明的历史记录总体呈增加态势，但也有个别府域在出现了减少。如王阳明主要称谓的词频总数，在万历《南安府志》的累计词频为 45 次，康熙《重修南安府志》减少至 26 次；在顺治《潮州府志》的累计词频为 36 次，乾隆《潮州府志》减少至 29 次。这一现象与清初康雍乾时期的国家意志和社会风潮有密切相关。

明清鼎革，明朝遗老开始反思明亡教训，认为明亡于士人空谈心性，不事经世致用。顾炎武则直言“以一人而易天下，其流风至于有百余年之久者，古有之矣，王夷甫（衍）之清谈、王介甫（安石）之新说；其在于今，则王伯安（守仁）之良知是也。孟子曰：‘天下之生久矣，一治一乱。’拨乱世反诸正，岂不在后贤乎?”[②] 于是，以顾炎武、王夫之、朱舜水等一批前明遗老，抛弃明心见性的心性之学，在社会上掀起了一股提倡“经世致用”的社会风潮，加之清初的文字狱加强了对意识形态的管控，逐渐催生了清乾嘉考据之学。[③] 很显然，清初的社会环境不利于王阳明学说的流行，南赣方志有关王阳明的记载相应减少也势所必然，甚至出现了去王阳明化的现象。比如，万历《南安府志》“人物志”中的一位传主刘寅，被书写为曾“偕邹守益、欧阳德辈从王文成讲学通天岩”[④]，但是，到了康熙《南安府志》则将刘寅的上述经历做了删除。[⑤] 此外，方志编纂者的学术立

---

① 同治《赣州府志》卷二十六《书院》。

② 顾炎武：《日知录》卷十八。

③ 梁启超：《中国近三百年学术史》，东方出版社 2003 年版，第 1~18 页。

④ 万历《南安府志》卷二十《人物传》。

⑤ 康熙《重修南安府志》卷 13《人物纪》。

场也会影响到方志对王阳明的历史书写。比如历修《雩都县志》对李涞的书写，有的则将之纳入阳明学的学统，而有的则是将其纳入程朱理学的学统。

同时，这一时段的南赣方志关于王阳明的历史书写，也明显呼应了朝廷对王阳明的身份定位。《明史·王守仁传》有这样一段关于王阳明的评语，“王守仁始以直节著。比任疆事，提弱卒，从诸书生扫积年逋寇，平定孽藩。终明之世，文臣用兵制胜，未有如守仁者也。……矜其创获，标异儒先，卒为学者讥。”① 由此可见，编纂《明史》的清初康雍乾年间对王阳明的肯定，主要是对其作为朝廷命官的担当和作为而非其学术，对其学术更多的是持判断立场。清初南赣方志对王阳明历史书写的异动，一定程度上正是上述清朝国家意志的反映。

第四，南赣方志对王阳明历史书写的变化与明清时期地方志自身的发展变化有着密切联系。北宋以降，方志记事由地理沿革逐渐拓展至人文历史。乐史编纂的地理总志《太平寰宇记》被视为后世方志记录人物、艺文之滥觞，“后来方志必列人物、艺文者，其体例皆始于史”。流风所及，迨至元、明以降，既往方志重地理轻人文的现象发生了根本逆转，正如四库馆臣所指出的，“体例相沿，列传侔乎家牒，艺文溢于总集，末大于本，而舆图反若附录。其间假借夸饰以侈风土者，抑又甚焉”。② 明清时期，方志编纂开始门目越来越多，篇幅越来越大，而新增门目与篇幅又多以人物、艺文为主，特别是在清乾嘉时期，以章学诚为代表的“历史派”的影响下，这一趋势更加明显。

明清方志发展的总体趋势，也反映在明清南赣方志对王阳明的历史书写。

一方面，王阳明活动过的地域开始充分发掘王阳明的相关事迹、奏疏、诗文，以及阳明后学资源，以塑造地方厚重的历史人文底蕴。如天启《赣州府志》收录的王阳明诗为三首③，至同治《赣州府志》中已收录了六首④；另一方面，王阳明未曾驻足的地域也努力拟制与王阳明的关系，构建

---

① （清）张廷玉：《明史》，卷一百九十五，列传八十三，《王守仁传》，第5170页；中华书局1974年版。

② 《四库全书总目》卷六十八《史部·地理类》，中华书局1965年版，第594、596页。

③ 天启《赣州府志》卷十九《纪言志一》。

④ 同治《赣州府志》卷七十五《艺文志·诗·明》。

“阳明过化之地”的地方文化形象。①

三

综上所述，对于明代王阳明的认识与评价，历史以来并非一成不变，而是呈现出不同时空背景下的差异与变化。作为成就王阳明学术与事功最重要的地域，当年南赣巡抚所管辖的赣闽粤湘交界地区的八府一州，其府志、州志对王阳明及其活动的书写，也呈现出不同的时空形态。本文基于北京爱如生数字化技术研究中心开发制作的《中国基本古籍库》《中国方志库》（初集、二集）所收录的27部明清南赣府志州志（其中明代11部，清代16部），对其中“王守仁（守仁）”“王阳明（阳明、阳明先生、阳明子）”“王文成（文成）”等主要称谓语进行全面检索。结果表明，从地域分布看，无论明代还是清代，上述词频累计最高的都是《赣州府志》和《南安府志》；尤其在清末的方志中，同治《赣州府志》与同治《南安府志》的累计词频分别为437次、220次，远超位列第三的光绪《惠州府志》（63次）。从时间分布看，自明而清上述词频累计总体上呈上升态势，但也有个别府域在少数时期出现了下降，如万历《南安府志》的累计词频45次，康熙《重修南安府志》的累计词频降至26次；顺治《潮州府志》的累计词频36次，乾隆《潮州府志》的累计词频降至29次。

明清南赣方志对王阳明的称谓书写呈现出不同的时空形态。明代南赣方志中的“守仁”词频要高于“阳明”词频，如嘉靖《赣州府志》的“守仁”词频为29次，“阳明”词频为11次，又如嘉靖《惠州府志》的“守仁”词频为21次，“阳明”词频仅为1次；清代南赣方志中的“阳明”词频和“文成”词频总体呈上升态势，并在明代历修《赣州府志》《南安府志》《漳州府志》《潮州府志》《韶州府志》中超过了“守仁”词频；但在清代历修《汀州府志》《南雄府志》《惠州府志》《郴州府志》中，“守仁”词频依然高于“阳明”“文成”词频。

明清南赣方志对王阳明的历史书写范围和分布卷目呈扩展趋势。越后编纂的地方志，对王阳明及其在南赣的活动记载越详细，对王阳明在南赣

---

① 可参照李晓方《县志编纂与地方社会：明清〈瑞金县志〉研究》，第四章第三节“阳明过化之地”，中国社会科学出版社2015年版，第159~163页。

的活动挖掘或拟制、建构得越充分。由明代方志主要记述其作为朝廷命官的用兵史实和施政作为，到清代尤其是清中后期以降的方志大量记述其作为圣人的讲学活动和传说故事，以及对阳明活动遗址遗迹的发现与再发现。对王阳明及其在南赣活动的记载，也由职官志、兵事志、营建志、艺文志等卷类门目逐渐拓展到舆地志、外志杂志等更多的卷类门目。

明清南赣方志对王阳明的历史书写呈现不同的时空形态，一方面反映了王阳明巡抚南赣的用兵施政讲学等活动及其影响存在着客观的地域差别；另一方面，也反映了不同地域或同一地域不同时期的士民对王阳明的情感、认识、评价存在着时空差别，“守仁”与“阳明”“文成”等称谓语的时空分布及词频变化折射出这一点。“守仁”词频高的时期和地域，更多的是将王阳明定位为朝廷命官，其书写相对客观平实；而“阳明”“文成”词频更高的时期和地域更多的是将王阳明定位为学者或圣人，其书写相对赋予了一定的情感色彩。比如，“守仁”词频一直偏高的历修《汀州府志》《南雄府志》《惠州府志》《郴州府志》，记述的主要是王阳明作为朝廷命官的施政作为；而“阳明”与“文成”词频逐渐超过“守仁”词频的历修《赣州府志》《南安府志》等，呈现更多的则是王阳明的讲学活动或历史传说，其学者和圣人身份得到了空前的突显和强调，表明王阳明在南赣地域文化建构过程中的地位日重。

明清南赣方志对王阳明历史书写的变迁，既体现了方志在递纂过程中，其编纂者求真求实精益求精的目标追求；也映射出在方志递纂过程中，社会潮流、意识形态、价值观念的历史变迁。但不论如何变迁，有一点大致未变，那就是历代南赣方志编纂者都将王阳明视作宝贵的历史文化资源加以挖掘和弘扬，以推进官风民风建设和地方文化建设。所有这些，又是不同地域基于不同的历史与现实对国家意志的创造性的转换和表达。

（作者：赣南师范大学王阳明与地域文化研究中心教授）

附录一 湛若水家训*

明一体章第一

夫常人不知此身与天地万物一体之义，每于躯壳上起念头，故常与人分尔我，相忿斗，相竞利，至于相伤杀，连其身家亦亡灭，何益之有？至同胞共父兄弟亦然，不知此身兄弟出于父母一体之义，每于躯壳上起念头，故常与兄弟分尔我，相忿斗，相争利，甚至于相伤相杀，连其身与所爱妻子亦亡灭失所，何利之有？若有善人君子知天地万物一体之义，与人物皆春，多少广居，多少宽平田地，受多少安乐富贵。若兄弟知同出父母一身之义，则疾痛疴痒无不相关，必相友爱，必相护卫，如手足之捍头目，自不相离，何至分居别业？自识者观之，分居别业，私财私妻子，如手足四肢百体，肢肢体体各私自爱，各不相顾，如人身肢解一般，是养其一肢一体而失其百肢百体，是痿痹之人不知痛痒，连其身不能自保，安能保其妻子？闻吾五房祖有盟：凡吾子孙，起创前屋，不许盖楼屋压后屋，以存手足相顾之义，有犯者，众攻之。沙滘有某人起楼压族人，致人命矣，戒之。

推爱章第二

吾每见凡人多有爱其妻子，薄其父母兄弟者。何不反思我心之爱妻子如此，父母岂不亦同此心，爱我亦复如此。父母爱我兄弟亦复如爱我之心。父母爱我，而我爱之反不如爱妻子，可谓孝乎？父母爱我兄弟如爱我，我爱之乃不念同胞之义，不念父母同体之遗，可谓友乎？不孝不友，可谓有人心乎？殊不知已身乃父母之体，兄弟乃父母一体之分，知此必不至于私财私妻子，必视兄弟如妻子，必能公财，可以长保富也。尔宜深思之，吾将有善处通融之法。

---

* 底本为民国十年佛山华文书局承印版。

保同章第三

吾闻浦江义门郑氏，初兄弟二人，犹在同堂之列，始因一人有死亡之祸，一人极力救之获免，遂不忍分居，盖因患难真情感激，同居共爨数百年以至于今，累朝受敕谕，旌其门闾为“天下第一家”。吾常羡其有过于王侯之福。今因火灾，遂渐分析，岂非数[4]耶？可惜！可惜！抑亦未知君子以异而同之义，而一于同者，未必能长保其同也。如彼树木，其根干不得不同，其枝叶花实不得不异，其大同小异，无非自然之理。知此理，则知人之身体肢骸血气贯通，则为强盛人也。取郑氏之所长，补郑氏之所短，百尔[5]子孙，其深思之。

以异同章第四

吾今学树木之义而酌同异之中。凡吾考，凡吾祖，凡吾曾祖、高祖之所置之田之地之塘之屋铺，皆勿以分析可也，尚同也；凡吾子之所置，听各自收为已业可也，尚异也。至于吾子所置之业，亦勿以分子之子可也，尚同也；凡子之子之所置，听各自收为已业可也，贵异也。则礼法人情各得其宜，而天理备矣。百尔子孙，其深敬听之守之。

戒私爨章第五

凡我子孙，父母在者，不得私爨各爨，有则惟尔之咎。百尔子孙，其尚听吾之中言。

省过章第六

凡父母在，兄弟不得各爨。每晨与兄弟同造父母之所，问夜寝安否，食能美否。父母问诸子过失否，过失安在，各前跪对。诸妇女相率造姑之所，问夜寝食安否，亦如之，姑问妇之过失，亦如之。子之子若孙之成人者，其问安否，亦如之。退各事其事，明日亦如之。

同异章第七

凡父母没后，听兄弟各爨，贵异也。必每月之朔望，共食于各堂。各室大宗，则以四季之孟之朔，一合食于大宗之堂；小宗则以每月之朔，合食小宗之堂；兄弟、从兄弟，则朔与望各合食于室。凡以尚同也。所谓不分田产者，尚同也；令其子子孙孙，不得私卖与别姓之人也。私卖与别姓之人，则卖者买者各有罚，同姓之人告于官，官治之。违训与盗买，勿少贷焉。卖与同姓之人，则同宗之人告于官，官治之。违训勿许买者，私业焉，尚同也。其不分之田之利，岁入若干，佥二公正之子孙与老实之仆轮掌之；除若干纳粮当差外，计同祖之子孙名数，计其岁余多寡而分与之；论子孙之名，不论房分，贵异也，贵均也。

公分租章第八

所以谓不论房分而论子孙，人各一分者，欲其无偏富偏贫也。若论房而分，则有偏富偏贫矣。昔年小宗春秋忌祭，诸叔父欲令分胙论房，盖吾小宗五房，若论房，则百斤之胙每房得二十斤，是我独得者矣。吾白于诸叔父曰："凡五房子孙成人者，大略百人，以百斤之胙，人得一斤；若论房分，则本房父子三人，是三人得二十斤矣，于心未安；且祖宗之视子孙，人人皆已肢体，何有分析如此之私？宜上体祖宗之心，子子孙孙，人人各得分肉一斤，吾父子三人止得三斤。如此则人人同得食，祖宗之心亦大乐矣。"若租入论子孙而分，则人人各得一分，人人同饱，而祖宗之心亦大乐矣。百尔子孙，其深思之敬之哉。

合食训章第九

训曰："古者之本支百世"，善喻也。盖本也者，根也；支也者，枝也。百尔子孙，同出一祖，如树木之枝同出一根，若气相贯通而不离散，虽百世犹夫一人之身也。故古人重合族，族合则恩谊笃，伦理亲，五品逊，万化行而天下平矣。予也，生逢治世，仕遇明朝，虽有建议，率未成功；今兹归休，惟有化家化国，可报圣明。切惟吾宗大小分析，已合族之事，势不可为矣，惟有合食之举，庶可联属子孙之心。今议欲大宗一岁四合食，每于四孟月之朔，合食于大宗之祠；小宗子孙一月之朔，一合食于小宗之祠；俱先以馔饭祭于本庙之祖，乃食。卑者同揖尊者，次尊者平等相揖，乃食。每食，馔止用猪牛二碟、鱼一碟，凡四人共一桌，人止饮酒三杯，饭一盂。食时，不许杂言，一以恭敬忠信存心，使千百人如一人之心；食毕，人各自言己过，令有警省知改，各恭听读诫词。词云："凡尔子孙，各勤尔学业，务尔生理，敬尔亲长，戒尔非为，保尔身家，毋坠尔世业，违犯者皆名于庙门，不得入食。"乃以序相揖而退，雍雍穆穆，人人各有欢喜之容，邻人见之，莫不叹服。久久行之，积习而化，则白沙先生所谓“此地还成礼义乡”，岂不美哉！岂不美哉！

荐章第十

告曰：维某年某月某朔某甲子，玄孙某等，敢昭告于某祖考某府君、某祖妣某氏夫人曰：“兹仿古者花树韦家故事而损益之，大宗子孙每孟月之朔，小宗子孙每月之朔，兄弟每月朔望，会食于本祠下，以致亲亲睦族之义。今晨会食，礼宜先荐告于我祖考妣，其鉴佑之引之，永永不替，尚飨。”

合食仪节章第十一

赞卑者同揖尊者，赞卑者揖次尊者，赞平等者相对揖，赞食时不许杂言，一以恭敬忠信存心，赞各言已过，赞恭听读诫词曰：“凡尔子孙，各勤尔学业，务尔生理，敬尔亲长，戒尔亲长，戒尔非为，保尔身家，毋坠尔世业，有违犯者署名于庙门，不许入食，重者则惩于官。”赞以序卑者如前同揖尊者，赞卑者如前同揖次尊者，赞平等者相对揖。赞礼毕，赞各以序出，有分路者揖别。

明冠礼章第十二

今之乡俗，子冠，多不行冠礼。冠礼最不可废，冠礼有三加三祝，所以责成人也。不行冠礼，何以责成人？故吾尝谓冠礼废，则天下无成人矣。凡我子孙，宜考古礼行之。

明婚礼章第十三

嫁女之道，在在奢侈，吾邑尤甚，至用金四五十两，用银数百两。人心竞胜，不足之家多有损世业而为之者，岂不得罪祖宗彼亦岂不知爱惜，但为世情所移，而家世无一定之法以守之耳。我合酌为定法，夫用金已自违制，今循俗用之，只许用金十两，可备首饰，白银止许打杯盆之类，而四十两，若过数多，即是不孝。

明娶妇章第十四

古人之娶妇，须求不及吾家。盖妇家贫，则妇不骄，而婿不侈不纵，观于梁鸿之于孟光之意可见。语云：娶妇论财，夷虏之道。夫夷虏者，岂非人之所耻乎？乃有甘心以自喜者。吾之子孙，宜深戒之。只观得妇财者，成家有几多？至放纵及其至也，连己家之旧业亦多耗散，有因而忘其性命者。今酌聘亲之礼，银二十两，金钗一对，其余饮食之品，亦有定数，不许过多，不许需索妇家财物。

明丧礼章第十五

丧礼，送终之道，所宜慎重。父母年老，宜仿古人岁制月制之义，预求丝绢为衣衾之类之需。富则可用纻丝，厚于爱亲，亦不为过；盖丝绢入地最耐久，切不宜用棉布入地，不过一月即朽。棺木用楠木之高者，犹胜于用杉木之低者。其葬宜用灰、镉、三合土坚筑之，久则化为全石，可与天地同不朽矣。俗礼，凡来吊丧及来送葬者，多待以酒肉，与吉礼无异，此大不可；不得已托亲戚置食于别所、别山不近坟处，然犹戒不设酒，以存吊客之哀可也。

明祭礼章第十六

古人谓祭，继养也。盖祖父母、父母已逝，而子孙之养不逮，故为春秋忌祭以继其养。然祖考之神不可亵，尤有甚于祖考之存时，而子孙孝敬之心，尤宜切于祖考之存时。故七日戒三日斋，乃见其所为斋者，起孝起敬，如此方望祖考来格，不然，则虽有丰牲之祭，神不飨矣。盖祖考存而为人时尚有情，至于为神则无情矣，故不可不慎也。时祭，吉祭也，故有饮福受胙，祭毕，为晏饮可也。忌祭，凶祭也，无饮福受胙，此为终身之丧，止可分胙而已。又尝见俗人好尚奢侈，不识义理，如婿及亲戚致祭，多用全牛太牢也。惟天子郊天，乃用燔牛，庶人僭用之，其罪大矣，切宜戒之。

明礼客章第十七

待客之礼，两京太侈，添肴至三四十上，尽为隶卒所费，岂不暴殄天物。吾乡风俗亦奢，一待客之设，动为二三十盆碗，必用山装，山装必用肉一斤有余，所费不小。吾告尔子孙为待客之规，止用四果八盆，以四品两成之，止用酒三五行，二汤一饭，便可致诚敬。若初到亲家及官客，用看桌五牲；其再会寻常亲客，则用果桌，果肴各五品，三汤一割两割，酒五七行即饭，出而散，不可留连放纵，教子孙习为奢侈，流荡害事。

明非礼之礼章第十八

乡俗之礼，多有寻常客至，必具果盒、酒，果盒、酒殊非专敬，无乃反成亵狎耳。专敬必卜日启请，至日速宾，乃致成礼。今偶然想过，动辄具果酒，兄弟同居则又各具，父子同居则又各具，至于满桌果盒，流连终日、半日，士农工商之业，各为之妨废，岂不害事，此宜革去。若别乡特来亲戚及里长催粮之类，留之具饭可也。

节酒食章第十九

平时家居，不许饮酒；非人所馈送及待宾，不许买肉自食，以奉亲及养老者病者可也；常馔则用盐鱼、时菜或小鱼。念吾昔年读书，只常用盐鱼饭励志，致有今日，至今尚不忘盐鱼滋味也。

戒服美章第二十

《经》曰："服美于人，骄淫矜夸。"今男子十五以下，只宜衣布帛，不许穿纻丝、绫罗、纱绢等物，养成其华靡之习。吾赖祖考所遗，有腴田八百亩，又独身，用着何忧不敷，尚且不肯买一纱罗穿着。娶妇时，一丝袍尚借于陈友，虽中举后尚然，直至三十九岁再赴会试，过南京，乃买罗缎数件穿着耳。子孙宜体此意，切勿僭用，早享福禄，尤为不宜，尔宜念之。

勉勤励章第二十一

人身与天地之气一体相通。天气昼为阳，夜为阴；阳者为神，阴者为鬼；人醒则为阳为神，睡则为阴为鬼；故大禹、周公皆坐以待旦，惜寸阴。邵尧夫诗云："幽暗岩崖生鬼魅，清平郊野见鸾凤"，孟子"鸡鸣而起，孳孳为善"，吾未见有好睡成人成家者。朱文公平生未有不鸡鸣起者，吾窃效之，亦平生未有不迟睡早起者。吾往在南监祭酒，公务人事颇多，欲编《格物通》书，必三鼓乃睡，鸡鸣即起，从事于三年，乃成书一百卷，又成《诗教》三册，若早眠晏起，岂能成事？尔子孙辈，宜法吾之勤，鸡鸣即起，百事可理也，念之念之。

立家长章第二十二

凡子弟必有管束，然后有所联属，可以禁其非，防其纵，宜立年长老成者为家长，以管束之。子弟凡有非为放纵、饮酒赌博之类，必于朔望拘，令跪于祖宗之前，数而责之，不改，必共闻于官惩治之，庶几改过迁善，以保其身家妻子，亦体祖考爱之之心也。

蠲帮赡章第二十三

《书》云："既富方谷。"盖谷者，善也。先令其富足，然后可责之为善，有所劝也。今本家有子弟读书为儒士者，每人赡与正斗四十石，为生员者，每人五十石，以为靴帽、灯油、纸笔之供，四十无闻者，止支。

恤孤寡章第二十四

恭惟我朝圣祖以来，于军民间尚有恤孤养寡之政，此天地好生之仁，不遗微物者也。况一家之中至亲近者乎？凡我子孙，宜聪听吾言，尔永受福。凡家中有妇有妾无子，愿守志不出嫁者，其节可嘉，凡有无父母而孤茕无依者，其情可悯，并各除与每人谷大斗五十石，使自养自用，庶几人各得其所，而一家之仁行矣，如此则内无不获之怨，而福胙自昌，岂不美哉！

培宗子章第二十五

古人言："本支百世"。本者，根也；支者，枝也，如树木之有根有枝也。根犹宗子也，枝犹支子也；树木根盛则枝亦盛，可传百世，故宗子不可不重培之。今立宗子田租一百石，使子孙为宗子者，世世得以为己私业，令其衣食有余，不至贫乏，则上承祖宗之祀为有享，下统子孙之众为有光，则百世永有托矣。子子孙孙其敬守之，违者告官治罪。

立家塾章第二十六

子孙不谕老少，不可不令读书知礼法，否则忘身覆宗之祸所必至矣。宜于居傍起一家塾，延生儒有学行者主其教，令童冠读书习礼其中，有已冠出治事者，暮归仍入读书。除供给外，岁捐公用银十两或十五两以谢塾师。凡本族有愿来问学者听。

义阡施棺章第二十七

焚尸之祸，残子孙天性之爱，伤天地泰和之气，能使一方荒旱疠疫，吾在南京参赞已行之。今立一义阡，禁一村人民，不许焚烧父母，以陷于不孝之罪，皆令葬于义阡，以存天和。有贫无棺木者，本家给与。

济饿荒章第二十八

一乡及邻乡之中，有遇荒年不能自活者，吾子孙审实，量作粥活之。

发义仓章第二十九

先母赠夫人陈氏，夫人临终，命入吾俸禄之余及文币之礼送收者，买谷八百石，立义仓于荷塘坟侧。凡农时民有无种本者，审实果贫，量支借之，以济其一年之望。平山满入，以备鼠耗。不许子孙遗失此意，不肯遵行及不许，因而取其利息，每岁会计，欠者追之，亦不必姑息，以防日久废弛。

祭品章第三十

凡祭，虽以诚敬为主，而品物不可不定。凡春秋二祭，于资政大夫樵林府君、怡庵府君，宜以大夫之礼，帛猪羊一，馓盆一，粘果五，小牲五，时果五，菜五，熟肴五，及酒、汤饭三献。其忌祭及各庙之祭，则以帛一，时果五，熟肴五，及酒汤饭三献可也。

修缉弊坏章第三十一

凡各处精舍、牌坊有弊坏者，以公用钱自行修理，毋得辄赴上司告扰，有玷士风。

正礼教章第三十二

凡冠昏丧祭仪注，一依《朱文公家礼》，毋得苟简及崇尚浮屠巫祝之类，有伤礼教。

遵赡法章第三十三

天关、莲洞及朱明等处精舍赡田，吾出正力。及蒙巡按有司作兴建立，以惠学者，余已置仓贮之，作记刻石，令尔子孙守之，凡有各处来居学者，依旧规供给之。岁终新谷已登，旧谷羡余，始许尔子孙分，以供应粮差，毋得辄行分入私己，亦毋得怠慢来学，拒人自利等项，各属不孝之罪。

择童仆章第三十四

吾每见公卿大夫之家，于童仆有才干者，为其主害人兴利者，便以为纪纲之仆而信用之，有老实敦谨者，以为不称己意而弃外之；譬如人好食爽口之物，不知积久成疾，若好用便捷之仆，日后必成家祸。戒尔子孙，见有老实敦朴童仆，则宜用之；若便捷可喜之人，即宜疏远之，勿以信用，以坏家事，以玷名节可也。俗谚云："养痴奴，骑骏马。"此言虽小，可以喻大。

慎典籍章第三十五

吾创建御书楼于小瀛之上，凡圣明钦赐书籍、图训、有宝者及经书子史等项，皆一一籍贮于内，置有烟筒，令家人一房住守之。凡遇春夏阴雨，即烧炭一熏之，专一看守，火灭乃去。凡子孙要取某书看，即宜在彼检看，守者候之，看过即以原书收还原柜乃已。每季查数，不许将书回家，以至日久散失，守者有罪。

附录二

一　家训序　洪垣作

家何以训？曰：“为为子孙者，不能无贤愚，是以训之，使可守也。”曰：“圣贤之于子孙也，其能不免于怀乎？”曰：“生子贤愚与，何必挂怀？”抱此达士，一时宽假之论，非正也。夫子孙者，亲之支也，国与天下之本也，故曰：“施于有政，是亦为政。”天下之本在国，国之本在家，家主于齐，故以教；国主于治，故以政。以政，故其政也严而疏；以教，故其政也恩而密，天之道也。吾师甘泉先生，具明德新民之学，既尝以其齐家者，推之于国与天下矣。天德王道有疏矣，乃于致政之后，立为合族之典，又演其合族与齐家者立为家训，以示子孙。垣以子弟之义，得获见于清溪舟中，究其微意，大意不过有二焉：推其同以尽异，合其异以本同也。推其同以尽异则情达，合其异以本同则情通，情通则有亲，情达则可久，仁至而义尽矣。仁义交尽则礼乐兴，而家之化出矣。昔君子论同堂异室之制曰：“子不得私于其父，不谓之公，此仁义之意也。”曰：“何以备诸礼与？内外之交也。”曰：“家所以尽天下与国之人，而礼为之节，又天下国家所共由者也。”故是训也，实发家礼诸书之所未尽，治国平天下之具俱在此矣。事一而已矣，吾知天下后世之所必遵而行之者也。天下后世必遵而行之，而为之子若孙者，或反不类焉，其将不陷于不仁不义矣乎？试语诸子若孙曰：“汝不仁人，汝不义人，汝不如国天下人。”子孙必将拂然不悦曰：“吾何至于是？”吾又知为子若孙者必遵而行之也，可以达矣，立本矣。垣于先生有师弟之义，故于其后也，亦有相关之义焉，序其意且以为规，又将行之，是庄之居，以为天下后世倡。

二　家训跋

（一）

尝观古今人家训，或严而少恩，或迂而不情，故不再世而变，至有猜疑之祸。何则？其势然也。夫道，中而已，中则万世无弊矣。我甘泉先生之为家训也，其道之至中者与！于异而同心，斯合矣，于同而异情，各得矣。严而不厉，人宜从矣；恕而不纵，人不犯矣。兹训也，通之天下后世可行也。其道之至中至正者，与《诗》曰："贻厥嘉谋，以燕翼子"，先生之谓也。又曰："无念尔祖，聿修厥德"，后人其敬守之哉！

赐进士出身承德郎南京刑部主事门人冼桂奇谨跋

（二）

甘泉子家训者，吾师甘泉先生所以训家者也，顺乎风气之宜，而立之以中正之法，其仁义并行，情法皆得者也。曷为乎其仁义并行，情法皆得也？道也者，虽曰亘古，今而无有，弗同风之所趋，则时或有异也。圣人者，亦因时顺情而为之，制以协中焉已矣。甘泉先生家训成，以示洋，洋读之终篇，喟然叹曰："大哉训乎！其浑然示人理一矣，其灿然示人分殊矣，其廓然示人大矣，其秩然示人细矣，其中正之则而齐家之极致矣乎，故曰：'仁义并行，情法皆得'者也"。斯训也，虽以训天下后世焉可矣，岂特乎湛氏尔也。虽然，先生创业贻谋为可继耳。念乃祖父，遵乃教戒，以光厥前，以裕厥后，是在乎湛氏之顺孙孝子，其尚敬之哉，毋怠乃祖父之贻命。

嘉靖二十年四月十一日门生新兴潘洋顿首跋

（三）

吾师泉翁家训成，不以贯为弗类也，授而观之，予受之弗忍释手，以携于家。观诸问安同爨之图，则孝敬之心油然而生矣；观诸相戕析业之图，则恐惧之心惕然而生矣；观诸合食之图，则友爱之心勃然而兴矣；观诸冠婚丧祭之图，而所以缀度者，图如也。昔黄门侍郎颜之推作家训，虽音词杂艺无不及，君子以为致末遗本。今兹义以维恩，恩以广义，同以尽异，异以致同，严而不峻，宽而不弛，致而不庞，茂而有间，仁而则，风而理，酌大中至正之规而通之，世世可行者也，与颜氏训异矣。然以时者存乎制，以人者存乎德，然则后之子子孙孙岂无"诵其词甚，习求其简，出诸袖中"者乎？贯不敏，请奉懿训以周旋，且将广于族焉。

嘉靖辛丑夏六月辛巳后学门人曾贯顿首敬跋

三　书《湛氏家训》后

甘泉夫子道德名世，文章冠时，良壬申春侍游太湖，对景为诗，初不经意，皆烂然星斗之光。未斋，少谷旁观，默异之。其敷陈上前，动以数万言，齐庄而中正。今为家训，大抵恒言俗说，略无文采，政欲人人易知易从，且崇简质耳。古训云："道在迩而求诸远，事在易而求诸难"。人人亲其亲，长其长而天下平。观家训者，当以是求之。吾将奉以训吾家，推之乡党邦国。湛氏子孙尚恪遵而世守之，厥嗣人将有如方、霍、伦、薛者，兴以昭仁者之有后，曲江、菊坡不专美于前。

嘉靖丁未秋门生应良忠父识　进士翰林

图书在版编目（CIP）数据

心学与家训家教 / 黄明同主编. -- 北京 ：社会科学文献出版社，2018.12

ISBN 978-7-5201-3791-1

Ⅰ. ①心… Ⅱ. ①黄… Ⅲ. ①心学-文集②家庭教育-文集 Ⅳ. ①B244.8-53②G78-53

中国版本图书馆 CIP 数据核字（2018）第 250973 号

心学与家训家教

主　　编 / 黄明同
副 主 编 / 宁新昌　戢斗勇

出 版 人 / 谢寿光
项目统筹 / 宋月华　杨春花
责任编辑 / 孙以年

出　　版 / 社会科学文献出版社 · 人文分社（010）59367215
地址：北京市北三环中路甲 29 号院华龙大厦　邮编：100029
网址：www. ssap. com. cn
发　　行 / 市场营销中心（010）59367081　59367083
印　　装 / 天津千鹤文化传播有限公司

规　　格 / 开　本：787mm×1092mm　1/16
印　张：21　字　数：356 千字
版　　次 / 2018 年 12 月第 1 版　2018 年 12 月第 1 次印刷
书　　号 / ISBN 978-7-5201-3791-1
定　　价 / 98.00 元

本书如有印装质量问题，请与读者服务中心（010-59367028）联系